U0935901

外国网络法选编

第一辑

美国·俄罗斯

中央网络安全和信息化领导小组办公室
国家互联网信息办公室
政策法规局 编

中国法制出版社

编译说明

为帮助了解国外网络立法，借鉴国外网络立法有关经验，我们组织编译了美国、俄罗斯、德国、英国、澳大利亚、新西兰、日本、新加坡、印度、泰国、越南等国家和欧盟的网络立法50多部共100余万字，分六辑出版。内容按照国别分类，按法律法规的公布时间顺序排列。与国内现有的同类出版物相比，本书收录更全、内容更新、实用性更强，是了解国外网络立法的权威工具书。

由于编译时间仓促，经验不足，难免出错，敬请读者批评指正。

中央网络安全和信息化领导小组办公室、

国家互联网信息办公室政策法规局

2015年8月

目　录

Contents

第一部分　美国网络法选编

第二部分　俄罗斯网络法选编

第一部分

美国网络法选编

1996年《电信法》

文件编号：参议院第652号（经参众两院通过而入卷的法律）

——参议院第652号——

美利坚合众国第一百零四届国会第二次会议于一九九六年一月三日星期三在华盛顿市举行，为了确保为电信消费者降低价格和提高服务质量，从而促进竞争、减少管理范围和鼓励尽快采用新型电信技术，美利坚合众国众议院和参议院举行会议通过的法律。

第1节　法律简称与法律指称

第（a）条　法律简称——援引本法时，可以称为1996年《电信法》。

第（b）条　法律指称——本法以节或者其他条款形式的修改决定或者废止决定，作出的修改决定或者废止决定，所针对的均为1934年《通信法》（《美利坚合众国法典》第47编第151节以下）的章节或者其他条款，但另有明确规定的除外。

第2节　目录表

本法目录表如下：

第3节　释义

第（a）条　补充释义规定——对第3节（《美利坚合众国法典》第47

编第 153 节）作如下修改——

（1）第（r）条——

（A）在“指”之后，增加“（A）”的规定；

（B）在末尾句号之前，增加下列规定：“或者（B）通过交换系统、传输设备或者其他设施（或者前述某两种或者三种系统、设备和设施的组合）提供可供比较的服务，以便用户可以发起或者终止某项电信服务”；

（2）在前述修改决定之后，增加下列规定：

“（33）关联成员——‘关联成员’的术语，指（直接地或者间接地）拥有或者控制他人之人，或者被他人拥有或者控制之人，或者与他人存在共有关系或者共同支配关系之人。本款所规定的‘拥有’术语，指拥有超过百分之十的股权（或者类似的权益）。

“（34）AT&T 案和解判决书——‘AT&T 案和解判决书’的术语，指位于哥伦比亚特区的美利坚合众国地区法院于 1982 年 8 月 24 日，在反托拉斯诉讼性质的民事诉讼第 82—0192 号美利坚合众国诉西部电力公司案件中作出的判决，也包括 1982 年 8 月 24 日以及在此日之后，就这种诉讼案件作出的任何裁决。

“（35）贝尔运营公司——‘贝尔运营公司’的术语—

“（A）指如下任何一个公司：内华达州贝尔电话公司、伊利诺伊州贝尔电话公司、印第安纳州贝尔电话股份有限公司、密执安州贝尔电话公司、新英格兰电话电报公司、新泽西州贝尔电话公司、纽约州电话公司、美国西部通讯公司、中南部贝尔电话公司、南方贝尔电话电报公司、西南贝尔电话公司、宾夕法尼亚州贝尔电话公司、切萨皮克与波托马克电话公司、马里兰州切萨皮克与波托马克电话公司、弗吉尼亚州切萨皮克与波托马克电话公司、西弗吉尼亚州切萨皮克与波托马克电话公司、钻石州电话公司、俄亥俄州贝尔电话公司、太平洋电话电报公司或者威斯康辛州贝尔电话公司；

“（B）并包括提供有线电话交换服务的上述任何公司的继受人或者受让人；

“（C）但不包括第（A）项或者第（B）项规定以外的任何一个该类公司的关联成员。

“（36）有线电视服务——‘有线电视服务’术语的含义，与第 602 节所规定的含义相同。

“（37）有线电视系统——‘有线电视系统’术语的含义，与第 602 节所规定的含义相同。

“（38）用户终端设备——‘用户终端设备’的术语，指为发起、发送或者终止电信服务而配备在某个人（运营商除外）处所的设备。

“（39）同等拨号待遇——‘同等拨号待遇’的术语，指在无须使用任何接入码的情形下，用户发送的电信信息，可以通过不属于本地交换运营商的关联成员之人提供的电信服务，自动到达用户从（包括本地交换运营商在内的）两个或者两个以上的电信服务提供商中选定的电信服务提供商。

“（40）交换接入——‘交换接入’的术语，指为发起或者终止长途电话服务而提供电话交换服务或者设施的接入行为。

“（41）信息服务——‘信息服务’的术语，指通过电信提供生成、获取、储存、转换、处理、回收、整理或者利用信息的能力。该种信息服务包括电子出版物，但不包括管理、控制或者经营电信系统或者管理电信服务的活动。

“（42）交互本地接入与传输区域服务——‘交互本地接入与传输区域服务’的术语，指本地接入和传输区域某一点与该区域外某一点之间的电信服务。

“（43）本地接入与传输区域——‘本地接入与传输区域’或者‘LATA’的术语，指如下相邻地理区域——

“（A）在 1996 年《电信法》通过之前由贝尔运营公司建立的，其交换区域不包括一个城市统计区域、一个合并城市统计区域或者一个州之内的数个点，但 AT&T 案和解判决书明确允许的除外。

“（B）或者在 1996 年《电信法》通过之后并经联邦通信委员会批准而由贝尔运营公司建立或者修建的。

“（44）本地交换运营商——‘本地交换运营商’的术语，指任何从事电话交换服务或者交换接入服务的提供商。上述术语不包括第 332 节第（c）条款规定的诸如从事商业移动服务之人，但联邦通信委员会认定此类服务属于该术语含义范围之内的除外。

“（45）网络组件——‘网络组件’的术语，指用来提供电信服务的设施或者设备。上述术语也包括诸如用户号码、数据库、信号系统等设施或者设备提供的特点、功能和性能以及在传输、发送或者以其他方式提供电信服务过程中编制、采集或者利用的信息。

“（46）号码可携性——‘号码可携性’的术语，指在同一区域内，电信服务用户变换电信运营商时，可以在不影响质量、可靠性和方便性的情形下，保留现有电信号码的情形。

“（47）农村电话公司——‘农村电话公司’的术语，指运营下列企业的本地交换运营商——

“（A）向任何本地交换运营商的学习区提供普通电信服务的，但不包括如下任何一种学习区：

“（i）根据普查统计局的最新人口统计数据，居民数量达 10,000 或者以上的任何合并地区；

“（ii）普查统计局于 1993 年 8 月 10 日确定的包括城区范围在内的任何合并或者非合并的领地；

“（B）向少于 50,000 条接入线提供包括交换接入在内的电话交换服务的；

“（C）向少于 100,000 条接入线的任何本地交换运营商的学习区提供电话交换服务的；

“（D）或者在 1996 年《电信法》颁布之日，在拥有 50，000 条以上接入线的社区，拥有的接入线少于 15% 的。

“（48）电信——‘电信’的术语，指在用户指定的点之间，不改变发送或者接受的信息内容或者形式，传输用户选定的信息的行为。

“（49）电信运营商——‘电信运营商’的术语，指任何电信服务提供商，但不包括电信服务集团（其释义见第 226 节）。电信运营商应视为本法规定的从事提供电信服务的普通运营商，但应由联邦通信委员会规定提供卫星固定或者移动服务应否视为普通运营业务的除外。

“（50）电信设备——‘电信设备’的术语，指除用户终端设备以外的运营商用来提供电信服务的设备，包括这种设备（及其升级换代部分）必不可少的软件。

“（51）电信服务——‘电信服务’的术语，指不论利用的是何种设施，均直接向社会，或者实质上相当于直接向社会的用户群，提供付费电信的行为。”

第（b）条 普通技术——除本法另有不同规定外，本法使用的术语含义，与 1934 年《通信法》（《美利坚合众国法典》第 47 编第 153 节）第 3 节所规定的含义相同。

第（c）条 条文协调的规定——对第 3 节（《美利坚合众国法典》第 47 编第 153 节）作出如下修改——

（1）将第（e）条和第（n）条的第（1）款、第（2）款和第（3）款，分别调整为第（A）项、第（B）项和第（C）项；

（2）将第（w）条的第（1）款至第（5）款，分别调整为第（A）项至第（E）项；

（3）将第（y）条和第（z）条的第（1）款和第（2）款，分别调整为第（A）项和第（B）项；

（4）将第（a）条至第（ff）条，分别调整为第（1）款至第（32）款；

（5）上述条款均缩进两个字符的空格；

（6）调整上述条款后——

（A）增加与本条标题的形式相符的标题。这种标题由该款所解释的术语组成；如果该款解释的术语不止一个，则由所解释的第一个术语组成；

（B）并增加“术语”一词；

（7）把上述条款所解释的每一个术语的第一个字母的大写改为小写（但“United States”、“State”、“State commission”以及“Great Lakes Agreement”等除外）；

（8）根据上述条款以及重新编号条款的标题，按照字母表顺序，重新编排上述条款以及第（a）条所增加条款的顺序。

第（d）条 修改决定的协调——对本法作出下列修改

（1）在第 225 节第（a）条第（1）款，删除第 3 节第（h）款的规定，增加第 3 节的规定；

（2）在第332节第（d）条，删除所有第3节第（n）条的规定，增加第3节的规定；

（3）在第621节第（d）条第（3）款、第636节第（d）条和第637节第（a）条第（2）款，删除第3节第（v）条的规定，增加第3节的规定。

第Ⅰ编——电信服务

第A分编——电信服务

第101节　第Ⅱ编第Ⅱ部分的结构

第（a）条　修改决定——对第Ⅱ编作出修改，在第229节（《美利坚合众国法典》第47编第229节）之后，增加如下部分的规定：

“第Ⅱ部分——培育竞争性市场

“第251节　互联互通

“第（a）条　电信运营商的一般义务——每一个电信运营商均负有——

“（1）与其他电信运营商的设施或者设备直接或者间接地互联互通的义务；

“（2）不得安装与第255节或者第256节所规定的原则和标准不相符的网络特点、功能和性能的义务。

“第（b）条　所有本地交换运营商的责任——每一个本地运营商均负有下列义务：

“（1）转卖——不得禁止电信服务的转卖行为，也不得给电信服务的转卖行为增加不合理或者歧视性的条件或者限制规定。

“（2）号码可携性——在技术许可的范围内，按照联邦通信委员会规定的要求，提供号码可携性的服务。

“（3）同等拨号待遇——给电话交换服务和长途电话服务的竞争性提供商提供同等拨号待遇，允许所有上述提供商享有电话号码、运营服务、查号服务和电话列表的不受歧视和不受不合理拨号拖延对待的接入权。

“（4）线路接入权——按照第224节规定的费率、期限和条件，为竞争性电信服务提供商提供此类运营业务的电线杆、线盒、管道和线路的接入权。

“（5）互相补偿——制定传输和终止电信服务的互相补偿方案。

“第（c）条 现有本地交换运营商的其他责任——除负有第（b）条规定的义务外，每一个现有本地交换运营商，还负有下列义务：

“（1）协商义务——按照第252节规定的诚实守信原则，协商履行本条以及第（b）条第（1）款至第（5）款规定义务的协议具体条款的义务。提出要求的电信运营商也负有按照诚实守信原则协商上述协议具体条款的义务。

“（2）互联互通——按照下列规定，为提出要求的任何电信运营商的设施和设备，提供与本地交换运营商的网络互联互通的义务——

“（A）以便传输和发送电话交换服务和交换接入服务；

“（B）在运营商网络技术可行的任何节点；

“（C）至少与本地交换运营商提供给它自己或者任何分支机构、关联成员或者运营商提供给其他任何一方当事人的互联互通服务的质量同等；

“（D）根据第252节以及本节的规定和协议的条款，按照公平、合理和非歧视性的费率、期限和条件。

“（3）分离接入义务——根据第252节以及本节规定和协议条款，按照公平、合理和非歧视性的费率、期限和条件，在运营商网络技术可行的任何节点，向提出提供电信服务要求的任何电信运营商提供非歧视性的网络组件接入服务。现有本地交换运营商提供的上述分离网络组件，应当可以让提出要求的运营商为提供此类电信服务而联结上述组件。

“（4）转卖——义务——

“（A）以批发价格转售运营商可以零售价格向非电信运营商的用户提供的任何电信服务；

“（B）不得禁止转售上述电信服务，也不得对转售上述电信服务规定不合理或者歧视性的条件或者限制，但是，各州委员会可以根据本节规定的联邦通信委员会制定的规定，禁止以批发价格取得只能以零售价格向某类用户提供电信服务的转售人，向不同类别的用户提供此类服务。

“（5）改变通知义务——对于利用本地交换运营商的设施或者网络而传输和发送服务所必须的信息的改变以及其他任何会影响那些设施和网络的

互通性的改变，提供合理的公开通知。

“（6）配置义务——按照公平、合理和非歧视性的费率、期限和条件，在本地交换运营商的终端，提供分离网络组件的互联互通或者接入所必需设备的物理配置，但是，如果本地运营商向州通信委员会证明，物理配置因技术原因或者场所原因而不可行，该运营商可以提供虚拟配置。

“第（d）条 执行——

“（1）一般规定——在 1996 年《电信法》颁布之日后 6 个月内，联邦通信委员会应当完成为执行本节要求而制定管理规定所必须进行的所有工作。

“（2）接入标准——在决定应按照第（c）条第（3）款的规定取得网络组件时，联邦通信委员会至少应考虑是否符合下列情形——

“（A）接入此类具有财产权属性的网络组件是必需的；

“（B）不提供此类网络组件的接入权，会损害意图为其提供的服务取得接入权的电信运营商的经营能力。

“（3）维护州关于接入的管理规定——为执行本节规定而制定和实施管理规定时，联邦通信委员会不得拒绝执行各州通信委员会的下列管理规定、命令或者政策——

“（A）规定本地交换运营商接入和互联互通的责任的；

“（B）与本节规定相符合的；

“（C）以及并不实质阻碍本节规定的执行以及实现本部分目的的。

“第（e）条 号码管理——

“（1）联邦通信委员会的职权和管辖权——联邦通信委员会应当设立或者制定一个或者一个以上的公正机构，管理电信号码并保证以公正的方式取得此类号码。联邦通信委员会对与美利坚合众国有关的《北美号码编排方案》部分，享有排他管辖权。本款的任何规定都不能禁止联邦通信委员会将全部或者部分的此类管辖权委托给各州通信委员会或者其他机构行使。

“（2）成本——制定电信号码管理方案以及号码可携性的成本，根据联邦通信委员会规定的竞争性中立原则，由所有电信运营商承担。

“第（f）条 免责规定、中止执行和修正规定——

“（1）特定农村电话公司的免责规定——

“（A）免责规定——本节第（c）条的规定不适用于农村电话公司，除非：（i）此类公司已经获得互联互通、服务或者网络组件的善意请求；（ii）而且州通信委员会认定【根据第（B）项的规定】，这种请求不属于不适当的经济负担，在技术上是可行的，并符合第 254 节的规定【但该节第（b）条第（7）款和第（c）条第（1）款第（D）项的规定除外】。

“（B）各州终止免责规定的权力和执行方案——为互联互通、服务或者网络组件而向农村电话公司提出善意请求的当事人，应当将其请求报告提交州通信委员会。州通信委员会应当进行调查，决定是否终止第（A）项规定的免责规定。如果该请求不会不适当地增加经济负担，在技术上可行，并且符合第 254 节的规定【但该节第（b）条第（7）款和第（c）条第（1）款第（D）项的规定除外】，在收到请求报告之后的 120 天内，州通信委员会应当作出终止免责规定的决定。在作出终止免责规定之时，州通信委员会应当按照联邦通信委员会管理规定确定的时间和方式，制定符合该请求的执行方案。

“（C）免责规定的限制——在农村电话公司提供视频节目的地区，本款规定的免责规定不适用于提供视频节目以及试图提供任何电信服务的有线电视经营人根据第（c）条提出的请求。本项规定的限制不适用于 1996 年《电信法》颁布之日已在提供视频节目的农村电话公司。

“（2）对农场运营商的中止执行与修正规定——在全国范围内已安装的用户线路中所占比例少于 2% 的本地交换运营商，可以申请州通信委员会中止将第（b）条或者第（c）条的规定适用于申请书具体载明的电话交换服务设施，或者修正适用于申请书具体载明的电话交换服务设施的第（b）条或者第（c）条的规定。州通信委员会如果认定中止执行或者修正决定属于下列情形的，应当按照相应的情形和期限批准该申请——

“（A）为下列情形之一所必需的——

“（i）为了避免电信服务用户普遍遭受重大的不利经济影响；

“（ii）为了避免增加不适当的经济负担的规定；

“（iii）或者为了避免增加技术上不可行的规定。

“（B）符合公共利益、公共便利和公共要求。州通信委员会应当在受理此类申请后 180 日内，按照符合本款规定而提交的任何申请作出决定。在作出决定期间，州通信委员会可以决定，中止将申请所针对的规定适用于提出申请的运营商。

“第（g）条 交换接入和互联互通规定的继续执行——自 1996 年《电信法》颁布之日以及颁布之后，包括提供无线服务在内的本地交换运营商，应当提供交换接入、信息接入，并为接入相互交换的运营商与信息业务提供商提供交换服务，遵守一样的同等接入和非歧视性的互联互通限制规定和责任（包括接受补偿的规定）。根据任何法院的裁决与和解判决，或者联邦通信委员会的管理规定、命令或者政策，上述规定和责任适用于 1996 年《电信法》颁布之日前一日的上述运营商，除非在颁布之日后，联邦通信委员会制定的管理规定明文规定中止上述限制规定和责任的执行。在颁布之日开始后、上述限制规定和责任中止执行之前期间，上述限制规定和责任应当按照联邦通信委员会管理规定的规定方式予以执行。

“第（h）条 现有本地交换运营商的释义——

“（1）释义——本节规定的现有本地交换运营商的术语，指某一区域内的下列本地交换运营商——

“（A）在 1996 年《电信法》颁布之日，在该类区域提供电话交换服务；

“（B）（i）而且在前述颁布之日，根据联邦通信委员会的管理规定第 69.601 节第（b）条【《联邦行政法典》第 47 编第 69.601 节第（b）条】的规定，属于交换运营商协会成员的；

“（ii）或者在前述颁布之日或者之后，成为第（i）目规定的成员的继受人或者受让人的个人或者机构。

“（2）视为与现有本地交换运营商类似的运营商——联邦通信委员会可以通过制定规则，规定符合下列情形的本地交换运营商（或者某类以及某种本地运营商），视为本节规定的现有本地交换运营商——

“（A）在某一区域内拥有的电话交换服务市场的地位，类似于第（1）款规定的运营商占有的地位；

“（B）实质上取代了第（1）款规定的现有本地交换运营商的；

“（C）而且上述处理符合公共利益、公共便利和公共需求以及本节目的。

“（i）保留条款——本节的任何规定，均不得解释为限制或者以其他方式影响第 201 节规定的联邦通信委员会的职权。

“第 252 节　协议的协商、仲裁和批准程序

“第（a）条　通过协商达成的协议

“（1）自愿协商——在收到根据第 251 节提出的互联互通、服务或者网络组件的请求时，现有本地交换运营商可以在不考虑第 251 节第（b）条和第（c）条规定的标准的情形下，与提出请求的电信运营商进行协商并达成具有约束力的协议。协议应当逐条记载所协议的互联互通、每项服务或者网络组件的收费情形的详细清单。此类协议，包括 1996 年《电信法》颁布前协商的任何互联互通协议，应当提交本节第（e）条规定的州通信委员会。

“（2）居中调解——协商本节规定的协议的任何一方当事人，在协商的过程中，可以随时请求州通信委员会参与协商并居中调解协商过程中产生的分歧意见。

“第（b）条　通过强制仲裁达成的协议——

“（1）仲裁——在现有本地交换运营商收到本节规定的协商请求后的第 135 日至第 160 日内（包含本数在内）的期间，参加协商的运营商或者任何一方当事人，均可以申请州通信委员会仲裁任何尚未解决的问题。

“（2）申请人的义务——

“（A）根据第（1）款向州通信委员会提出申请的当事人，提交申请书的同时，应当向州通信委员会提供所有相关的文件资料——

“（i）尚未解决的问题；

“（ii）各方当事人对上述争议问题所持的观点；

“（iii）当事人已讨论并解决的其他任何问题。

“（B）根据第（1）款向州通信委员会提出申请的当事人，必须不迟于州通信委员会收到申请之日，提交一份申请以及其他任何文件给对方当事人。

“（3）答辩机会——本节规定的非提出申请的协商当事人，在州通信委员会收到申请之后的 25 日内，可以针对另一方当事人的申请提出答辩意见并提供其愿意提供的其他信息。

“（4）州通信委员会采取的行动——

“（A）州通信委员会必须将其审查第（1）款规定的申请（以及针对上述申请提出的答辩意见）的范围限于申请所提出的问题和第（3）款规定的答辩意见所提出的问题。

“（B）州通信委员会可以要求申请当事人以及答辩当事人提供州通信委员会就未解决的问题作出决定而所必需的信息。如果当事人拒绝或者没有合理理由而不及时满足州通信委员会任何合理的要求，州通信委员会可以根据所能获得的不论来源何处的最佳信息，开展下一步工作。

“（C）州通信委员会必须针对协议当事人，采取第（c）条规定的适当执行措施，解决申请以及答辩所提出的每一个问题；必须在本地交换运营商收到本节规定的请求之日起的 9 个月内，解决任何没有解决的问题。

“（5）拒绝协商——协商的任何一方当事人拒绝参加进一步的协商，拒绝与作为履行仲裁人职能的州通信委员会进行合作，拒绝在州通信委员会的参与下或者协助下的善意协商的，均视为未能参加善意协商的行为。

“第（c）条　仲裁标准——根据第（b）条采用仲裁方式解决任何尚未解决的问题并给协议双方当事人规定条件时，州通信委员会必须——

“（1）确保上述解决办法和条件符合第 251 节的规定，包括符合联邦通信委员会根据第 251 节规定制定的管理规定；

“（2）根据第（b）条的规定，确定互联互通、服务或者网络组件的费率；

“（3）提出协议双方当事人执行条款的计划。

“第（d）条　定价标准——

“（1）互联互通与网络组件的收费——州通信委员会决定第 251 节第（c）条第（2）款规定的设施和设备的互联互通的公正而合理的费率以及决定该节第（c）条第（3）款规定的网络组件的公正而合理的费率时——

“（A）应当——

“（i）以提供互联互通或者网络组件的成本（作出决定时，不必参考回报率或者其他收益率）为依据；

“（ii）不歧视任何一方当事人；

“（B）可以考虑合理的利润。

“（2）业务的传输和终止费用——

“（A）一般规定——根据第251节第（b）条第（5）款关于现有本地交换运营商的规定，州通信委员会不应考虑互相补偿的条款是否公正和合理，除非——

“（i）上述条款规定的运营商互相补偿的成本，与在另一个运营商的网络设施上发起的电信业务在每个运营商的网络设施上的传输和终止有关；

“（ii）并且上述条款决定的成本，系以终止上述电信业务的额外成本的合理近似值为依据。

“（B）解释规则——本款不得解释为——

“（i）排除达成以相互抵消对方责任的形式而互相补偿成本的安排方案，包括放弃互相补偿的安排方案（诸如互免结算安排之类的方案）；

“（ii）授权联邦通信委员会或者任何一个州的通信委员会，为特别确定传输或者终止电信业务而参与任何费率管理活动，或者要求运营商保留与上述电信业务的额外成本有关的档案资料。

“（3）电信服务的批发价格——根据第251节第（c）条第4款的规定，州通信委员会必须按照向用户收取的零售价格，为所请求的电信服务确定批发价格，包括由此而产生的市场营销、推广、委托代收以及将由本地交换运营商避免的其他成本。

“第（e）条　州通信委员会的批准权——

“（1）必须经过批准——通过协商或者仲裁达成的任何互联互通协议，均必须提交州通信委员会批准。协议所提交的州通信委员会必须作出批准或者不批准协议的决定，而且对于任何没有作出决定的事项，必须附有书面调查说明。

“（2）拒绝批准的理由——州通信委员会只能拒绝批准——

“（A）根据第（a）条的规定通过协商达成的协议（或者协议的任何一部分），前提是发现存在下列情形之一的——

“（i）歧视不属于协议一方当事人的电信运营商的协议（或者协议的某部分）的；

“（ii）执行上述协议或者上述协议的某部分，不符合公共利益、公共便利和公共需求的。

“（B）根据第（b）条的规定通过仲裁达成的协议（或者协议的任何一部分），前提是发现不符合第 251 节的规定，包括不符合联邦通信委员会根据第 251 节规定制定的管理规定，或者不符合本节第（d）条规定的标准的。

“（3）维护权威——虽然存在第（2）款的规定，但是，根据第 253 节的规定，本节的任何规定均不得禁止州通信委员会在审查协议的过程中，以州法的要求为依据制定规定，或者执行州法的规定，包括规定必须遵守州内电信服务质量标准或者规格。

“（4）作出决定的时间表——如果双方当事人将根据第（a）条的规定而通过协商达成的协议，提交州通信委员会后 90 日内，或者双方当事人将根据第（b）条的规定而通过仲裁达成的协议，提交州通信委员会后 90 日内，州通信委员会没有作出批准或者不批准的决定，则该协议应当视为已得到批准。任何州法院均不享有审查州通信委员会根据本节的规定批准或者不批准协议行为的司法管辖权。

“（5）州通信委员会不作为时，联邦通信委员会可以采取的措施——如果州通信委员会在本节规定的任何审查工作或者其他事务处理过程中，没有采取行动履行本节规定的职责，联邦通信委员会在得到前述情形的报告后（或者注意到前述情形后）的 90 日内，必须发布命令，明确就该审查工作或者事务而言，联邦管辖权优先于州通信委员会的管辖权，并必须就州通信委员会应处理的审查工作或者事务，承担本节规定由州通信委员会承担的职责。

“（6）对州通信委员会行为的审查——如果某州如第（5）款所规定的没有采取行动，根据该款由联邦通信委员会采取的行动和对联邦通信委员会行为的任何司法审查，均系对州通信委员会不作为行为的排他救济措施。如果在州通信委员会根据本节作出的决定中，因该决定受到损害的任何当事人，均可以向相应的联邦地区法院提起诉讼，由其决定所涉及的协议或者报告是否符合本节以及第 251 节的规定。

“第（f）条　普遍适用条款的报告——

“（1）一般规定——贝尔运营公司可以起草并向州通信委员会提交报

告，载明为在该州遵守第 251 节的规定和根据该节规定制定的管理规定以及根据本节规定应适用的标准，而由该公司主动提出的普遍适用条款。

“（2）州通信委员会的审查——州通信委员会可以不批准此类报告，除非此类报告遵守本节第（d）条和第 251 节以及根据该节制定的管理规定。除第 253 节的规定外，本节的任何规定，均不得禁止州通信委员会在审查此类报告时，就州法的要求制定规定或者执行州法的要求，包括要求遵守州内电信服务质量标准或者规格。

“（3）审查时间表——报告所提交的州通信委员会，必须在报告提交之后的 60 日内——

“（A）按照第（2）款的规定，完成上述报告的审查工作（包括复审的工作），但提交报告的运营商同意延长审查期限的除外；

“（B）或者批准上述报告生效。

“（4）继续审查的权力——第（3）款的规定，不得禁止州通信委员会继续审查根据该款第（B）项的规定已经批准生效的报告，或者根据第（2）款的规定，批准或者不批准上述报告。

“（5）协商义务不受影响——根据本条规定提交或者批准报告的行为，不得解除贝尔运营公司按照第 251 节规定就协议条款进行协商的义务。

“第（g）条　州审查程序的合并——在不会与本法规定发生冲突的情形下，为了减轻电信运营商、审查程序的其他当事人以及州通信委员会履行本法规定的职责的行政负担，州通信委员会可以根据实际情况，合并第 214 节第（e）条、第 251 节第（f）条、第 253 节和本节规定的审查程序。

“第（h）条　文件归档要求——根据第（e）条的规定作出批准决定的每份协议和根据第（f）条规定作出批准决定的每份报告，州通信委员会必须在批准上述协议或者报告之后的 10 日内，提供副本供公众查阅和复制。州通信委员会可以向协议当事人或者提交报告的当事人收取合理的和非歧视性的费用，弥补批准上述协议或者报告以及归档的成本。

“第（i）条　适用于其他电信运营商——本地交换运营商必须将根据本节批准的协议规定的任何互联互通、服务或者网络组件，适用于其本身是一方当事人的、根据协议规定的同样条款而提出请求的任何电信运营商。

“第（j）条　现有本地交换运营商的释义——本节规定的‘本地交换运营商’术语的含义，与第251节第（h）条所规定的含义相同。

“第253节　消除准入障碍

“第（a）条　一般规定——任何州或者地方的制定法或者管理规定，或者任何州或者地方的其他立法规定，均不得禁止任何机构提供任何州际或者州内电信服务，或者含有限制任何机构提供任何州际或者州内电信服务能力的结果。

“第（b）条　各州的管理权——本节的任何规定，均不得影响各州按照完全中立的要求和第254节的规定，制定为维护和促进普及服务、保障公共安全和福祉、确保电信服务质量的稳定和保障消费者的权益所必须的规定的职能。

“第（c）条　各州和地方政府的权力——本节的任何规定，均不得影响各州或者地方政府管理公共通行权的权力，或者按照完全中立和非歧视的规定，要求电信提供商为非歧视性地利用通行权而予以公平合理补偿的权力，前提是所要求的补偿已由上述政府予以公开。

“第（d）条　联邦管辖优先权——如果联邦通信委员会认定，州或者地方政府通过或者制定的任何制定法、管理规定或者立法规定违反了第（a）条或者第（b）条的规定，并发布供公众评论的公告以及提供供公众评论的机会后，在纠正前述违反行为或者不一致的行为所必需的范围内，联邦通信委员会享有执行前述制定法、管理规定或者立法规定的管辖优先权。

“第（e）条　商业性移动服务的提供商——本节的任何规定，均不得影响第332节第（c）条第（3）款规定的适用于商业性移动服务的提供商的情形。

“第（f）条　农村市场——各州要求申请在农村电话公司提供服务的业务区域内提供电话交换服务或者交换接入的电信运营商，在获得批准提供上述服务前，必须满足第214节第（e）条第（1）款的规定，才能被指定为该区域内合格的电信运营商的行为，不违反本节的规定。本条不适用于——

“（1）已取得第251节第（c）条第（4）款的免责规定、中止执行和修正规定而可以有效地防止竞争者满足第214节第（e）条第（1）款规定的农村电话公司提供服务的业务区域；

“（2）商业性移动服务的提供商。

“第 254 节　普及服务

“第（a）条　审查普及服务规定的程序——

“（1）普及服务联邦与州联合委员会——自 1996 年《电信法》颁布之日起一个月内，联邦通信委员会必须设立第 410 节第（c）条规定的联邦与州联合委员会，并将以下工作委托给该联邦与州委员会：为了执行第 214 节第（e）条和本节的规定，建议修改联邦通信委员会制订的管理规定的审查工作，包括联邦普及服务资助机制所资助的服务的解释工作以及完成此类建议的具体时间表。除第 410 节第（c）条规定的联合委员会成员外，该联合委员会的其中一个成员，必须是由州公用设施消费者律师的全国性组织提名并由各州任命的公用设施消费者律师担任。在发布供公众评论的公告以及提供供公众评论的机会之后，联合委员会必须在 1996 年《电信法》颁布之日后的 9 个月内，向联邦通信委员会提出建议。

“（2）联邦通信委员会的行动——联邦通信委员会必须发起单独的程序执行第（1）款规定的联合委员会的建议，并且必须在 1996 年《电信法》颁布之日后的 15 个月内完成上述程序。通过上述程序制定的规则，必须包括联邦普及服务资助机制所资助的服务的解释工作以及执行的具体时间表。此后，联邦通信委员会必须在收到联合委员会关于普及服务的进一步建议后的一年内，完成执行上述建议的程序工作。

“第（b）条　普及服务原则——联合委员会以及联邦通信委员会必须根据下列原则制定保障和促进普及服务的政策：

“（1）质量与费率——可以公正、合理和经济的费率取得优质服务。

“（2）享受先进服务——全国各地均应提供先进的电信和信息服务。

“（3）在农村和高物价地区享受的服务——全国各地的消费者，包括低收入的消费者以及农村地区、偏僻地区和高物价地区的消费者，均可以享受电信和信息服务，包括互相交换服务和先进的电信和信息服务，并且与市区提供的服务合理类似，与市区类似服务收取的费率合理类似。

“（4）公平而非歧视性的捐赠——所有的电信服务提供商应当为保障

和促进普及服务提供公平而非歧视性的捐赠。

“（5）具体而可预测的资助机制——应当有具体、可预测而且充分的联邦和州级机制保障和促进普及服务。

“（6）为学校、图书馆和医疗机构提供先进的电信服务——中小学及其教室、图书馆、医疗机构应当取得第（h）条规定的先进电信服务。

“（7）其他原则——联合委员会认为对保护公共利益、公共便利和公共需求所必需而且符合本法规定的其他原则。

“第（c）条　解释——

“（1）一般规定——由于普及服务系不断发展的电信服务，因此，联邦通信委员会必须根据本节规定，定期研究电信和信息技术及其服务的发展。联合委员会在提出联邦普及服务资助机制所资助的服务的解释的建议以及联邦通信委员会在确定联邦普及服务资助机制所资助的服务的解释时，必须考虑此类电信服务——

“（A）对于教育、公共健康或者公共安全的基础作用的情形；

“（B）通过客户的市场选择机制，已被绝大多数居民申请使用的情形；

“（C）正由电信运营商配备至公共电信网络中的情形；

“（D）与公共利益、公共便利和公共需求保持一致的情形。

“（2）改变与修正——联合委员会可以随时建议联邦通信委员会修正联邦普及服务资助机制所资助的服务的解释。

“（3）特殊服务——除第（1）款规定的普及服务的解释所包括的服务外，联邦通信委员会可以增加符合第（h）条规定的为学校、图书馆和医疗机构提供的资助机制的服务。

“第（d）条　电信运营商的捐赠——每一个提供州际电信服务的电信运营商，必须按照公平而非歧视的原则，向联邦通信委员会为保障和促进普及服务而建立的具体、可预测而且充分的机制提供捐赠。如果运营商的电信服务受到限制以至于其对保障和促进普及服务的捐献微不足道，联邦通信委员会可以免除上述运营商遵守上述规定的责任。根据公共利益的需要，可以要求任何州际电信提供商为保障和促进普及服务提供捐赠。

“第（e）条　普及服务的资助——在联邦通信委员会为执行本节规定

而制订的管理规定生效之日以后，只有根据第 214 节第（e）条的规定而确定的合格电信运营商，才有资格接受专门的联邦普及服务的资助。接受此种资助的运营商只能将该种资助用于资助所设定的设施和服务的提供、维护和改进活动。任何此类资助均必须明确而充分地实现本节所规定的宗旨。

“第（f）条　州的职权——各州不得制定与联邦通信委员会为保障和促进普及服务而制定的规则相冲突的管理规定。提供州内电信服务的每一个电信运营商，均必须按照公平而非歧视的原则以及各州规定的方式，为保障和促进该州的普及服务而作出捐赠。各州为保障和促进该州的普及服务而制定的其他解释和标准的管理规定，必须符合如下规定：该管理规定增加的具体、可预测而且充分的机制所支持的解释或者标准，不依赖于联邦普及服务资助机制或者不会给联邦普及服务资助机制增加负担。

“第（g）条　互换和州际服务——在 1996 年《电信法》颁布之日后 6 个月内，联邦通信委员会必须制定规则，规定互换电信服务的提供商向农村和高物价地区的用户收取的费率，不得高于此类提供商向其市区用户收取的费率。上述规则也可以要求州际互换电信服务的提供商，向各州用户提供上述服务而收取的费率，不得高于其向其他任何州的用户收取的费率。

“第（h）条　为特定服务提供商提供的电信服务——

“（1）一般规定——

“（A）农村地区的医疗服务提供商——电信运营商在收到善意请求时，必须以合理类似于相同服务在该州市区收取的费率的费率，向为居住于该州农村地区的居民提供服务的任何公共或者非赢利性的医疗服务机构，提供在该州提供医疗服务所必需的电信服务，包括与此类服务有关的说明。根据本款规定提供服务的电信运营商，在为各州农村地区医疗服务机构提供服务所收取的费率，与作为参加保障和促进普及服务机制的部分责任而为该州类似农村地区的其他用户提供类似服务所收取的费率之间，应当有权采取相当大的差别对待。

“（B）教育机构和图书馆——在收到符合第（c）条第（3）款规定的普及服务的任何服务提供的善意请求后，在某个地区提供服务的所有电信运营商，必须以低于向其他当事人提供类似服务所收取的费率，向中小学和用于教育目的的图书馆提供该类服务。折扣率，必须等于联邦通信委员会就州际服务以及各州就州内服务，认为为保障上述机构在经济上可以接入并使用上述服务而合理必须的数额。提供本款规定服务的电信运营商必须——

“（i）享有与该折扣数额相等的用以抵消其为保障和促进普及服务而应捐献的责任数额；

“（ii）或者取得利用保障和促进普及服务的补偿金额，尽管存在本节第（e）条的规定。

“（2）先进服务——联邦通信委员会必须制定完全中立的规则——

“（A）在技术可行和经济合理的范围内，为所有公共和非营利性中小学教室、图书馆和医疗服务机构，提高获取先进电信和信息服务的能力。

“（B）明确电信运营商必须将其网络与上述公共机构电信用户连通的具体情形。

“（3）条款——对于根据本条规定向公共机构电信用户提供的电信服务和网络容量，上述用户不得出于金钱或者其他对价的考虑而予以出售、转售或者以其他方式进行转让。

“（4）用户资格——本条列举的任何机构，如果经营营利性业务、系第（5）款第（A）项规定的取得了50,000,000美元捐款的学校或者系没有资格参加《图书馆服务与建设法》第III编（《美利坚合众国法典》第20编第335节以下）规定的州资助基金计划的图书馆，则无权享有本条规定的优惠费率或者待遇。

“（5）释义——本条规定的：

“（A）中小学——‘中小学’的术语，指《中小学教育法》第14101节第（14）款和第（25）款（《美利坚合众国法典》第20编第8801节）所规定的中学和小学。

“（B）医疗服务机构——‘医疗服务机构’的术语，指——

“（i）提供医疗培训的高等教育机构、教学医院和医学院；

“（ii）社区健康中心或者给移民提供医疗服务的健康中心；

“（iii）本地卫生健康部门或者局署；

“（iv）社区心理健康中心；

“（v）非营利性医院；

“（vi）农村卫生健康诊所；

“（vii）由第（i）至（vi）目规定的一个或者一个以上的医疗服务机构组成的集团。

“（C）公共机构电信用户——‘公共机构电信用户’的术语，指本款规定的术语所解释的中小学、医疗服务机构或者图书馆。

“第（i）条　消费者保护——联邦通信委员会和各州应当保障消费者可以公平、合理和经济的费率享受普及服务。

“第（j）条　本节的任何规定，均不得影响联邦通信委员会根据《联邦行政法典》第 47 编第 69. 117 节以及该编其他节规定的管理规定而制定的‘救助项目资金’的筹集、分配和管理。

“第（k）条　禁止资助竞争性业务——电信运营商不得利用非竞争性业务资助竞争性业务。联邦通信委员会对于州际业务，各州对于州内业务，必须制定必要的成本分配规则、会计维护制度和指导守则，保障普及服务的成本不会高于用于提供其他服务的设施的整体成本的合理份额。

“第 255 节　残障人士的接入权

“第（a）条　释义——本节采用的——

“（1）残障——‘残障’术语的含义，与 1990 年《美国残障人法》第 3 节第（2）款第（A）项【《美利坚合众国法典》第 42 编第 12102 节第（2）款第（A）项】所规定的含义相同。

“（2）使用便利——‘使用便利’术语的含义，与 1990 年《美国残障人法》第 301 节第（9）款【《美利坚合众国法典》第 42 编第 12181 节第（9）款】所规定的含义相同。

“第（b）条　制造——电信设备或者用户终端设备的制造商，必须确保其设计、开发和制造的设备可以供残障人士方便取得和使用。

“第（c）条　电信服务——电信服务提供商必须确保其服务可以供残障人士方便取得和使用。

“第（d）条　兼容性——在第（b）条和第（c）条的规定无法满足的情形下，上述制造商或者提供商必须确保其设备或者设施与由残障人士普遍用于接入的利用方便的现有外围装置或者专门的用户终端设备兼容。

“第（e）条　指导守则——在 1996 年《电信法》颁布之后的 18 个月内，建筑与运输无障碍委员会必须与联邦通信委员会联合制定电信设备和用户终端设备接入的指导守则。建筑与运输无障碍委员会必须定期审查和修订该上述指导守则。

“第（f）条　并未规定任何私权——本节的任何规定，均不得解释为授予了执行本节或者根据本节规定制定的管理规定的任何私权。联邦通信委员会对本节规定的任何投诉享有排他的管辖权。

“第 256 节　互联互通的合作

“第（a）条　目的——本节的目的是——

“（1）通过下列途径，提高电信产品和服务的最广大用户和购买人非歧视性接入提供电信服务的电信网络的能力——

“（A）电信运营商和其他电信服务提供商的公共电信网络合作计划和设计；

“（B）互联互通的公共电信网络和提供电信服务的前述网络设备；

“（2）确保用户和信息提供商通过电信网络和在电信网络之间无缝、透明地传输和接收信息的能力。

“第（b）条　联邦通信委员会的职能——为执行本节规定，联邦通信委员会——

“（1）为了用于提供电信服务的公共电信网络切实有效地实现互联互通，必须就联邦通信委员会监管电信运营商和电信服务的其他提供商的网络合作计划，制定规定。

“（2）按照本节颁布之日之前的职权和惯例，参加相应的行业标准制定组织制定可以促进下列接入的公共电信网络互联互通标准的活动——

“（A）提供电信服务的公共电信网络；

“（B）残障人士使用的网络容量和服务；

“（C）农村电话公司用户使用的信息服务。

“第（c）条　联邦通信委员会的职权——本节的任何规定，均不得解释为扩大或者限制联邦通信委员会在 1996 年《电信法》颁布之日以前根据法律享有的任何职权。

“第（d）条　释义——本节规定的‘公共电信网络的互联互通’的术语，指为质量不受损害地通信和交换信息以及互相协调行动而提供服务的两个或者两个以上的公共电信网络的能力。

“第 257 节　关于市场准入障碍的规定

“第（a）条　清除障碍——在 1996 年《电信法》颁布之日后的 15 个月内，联邦通信委员会必须通过其根据本法（但本节除外）规定的职权而制定的管理规定，为拥有和提供电信服务和信息服务的承包商和其他小型企业，或者为提供零配件或者服务给电信服务或者信息服务提供商的承包商和其他小型企业，完成确认和清除市场准入障碍的工作。

“第（b）条　国家政策——在执行第（a）条的过程中，联邦通信委员会必须努力促进本法鼓励媒体声音多样化、经济竞争活力化、技术进步和增进公共利益、公共便利和公共需求的政策和目的。

“第（c）条　定期审查——在完成第（a）条规定的工作后，联邦通信委员会必须每三年审查一次下列事项并向国会提交报告——

“（1）根据第（a）条确认的、属于其职权范围内的、为清除障碍而制定的任何管理规定以及为与公共利益、公共便利和公共需求保持一致而作出的任何管理规定。

“（2）联邦通信委员会按照公共利益、公共便利和公共需求的要求，根据第（a）条规定确认并建议清除的制定法障碍。

“第 258 节　非法改变用户选择的运营商

“第（a）条　禁止规定——任何电信运营商均不得提请或者擅自改变用户选择的电话交换服务或者长途电话服务提供商，但是，符合联邦通信委员会制定的批准规定的除外。本节的任何规定均不得禁止任何州的通信委员会执行与州内服务有关的上述规定。

“第（b）条　收费责任——违反第（a）条批准规定的任何电信运营商以及从用户处收取电话交换服务或者长途电话服务费用的任何电信运营商，根据联邦通信委员会可能作出的上述规定，均负有将违反规定后向上述用户收取的全部费用支付给用户原先选择的运营商的责任。除本节规定的救济措施外，也可以采取其他法律规定的其他任何救济措施。

“第259节　基础设施的分享

“第（a）条　应制定的管理规定——在1996年《电信法》颁布之日后的一年内，联邦通信委员会必须制定管理规定，要求现有本地交换运营商【其释义由第251节第（h）条作出规定】允许任何符合资格的运营商，利用上述合格的运营商在其请求以及取得第214节第（e）条规定的合格电信运营商的指定服务区内，为提供电信服务或者提供信息接入服务而必需的公共交换性网络基础设施、技术、信息、电信设施以及功能。

“第（b）条　管理规定的条款——联邦通信委员会根据本节规定制定的管理规定——

“（1）不得要求本节规定的本地交换运营商采取经济上不合理或者违反公共利益的行为；

“（2）可以允许但不得要求上述本地交换运营商与合格的运营商共同拥有或者共同经营公共交换性网络基础设施和业务；

“（3）必须保证上述本地交换运营商不被联邦通信委员会或者任何州按照本节规定颁布的管理规定，视为供租赁的普通运营商或者为符合资格的运营商提供基础设施、技术、信息、设施或者功能的普通运营商；

“（4）必须保证上述本地交换运营商，根据联邦通信委员会根据本节颁布的管理规定所规定的指导守则的规定，按照允许符合资格的运营商完全从本地交换运营商的规模经济中受益的公平合理条款，向符合资格的运营商提供上述基础设施、技术、信息、设施或者功能。

“（5）必须建立促进本节规定的本地交换运营商与符合资格的运营商之间合作的条件；

“（6）不得为了符合资格的运营商在上述本地交换运营商的电话交换服务区内向消费者提供服务或者接入，要求本节规定的本地交换运营商签订任何共同拥有基础设施的协议；

“（7）出于公开检查的目的，可以要求上述本地交换运营商向联邦通信委员会或者州提交可以说明前述运营商根据本节的规定，正在提供公共交换性网络基础设施和功能的费率和条款的任何关税文件、合同或者其他协议。

“第（c）条　与开展新业务和配置新设备有关的信息——按照本节规定已签订基础设施共享协议的适用本节规定的本地交换运营商，必须及时向上述协议的当事人提供已计划开展的业务和配置设备的信息，包括与利用或者管理上述电信设备有关的密不可分的任何软件或者所更新的任何软件。

“第（d）条　释义——本节规定的符合资格的运营商的术语，指符合下列条件的电信运营商——

“（1）没有形成经济规模的，如联邦通信委员会按照本节规定制定的管理规定所规定的；

“（2）向上述运营商按照第214节第（e）条规定的符合资格的电信运营商而被指定的整个服务区内的所有不享有优惠的消费者，提供电话交换服务、交换接入以及包括普及服务在内的其他服务的。

“第260节　电信短信服务的提供

“第（a）条　无差别的保障措施——第251节第（c）条规定的提供电信短信服务的任何本地交换运营商——

“（1）不得直接或者间接以其电话交换服务或者接入服务资助其电信短信服务；

“（2）不得在其电信服务的提供过程中对其电信短信服务提供优惠或者差别待遇。

“第（b）条　快速处理投诉——联邦通信委员会必须建立相应的制度，受理和审查与违反第（a）条有关的投诉或者与根据该条制定的且给电信短信服务提供商导致物质经济损害的管理规定有关的投诉。前述制度必须保证联邦通信委员会在受理投诉后的120日内对任何投诉问题作出最终决定。如果投诉有相应的材料证明所投诉的违反规定的行为已经发生，联邦通信委员会必须在受理投诉后60日内，命令本地交换运营商及其任何关联成员在作出最终决定前，停止违反规定的行为。

“第（c）条　释义——本节规定的‘电信短信服务’的术语，指语音邮件和语音存取服务以及任何用来记录、播送、转发消息（但电信转发服务除外）的即时操作服务和以前述服务组合的形式提供的任何辅助服务。

"第261节 对其他规定的影响

"第（a）条 联邦通信委员会的管理规定——本部分的任何规定，均不得解释为禁止联邦通信委员会在执行本部分规定时，执行1996年《电信法》颁布之日以前制定的与本部分规定保持一致的管理规定。

"第（b）条 现有的州管理规定——本部分的任何规定，不得解释为禁止各州通信委员会在执行本部分的规定时，执行1996年《电信法》颁布之日以前制定的管理规定，或者在其颁布后，制定新的管理规定，但是，上述管理规定不得与本部分规定相抵触。

"第（c）条 各州的新规定——如果各州的规定与本部分的规定或者联邦通信委员会实施本部分的规定不一致，本部分的任何规定，不得禁止各州给提供州内服务的电信运营商增加为进一步促进电话交换服务或者交换接入而必须作出的规定。"

第（b）条 第I部分的调整——进一步修改本法第II编，在第201节的标题词前增加下列新标题词：

"第I部分——普通运营商的管理规定"

第（c）条 条文协调的规定——为了实现下列目的，对本法作出如下修改——

（1）本法每一编的标题和名称均符合本法本编标题和名称的格式和字体；

（2）本法每一编的标题和名称均与第（a）条作出修改后的本法第II编第I部分的标题和名称的格式和字体保持一致。

第102节 合格的电信运营商

第（a）条 一般规定——对第214节（《美利坚合众国法典》第47编第214节）作出修改，在该节末尾增加下列条款：

"第（e）条 普及服务的规定——

"（1）合格的电信运营商——根据第（2）款或者第（3）款的规定已被指定为合格的电信运营商的普通运营商，有资格按照第254节的规定取得普及服务的资助，并且在所指定的整个服务区域内，可以——

“（A）通过利用自有设施或者自有设施与转卖的其他运营商的服务（包括其他合格的电信运营商提供的服务）的联合体，提供第 254 节第（c）条 规定的联邦普及服务资助机制资助的服务；

“（B）利用普通媒体刊登广告介绍上述服务以及收费情况。

“（2）合格电信运营商的指定——各州通信委员会可以主动，也可以根据申请，把符合第（1）款规定的普通运营商指定为该州通信委员会确定的服务区域内的合格运营商。根据申请并按照公共利益、公共便利和公共需求，只要有其他提出申请的运营商符合第（1）款的规定，州通信委员会就可以在农村电话公司服务的区域内，而且应当在其他所有区域内，指定不止一个普通运营商为该州通信委员会确定的服务区域内的合格电信运营商。在为农村电话公司服务的区域指定其他合格电信运营商之前，各州通信委员会必须确定该指定符合公共利益。

“（3）为非服务区指定合格电信运营商——如果普通运营商愿意向非服务区的社区或者该社区需要其服务的任何地方，提供第 254 节第（c）条规定的联邦普及服务资助机制资助的服务，联邦通信委员会对于涉及州际服务的，各州通信委员会对于涉及州内服务的，必须考察哪个普通运营商最有能力向所申请的非服务区的社区或者其任何地方提供上述服务，并决定由该运营商向非服务区的社区或者其任何地方提供上述服务。根据本款规定被指定的运营商必须符合第（1）款的规定，并应当被指定为该社区或者其任何地方的合格电信运营商。

“（4）放弃普及服务——各州通信委员会应当允许合格的电信运营商放弃其指定为不止一个合格电信运营商服务的任何区域的合格运营商。要求放弃指定为不止一个合格电信运营商服务区域内的合格电信运营商的合格电信运营商，应当向各州通信委员会提前提交报告。在同意被指定为合格电信运营商的电信运营商，停止向不止一个合格电信运营商服务的区域内提供普及服务前，该州通信委员会应当要求其余合格电信运营商保证，申请放弃的运营商所服务的客户将继续得到服务，并应当充分通知允许任何其余的合格电信运营商购买或者建造相应的设施。各州通信委员会必须在其批准本款规定的放弃行为后的一年内，设立完成上述购买或者建造行为的时间表。

“（5）服务区的释义——‘服务区’的术语，指各州通信委员会为确定普及服务责任和资助机制而建立的地理区域。对于农村电话公司服务的区域而言，‘服务区’指前述公司的‘学习区’，但联邦通信委员会和各州在考虑按照第410条设立的联邦与州两级联合委员会的建议后为上述公司规定了不同解释的服务区的除外。”

第103节　免责电信公司

对1935年《公用事业控股公司法》（《美利坚合众国法典》第15编第79节及其以下）作出修改，将第34节和第35节分别重新调整为第35节和第36节，并在第33节之后增加下列章节：

“第34节　免责的电信公司

“第（a）条　释义——本节规定的——

“（1）免责的电信公司——‘免责的电信公司’的术语，指由联邦通信委员会决定直接或者间接通过不论其位于何处的一个或者多个关联成员【其释义见第2节第（a）条第（11）款第（B）项的规定】而排他经营下列业务之人——

“（A）电信服务；

“（B）信息服务；

“（C）属于联邦通信委员会管辖的其他服务或者产品；

“（D）与第（A）、（B）、（C）项规定的产品或者服务有关的或者附属于其的产品或者服务。除非根据本款规定已向联邦通信委员会申请作出上述决定，否则，任何人均不得视为属于本节规定的免责电信公司。在联邦通信委员会作出上述决定之前，出于善意申请上述决定之人，应当视为本节规定的免责电信公司，享有本节规定的全部免责待遇。联邦通信委员会对于本节颁布之日后提交的上述申请，应当在受理后的60日内，作出上述决定。在本节颁布之日后不迟于12个月内，联邦通信委员会必须发布执行本款规定的规则，并将其适用于上述规则生效之日后，根据本款提出的申请。

“（2）其他术语——本节规定的‘电信服务’和‘信息服务’的术语，

与 1934 年《通信法》所规定的术语含义相同。

“第（b）条　出售现有收费所得设施的州同意权——如果出售电力或者天然气所收金额或者费用（但代表批发价格的费率或者收费除外），用于购买自 1995 年 12 月 19 日起，根据任何一州的法律而有效注册的控股公司的联营公司或者关联成员的公用事业公司的资产，或者与其资产存在联系的，拥有上述资产的公用事业公司不得将上述资产出售给属于联营公司或者关联成员的免责电信公司，除非对上述公用事业公司享有管辖权的所在州通信委员会批准上述出售行为。本条的任何规定不得优先于任何州同意或者不同意出售上述资产的相应职权。联邦通信委员会根据本法享有的批准权，不适用于本条规定的资产出售行为。

“第（c）条　免责控股公司对免责电信公司的所有权——无论本法如何规定，应当根据本法无条件地允许本法第 3 节规定的免责控股公司取得和享有一个或者多个免责电信公司的经营权益。

“第（d）条　注册控股公司对免责电信公司的所有权——无论本法如何规定，应当允许（无须向联邦通信委员会申请批准或者取得其同意，并根据本法无条件地）注册控股公司取得和持有一个或者多个免责电信公司的证券或者经营权益。

“第（e）条　免责电信公司与注册控股公司之间的经济以及其他关系——免责电信公司与注册控股公司及其关联成员、联营公司之间的关系，应受本法规定的联邦通信委员会的管辖：

“（1）本法第 11 节的规定，不得禁止注册控股公司拥有一个或者多个免责电信公司的经营权益（无论免责电信公司从事何种经营活动、无论免责电信公司拥有或者管理的设施处于何处），注册控股公司的上述所有权应视为符合整个公共事业体系的运作。

“（2）注册控股公司对一个或者多个免责电信公司经营权益的所有权（无论免责电信公司从事何种经营活动、无论免责电信公司拥有或者管理的设施处于何处），应视为合理附属于整个公共事业体系的运作，或者系在经济上其运作所必需的或者适当的。

“（3）联邦通信委员会对下列事项不享有本法规定的管辖权，因而对下列事项不享有本法规定的限制权或者批准权：（A）注册控股公司为兼并免责电信公司而融资所需要进行的证券发行或者出售行为；（B）注册控股公司为免责电信公司的证券担任担保人的行为。

“（4）除有关成本应当在注册控股公司的联营公司之间公平公正地进行分配的事项外，联邦通信委员会根据本法对免责电信公司与注册控股公司及其关联成员和联营公司之间的买卖、服务和建设工程合同不享有管辖权。

“第（f）条　涉及注册公用事业控股公司体系的投资与活动的报告责任——

“（1）信息报告责任——任何取得或者持有免责电信公司证券或者经营权益的注册控股公司及其分支机构，必须向联邦通信委员会提交联邦通信委员会规则规定的下列信息资料——

“（A）注册控股公司及其任何分支机构与免责电信公司有关的投资和活动；

“（B）在控股公司体系范围内并对控股公司体系的金融或者经营状况可能具有重大影响的免责电信公司的活动。

“（2）要求提供其他信息资料的职权——根据本条第（1）款规定而提供给联邦通信委员会的报告或者根据其他信息资料，联邦通信委员会合理得出结论，其应关注注册控股公司及其任何分支机构（包括免责电信公司）的经济或者经营状况的，联邦通信委员会可以要求上述注册控股公司提交其他报告并提供其他信息资料。

“（3）限制披露信息的职权——无论其他法律如何规定，不得强制联邦通信委员会披露本条所要求提供的任何信息。本条的任何规定，均未授权联邦通信委员会拒不向国会提供信息，或者授权联邦通信委员会可以不向要求提供其职权范围内的信息的任何联邦或者各州部门或者机构提供信息。根据《美利坚合众国法典》第5编第552节的规定，本条应当视为前述第552节第（b）条第（3）款第（B）项规定的制定法。

“第（g）条　责任承担——属于注册控股公司的联营公司或者关联成员并在零售电费或者天然气价格方面受各州通信委员会管辖的任何公用事业公司，不得为免责电信公司的经营、兼并、所有权的融资行为发行任何证券。属于注册控股公司的联营公司或者关联成员并在零售电费或者天然气价格方面受各州通信委员会管辖的任何公用事业公司，不应就免责电信公司的任何证券承担公用事业公司所承担的保证人、背书人、担保人或者其他责任人的责任或者义务。

“第（h）条　资产担保或者抵押——属于注册控股公司的联营公司或者关联成员并在零售电费或者天然气价格方面受各州通信委员会管辖的任何公用事业公司，不得为免责电信公司的利益而给公用事业公司及其分支机构的任何资产设定质押、抵押或者其他任何形式的担保。

“第（i）条 防止滥用关联交易——只有符合下列情形之一，公用事业公司才可以签订向属于其关联成员或者联营公司的免责电信公司购买第（a）条第（1）款规定的服务或者产品的合同——

“（1）对上述公用事业公司的零售价格享有管辖权的各州通信委员会批准上述合同的；

“（2）上述公用事业公司不受州通信委员会零售价格管理规定的管理并且所购买的服务或者产品——

“（A）不会重新出售给任何关联成员或者联营公司的；

“（B）或者不会重新出售给任何关联或者联营公司，并且对上述关联或者联营公司的零售价格享有管辖权的州通信委员会作出了第（A）项所要求的决定的。本条的任何规定，不得适用于相关的州或者州通信委员会发布公告称其放弃了本条规定的权力的情形。

“第（j）条　不具有价格管理优先权——本法的任何规定，均不得排除联邦能源监管委员会或者州能源监管委员会根据其他法律行使其职权，决定公用事业公司是否可以在价格方面补偿向属于免责电信公司的联营公司或者关联成员购买或者出售产品或者服务的成本，无论上述成本是否通过直接或者间接向上述联营公司或者关联成员购买或者出售。

“第（k）条　禁止互惠安排方案——禁止非关联成员或者联营公司之间，为了回避本节规定而签订互惠安排方案。

“（1）账簿和档案——在发布书面命令后，州能源监管委员会可以检查下列机构的账簿、会计资料、备忘录、合同以及档案——

“（A）根据州法应受其监管的公用事业公司；

“（B）向上述公用事业公司及其联营公司出售产品或者服务的免责电信公司；

“（C）向第（A）项提及的公用事业公司出售产品或者服务的免责电信公司的任何联营公司或者关联成员，无论其处于何处，只要上述检查系有效执行该州能源监管委员会涉及与上述免责电信公司活动有关的电气服务提供的监管职责所必需的。

“（2）各州能源监管委员会发布第（1）款规定的命令时，不得公开披露商业秘密或者敏感的商业信息。

“（3）位于第（1）款提及的州能源监管委员会所在州的美利坚合众国地区法院对执行遵守本条的规定享有司法管辖权。

“（4）本节的任何规定——

“（A）对涉及档案或者其他信息资料的提供有关的州法，不享有优先权。

“（B）不得以任何方式限制根据联邦法律、合同或者其他规定获取档案和信息资料的权利。

“第（m）条　为能源监管委员会服务的独立审计机构

“（1）各州可以作出审计决定——对属于下列情形的公用事业公司享有管辖权的任何州的能源监管委员会——

“（A）注册控股公司的联营公司；

“（B）经营业务直接或者间接与属于免责电信公司的分支机构、关联成员或者联营公司有关的，可以作出由其所选择的审计机构，对与零售价格具有合理关系以至于与在其管辖权范围内的公用事业公司和上述免责电信公司的交易或者转让行为存在直接或者间接关系的相关事项，进行独立审计的决定，但这种决定每年最多只能作出一次。

“（2）审计事务所的选择——（A）如果州能源监管委员会根据第（1）款的规定作出审计决定，公用事业公司和该州能源监管委员会应当在60 日内，共同选择一个审计事务所进行审计。被选择进行审计的事务所必须拥有与下列事项有关的资质证明——

“（i）包括在每个业务领域进行审计所需的合格技术培训能力和业务能力在内的能力；

“（ii）包括审计事务所不受他人或者外部干涉的独立性，独立于州能源监管委员会和被审计人并保证在不偏不倚地审查所有相关事实和合理意见的基础上进行审计在内的独立性和客观性。

“（B）公用事业公司和免责电信公司必须全力合作，满足进行审计所必需的合理要求，而且公用事业公司必须承担所有的审计费用。

“（3）审计报告的取得——审计报告必须在选定审计人后不迟于 6 个月内提交各州能源监管委员会，必须在审计报告提交上述能源监管委员会后不迟于 60 日内将其提供给公用事业公司。

“第（n）条　电信管理规定的适用——本节的任何规定，不得影响 1934 年《通信法》规定的联邦通信委员会管理免责电信公司的职权，或者与电信服务的提供有关的州法规定的各州通信委员会管理免责电信公司的职权。”

第 104 节　非歧视性原则

对第 1 节（《美利坚合众国法典》第 47 编第 151 节）作出修改，在“给美利坚合众国的全体人民”之后，增加下列规定：“不得实行种族歧视、肤色歧视、宗教歧视、祖籍国歧视或者性别歧视。”

第 B 分编——关于贝尔运营公司的特别规定

第 151 节　关于贝尔运营公司的规定

第（a）条　第Ⅱ编第Ⅲ部分的结构——对第Ⅱ编作出修改，在第Ⅱ部分末尾增加下列章节：

“第Ⅲ部分——关于贝尔运营公司的特别规定

“第 271 节　贝尔运营公司准入交互本地接入与传输区域服务的规定

“第（a）条　一般限制规定——贝尔运营公司及其任何关联成员，均不得提供本节规定以外的交互本地接入与传输区域服务。

“第（b）条　本节适用的交互本地接入与传输区域服务——

“（1）区内服务——贝尔运营公司及其任何关联成员，可以提供发端于其区内州【其释义由第（i）目作出规定】的交互本地接入与传输区域服务，但必须经联邦通信委员会根据第（d）条第（3）款的规定批准上述公司适用于上述州。

“（2）区外服务——根据第（j）目的规定，自 1996 年《电信法》颁布之日后，贝尔运营公司及其任何关联成员，可以提供发端于其区内州外的交互本地接入与传输区域服务。

“（3）附属的交互本地接入与传输区域服务——自 1996 年《电信法》颁布之日后，贝尔运营公司及其任何关联成员，可以提供发端于任何州的交互本地接入与传输区域服务【其释义由第（g）条作出规定】。

“（4）终止——根据第（j）目的规定，本节的任何规定，不得禁止贝尔运营公司及其任何关联成员终止交互本地接入与传输区域服务。

“第（c）条　提供特定区内交互本地接入与传输区域服务的要求——

“（1）协议或者声明——如果贝尔运营公司符合为申请所在州设定的本款第（A）项或者第（B）项的要求，则其符合本款的规定。

“（A）以设施为基础的竞争者的出现——如果根据第 252 节的规定，贝尔运营公司签订的如下一个或者一个以上有约束力的协议得到批准，贝尔运营公司就符合本款规定的要求：规定了贝尔运营公司为向居民和企业用户提供电话交换服务【释义由第 3 节第（47）款第（A）项作出规定，但不包括交换接入】的一个或者一个以上的非关联性竞争提供商的网络设施，提供其网络设施接入和互联互通的具体条件。就本项规定而言，上述电话交换服务可以由上述竞争性提供商以其自有的电话交换服务设施独家提供，也可以以其自有的电话交换服务设施为主而结合转买其他运营商的电信服务一起提供。就本项规定而言，根据联邦通信委员会的管理规定第 22 部分第 K 部分（《联邦行政法典》第 47 编第 22. 901 节以下）规定而提供的服务，不得视为电话交换服务。

“（B）未提出接入的请求——如果没有提供商在第（d）条第（1）款规定的提出申请之日前的 3 个月前，提出第（A）项规定的接入和互联互通要求，并且贝尔运营公司普遍提出的提供上述接入和互联互通的具体条件的报告，得到第 252 节第（f）条规定的州通信委员会的批准或者已允许生效，则在 1996 年《电信法》颁布之日后的 10 个月后，贝尔运营公司符合本项规定的要求。就本项而言，如果所在州的州通信委员会确认，提出上述请求的提供商没有按照第 252 节的规定进行善意协商，或者因在合理的时期内没有遵守按照第 252 节的规定已得到批准的协议规定的执行时间表，而违反了上述协议条款，则应当认为贝尔运营公司没有收到接入和互联互通的请求。

“（2）互联互通的具体规定——

“（A）所要求的协议——符合下列情形之一的贝尔运营公司，在所要求授权的州内，符合本款规定的要求——

“（i）（I）上述公司根据第（1）款第（A）项规定的一个或者一个以上的协议，正在提供接入和互联互通服务，

“（II）或者上述公司根据第（1）款第（B）项规定的报告，正在提供接入和互联互通服务；

“（ii）上述接入和互联互通服务符合本款第（B）项规定的要求。

“（B）竞争清单——贝尔运营公司向其他电信运营商提供或者普遍提供的接入或者互联互通服务符合下列情形之一的，符合本项要求：

“（i）与第 251 节第（c）条第（2）款和第 252 节第（d）条第（1）款规定一致的互联互通。

“（ii）与第 251 节第（c）条第（3）款和第 252 节第（d）条第（1）款规定一致的网络组件的非歧视性接入。

“（iii）非歧视性接入贝尔运营公司以与第 224 节规定一致的公平合理的费率而拥有或者控制的电线杆、线盒、管道和通行权。

“（iv）从本地交换或者其他服务中分离的从中心局至用户终端的本地环线传输。

“（v）从交换或者其他服务分离的有线本地交换运营商交换干线始发的本地传送。

“（vi）从传送、本地环线传输或者其他服务分离的本地交换。

“（vii）非歧视性接入——

“（I）911 和 E911 服务；

“（II）允许其他运营商的用户获取电话号码的查号服务；

“（III）话务员呼叫接通服务。

“（viii）其他运营商的电话交换服务的用户的白皮书号码清单。

“（ix）在电信号码管理指导守则、计划或者规则建立之前，为了转给其他运营商的电话交换服务用户而非歧视性接入电话号码。在该日之后，遵守上述指导守则、计划或者规则。

“（x）非歧视性接入数据库和呼叫发送与完成所必须的关联信令。

“（xi）在联邦通信委员会根据第 251 节规定颁布要求实施号码可携性的管理规定之日前，在尽可能不损害性能、质量、可靠性和便利性的情形下，通过远程呼叫前转、直接中继方式或者其他类似安排，实现临时电信号码可携性。在上述日期之后，完全遵守上述管理规定。

“（xii）非歧视性接入提出请求的运营商执行与第 251 节第（b）条第（3）款一致的本地同等拨号待遇所必需的服务或者信息。

“（xiii）符合第 252 节第（d）条第（2）款规定的互相补偿安排方案。

“（xiv）符合第 251 节第（c）条第（4）款和第 252 节第（d）条第（3）款规定的可以转售的电信服务。

“第（d）条　管理规定——

“（1）向联邦通信委员会提出申请——1996 年《电信法》颁布之日及其后，贝尔运营公司及其关联成员可以申请联邦通信委员会授权其提供发端于任何区内州的交互本地接入和传输服务。该申请必须明确请求授权所在的州。

“（2）咨询——

“（A）咨询司法部长——联邦通信委员会必须立即将根据第（1）款提出的申请通知司法部长。在作出本节规定的任何决定之前，联邦通信委员会必须咨询司法部长；如果司法部长提交了任何书面意见，这种意见必须记录在联邦通信委员会决定的档案中。在按照本款规定的接受咨询和提交意见的过程中，司法部长必须向联邦通信委员会提供其按照自己认为适当的标准作出的申请评估意见，但是，这种评估意见对第（3）款规定的联邦通信委员会的任何决定不具有阻止作用。

“（B）咨询州通信委员会——在作出本条规定的任何决定之前，联邦通信委员会必须咨询申请所属州的州通信委员会，目的是证明贝尔运营公司是否遵守第（c）条的规定。

“（3）作出决定——在受理第（1）款规定的申请后的不迟于 90 日内，联邦通信委员会必须签发批准或者不批准所申请的在各州得到授权的决定。联邦通信委员会不得批准根据第（1）款规定提交的申请所要求的授权，除非其认定——

“（A）提出申请的贝尔运营公司符合第（c）条第（1）款规定的要求——

“（i）而且就第（c）条第（1）款第（A）项规定的接入和互联互通而言，已经完全执行第（c）条第（2）款第（B）项的竞争清单；

“（ii）或者就第（c）条第（1）款第（B）项规定的报告普遍提供的接入和互联互通而言，该报告提供了包括在第（c）条第（2）款第（B）项的竞争清单内的所有项目。

“（B）所申请的授权的执行，符合第 272 节的规定。

“（C）所申请的授权符合公共利益、公共便利和公共需求。联邦通信委员会必须说明批准或者不批准申请的理由。

“（4）对联邦通信委员会的限制——联邦通信委员会不得通过规则或者其他方式限制或者扩大第（c）条第（2）款第（B）项规定竞争清单所采用的术语的解释。

“（5）公开发布——在签发第（3）款规定的决定后不迟于 10 日内，联邦通信委员会必须在《联邦行政公报》中公开发布其决定的简要说明。

“（6）条款的执行——

“（A）联邦通信委员会的职权——如果在根据第（3）款规定批准申请后的任一时间，联邦通信委员会认为贝尔运营公司不再符合作出批准决定所要求的条件，它可以在告知并给予听证机会后——

“（i）命令上述公司纠正其错误；

“（ii）根据第 V 编的规定，处罚上述公司；

“（iii）中止执行或者撤销批准决定。

“（B）投诉的受理与审查——联邦通信委员会必须制定程序，审查有关贝尔运营公司不符合第（3）款批准要求所需条件的投诉。除非双方当事人同意，否则，联邦通信委员会必须在 90 日内对投诉作出处理决定。

“第（e）条　限制规定——

“（1）市话和长话服务的混合销售——根据第（d）条的规定，授权贝尔运营公司在区内州提供交互本地接入与传输区域服务之前，或者在 1996 年《电信法》颁布之日后经过 36 个月之前，全国预定接入线服务份额超过 5% 的电信运营商，不得在上述州混合销售从第 251 节第（c）条第（4）款规定的上述公司处取得的电话交换服务和上述电信运营商提供的交互本地接入与传输区域服务。

“（2）本地接入与传输区域内的同等长话拨号待遇——

“（A）必须提供——根据第（d）条被授权提供交互本地接入与传输区域服务的贝尔运营公司，必须在被授权从事服务的整个州内，提供本地接入与传输区域内的同等长话拨号待遇。

“（B）限制规定——除个别本地接入与传输区域州和至 1995 年 12 月 19 日止已发布命令要求贝尔运营公司实施本地接入与传输区域内的同等长话拨号待遇的州外，其余各州在贝尔运营公司按照本节规定被授权提供发端于该州的本地接入与传输区域内服务前，或者在 1996 年《电信法》颁布之日后的 3 年前，不得要求贝尔运营公司在本州实施本地接入与传输区域内的同等长话拨号待遇。本项的任何规定，不得排除各州在上述日期前，发布命令要求在该州提供本地接入与传输区域内的同等长话拨号待遇，但上述命令只能在上述任一更早的日期到来之后，才能生效。

“第（f）条　以前已授权的经营行为除外——无论是第（a）条还是第 273 节的任何规定，均不得禁止贝尔运营公司及其关联成员，在 1996 年《电信法》颁布后的任何时候，按照位于哥伦比亚特区的美利坚合众国地区法院根据 AT&T 案和解判决书第 VII 节 或者第 VIII（C）节作出的裁定授权的范围和规定的条件，从事经营活动，但前提是，上述裁定系在上述颁布日期或者之前作出的，而且没有被上诉法院推翻或者撤销。本款的任何规定，不得解释为限制贝尔运营公司从事根据本节其他规定已得到授权从事的经营活动，或者解释为给上述经营活动增加条件。

“第（g）条　附属的交互本地接入与传输区域服务的释义——本节中

的‘附属的交互本地接入与传输区域服务’的术语，指由贝尔运营公司及其关联成员提供的下列交互本地接入与传输区域服务——

“（1）（A）提供给上述公司及其关联成员用户的音频节目、视频节目或者其他节目服务；

“（B）为上述用户选择或者回应上述音频节目、视频节目或者其他节目服务进行对话的能力；

“（C）将上述公司及其关联成员拥有或者控制的，或者得到上述版权所有人（或者这种所有人的受让人）的许可传播的，音频节目或者视频节目提供给传播者的；

“（D）报警监控服务；

“（2）符合第 254 节第（h）条第（5）款规定的中小学的设施或者为上述中小学服务的设施上进行的双向对话视频服务或者互联网服务；

“（3）符合本法第 332 节第（c）条以及联邦通信委员会根据该节第（8）款规定制定的管理规定的商业性移动服务；

“（4）允许位于某一本地接入和传输区域的用户，从位于另一个本地接入和传输区域的上述公司的信息储存设施中提取所储存的信息，或者利用上述设施提交信息进行储存的服务；

“（5）用于连接本地交换服务商提供的电话交换服务或者交换接入的信令信息；

“（6）向在上述贝尔运营公司提供电话交换服务或者交换接入服务的区域内的任何地点，提供跨本地接入和交换区域服务的普通运营商，提供网络控制信令信息并接受来自上述运营商的上述信息；

“第（h）条　限制规定——应当严格解释第（g）条的规定。根据第（A）、（B）或者第（c）条规定提供的交互本地接入和交换区域服务，限于附属于贝尔运营公司及其关联成员提供的该公司及其关联成员向社会公众提供的视频、音频以及其他节目服务的交互本地接入和交换区域传输服务。联邦通信委员会必须保证，根据第（g）条授权贝尔运营公司及其关联成员的服务提供行为，不会损害电话交换服务缴费人的利益或者任何电信市场的竞争。

“第（i）条　其他释义——本节使用的——

“（1）区内州——‘区内州’的术语，指根据于 1996 年《电信法》颁布之日前一日生效的 AT&T 案和解判决书批准的重组计划，规定贝尔运营公司及其任何关联成员得到授权提供有线电话交换服务所在的州。

“（2）音频节目服务——‘音频节目服务’的术语，指无线电广播台提供的节目，或者普遍认为类似于无线电广播台提供的节目。

“（3）视频节目服务和其他节目服务——‘视频节目服务’和‘其他节目服务’的术语，其含义与本法第 602 节所规定的含义相同。

“第（j）条　视为州内服务申请的服务申请——为适用本节的规定，贝尔运营公司申请提供的下列 800 服务、专线服务或者其他类似服务，应当视为符合第（b）条第（1）款规定的州内服务——

“（1）在上述贝尔运营公司的区内州终止的；

“（2）以及允许被叫当事人决定交互本地接入和传输区域运营商的。

“第 272 节　独立关联成员与保护机制

“第（a）条　竞争性行为所要求的独立关联成员——

“（1）一般规定——属于受第 251 节第（c）条规定限制的本地交换运营商的贝尔运营公司（包括任何关联成员），不得提供第（2）款规定的任何服务，除非该公司系通过符合下列情形的一个或者一个以上的关联成员提供前述服务——

“（A）独立于受第 251 节第（c）条规定限制的任何一个运营公司机构的；

“（B）并且符合第（b）条的要求的。

“（2）要求独立关联成员提供的服务——第（1）款要求独立关联成员提供的服务指：

“（A）制造行为【其释义由第 273 节第（h）条作出规定】。

“（B）发端于交互本地接入和传输区域服务的，但不属于下列情形之一的——

“（i）第 271 节第（g）条第（1）、（2）、（3）、（5）、（6）款规定的附属交互本地接入和传输区域服务；

“（ii）第 271 节第（b）条第（2）款规定的区外服务；

“（iii）第 271 节第（f）条规定的先前已得到授权的行为。

“（C）交互本地接入和传输区域信息服务，但电子出版服务【其释义由第 274 节第（h）条作出规定】和报警监控服务【其释义由第 275 节第（e）条作出规定】除外。

“第（b）条 关于组织结构和交易行为的规定——本节规定独立关联成员——

“（1）在经营管理上必须独立于贝尔运营公司；

“（2）必须按照联邦通信委员会规定的方式保留账簿、档案和会计资料，而且必须独立于作为关联成员的贝尔运营公司所保留的账簿、档案和会计资料。

“（3）必须拥有独立于作为关联成员的贝尔运营公司的董事、高级管理人员和雇佣人员；

“（4）不得根据允许债权人在违约时可以追索贝尔运营公司资产的安排方案取得贷款；

“（5）与作为关联成员的贝尔运营公司进行交易时，必须将交易行为详细记录在案并供公众查阅。

“第（c）条 非歧视性保护措施——与第（a）条规定的关联成员进行交易时，贝尔运营公司——

“（1）在提供或者采购货物、服务、设施和信息过程中，或者在设立标准过程中，不得在上述公司或者关联成员与其他机构之间实行差别待遇；

“（2）必须按照联邦通信委员会规定或者批准的会计原则记载与第（a）条规定的关联成员的所有交易行为的会计资料。

“第（d）条 两年审计一次——

“（1）一般要求——根据本节规定应经营独立关联成员的公司，必须每两年接受一次联邦和州的联合审计并支付审计费用。这种审计由独立的审计人进行，就上述公司是否遵守本节的规定和根据本节发布的管理规定作出结论，尤其要就上述公司是否遵守第（b）条规定的独立会计要求作出结论。

“（2）提交给联邦通信委员会和州通信委员会的结论——第（1）款规

定的审计人必须将审计结论提交给联邦通信委员会和被审计公司提供服务时所在州的州通信委员会。联邦通信委员会和各州通信委员会必须将上述审计结论予以公布并供社会公众查阅。任何当事人均可以针对最终的审计报告提出意见。

“（3）关于获取查阅文件资料的规定——为开展本条规定的审计和审查活动——

“（A）独立审计人、联邦通信委员会和各州通信委员会，有权获取每个公司及其关联成员的财务会计和档案资料，以证明与上述公司的交易系本节允许的具体行为，并且进行价格管制是必要的。

“（B）联邦通信委员会和各州通信委员会，有权获取为进行本节规定的审计行为所必须的任何审计人的雇佣证书和支持性资料；

“（C）各州通信委员会必须采取适当的措施，保护根据本节规定提交给其的任何专有信息的安全。

“第（e）条　满足某种请求——贝尔运营公司及其受第251节第（c）条规定约束的关联成员——

“（1）必须满足非关联成员机构就电话交换服务和交换接入而提出的任何请求，且应在不长于其向它自己或者其关联成员提供上述电话交换服务和交换接入服务的期限内，满足上述要求。

“（2）不得提供与其交换接入有关的任何设施、服务或者信息给第（a）条规定的关联成员，除非交互本地接入和传输区域服务的其他提供商在该市场上可以同样的条件取得上述设施、服务或者信息；

“（3）必须向第（a）条规定的关联成员收取电话交换服务和交换接入服务的费用，或者自己承担该费用（如果系为自己提供的服务使用接入服务），且该费用不得少于向非关联成员的互换运营商提供上述服务所收取的费用。

“（4）可以向其交互本地接入和传输区域关联成员提供任何交互本地接入和传输区域或者本地接入和传输区域内的设施或者服务，条件是所有的运营商都可以同样的价格和同样的条件取得上述服务或者设施，而且其成本系合理分配的。

“第（f）条 日落规则——

“（1）制造业务和长途服务——在贝尔运营公司或者任何贝尔运营公司的关联成员被授权提供第 271 节第（d）条规定的交互本地接入和传输区域电信服务之日后的 3 年，本节规定【但第（e）条的规定除外】必须停止适用于贝尔运营公司的制造业务和交互本地接入和传输区域电信服务，除非联邦通信委员会通过制定规则或者发布命令再延长了 3 年的期限。

“（2）交互本地接入和传输区域信息服务——在 1996 年《电信法》颁布之日后的 4 年，本节规定【但第（e）条的规定除外】必须停止适用于贝尔运营公司的交互本地接入和传输区域信息服务，除非联邦通信委员会通过制定规则或者发布命令再延长了 4 年的期限。

“（3）维护现有的职权——本条的任何规定，不得解释为限制联邦通信委员会根据本法其他任何条款，采取符合公共利益、公共便利和公共需求的措施的职权。

“第（g）条 联合营销——

“（1）关联成员销售电话交换服务的行为——本节规定的贝尔运营公司关联成员，不得营销或者出售贝尔运营公司提供的电话交换服务，除非该公司同意提供相同或者类似服务的其他机构营销或者出售贝尔运营公司提供的电话交换服务。

“（2）贝尔运营公司出售关联成员的服务——贝尔运营公司不得在其区内州的任何地方，营销或者出售本节规定的关联成员提供的交互本地接入和传输区域服务，除非上述公司已被授权在上述州提供第 271 节第（d）条规定的交互本地接入和传输区域服务。

“（3）建设规则——该条项下允许的服务的联合营销与出售不应视为违反第（c）条的非歧视规定。

“第（h）条 过渡期——对于 1996 年《电信法》颁布之日，贝尔运营公司正在从事的任何经营活动，贝尔运营公司自该法颁布之日起，享有 1 年遵守本节规定的过渡期。

“第 273 节 贝尔运营公司的制造业务

“第（a）条 授权——联邦通信委员会授权贝尔运营公司或者任何贝

尔运营公司的关联成员提供第 271 节第（d）条规定的交互本地接入和传输区域服务的，在遵守本节以及根据本节制定的规定的前提下，贝尔运营公司可以制造并提供电信设备和制造用户终端设备，但是，贝尔运营公司以及贝尔运营公司的任何关联成员，均不得从事与不是上述关联成员关系的贝尔运营公司或者其任何关联成员有联系的制造业务。

“第（b）条　协作；研究与使用费协议——

“（1）协作——第（a）条的规定不得禁止贝尔运营公司与其他用户终端设备或者电信设备制造商，在与上述设备有关系的硬件、软件或者软硬件的设计和开发期间，开展紧密协作活动。

“（2）某些研究协议和使用费协议——第（a）条的规定不得禁止贝尔运营公司——

“（A）从事与制造业务有关的研究活动；

“（B）与电信设备制造商签订使用费协议。

“第（c）条　信息要求——

“（1）信息协议和技术要求——每个贝尔运营公司必须按照联邦通信委员会制定的管理规定，保存为连接和使用其电话交换服务设施而与协议和技术要求有关的完整信息资料，并将上述资料提交给联邦通信委员会。上述协议和要求有任何重大变化或者计划作出重大变化，上述每一个公司必须立即向联邦通信委员会汇报上述变化和实施上述变化或者所作的变化计划。

“（2）信息披露——按照联邦通信委员会管理规定的要求，贝尔运营公司不得披露第（1）款规定应汇报的任何信息，除非已将该信息作了立即汇报。

“（3）竞争对手获取信息的权利——为保证制造商可以取得与为连接和使用贝尔运营公司提供给任何关联成员制造商或者任何非关联成员制造商的电话交换服务设施而与协议和技术要求有关的信息资料，联邦通信委员会可以根据本条规定进一步制定管理规定。

“（4）计划信息——每一个贝尔运营公司必须及时向提供电话交换服务的互联互通运营商提供所计划的电信设备配置信息。

“第（d）条　标准设定组织的制造业务限制——

“（1）适用于贝尔通信研究制造商的规定——贝尔通信研究公司及其任何继受人或者关联成员——

“（A）只要不再是任何贝尔运营公司的关联成员，就不得被视为贝尔运营公司或者贝尔运营公司的继受人或者受让人。

“（B）虽然有第（3）款的规定，但是，只要是一个以上的非关联成员贝尔运营公司或者前述公司的继受人或者受让人的关联成员，就不得从事制造电信设备或者用户终端设备的活动。本条的任何规定，不得禁止贝尔通信研究公司或者其任何继受机构从事 1996 年《电信法》颁布之日正在合法从事的活动。本条的任何规定，不得将贝尔通信研究公司及其任何继受机构变成本法第 II 编规定的普通运营商。本条的任何规定，不得限制任何制造商从事 1996 年《电信法》颁布之日正在合法从事的活动。

“（2）专有信息——禁止为电信设备或者用户终端设备或者前述设备的通用网络规格制定标准的任何机构，或者给电信设备或者用户终端设备提供认证的任何机构，出于信息所有人书面授权以外的目的，公开因其上述活动的结果而占有的任何专有信息，或者以所有人指定以外的方式利用上述任何专有信息。即使在上述机构停止所从事的上述活动后，也不得实施上述行为。

“（3）制造过程中的保护措施——

“（A）除第（1）款所禁止的行为以及受第（6）款限制的行为外，对为非关联成员机构制造的电信设备或者用户终端设备提供认证的任何机构，在此之前的 18 个月期间，只能制造独立关联成员正在进行的认证或者已经进行的认证所针对的特定电信设备或者用户终端设备。

“（B）上述独立关联成员——

“（i）必须按照公认的会计原则，保存独立于其认证设备所属机构的账簿、档案和会计资料；

“（ii）不得与上述机构联合从事制造业务；

“（iii）必须把其设施与上述机构分割开来，而且其雇佣人员必须独立于上述机构。

“（C）对上述设备提供认证的上述机构——

“（i）在设立标准、通用规格或者颁发产品合格证明过程中，不得优待其制造业关联成员；

“（ii）不得向上述制造业关联成员披露在任何时候从非关联成员制造商处取得的任何专有信息，但上述专有信息所有人另有书面授权的除外。

“（iii）不得允许为电信设备或者用户终端设备进行产品认证的任何雇佣人员，与关联成员制造商一起从事销售或者营销上述任何设备的工作。

“（4）设定标准的机构——不属于鉴定标准开发组织的任何机构，为电信设备或者用户终端设备确立全行业标准或者为上述设备确立全行业通用网络规格的任何机构，或者为非关联成员机构制造的电信设备或者用户终端设备提供认证的任何机构，必须——

“（A）只能按照下列规定，设立并公开电信设备或者用户终端设备的全行业标准、全行业通用规格，或者对电信设备或者用户终端设备的现有全行业标准、全行业通用规格作任何重大修改——

“（i）上述机构必须公开告知其已研究拟议的全行业标准或者全行业通用规格；

“（ii）上述机构必须公开邀请利益相关的行业当事人按照合理、非歧视性的原则提供资金和参与研究，并按照不会不合理地排除任何利益相关的行业当事人的方式进行管理；

“（iii）上述机构必须公开发布已同意参与第（ii）目规定的工作的当事人提出的意见全文，给上述当事人充分的机会提出意见，并回应上述当事人的意见；

“（iv）上述机构必须公开全行业标准或者全行业通用规格的定稿全文，包括所有意见的全文、任何提供资金的当事人要求公开的意见的全文；

“（v）在公开意见全文前，上述机构必须与作为当事人一方的提供资金之人，协商达成双方满意的如下纠纷解决办法：万一发生技术纠纷问题，即任何提供资金的当事人与进行上述活动的上述机构存在不同意见，各方当事人只能利用该种纠纷解决办法。但是，如果当事人没有就纠纷解决办法达成一致意见，提供资金的当事人可以利用根据本条第（5）款确立的纠纷解决程序。

“（B）只有在下列情形下，才能从事为非关联成员机构制造的电信设备或者用户终端设备提供产品认证——

“（i）按照已公开的标准进行上述活动；

“（ii）按照可审计的标准进行上述活动；

“（iii）按照行业认可的测试方法和标准进行上述活动，但是，提供资金的当事人与进行上述活动的当事人另有协议的除外；

“（C）不得从事垄断或者试图垄断上述服务市场的任何活动；

“（D）在为电信设备或者用户终端设备建立和公开全行业标准或者全行业通用规格以及提供认证的过程中，不得优待其自己的或者其关联成员的电信设备或者用户终端设备而歧视其他机构的上述设备。

“（5）替代性纠纷解决机制——在 1996 年《电信法》颁布之日后 90 日内，联邦通信委员会必须规定纠纷解决办法，以备各方当事人在为电信设备或者用户终端设备建立和公开任何全行业标准或者全行业通用规格的过程中，没有根据第（4）款第（A）项第（v）目的规定，协商确定纠纷解决办法时，予以适用。联邦通信委员会不得为自己作为一方当事人的情形而规定纠纷解决办法。上述纠纷解决办法，应当允许任何提供资金的一方当事人以公开、非歧视性和没有偏见的方式，解决与所进行的活动极大影响其利益的机构发生的争议，并在上述争议提交后 30 日内予以解决。上述争议，可以在提供资金的当事人从进行上述活动的机构处收到对其意见的回应后的 15 日内提交解决。联邦通信委员会对于因把无关紧要的争议诉诸纠纷解决机制而引起拖延后果的，必须制定惩罚规定。

“（6）日落规则——在联邦通信委员会认定，美利坚合众国境内可以获得的某种电信设备或者用户终端设备，存在其全行业标准、全行业通用标准或者产品认证的替代资源时，应当根据第（3）款和第（4）款的规定，终止相关活动。在上述替代资源提供给用户的服务系经济上可行的选择时，即认为存在替代资源。联邦通信委员会在受理上述替代资源适用申请后的 90 日内，必须就上述申请作出决定，并受理针对上述申请的公众意见。

“（7）实施权和执行权——为实施本条以及根据本条制定的管理规定，

联邦通信委员会应当享有如实施和执行与受本法约束的任何运营商有关的本编规定一样的补救性职权。

“（8）释义——本条规定的：

“（A）‘关联成员’的术语，与本法第 3 节所规定的含义相同，但在第（1）款第（B）项中——

“（i）一个以上的非关联成员的贝尔运营公司直接或者间接拥有的、占全部投票股权至少 5% 的贝尔电信研究公司的合计投票股权，构成关联成员关系；

“（ii）少于贝尔电信研究公司全部投票股权的 1% 的非关联成员的贝尔运营公司持有的贝尔电信研究公司的投票股权，不得视为本款规定的股权。

“（B）‘通用规格’的术语，指本地交换运营商在制作供销售的电信设备、用户终端设备和有机组成部分的软件时，所使用的产品说明书采用的可接受的产品性能的解释规定。

“（C）‘全行业’的术语，指至 1996 年《电信法》颁布之日止，在美利坚合众国已开局的接入线占美利坚合众国所有电信运营商已开局接入线总数的至少 30% 的本地交换运营商提供资金或者代表该地交换运营商实施的在提供有线电话服务时进行的活动。

“（D）‘认证’的术语，指当事人为一个以上本地交换运营商的使用行为，判断某种产品是否符合与该产品有关的专门规格的任何技术方法。

“（E）‘鉴定标准开发组织’的术语，指由被某个组织发证确认而承担标准鉴定责任的行业成员所组成的机构。

“第（e）条　贝尔运营公司设备的采购和销售——

“（1）非歧视性的制造标准——在取得或者给予电信设备的供应合同时，贝尔运营公司或者代表其进行上述行为的任何机构，在本法规定的包括制造业务在内的独立分支机构的要求有效期内——

“（A）应当考虑不具有任何关系之人生产或者供应的上述设备；

“（B）不得优待关联成员或者有关系之人生产或者供应的设备。

“（2）采购标准——每一个贝尔运营公司或者代表其进行活动的任何机构，必须根据对价格、质量、运输费用以及其他商业因素的客观判断，作出设备、服务以及软件的采购决定和供应合同的提供。

“（3）网络计划和设计——贝尔运营公司必须遵守反托拉斯法的规定，与在同一利益领域经营的本地交换运营商共同制定计划和设计方案。上述计划的任何参加者，均不得拖延采用提供电信服务的新技术或者配置提供电信服务的设施，而且不得把与其他运营商达成协议作为采用上述新技术或者配置上述设施的前提条件。

“（4）销售限制——从事制造业务的贝尔运营公司以及该公司从事制造业务的关联成员，均不得限定，只能把电信设备及其运作所必须的软件和相关的换代产品出售给某个本地交换运营商。

“（5）专有信息的保护——贝尔运营公司及其拥有或者控制的任何机构，必须保护提交给其作采购决定而用的专有信息，不得未经上述信息所有人的特别授权而发布上述信息。

“第（f）条　实施权和执行权——为实施和执行本节以及根据本节制定的管理规定，联邦通信委员会针对任何贝尔运营公司及其任何关联成员，享有如针对受本法约束的任何普通运营商而实施和执行本编规定时一样的管辖权、权力和职能。

“第（g）条　其他规则和管理规定——联邦通信委员会可以制定其认为为执行本节规定和防止贝尔运营公司与其关联成员以及第三人进行交易时实行歧视待遇和交叉资助而必须制定的规则和管理规定。

“第（h）条　释义——本节规定的制造业务的术语，与 AT&T 案和解判决书所规定的术语含义相同。

“第 274 节　贝尔运营公司的电子出版物

“第（a）条　限制规定——贝尔运营公司及其任何关联成员，均不得从事通过贝尔运营公司及其任何关联成员的基本电话服务而发行的电子出版物的提供业务，但是，本节的任何规定，均不得禁止独立关联成员或者电子出版合资企业按照本节的规定提供电子出版物。

“第（b）条　关于独立关联成员或者电子出版合资企业的规定——独立关联成员或者电子出版合资企业的经营活动，必须独立于贝尔运营公司。上述独立关联成员或者电子出版合资企业及其关联的贝尔运营公司——

“（1）必须保存独立的账簿、档案和会计资料，并独立准备财务报告；

“（2）不得以允许独立关联成员或者合资企业的债权人在违约时追索贝尔运营公司的资产的方式承担债务；

“（3）必须按照下列规定进行交易：（A）以符合上述独立地位的方式；（B）根据提交给联邦通信委员会并可公开查阅的书面合同和价目表的方式；（C）按照普遍认可的审计标准的可审计方式；

“（4）必须按照联邦通信委员会或者各州通信委员会为防止不当行为或者交叉资助行为而制定的管理规定，对贝尔运营公司直接或者间接转让给独立关联成员或者合资企业的任何资产进行定价，记录以上述方式转让上述资产的任何交易行为；

“（5）在独立关联成员与贝尔运营公司之间——

“（A）自本节生效之日后，不得拥有共同的董事、高级管理人员和雇佣人员；

“（B）不得拥有共同的财产；

“（6）不得为营销该独立关联成员或者合资企业的任何产品或者服务的目的，使用现有贝尔运营公司的名称、商标或者服务商标，但拥有或者控制贝尔运营公司的机构拥有的名称、商标或者服务商标除外。

“（7）不允许贝尔运营公司——

“（A）以独立关联成员的名义进行人员雇佣或者培训工作；

“（B）以独立关联成员的名义进行设备的购买、安装或者维护，但是，按照本节规定的价目表或者合同提供的电话服务除外；

“（C）以独立关联成员的名义从事研究和开发工作；

“（8）各自每年均必须按照下列要求检查遵守规定的情况——

“（A）由独立机构进行，目的是查明在前一年度期间遵守本节规定的情况；

“（B）由任何合法机关检查独立关联成员或者合资企业以及贝尔运营公司保存 5 年期间的档案资料情况；

“（9）在收到第（8）款规定的检查结果后的 90 日内，向联邦通信委员会提交免责和纠正措施的报告，并允许任何人检查和复制上述报告，但是，可以采取合理措施保护报告中含有的任何专有信息不用于本节规定的执行行为或者采取补救措施以外的目的。

“第（c）条 联合营销——

“（1）一般规定——除第（2）款的规定外——

“（A）贝尔运营公司不得为独立关联成员进行任何促销、营销、出售或者广告活动，或者与独立关联成员一起进行任何促销、营销、出售或者广告活动；

“（B）贝尔运营公司不得为与电子出版业务有关的独立关联成员进行任何促销、营销、出售或者广告活动，或者与其一起进行任何促销、营销、出售或者广告活动。

“（2）允许的联合活动——

“（A）联合电信营销——贝尔运营公司可以为独立关联成员、电子出版合资企业、关联成员或者非关联成员的电子出版机构，提供与电子出版业务有关的回话电信营销或者推荐服务，前提是，上述服务系提供给独立关联成员、电子出版合资企业或者关联成员以及上述服务经请求可以非歧视性的条件提供给所有的电子出版机构。

“（B）协作安排方案——贝尔运营公司可以参加非歧视性的协作或者经营安排方案而与任何独立关联成员或者其他电子出版机构一起从事电子出版业务，但是，必须满足如下要求：（i）贝尔运营公司只能通过本节规定的设施、服务和基本电话服务信息；（ii）贝尔运营公司不拥有上述协作或者经营安排方案。

“（C）电子出版合资企业——贝尔运营公司及其关联成员可以按照非排他性的原则，与不是贝尔运营公司、关联成员或者独立关联成员的机构成立电子出版合资企业，提供电子出版服务，前提是，贝尔运营公司或者关联成员不拥有超过 50% 的直接或者间接股权（或者同等权益），或者根据电子出版合资企业收入分享协议或者使用费协议，不拥有超过总收入 50% 的权利。参与电子出版合资企业的贝尔运营公司或者关联成员的管理人员和雇佣人员对电子出版合资企业不得拥有超过 50% 的投票控制权。在与小型、本地电子出版机构组成合资企业的情形下，如果有充足理由，联邦通信委员会可以授权贝尔运营公司或者关联成员占有更多的股权、收入分配份额或者投票控制权，但是，不得超过 80%。参与电子出版合资企业的贝尔运营公司可以向上述合资企业提供促销、营销、销售或者人事广告或者服务广告。

“第（d）条　对贝尔运营公司的要求——与独立关联成员或者电子出版合资企业存在共有产权或者控制权的贝尔运营公司，必须以列入价目表并且单价不高于向从事电子出版业务的其他任何电子出版机构或者任何独立关联成员收取的服务费用的公平合理价格（这种服务价格必须符合管理规定），向电子出版商提供基本电话服务的网络接入和互联互通服务。

“第（e）条　民事权利——

“（1）损害赔偿——认为贝尔运营公司、关联成员或者独立关联成员的行为或者活动违反本节规定的任何人，均可以向联邦通信委员会投诉，或者根据本法第 207 节的规定提起诉讼，而且上述贝尔运营公司、关联成员或者独立关联成员应当按照本法第 206 节的规定承担责任，但是，对通过本节第（b）条第（7）款规定的执法检查发现的并且在 90 日内得到纠正的违反行为，不得作出损害赔偿的判决。

“（2）停止命令——除第（1）款的规定外，认为贝尔运营公司、关联成员或者独立关联成员的行为或者活动违反本节规定的任何人，均可以申请联邦通信委员会作出停止违法行为的命令，或者向有管辖权的美利坚合众国地区法院提出申请，要求签发命令禁止实施上述行为或者活动，或者要求遵守上述规定。

“第（f）条　关于独立关联成员报告的规定——本节规定的任何独立关联成员，必须按照实质上类似于联邦证券交易委员会的管理规定要求的 10 – K 格式，每年向联邦通信委员会提交一次报告。

“第（g）条　生效日期——

“（1）过渡期——在 1996 年《电信法》颁布之日贝尔运营公司及其关联成员正在向社会提供的电子出版服务，从颁布之日起，享有 1 年的遵守本节规定的过渡期。

“（2）日落规则——本节的任何规定，不适用于 1996 年《电信法》颁布之日后的 4 年后发生的行为。

“第（h）条 电子出版业务的释义——

“（1）一般规定——‘电子出版业务’的术语，指向非关联成员机构或者个人，发行、提供、出版或者销售下列任何业务之一或者下列一种以上业务的行为：新闻（包括体育新闻），娱乐（非互动游戏），商业、金融、法律、消费或者信贷资料，社论、专栏或者特刊，广告，照片或者图像，档案或者研究资料，法律公告或者公共档案，科学、教育、培训、技术、职业、贸易或者其他文字资料，或者其他类似信息资料。

“（2）例外规定——‘电子出版业务’不包括下列服务：

“（A）由 AT&T 和解判决书作出解释的信息存取业务。

“（B）作为普通运营商的信息传播业务。

“（C）作为不涉及信息内容的生成或者改变的信息服务转接组成部分的信息传输服务，包括数据传输、地址转换、协议转换、运营管理、内容简介信息以及可以让用户取得电子出版服务但并不影响将上述电子出版服务提供给用户的导航系统。

“（D）录音存取服务，包括录音短信服务和电子邮件服务。

“（E）不涉及信息内容的生成或者改变的数据处理服务或者交换处理服务。

“（F）电子推广或者广告贝尔运营公司的常规电信服务。

“（G）语言转换服务或者数据格式转换服务。

“（H）为管理、控制或者运营电话公司电信系统而必需的信息提供服务。

“（I）提供姓名、地址和电话号码但不包括广告的查号服务。

“（J）来电显示服务。

“（K）修理和维护数据库、信用卡和推广确认电话公司的经营活动。

“（L）911 – E 以及其他紧急援助数据库服务。

“（M）类似于上述网络服务但不包括信息内容的生成或者改变的任何其他网络服务。

“（N）不包括信息内容的生成或者改变的上述网络服务的任何升级服务。

“（O）视频节目或者全动画视频点播娱乐节目。

“第（i）条　其他释义——本节规定的——

“（1）‘关联成员’的术语，指直接地或者间接地拥有或者控制贝尔运营公司的机构，或者被贝尔运营公司拥有或者控制的机构，或者与贝尔运营公司存在共同拥有关系或者存在共同受支配关系的机构。该术语不包括独立关联成员。

“（2）‘基本电话服务’的术语，指由贝尔运营公司在某一电话交换区域提供的任何有线电话交换服务或者有线电话交换服务设施，但是，该术语不包括——

“（A）在其他机构提供的于 1984 年 1 月 1 日就开始提供的有线电话交换服务的电话交换服务区域内提供的竞争性有线电话交换服务；

“（B）或者商业性移动电话服务。

“（3）‘基本电话服务信息’的术语，指贝尔运营公司的网络和用户信息以及贝尔运营公司通过提供基本电话服务而取得的其他信息。

“（4）‘控制’的术语，与《联邦行政法典》第 17 编第 240. 1b—2 节、联邦证券交易委员会根据 1934 年《证券交易法》（《美利坚合众国法典》第 15 编第 78a 节以下）或者该节的任何修改条款颁布的管理规定中的含义相同。

“（5）‘电子出版合资企业’的术语，指从事通过贝尔运营公司及其任何关联成员的基本电话服务而发行的电子出版业务的贝尔运营公司及其关联成员拥有的合资企业。

“（6）‘机构’的术语，指任何组织，包括公司、合伙人、独资企业、联营企业和合资企业。

“（7）‘回话电信营销’的术语，指通过电话向发起呼叫的用户或者潜在用户营销财产、货物或者服务的行为。

“（8）与机构有关的‘拥有’的术语，指直接或者间接持有某一机构 10% 以上的股权（或者同等权益）的情形，或者根据收入分享协议或者使用费协议享有某一机构总收入的 10% 以上的权利的情形。

“（9）‘独立关联成员’的术语，指与贝尔运营公司一起享有共同所有权或者控制权的如下公司：不拥有或者控制贝尔运营公司并不被贝尔运营公司拥有或者控制的且从事通过贝尔运营公司及其任何关联成员的基本电话服务发行的电子出版服务提供的公司。

“（10）‘贝尔运营公司’的术语含义与第 3 节所规定的相同，但如下情形除外：上述术语包括被上述公司（见其释义）拥有或者控制的机构或者公司，但不包括上述机构或者公司拥有的电子出版合资企业。

“第 275 节　报警监控服务

“第（a）条　延迟准入报警监控业务

“（1）禁止规定——任何贝尔运营公司及其关联成员，在 1996 年《电信法》颁布之日后的 5 年期限之前，均不得从事提供报警监控服务的业务。

“（2）现有行为——第（1）款规定，并不禁止或者限制直接或者通过关联成员提供贝尔运营公司从 1995 年 11 月 30 日起已直接或者通过关联成员提供的报警监控服务。在 1995 年 11 月 30 日后，1996 年《电信法》颁布之日后的 5 年内，上述贝尔运营公司及其关联成员，不得取得任何非关联成员的报警监控服务机构的股权或者经济控制权，但是，这一规定并不禁止与非关联成员的报警监控服务机构交换用户。

“第（b）条　非歧视性——从事报警监控服务的现有本地交换运营商【释义由第 251 节第（h）条作出规定】——

“（1）必须按照合理请求，以非歧视性的条件向非关联成员机构提供其向自己的报警监控服务活动提供的网络服务。

“（2）不得直接或者间接通过电话交换服务的经营行为资助其报警监控服务。

“第（c）条　快速处理投诉——联邦通信委员会必须设立程序，受理并审查关于违反第（b）条或者根据该条制定的管理规定而导致报警监控服务提供商重大经济损失的投诉。上述程序必须保证联邦通信委员会必须在受理投诉后的 120 日内就该投诉作出最终决定。如果投诉有充分证据证明，发生了所控告的违反行为，而且联邦通信委员会根据上述管理规定也作出了上述认定，则联邦通信委员会必须在受理投诉后的 60 日内，命令现有本地交换运营商【其释义由第 251 节第（h）条作出规定】及其关联成员在最终决定作出之前，必须停止从事上述违反行为。

“第（d）条　数据的使用——本地交换运营商不得以任何形式，以自己或者其他任何机构的名义，为营销目的而记录或者利用报警监控服务提供商接收的呼叫事件或者内容。实施本条规定所必须的任何管理规定，必须在 1996 年《电信法》颁布之日后的 6 个月内初始发布。

“第（e）条　报警监控服务的释义——‘报警监控服务’的术语，指利用位于住宅、经营场所或者其他固定场所的装置进行的下列服务——

“（1）从位于上述场所及其附近的其他装置接收的该处的生命、安全或者财产可能受到威胁的信号，可能发生盗窃、火灾、破坏财产、人身伤害或者其他紧急事件危险的信号；

“（2）把与上述威胁有关的信号通过本地交换运营商或者其关联成员的传输设施传送至遥控中心，告知上述中心人员需要通知用户、其他人或者警察、消防人员、抢救人员、保卫人员或者公共安全人员，存在上述威胁，但是，并不包括使用附着于人身的用于自动监控正在进行的医疗状况的医疗监控装置。

“第 276 节　关于付费电话服务的规定

“第（a）条　非歧视性保护措施——根据第（b）条规定制定的规则生效之后，提供付费电话服务的任何贝尔运营公司——

“（1）不得直接或者间接通过其电话交换服务的经营活动或者交换接入服务的经营活动资助其付费电话服务；

“（2）不得偏向或者优待其付费电话服务。

“第（b）条　管理规定——

“（1）管理规定的内容——为促进付费电话服务提供商之间的竞争和促进付费电话服务的全面推广，造福社会公众，在 1996 年《电信法》颁布之日后的 9 个月内，联邦通信委员会必须采取制定下列管理规定所必要的行动（包括任何复审行为）——

“（A）建立每个呼叫电话的补偿计划，保证所有的付费电话服务提供商都能就使用他们的付费电话的每一个已完成的州内和州际电话得到公平的补偿，但为听障人士提供的紧急呼叫和电信转中继呼叫电话除外。

“（B）停止在颁布之日实施的州内和州际运营商接入收费付费业务单

元和缴费行为，停止所有通过基本交换和交换接入收入资助州内和州际服务的行为，以便实施第（A）项规定的补偿计划。

“（C）为贝尔运营公司付费电话服务制定一套详细的保护措施，执行第（a）条第（1）款、第（2）款的规定，该保护措施至少应包括相当于计算机调查案件Ⅲ（案情摘要 90 -623 号）程序所采纳的详细保护措施。

“（D）规定贝尔运营公司付费电话服务提供商，与独立付费电话提供商享有同样的权利，即与位置提供商协商位置提供商选择并与之签订合同的把呼叫从付费电话传送至本地接入和传输区域的运营商，而且按照与位置提供商达成的任何协议条款，选择把呼叫从付费电话传送至本地接入和传输区域的运营商并与之签订合同，除非联邦通信委员会根据本节规定制定规则时认定，上述情形不符合社会公共利益。

“（E）规定所有的付费电话服务提供商，就位置提供商选择并与之签订合同的把呼叫从付费电话传送至本地接入和传输区域的运营商，有权与位置提供商进行协商，而且有权按照与位置提供商达成的协议条款，选择把呼叫从付费电话传送至本地接入和传输区域的运营商与之签订合同。

“（2）公益电话——根据第（1）款制定规则时，联邦通信委员会必须决定，是否应设立本来该处不会有付费电话但为公共健康、公共安全和公共福祉而应提供的公益付费电话。如果必须设立，联邦通信委员会必须保证上述公益付费电话可以得到公平和公正的资助。

“（3）现有合同——本节的任何规定，均不影响位置提供商与付费服务提供商或者交互本地接入和传输区域或者本地接入和传输区域内的运营商之间在 1966 年《电信法》颁布之日有效并在实施的现有合同。

“第（c）条　州法优先原则——在所在州的规定不符合联邦通信委员会管理规定的情形下，联邦通信委员会关于上述事项的管理规定优先于上述州的规定。

“第（d）条　释义——在本节中，‘付费电话服务’的术语，指公共或者半公共的投币电话提供服务、矫正机构提供的监狱房间电话服务及其任何附属服务。”

第（b）条　准入决定的审查——对第 402 节第（b）条【《美利坚合众

国法典》第47编第402节第（b）条】作如下修改：

（1）在第（6）款，删除“第（3）款和第（4）款”的规定，增加“第（3）款、第（4）款和第（9）款”的规定；

（2）在末尾增加如下一款规定：

“（9）任何申请授权按照本法第271节规定提供交互本地接入和传输区域服务但上述申请被联邦通信委员会否决的申请人作出的。”

第II编——广播服务

第201节　广播频谱的灵活性

对第III编作出修改，在第335节（《美利坚合众国法典》第47编第335节）之后增加下列章节：

“第336节　广播频谱的灵活性

“第（a）条　联邦通信委员会的措施——如果联邦通信委员会决定给先进的电视服务增发牌照，联邦通信委员会——

“（1）应当增发牌照之日起，限制已被许可经营或者建造电视广播台之人牌照的初始合格性；

“（2）应当制定规则，允许上述牌照持有人按照符合公共利益、公共便利和公共需求的指定频率提供辅助或者补充服务。

“第（b）条　管理规定的内容——在制定第（a）条规定的管理规定时，联邦通信委员会——

“（1）只能允许上述牌照持有人或者被许可人提供辅助或者补充服务，条件是上述服务的指定频率的使用行为符合联邦通信委员会为先进电视服务的提供而指定的技术或者方法；

“（2）必须规定辅助或者补充服务的广播限于指定的频率，以避免干扰联邦通信委员会要求使用上述频率的任何先进电视服务，包括高分辨电视广播服务；

“（3）必须如把联邦通信委员会管理规定适用于任何人提供的类似服务一样，适用于其他任何辅助或者补充服务，但是，任何辅助或者补充服务均不享有第 614 节或者第 615 节规定的传送节目的权利，也不能视为第 628 节规定的多频道视频节目发送人；

“（4）必须制定保证用以提供先进电视服务的信号质量所必须制定的技术以及其他规定，可以制定要求每天发送上述信号最少必须达到多少小时的规定；

“（5）必须制定为保护公共利益、公共便利和公共需求所必须的其他管理规定。

“第（c）条　收回牌照——如果联邦通信委员会颁发先进电视服务牌照，允许牌照持有人自颁发牌照之日起，经营电视广播台或者建造上述电视广播台，或者两者兼而有之，联邦通信委员会可以作为颁发上述牌照的一个条件，要求牌照持有人按照联邦通信委员会管理规定，将增发的牌照或者原始牌照交回联邦通信委员会，以供重新配置或者重新分配。

“第（d）条　关于公共利益的规定——本节的任何规定，不得解释为免除电视广播台满足公共利益、公共便利和公共需求的责任。在联邦通信委员会审查提供辅助或者补充服务的电视台的广播牌照换发申请时，电视牌照持有人必须证明，现有的或者先进的电视频谱上的所有节目服务均符合公共利益。任何违反联邦通信委员会适用于辅助或者补充服务的规则的行为，均对牌照持有人的牌照换发资格存在影响。

“第（e）条　收费——

“（1）收费所适用的服务——如果根据第（a）条规定制定的管理规定允许牌照持有人按照指定的频率提供辅助或者补充服务——

“（A）并且为得到该服务，要求支付预订费用，

“（B）或者牌照持有人可以直接或者间接从提供传输资料的第三人处取得补偿（用以资助广播业务的商业性广告除外，因为其不需要预订费用），联邦通信委员会必须制定计划方案，就上述指定的频率，向牌照持有人收取年费或者采取其他收款方式或者计划，以促进第（2）款第（A）项、第（B）项所规定的目标。

“（2）征收费用——第（1）款规定的计划方案——

“（A）必须按照指示：（i）为社会公众，恢复供商业性用途的公共频

谱资源的部分价值，（ii）避免他人通过所允许的使用上述资源的方式产生不当得利的情形；

“（B）如果根据本法第 309 节第（j）条以及联邦通信委员会按照该节制定的管理规定的规定，已允许从事上述服务，则应在可行的范围内，为社会公众恢复等于但不超过（超过牌照有效期）可以恢复的数额。

“（C）可以由联邦通信委员会随时作出调整，目的是保持遵守本款的规定。

“（3）收入处理——

“（A）一般规则——除第（B）项另有规定的以外，根据本条制定的规则取得的全部收入，必须按照《美利坚合众国法典》第 31 编第 33 章的规定，存放于财政部。

“（B）保留收入——尽管第（A）项作出了规定，但是，联邦通信委员会的工资和开支账户，可以抵消的形式，保留为开展和执行本节规定计划方案以及管理和监管先进电视服务所必须的成本范围内的征收费用数额。上述用以抵消的费用按照接受拨款的条件，可以用来偿还债务，而且必须按照季度存放于上述接受拨款的账号。

“（4）报告——1996 年《电信法》颁布之日后的 5 年内，联邦通信委员会应当向国会报告本条规定的计划方案的执行情况，而且在此之后，每年应当向国会提出根据计划方案应征收的数量建议。

“第（f）条　评估——在联邦通信委员会首次增发先进电视服务牌照之日后的 10 年内，联邦通信委员会必须对先进电视服务节目作出评估。上述评估活动应当包括下列内容——

“（1）评估用户购买为接受先进电视服务广播所必须的电视接收装置的意愿；

“（2）评估用作上述广播的频率的其他用途，包括公共安全用途；

“（3）评估联邦通信委员会已经或者可以减少的授予牌照持有人的频谱数量。

“第（g）条　释义——在本节中：

“（1）先进电视服务——‘先进电视服务’的术语，指由于 1992 年 12

月 17 日通过的名为‘先进电视系统及其对现有电视广播服务的影响’（MM 档案第 87 – 268 号）的联邦通信委员会建议、报告和命令及其后续文件所进一步解释的数字或者其他先进技术提供的电视服务。

“（2）指定频率——‘指定频率’的术语，指联邦通信委员会为给先进电视服务颁发牌照而指定的每一频率。

“（3）高分辨电视——‘高分辨电视’的术语，指提供的分辨率大约两倍于 1996 年《电信法》颁布之日普遍采用的直角平面接收装置的系统，其释义由本条第（1）款作出规定。”

第 202 节　广播所有权

第（a）条　必须修改全国无线广播电台所有权规则——联邦通信委员会必须修改其管理规定第 73. 3555 节（《联邦行政法典》第 47 编第 73. 3555 节），删除限制可以由某个机构在全国拥有或者控制的调幅（AM）或者调频（FM）广播电台数量的任何规定。

第（b）条　本地无线电分集——

（1）可适用的接入口——联邦通信委员会必须修改其管理规定第 73. 3555 节第（a）条（《联邦行政法典》第 47 编第 73. 3555 节），作出如下规定——

（A）在有 45 个及其以上商业性电台的无线电市场，一个当事人可以拥有、经营或者控制的商业性无线广播电台最多 8 个，在同一服务范围（AM 或者 FM）不得超过 5 个；

（B）在有 30 至 44 个（包括本数）商业性电台的无线电市场，一个当事人可以拥有、经营或者控制的商业性无线广播电台最多 7 个，在同一服务范围（AM 或者 FM）不得超过 4 个；

（C）在有 15 个至 29 个（包括本数）商业性电台的无线电市场，一个当事人可以拥有、经营或者控制的商业性无线广播电台最多 6 个，在同一服务范围（AM 或者 FM）不得超过 4 个；

（D）在有 14 个或者少于 14 个商业性电台的无线电市场，一个当事人可以拥有、经营或者控制的商业性无线广播电台最多 5 个，在同一服务范围

（AM或者FM）不得超过3个，但是，当事人拥有、经营或者控制上述无线电市场的电台数量不得超过50%。

（2）例外规定——尽管存在本条规定的限制，但是，如果联邦通信委员会认为，允许某个人或者机构拥有、经营、控制无线广播电台或者享有无线广播电台可区分的权益，可以增加开业的无线广播电台的数量，则可以允许上述个人或者机构拥有、经营、控制无线广播电台或者享有无线广播电台可区分的权益。

第（c）条　电视所有权的限制规定——

（1）国家所有权的限制规定——联邦通信委员会为了实现其管理规定第73.3555节（《联邦行政法典》第47编第73.3555节）确定的多种所有权的目标，必须修改其制定的规则——

（A）删除关于个人或者机构可以在全国范围内直接或者间接拥有、经营、控制或者享有其可区分权益的无线电广播电台数量的限制规定；

（B）将电视台的全国收视率的限制规定增加至35%。

（2）本地所有权限制规定——联邦通信委员会应当制定规则，决定是否保留、修改或者取消关于个人或者机构在同一电视市场可以拥有、经营、控制或者享有其权益的电视台数量的限制规定。

第（d）条　放宽一个市场一个所有权原则——涉及联邦通信委员会管理规定第73.3555节规定的一个市场一个所有权原则的执行问题时，联邦通信委员会必须按照公共利益、公共便利和公共需求，对前50强的任一市场，放弃执行该规定。

第（e）条　双网络的改变——联邦通信委员会应当修改其管理规定第73.658节第（g）条【《联邦行政法典》第47编第658节第（g）条】的规定，允许电视广播台与拥有2个或者以上的电视广播台网络的个人或者机构结成关联关系，除非这种双网络或者多网络系由下列情形组成的——

（1）在1996年《电信法》颁布之日，两个或者两个以上的个人或者机构属于联邦通信委员会管理规定第73.3613节第（a）条第（1）款【《联邦行政法典》第47编第73.3613节第（a）第（1）款】规定的网络；

（2）第（1）款规定的网络和在上述颁布之日，在一个电视家庭覆盖率占 75%（根据全国收费服务得出的结论）的市场内，根据与本地电视广播台达成的网络关联安排方案，在全国范围内，每周提供 3 个或者 3 个小时以上的节目服务的英语节目发送服务。

第（f）条　有线电视交叉所有权——

（1）取消限制规定——联邦通信委员会必须修改其管理规定第 76.501 节（《联邦行政法典》第 47 编第 76.501 节）的规定，允许某个人或者机构拥有、控制广播电台和有线电视系统网络。

（2）防止歧视的保护措施——为保证节目传送、频道定位和不歧视对待第（1）款规定的有线电视系统拥有的非关联广播电台，联邦通信委员会应当修改上述管理规定。

第（g）条　本地营销协议——本节的任何规定，不得解释为禁止符合联邦通信委员会管理规定的任何本地电视营销协议的签订、存续或者续期。

第（h）条　联邦通信委员会的进一步审查——联邦通信委员会必须每两年审查一次根据本节制定的规则以及所有涉及所有权的规则，将其作为 1934 年《通信法》第 11 节规定的管理改革的组成部分，并应当决定上述规则的任何规定是否为作为竞争结果的公共利益所必须的。联邦通信委员会应当废除或者修改其认为不再符合公共利益的任何规定。

（i）取消制定法限制规定——对第 613 节第（a）条【《美利坚合众国法典》第 47 编第 533 节第（a）条】的规定作出如下修改——

（1）删除第（1）款；

（2）将第（2）款重新调整为第（a）条；

（3）将第（A）项和第（B）项分别重新调整为第（1）款和第（2）款；

（4）删除第（1）款（根据上述规定重新调整后的条款）末尾的“并且”一词；

（5）删除第（2）款（根据上述规定重新调整后的条款）末尾的句号，增加“；并且”的文字；

（6）在其末尾增加下列条款：

“（3）不得把本节规定的要求适用于任何享有特许经营权的区域的、

受第623节第（1）款规定的有效竞争规定约束的任何有线电视运营商。”

第203节　牌照有效期

对第307节第（c）条　【《美利坚合众国法典》第47编第307节第（c）条】作出如下规定：

“第（c）条　牌照有效期——

“（1）首发牌照和换发牌照——颁发的可以经营广播电台的每一个牌照的期限，均不得超过8年。根据申请，如果联邦通信委员会认为，换发牌照符合公共利益、公共便利和公共需求，可以随时换发牌照，但是，换发牌照的期限，从前一牌照到期日起不得超过8年。根据本节的前述规定，联邦通信委员会可以通过制定规则规定某一类电台牌照的期限，但是，联邦通信委员会对于根据其判断，符合公共利益、公共便利和公共需求的任何类型的电台，不得制定颁发或者换发的牌照期限短于上述规定期限的规则或者遵守颁发或者换发的牌照期限短于上述规定期限的规则。

“（2）申请材料——为加快广播电台牌照的换发申请，为避免换发牌照时给申请人增加不必要的费用，联邦通信委员会不得要求上述任何申请人提交之前已经提供给联邦通信委员会的任何资料或者对于考虑是否换发牌照没有直接重要关系的任何资料，但是，联邦通信委员会可以要求提交其认为作出调查结论所必须的任何新的或者补充的资料。

“（3）未作出决定期间的存续问题——在举行任何听证程序期间和未对申请作出最终决定前以及根据第405节的规定就申诉作出处理决定前，联邦通信委员会应当续展上述牌照的有效期。”

第204节　广播牌照的换发程序

第（a）条　换发程序——

（1）修改决定——对第309节（《美利坚合众国法典》第47编第309节）作出修改，在该节末尾增加下列条款：

“第（k）条　广播电台的换发程序——

“（1）换发标准——在广播电台牌照持有人向联邦通信委员会提交牌

照换发申请后，联邦通信委员会如果认定，在前一牌照期限内，该电台符合下列情形，就必须批准牌照换发申请——

“（A）该电台符合公共利益、公共便利和公共需求；

“（B）牌照持有人不存在严重违反本法或者联邦通信委员会制定的规则和管理规定的行为；

“（C）不存在累加在一起构成滥用行为的牌照持有人违反本法或者联邦通信委员会制定的规则和管理规定的行为。

“（2）不符合换发标准的后果——如果广播电台牌照持有人不符合本条规定的要求，联邦通信委员会可以根据第（3）款的规定拒绝同意换发牌照，或者以规定合适的条件为前提，包括换发期限短于原允许的最长期限的前提条件，批准上述换发申请。

“（3）拒绝换发的标准——在告知并给予第（e）条规定的听证机会后，如果联邦通信委员会认定牌照持有人没有遵守第（1）款具体规定的要求，而且不存在给予较轻处罚的减轻情节，联邦通信委员会应当——

“（A）签发命令，拒绝批准牌照持有人根据第308节的规定提交的牌照换发申请；

“（B）只有在作出上述决定后，才可以接受和考虑根据第308节提交的限定于前一牌照持有人的频道或者广播设施的建筑许可申请。

“（4）禁止考虑竞争者——在作出第（1）款或者第（2）款规定的决定时，联邦通信委员会不应考虑颁发牌照给换发申请人以外的人，是否符合公共利益、公共便利和公共需求。”

（2）协调性修改决定——对第309节第（d）条【《美利坚合众国法典》第47编第309节第（d）条】作出修改，在每个出现“按照第（a）条”规定的后面增加下列规定：“【或者第（k）条，在换发任何广播牌照的情形时】”。

第（b）条　关于暴力节目投诉的概括规定——对第308节（《美利坚合众国法典》第47编第308节）作出修改，在该节之后增加下列条款：

“第（d）条　投诉的概括规定——每一个商业性或者非商业性电视牌照换发申请人，应当在提出申请时附上牌照持有人（按照联邦通信委员会管理规定的要求）从社会收集和保存的关于申请人节目评论以及评论人认为构成暴力节目的意见和建议的书面概括材料。”

第（c）条　生效日期——本节作出的修改决定适用于1995年5月1日以后提交的申请。

第205节　卫星直播服务

第（a）条　卫星直播服务的信号安全——对第705节第（e）条第（4）款【《美利坚合众国法典》第47编第605节第（e）条第（4）款】的规定作出修改，在“节目，”之后增加“或者卫星直拨服务，”的规定。

第（b）条　联邦通信委员会对卫星直拨服务的管辖权——对303节（《美利坚合众国法典》第47编第303节）作出修改，在其末尾增加下列条款：

“第（v）条　对卫星直拨服务提供行为的管理享有排他管辖权。本节规定的‘卫星直拨服务’的术语，指不使用地面接收或者传送设备而通过卫星直接把节目或者服务提供给用户终端设备的传播或者广播行为，但是，在用户终端或者在卫星上行链路的除外。”

第206节　船舶安全与遇难呼救自动系统

对第III编第II部分作出修改，在第364节（《美利坚合众国法典》第47编第362节）之后，增加下列章节：

“第365节　船舶安全与遇难呼救自动系统

“虽然有本法或者其他法律或者管理规定的规定，但是，不得要求根据美利坚合众国法律登记并按照《海上生命安全条约》全球遇险与安全系统规定进行经营的船舶，装备一个或者一个以上的无线电指挥或者操作人员管理的无线电报电台。对于每一船舶而言，本节应当按照美利坚合众国海岸警卫队作出的如下认定生效：上述船舶拥有执行全球遇险与安全系统而装备的设备并运作良好。”

第207节　对空中接收装置的限制

本法颁布之日后的180日内，联邦通信委员会必须根据1934年《通信法》第303节的规定，发布管理规定，禁止作出会妨碍观察者通过电视广播信号空中接收装置、多频多点发送装置或者卫星直播服务装置接收视频服务的能力的限制规定。

第 III 编——有线电视服务

第 301 节　有线电视法的改革

第（a）条　释义——

（1）有线电视服务的释义——对第 602 节第（6）款第（B）项【《美利坚合众国法典》第 47 编第 552 节第（6）款第（B）项】的规定作出修改，在“选择”后增加“或者使用”的规定。

（2）有线电视系统释义的变化——对第 602 节第（7）款【《美利坚合众国法典》第 47 编第 522 节第（7）款】的规定作出修改，删除“（B）为处于共同所有、共同控制或者共同管理的 1 个或者 1 个以上单元住宅的唯一用户服务的设施，除非上述设施使用公共通行权”的规定，增加“（B）为没有使用任何公共通行权的用户服务的设施”的规定。

第（b）条　解除价格管制——

（1）价格上调的监管——对第 623 节第（c）条【《美利坚合众国法典》第 47 编第 543 节第（c）条】作出修改——

（A）在第（1）款第（B）项，删除“用户、特许经营权管理机构或者其他相关州或者地方政府机构”的规定，增加“特许经营权管理机构【按照第（3）款的规定】”；

（B）在第（1）款第（B）项，删除“上述投诉”，增加“根据第（3）款规定，首次向特许经营权管理机构投诉”的规定；

（C）删除第（3）款，增加下列规定：

“（3）价格变化的处理——联邦通信委员会应当处理 1996 年《电信法》颁布之日后，特许经营权管理机构提交的涉及有线电视节目服务涨价的投诉，并在受理上述投诉后 90 日内作出最终决定，除非当事人同意延长处理期限。特许经营权管理机构不得根据本款规定提交投诉，除非上述涨价实施后 90 日内，它接到了用户的投诉。

“（4）价格上调监管的日落规则——本条规定在1999年3月31日后，不得适用于有线电视节目服务。”

（2）有效竞争市场的统一价格机制的日落规则——对第623节第（d）条【《美利坚合众国法典》第47编第543节第（d）条】作出修改，在该条末尾增加下列规定：

“本条不适用于：（1）通过受有效竞争限制区域的运营商提供的视频节目服务所在地理区域的有线电视系统提供的有线电视服务的有线电视运营商；（2）或者以频道或者节目形式提供的任何视频节目。给予多层住宅单元批发折扣的，不受本条限制，但是，不受有效竞争限制的有线电视系统的有线电视运营商，不得向多层住宅单元收取为把竞争对手挤出市场的超低价。一旦投诉人提交的初步证据证明有合理理由相信，该折扣价格系排挤竞争对手的超低价，该有线电视系统负有证明其折扣不属于排挤竞争对手的超低价的举证责任。”

（3）有效竞争——对第623节第（1）款第（1）项【《美利坚合众国法典》第47编第543节第（1）款第（1）项】作出如下修改——

（A）删除第（B）项末尾的“或者”的规定；

（B）上述第（C）项末尾的句号，增加“；或者”的规定；

（C）在其末尾增加下列规定：

“（D）本地交换运营商或者其关联成员（或者使用上述运营商或者关联成员的设施的任何多频道视频节目转播商），在提供有线电视服务的非关联成员有线电视运营商的特许经营区域内，可以通过任何手段（但卫星直拨服务除外）直接向用户提供视频节目，只要在该区域内提供的视频节目服务类似于非关联成员在该区域内提供的视频节目服务。”

第（c）条　对更小的有线电视公司进行更大幅度的放松管理——对第623节（《美利坚合众国法典》第543节）作出修改，在末尾增加下列规定：

“第（m）条　针对小公司的特别规则——

“（1）一般规定——第（a）条、第（b）条和第（c）条不适用于与下列业务有关的小型有线电视运营商——

“（A）有线电视节目服务；

“（B）在运营商为 50,000 人及以下的用户服务的任何特许经营领域，至 1994 年 12 月 31 日止受管理规定限制的唯一服务包的基本服务包

“（2）小型有线电视运营商的释义——本条规定的‘小型有线电视运营商’的术语，指直接或者通过关联成员为用户总数少于美利坚合众国境内所有用户数的 1% 的用户提供服务的、与年总收入超过 250,000,000 美元的任何机构不存在关联关系的有线电视运营商。”

第（d）条　市场决定——

（1）市场决定与快速决策——对第 614 节第（h）条第（1）款第（C）项【《美利坚合众国法典》第 47 编第 534 节第（h）条第（1）款第（C）项】作出修改——

（A）删除“第（i）项中以 1991 年 5 月 1 日生效的《联邦行政法典》第 47 编第 73.3555 节第（d）条第（3）款第（i）项规定的方式”的规定，增加“由联邦通信委员会利用按照收看方式划分电视市场的可以购得的商业性出版物的规则或者命令”的规定。

（B）删除第（iv）项的规定，增加下列规定：

“（iv）在请求按照本款提交之日后的 120 日内（或者 1996 年《电信法》颁布之日后 120 日内，如果此日更迟），联邦通信委员会必须批准或者不批准上述请求。”

（2）适用于未作出决定的请求——第（1）款作出的修改决定必须适用于——

（A）本法颁布之日，适用 1934 年《通信法》第 614 节第（h）条第（1）款第（C）项【《美利坚合众国法典》第 47 编第 534 节第（h）条第（1）款第（C）项】的规定但未作出决定的任何请求。

（B）本法颁布之日后，适用该节提交的任何请求。

第（e）条　技术标准——第 624 节第（e）条【《美利坚合众国法典》第 47 编第 544 条第（e）条】作出修改，删除最后两句规定，增加下列规定：“任何州或者特许经营权管理机构，均不得禁止、限制有线电视系统采用任何类型的用户设备或者任何传输技术，不得给有线电视系统采用任何类型的用户设备或者任何传输技术设定条件。”

第（f）条　有线电视设备的兼容性——对第 624A 节（《美利坚合众国法典》第 47 编第 544A 节）作出修改——

（1）在第（a）条，删除第（2）款末尾的“；并且”；删除第（3）款末尾的句号，并增加“；并且”的规定；在其末尾增加下列条款：

“（4）电视、视频卡带摄录机和有线电视系统的兼容性，可以通过规定最低程度的共同设计和操作的严格标准以及通过市场的公开竞争而选择性能、功能、协议以及其他产品和服务，得到保证。”

（2）在第（c）条第（1）款——

（A）将第（A）项和第（B）项分别重新调整为第（B）项和第（C）项；

（B）在重新调整后的第（B）项之前插入如下条款：

“（A）需要实现所有性能、功能、协议和转换器箱以及与有线电视信号的抗干扰或者解码无关的其他有线电视转换器的其他产品以及服务选择的市场的最大化公开竞争；”

（3）在第（c）条第（2）款——

（A）将第（D）项、第（E）项分别重新调整为第（E）项、第（F）项；

（B）在第（C）项之后增加下列条款：

“（D）保证根据本节授权制定的标准或者管理规定，可以确保电视、视频卡带摄录机和有线电视系统之间的兼容性不会影响第（1）款第（B）项规定的以外的性能、功能以及其他产品和服务的选择，包括电信接口设备、家庭自动通信和计算机网络服务的选择；”

第（g）条　通知用户——对第 632 节（《美利坚合众国法典》第 47 编第 552 节）作出如下修改——

（1）将第（c）条重新调整为第（d）条；

（2）在第（b）条之后增加下列条款：

“第（c）条　通知用户——有线电视运营商可以全权决定以任何合理的书面形式将服务或者收费变化的通知送达用户。尽管有本法第 623 节第（b）条第（6）款以及其他任何条款的规定，但是，不得要求有线电视运营商提前通知因监管费用、特许经营费用或者任何联邦机构、各州管理机构或者特许经营权管理机构对运营商与用户之间的交易规定的其他任何税费导致的价格变化。”

第（h）条　节目接入——对第 628 节（《美利坚合众国法典》第 47 编第 548 节）作出修改，在其末尾增加下列规定：

“第（j）条　普通运营商——适用于本节规定的有线电视运营商的任何规定，均应适用于通过任何方式直接向用户提供视频节目的普通运营商或者其关联成员。适用于有线电视运营商享有应占权益的卫星有线电视节目出售商的任何规定，均适用于普通运营商享有应占权益的任何卫星有线电视节目出售商。为适用本条规定，两个或者两个以下共同高级行政管理人员或者董事本身不得在卫星有线电视节目出售商（或者其母公司）中设立普通运营商持有的应占权益。”

第（i）条　反贩卖的规定——对第 617 节（《美利坚合众国法典》第 47 编第 537 节）作出修改——

（1）删除第（a）条至第（d）条的规定；

（2）在第（e）条，删除“第（e）条”的规定以及所有位于“特许经营权管理机构”之后的第（e）条的规定，增加“特许经营权管理机构”的规定。

第（j）条　收回设备成本——对第 623 节第（a）条【《美利坚合众国法典》第 47 编第 543 节第（a）条】作出修改，在其末尾增加下列条款：

“（7）收回设备成本——

“（A）一般规定——按照根据第（b）条第（3）款规定制定的任何规则，联邦通信委员会必须允许有线电视运营商根据特许经营、行业、地区或者公司水平，将它们的设备成本计入诸如转换器箱等各种项目，不论上述各种项目范围内的设备功能的水平有何差异。上述回收成本的规定不适用于仅按照管制价格接受基本服务的用户使用的设备。

“（B）联邦通信委员会规则的修改——1996 年《电信法》颁布之日后 120 日内，联邦通信委员会必须颁布为执行第（A）项规定而必须对相应规则和表格作出的修改决定。”

第（k）条　前一年度损失的处理——

（1）修改决定——对第623节（《美利坚合众国法典》第48编第543节）作出修改，在其末尾增加下列规定：

“第（n）条　尽管有本节或者第612节的其他任何规定，但是，1992年12月4日之前产生的、与有线电视系统有关的损失（包括与特许经营权的批准或者分配有关的损失），而且是上述系统的最初特许经营权人拥有和经营的有线电视系统有关的上述损失，无论是全部或者部分，均不得以纳入根据本节规定制定的管理规定限制的任何服务或者设备合法涨价的方式之中。”

（2）生效日期——第（1）款作出的修改决定，在本法颁布之日生效，应当适用于1993年12月4日及其之后提交的而且至1995年12月1日尚未作出最终决定的任何价格调整建议方案。

第302节　电话公司提供的有线电视服务

第（a）条　电话公司提供的有线电视服务的管理规定——对第VI编（《美利坚合众国法典》第47编第521节以下）作出修改，在其末尾增加下列章节：

“第V部分——电话公司提供的视频节目服务

“第651节　视频节目服务的监管规定

“第（a）条　关于有线电视监管的限制规定——

“（1）无线电系统——采用无线电通信向用户提供视频节目的普通运营商（或者其他任何人），必须遵守第III编和第652节的规定，但不受本编规定的约束。

“（2）提供视频的普通运营业务——以普通运营商的身份提供视频节目传输服务的普通运营商，必须遵守第III编和第652节的规定，但不受本编规定的约束。本款规定不影响根据第602节第（7）款第（C）项规定对作为有线电视系统身份的普通运营商的设施的处理。

“（3）有线电视系统和公开视频系统——以第（1）款和第（2）款规定以外的方式向用户提供视频节目的普通运营商——

“（A）必须遵守本编规定，除非上述节目系以联邦通信委员会根据第

653 节规定批准的符合资格的公开视频系统的方式予以提供。

“（B）如果上述节目系以联邦通信委员会根据第 653 节规定批准的符合资格的公开视频系统的方式予以提供，则上述运营商必须遵守本部分的规定，但只有在第 653 节第（c）条作出了规定的情形下，受本编第 I 部分至第 IV 部分的约束。

“（4）选择以公开视频系统的方式进行经营——以第（1）款或者第（2）款方式或者前述两种方式提供视频节目的普通运营商，可以选择以符合第 653 节规定的公开视频系统的方式提供上述节目。如果联邦通信委员会根据第 653 节的规定批准上述运营商的资格，上述运营商应受本部分规定的约束，但只有在第 653 节第（c）条作出了规定的情形下，受本编第 I 部分至第 IV 部分的约束。

“第（b）条　关于互联互通责任的限制规定——根据本法第 II 编的规定，不得要求通过公开视频系统或者有线电视系统提供有线电视服务的本地交换运营商，按照非歧视性原则将其直接提供给用户的有线电视服务提供给其他任何人。

“第（c）条　补充的监管救济措施——不得要求普通运营商按照第 214 节的规定取得与建立或者经营发送视频节目系统有关的合格证书。

“第 652 节　禁止买断的规定

“第（a）条　运营商的并购行为——任何本地交换运营商及其拥有、经营、控制或者共同控制的任何关联成员，不得购买或者以其他方式直接或者间接取得在上述本地交换运营商电话服务范围内提供有线电视服务的任何有线电视运营商的超过 10% 的经济权益或者管理权益。

“第（b）条　有线电视运营商的并购行为——任何有线电视运营商及其拥有、经营、控制或者共同控制的任何关联成员，不得购买或者以其他方式直接或者间接取得在上述有线电视运营商特许经营权范围内提供电话交换服务的任何本地交换运营商的超过 10% 的经济权益或者管理权益。

“第（c）条　合资企业——各自的电话服务区域和有线电视特许经营区域位于同一市场的本地交换运营商和有线电视运营商，不得组成在上述市场直接向用户提供视频节目或者提供电信服务的任何合资企业或者合伙人。

“第（d）条 例外规定——

“（1）农村系统——虽然有本节第（a）条、第（b）条和第（c）条的规定，但是，（与位于其电话服务区域的有线电视系统有关的）本地交换运营商和（与在其有线电视特许经营区域用以提供电话交换服务的本地交换运营商的设施有关的）有线电视运营商，在下列范围内，可以取得上述系统的运营商或者用于上述系统的设施的控制权、管理权，或者与其组成合资企业或者合伙企业——

“（A）上述系统或者设施仅服务于合并的或者非合并的——

“（i）少于35,000个居民的地区或者领地；

“（ii）并且位于市区之外，如联邦普查统计局所解释的；

“（B）就本地交换运营商而言，上述系统与上述运营商拥有权益的其他系统总共服务的对象，不到上述运营商电话服务区域家庭的10%。

“（2）共同使用——虽然有第（c）条的规定，但是，本地交换运营商在价格和条件上征得有线电视运营商的同意，可以取得有线电视系统传输设施的使用权，前提是使用行为合理限制在联邦通信委员会所规定的一定范围和一定期限内。

“（3）在竞争性市场的并购行为——虽然有第（a）条和第（c）条的规定，但是，如果符合下列情形，本地交换运营商可以取得有线电视系统的控制权，或者与上述有线电视系统组成合资企业或者其他合伙企业，或者提供资金给上述有线电视系统（下文称之为‘目标有线电视系统’）——

“（A）目标有线电视系统在不属于前25名的其中一个电视市场进行经营活动，并且上述市场有不止一个有线电视运营商，目标有线电视系统不是上述电视市场中用户最多的有线电视系统；

“（B）目标有线电视系统和在上述电视市场拥有最多用户的有线电视系统，于1995年5月1日从该电视市场的最大城市处取得有线电视特许经营权，而且上述特许经营权的范围在上述日期得到确认；

“（C）目标有线电视系统，不是由在1995年5月1日存在的拥有最多用户的前50名有线电视运营商中的任何一个运营商拥有、共同拥有或者控制；

“（D）该电视市场中最多用户的系统由 1995 年 5 月 1 日存在的前 10 名最大的有线电视运营商中的任何一个运营商拥有、共同拥有或者控制。

“（4）免责的有线电视系统——如果符合下列情形，第（a）条不适用于任何有线电视系统——

“（A）截至 1995 年 6 月日止，该有线电视系统服务的有线电视用户不到 17,000 户，其中，不到 8,000 用户居住于市区，不到 6,000 用户居住于非市区；

“（B）该有线电视系统，不是由 1995 年 6 月 1 日存在的前 50 名最大的有线电视系统运营商拥有、共同拥有或者控制。

“（C）截至 1995 年 6 月 1 日止，该有线电视系统在不属于前 100 名的电视市场的市场从事经营活动。

“（5）非市区的小型有线电视系统——虽然存在第（a）条和第（c）条的规定，但是，每年经营收入少于 100,000,000 美元的本地交换运营商（或者由上述运营商拥有、经营、控制或者共同拥有的任何关联成员），可以购买或者以其他形式，取得有线电视用户不超过 20,000 户的本地交换运营商电话服务区域的任何有线电视系统的超过 10% 的经济权益或者管理权益，前提是按照联邦普查统计局的数据，居住于市区的用户不超过 12,000 户。

“（6）放弃——只有在下列情形下，联邦通信委员会才可以放弃第（a）条、第（b）条或者第（c）条的限制规定——

“（A）联邦通信委员会认为，由于相关提供电话交换服务的有线电视系统或者设施所服务的市场性质——

“（i）执行上述规定，相关的有线电视运营商或者本地交换运营商会陷入不应有的经济困境；

“（ii）如果执行上述规定，该系统或者设施会产生不经济的结果；

“（iii）所计划的交易具有的反竞争后果明显超过上述符合社会便利和需要的交易可能带来的公共利益；

“（B）本地特许经营权管理机构批准放弃执行上述规定。

“第（e）条　电话服务区域的释义——本节规定的、与普通运营商完全或者部分受本法第 II 编相联系时使用的‘电话服务区域’的术语，指截至 1993 年 1 月 1 日止上述运营商提供电话交换服务的区域，但是，如果在此日之后，上述任何普通运营商将其电话交换服务设施转让给另一个普通运营商，上述设施所提供电话交换服务的区域，应当视为取得设施的普通运营商的电话服务区域，而不是视为出售方普通运营商的电话服务区域。

“第 653 节　公开视频系统的建立

“第（a）条　公开视频系统——

“（1）遵守规定的认定——本地交换运营商可以通过符合本节规定的公开视频系统，提供有线电视服务给其电话服务区域内的有线电视用户。在联邦通信委员会根据公共利益、公共便利和公共需求可能制定的管理规定所允许的范围内，有线电视系统运营商或者任何人，可以通过符合本节规定的公开视频系统提供视频节目。公开视频系统的运营商向联邦通信委员会证明，其遵守联邦通信委员会根据第（b）条制定的管理规定并且联邦通信委员会作出了这一认定，该运营商就符合适用根据本节第（c）条规定的降低监管负担的规定。联邦通信委员会应当公告其受理了任何此类认定申请并应在受理上述认定申请后 10 日内作出批准或者不批准上述认定申请的决定。

“（2）争议处理——联邦通信委员会有权根据本节以及根据本节制定的管理规定处理争议。上述任何争议均应在该争议提交联邦通信委员会后的 180 日内处理完毕。如果存在任何违反本节规定的行为，在那时或者随后的独立赔偿程序中，联邦通信委员会可以要求赔偿传输费用、裁定赔偿没有得到传输费用的任何人或者采取上述两种制裁措施。任何受到损害的当事人均可以寻求本法规定的其他任何救济措施。

“第（b）条　联邦通信委员会的行动——

“（1）必须制定的管理规定——在 1996 年《电信法》颁布之日后的 6 个月内，联邦通信委员会必须完成为制定下列管理规定的所有工作（包括复审工作）——

“（A）除第 611 节、第 614 节、第 615 节的要求外，禁止公开视频系统运营商就其公开视频系统的传输费用，对视频节目提供商实行差别待遇，并确保上述传输费用的价格和条件公平合理，不得实行不公正或者不合理的差别对待。

“（B）如果需求超过公开视频系统的频道容量，禁止公开视频系统运营商及其关联成员出于传输费用的考虑而就上述系统三分之一以上的活跃频道传输容量选择视频节目服务，但是，本款的任何规定均不得解释为限制运营商及其关联成员选择直接提供给用户的频道数量。

“（C）允许公开视频系统的运营商仅使用一个频道传输一个以上视频节目提供商（包括本地交换运营商的 s 视频节目关联成员）提供的任何视频节目服务，前提是用户可以立即接入上述任何视频节目服务。

“（D）把联邦通信委员会有关体育专用频道（《联邦行政法典》第 47 编第 76.67 节）、网络专用频道（《联邦行政法典》第 47 编第 76.92 节以下）和综合专用频道（《联邦行政法典》第 47 编第 76.151 节以下）的管理规定扩展到适用于通过公开视频系统传输的视频节目；

“（E）（i）禁止公开视频系统的运营商出于选择公开视频系统上的节目的目的，在涉及上述运营商向其用户提供的资料或者信息方面，或者在将上述资料或者信息提供给用户的方式方面，不合理优待上述运营商及其关联成员。

“（ii）要求公开视频系统的运营商保证视频节目提供商或者版权持有人（或者上述两者）以合适而独特的方式让用户识别他们的视频节目服务。

“（iii）如果上述识别特征系以节目信号的一部分进行传输，要求运营商不作任何改变或者改动地传输上述识别特征；

“（iv）禁止公开视频系统的运营商从任何导航装置、指引或者菜单上省略在上述系统传输的电视广播台或者其他非关联成员的视频节目服务。

“（2）用户接入——按照第（1）款和根据该款制定的管理规定的要求，本节的任何规定不得禁止普通运营商及其关联成员与无线电广播台以及其他非关联成员的视频节目提供商，共同协商允许用户在任何转接设备、菜单或者其他节目指引上（无论是否有该运营商或者其关联成员提供的）接入它们信号的具体条件。

“第（c）条　为公开视频系统减少监管负担——

“（1）一般规定——适用于有线电视运营商的下列任何规定——

“（A）本编第 613 节【其中的第（a）条除外】、第 616 节、第 623 节

第（f）条、第 628 节、第 631 节和第 634 节，必须适用于：

“（B）本编的第 611 节、第 614 节，第 III 编的第 325 节，根据按照第（2）规定制定的管理规定，必须适用于：

“（C）本编的第 612 节、第 617 节和第 III 部分、第 IV 部分【但第 623 节第（f）条、第 628 节、第 631 节和第 634 节除外】，不适用于联邦通信委员会批准符合本节规定的资格的任何公开视频系统运营商。

“（2）执行——

“（A）联邦通信委员会的行动——在制定第（b）条第（1）款要求制定的管理规定的过程中，联邦通信委员会应当尽可能地规定不大于或者不小于本条第（1）款第（B）项所规定责任的责任。联邦通信委员会必须在 1996 年《电信法》颁布之日后不迟于 6 个月内完成制定上述管理规定的所有工作（包括任何复审工作）。

“（B）缴纳使用费——本部分规定的公开视频系统运营商，可以根据本地特许经营权管理机构或者其他政府机构规定的提供有线电视服务的运营商的总税收支付使用费，以代替第 622 节规定的特许经营权使用费。所规定的使用费的费率，不得超过根据联邦通信委员会规定的管理规定所确定的特许经营区域传输视频节目的任何有线电视运营商所负担的费率。公开视频系统运营商可以把用户所缴纳的本款规定的费用在账目上列为独立项目。

“（3）监管程序——公开视频系统的设立和运营适用本节规定，而不适用第 II 编的规定，也不附加适用第 II 编的规定。

“（4）视为有线电视运营商——本法的任何规定，均不得不把利用公开视频系统的视频节目提供商视为《美利坚合众国法典》第 17 编第 111 节规定的有线电视系统的运营商。

“第（d）条 电话服务区域的释义——在本节中，与部分或者完全受本法第 II 编规定限制的普通运营商相联系的‘电话服务区域’的术语，指上述运营商提供电话交换服务的区域。”

第（b）条 条文协调修改决定与技术性修改决定——

（1）废止规定——取消第 613 节第（b）条【《美利坚合众国法典》第 47 编第 533 节第（b）条】的规定。

（2）释义——对第 602 节（《美利坚合众国法典》第 531 节）作出修改——

（A）在第（7）款，删除“，或者（D）”的规定，增加下列规定：“除非上述使用只属于提供互相要求的服务；（D）遵守本编第 653 节规定的公开视频系统；或者（E）；”

（B）把第（12）款至第（19）款分别重新调整为第（13）款至第（20）款；

（C）在第（11）款之后，增加下列条款：

“（12）‘互相要求的服务’的术语，指经请求而点对点的通过交换网络提供视频节目给用户的服务，但是，不包括节目提供商事先已计划的视频节目提供服务；”

（3）视频拨号管理规定的终止——与 CC 档案第 87－266 号颁布的视频拨号规定有关的联邦通信委员会的管理规定和政策，在本法颁布之日即失效。本款规定不得解释为要求终止联邦通信委员会在本法颁布之日前已批准的任何视频拨号系统。

第 303 节　电信服务特许经营权管理机构的管理规定优先原则

第（a）条　关于有线电视运营商提供的电信服务的规定——对第 621 节第（b）条【《美利坚合众国法典》第 541 节第（b）条】作出修改，在其末尾增加下列条款：

“（3）（A）如果有线电视运营商或者其关联成员从事电信服务的提供服务——

“（i）该运营商或者关联成员不得取得本编规定的电信服务经营的特许经营权；

“（ii）本编规定不适用于提供电信服务的上述有线电视运营商及其关联成员。

“（B）特许经营权管理机构不得根据本编规定，制定禁止、限制有线电视运营商及其关联成员提供电信服务的规定，或者给有线电视运营商及其关联成员提供电信服务的活动设定条件。

“（C）特许经营权管理机构不得命令有线电视运营商及其关联成员——

“（i）停止电信服务的经营行为

“（ii）或者以上述有线电视运营商及其关联成员没有取得与上述电信服务有关的特许经营权，或者没有按照本编规定取得上述特许经营权的续期批文为由，停止有线电视系统的经营活动，前提是上述有线电视系统系用于电信服务的提供活动。

“（D）除非第 611 节和第 612 节另有规定外，特许经营权管理机构不得把要求有线电视运营商提供任何除机构网络以外的电信服务或者设施，作为首次批准特许经营权、续期批准特许经营权或者转让特许经营权的条件。”

第（b）条　特许经营权使用费——对第 622 节第（b）条【《美利坚合众国法典》第 47 编第 542 节第（b）条】作出修改，在第一句末尾的句号后面，增加“提供有线电视服务”的规定。

第 304 节　导航设备的竞争可用性

对第 VI 编第 III 部分作出修改，在第 628 节（《美利坚合众国法典》第 47 编第 548 节）后面增加下列章节：

“第 629 节　导航设备的竞争可用性

“第（a）条　用于多频道视频节目传输商提供的接入服务的设备的商业性用户可用性——联邦通信委员会经咨询相应的行业标准设定组织后，应当制定管理规定，保证多频道视频节目和其他服务的商业性用户，可以在多频道视频节目系统上，从制造商、零售商和与任何多频道视频节目经销商没有关联关系的其他销售商处，取得在多频道视频节目系统上接入多频道视频节目和其他服务的用户使用的转换器箱、互动通信设备和其他设备。上述管理规定不得禁止任何多频道视频节目经销商也可以提供转换器箱、互动通信设备和用户接入多频道视频节目和通过多频道视频系统提供的服务而使用的其他设备。前提是，该系统运营商向用户收取的上述设备和装置的费用单独记账，而且没有得到上述任何服务收费的资助。

“第（b）条　系统安全的维护——联邦通信委员会不得根据第（a）条

制定会损害多频道视频节目和提供视频节目系统提供的其他服务的安全的管理规定，或者会妨碍上述服务提供商防止他人窃取其服务的法律权利的管理规定。

“第（c）条 放弃——联邦通信委员会可以在一定期限内，放弃根据第（a）条制定的管理规定，前提是，多频道视频节目提供商和通过多频道视频节目系统提供其他服务的提供商或者设备提供商有充足证据证明，上述放弃行为系协助开发或者引进新频道视频节目、通过多频道视频节目系统提供的其他服务、技术或者产品所必需的。一旦有充分证据证明上述事实，联邦通信委员会应当在当事人根据本条规定提交申请后的 90 日内，批准关于上述放弃的申请，而且上述放弃行为应当对该类别全部服务提供商、全部产品以及上述服务和产品的全部提供商有效。

“第（d）条 避免多余的管理规定——

“（1）商业性决定——联邦通信委员会就商业性用户取得转换器箱、互动通信设备和用户接入都碰到视频节目和通过多频道视频节目系统使用的其他设备，在 1996 年《电信法》颁布之日前作出的决定或者制定的管理规定，均必须符合本节的规定。

“（2）管理规定——本节的任何规定，均不影响第 64.702 节第（e）条【《联邦行政法典》第 47 编第 64.702 节第（e）条】或者联邦通信委员会就用于连接基本普通运营商通信服务的用户终端设备的互联互通和竞争性规定而作出的其他管理规定的适用。

“第（e）条 日落规则——如果联邦通信委员会认定存在下列情形，根据本节制定的管理规定，必须停止适用——

“（1）多频道视频节目传输商所在的市场已实现充分竞争；

“（2）用于服务的转换器箱、互动通信设备的市场已实现充分竞争；

“（3）取消该管理规定会促进竞争和公共利益。

“第（f）条 联邦通信委员会的职权——本节的任何规定均不得解释为扩大或者限制联邦通信委员会在 1996 年《电信法》颁布之日前，根据法律有效享有的任何职权。”

第305节　视频节目的可接入性

对第VII编作出修改，在第712节（《美利坚合众国法典》第47编第612节）之后，增加下列章节：

“第713节　视频节目的可接入性

“第（a）条　联邦通信委员会的调查活动——在1996年《电信法》颁布之日后的180日内，联邦通信委员会必须完成调查工作，查明视频节目隐藏字幕的级别。上述调查工作必须检查现有或者以前出版的节目隐藏字幕的程度，视频节目提供商或者提供隐藏字幕的节目所有人的规模、所服务市场的规模、所取得的收视率或者其他情况。联邦通信委员会必须向国会提交上述调查工作的报告。

“第（b）条　会计标准——上述颁布日期之后的18个月内，联邦通信委员会必须制定为执行本节所必需的管理规定。上述管理规定必须保证——

“（1）在上述管理规定生效之后首次出版或者展示的视频节目，可以通过提供隐藏字幕而完全取得，但第（d）条另有规定的除外；

“（2）视频节目提供商或者所有人，应当提供隐藏字幕实现上述管理规定生效前首次出版或者展示的视频节目的最大化接入，但第（d）条另有规定的除外。

“第（c）条　加注字幕的截止期限——上述管理规定应当规定提供视频节目隐藏字幕的截止期限的合适方案。

“第（d）条　免责规定——虽然有第（b）条的规定，但是——

“（1）对于联邦通信委员会认为提供隐藏字幕会给上述节目提供商或者所有人带来经济负担的节目、某类节目或者服务，联邦通信委员会可以通过制定管理规定，免除上述节目、某类节目或者服务遵守隐藏字幕规定的义务。

“（2）视频节目提供商或者该提供商发送的任何节目的所有人，没有义务提供隐藏字幕，前提是，提供隐藏字幕不符合1996年《电信法》颁布之日有效的合同的规定，但是，本节的任何规定，不得解释为解除视频节目提供商提供联邦法律要求提供的服务的义务。

“（3）视频节目提供商或者视频节目所有人，可以请求联邦通信委员会免除其遵守本节规定的义务，联邦通信委员会可以批准上述申请，前提是，有证据证明本节规定将导致过当负担。

“第（e）条　过当负担——‘过当负担’的术语，指重大困难或者开支。在判断为遵守本款规定所要求的隐藏字幕是否将导致过当经济负担时，必须考虑下列因素——

“（1）节目隐藏字幕的性质和成本；

“（2）对提供商或者节目所有人经营的影响；

“（3）提供商或者节目所有人的经济来源；

“（4）提供商或者节目所有人的经营类型。

“第（f）条　对视频说明的调查——在 1996 年《电信法》颁布之日后 6 个月内，联邦通信委员会必须开始调查视频节目的视频说明的使用情况，目的是保证视觉障碍人士可以收看视频节目。联邦通信委员会的报告必须评估在市场上推行视频说明的合适方法和计划表、视频说明的技术和质量标准、视频说明将适用的节目范围以及联邦通信委员会认为应当考虑的其他技术和法律问题。

“第（g）条　视频说明——本节规定的‘视频说明’的术语，指在节目对话之间的自然停顿之处，插入电视节目关键的动画文件的音频叙述说明。

“第（h）条　被禁止行为的私权——本节的任何规定，均不得解释为授权任何私权行为执行本节的任何规定或者根据本节制定的任何管理规定。联邦通信委员会对根据本节作出的投诉享有专门管辖权。”

第 IV 编——管理改革

第 401 节　宽容性管理

对第 I 编作出修改，在第 9 节（《美利坚合众国法典》第 47 编第 159 节）之后，增加下列章节：

“第 10 节　电信服务经营活动的竞争

“第（a）条　管理的灵活性——虽然有本法的第 332 节第（c）条第

(1) 款第 (A) 项的规定，但是，如果联邦通信委员会认为存在下列情形，在某个或者任何地理市场范围内，可以不把任何管理规定或者本法任何条款适用于某个电信运营商、某一电信服务以及某类电信运营商、某类电信服务。

“(1) 执行上述管理规定或者条款，不是保证电信运营商或者电信服务的收费、活动、分类或者管理公正合理和不受不公正或者不合理差别对待所必需的；

“(2) 执行上述管理规定或者条款不是保护用户所必需的；

“(3) 不适用上述管理规定或者条款，符合公共利益。

“第 (b) 条 需要考虑的竞争影响——在根据第 (a) 条第 (3) 项作出决定时，联邦通信委员会必须考虑，不执行上述管理规定或条款是否可以促进市场竞争，包括对提高电信服务提供商之间的竞争程度。如果联邦通信委员会认为，上述不执行行为可以促进电信服务提供商之间的竞争，它就可以作联邦通信委员会从公共利益的角度出发，作出不执行决定的基础。

“第 (c) 条 宽容的申请——任何电信运营商或者某类电信运营商，均可以向联邦通信委员会提交申请要求联邦通信委员会行使本节规定的与该运营商或者该类运营商及其提供的服务有关的职权。如果联邦通信委员会没有在其受到申请后 1 年内根据第 (a) 条作出因未满足宽容条件而拒绝批准，上述任何申请均被视为得到批准，除非联邦通信委员会延展了 1 年的期限。如果联邦电信委员会认定延展期限系满足第 (a) 条规定所必须的，联邦通信委员会对于第一次申请，可以延展 90 日的期限。联邦通信委员会可以批准整个申请或者部分批准申请，并且应当以书面形式作出决定。

“第 (d) 条 限制规定——除第 251 节第 (f) 条的规定外，联邦通信委员会不得根据本节第 (a) 条的规定，不执行第 251 节第 (c) 条或者第 271 节的规定，除非它认定，那些规定已得到执行。

“第 (e) 条 联邦通信委员会不执行后州的执行行为——任何州均不得执行联邦通信委员会根据第 (a) 条规定已决定不予以执行的本法的任何条款。”

第 402 节　每两年审查一次管理规定与管理救济措施

第（a）条　每两年审查一次——对第 I 编作出修改，在（经第 401 节修改后的）第 10 节之后增加下列章节：

“第 11 节　管理改革

“第（a）条　每两年审查一次管理规定——每个偶数年份（从 1988 年开始），联邦通信委员会——

“（1）必须审查根据本法制定的、审查当时有效的、适用于任何电信服务提供商的开业或者经营行为的所有管理规定；

“（2）必须决定随着上述服务提供商之间的实质竞争的开展，上述任何管理规定是否不再符合公共利益。

“第（b）条　决定的影响——联邦通信委员会废除或者修改其认为不再符合公共利益的任何管理规定。”

第（b）条　管理救济措施——

（1）收费、分类、管理规定或者活动的流水线程序——

（A）对第 204 节第（a）条【《美利坚合众国法典》第 204 节第（a）条】作出修改——

（i）删除在第（2）款第（A）项中首次出现的“12 个月”的规定，增加“5 个月”的规定；

（ii）删除“生效”的规定以及在第（2）款第（A）项中所有的相同规定，增加“生效”的规定；

（iii）在最后增加以下规定：

“（3）本地交换运营商可以按照程序，向联邦通信委员会提出新的费率或者修改费率、分类、监管或者开业的申请。上述任何费率、分类、监管或者开业行为，在向联邦通信委员会提出申请后的 7 日或者 15 日（对于增加收费的申请），均视为合法而有效的，除非联邦通信委员会在上述 7 日或者 15 日的期限带来之前，根据第（1）款的规定作出了相应的决定。”

（B）对第 208 节第（b）条【《美利坚合众国法典》第 208 节第（b）条】作出修改——

（i）在第（1）款首次出现“12个月”的地方，删除该规定，并增加“5个月”的规定；

（ii）删除“提交”的规定以及随后的第（1）款中的上述规定，并增加“提交”的规定。

（2）根据第214节的规定扩展线路和阿米斯报告——联邦通信委员会应当允许任何普通运营商——

（A）就所扩展的任何线路，免除遵守1934年《通信法》第214节要求的责任；

（B）就上述运营商必须提交的成本分配手册和阿米斯报告，每年提交上述手册和报告。

（3）宽容性职权不受限制——本条的任何规定，不得解释为限制联邦通信委员会放弃、修改或者容忍不适用按照本法或者其他法律的其他任何规定在第（1）款中作出的要求的职权。

（4）修改决定的生效日期——本条第（1）款作出的修改决定，适用于本法颁布之日后1年或者1年后提交的任何收费、分类、管理或者开业项目。

第（c）条　运营商的分类——在根据联邦通信委员会的管理规定第32.11节（《联邦行政法典》第47编第32.11节）和根据联邦通信委员会管理规定第43部分（《联邦行政法典》第47编第43部分）以及联邦通信委员会管理规定第64.903节（《联邦行政法典》第47编第64.903节）制定报告要求时，联邦通信委员会必须根据CC档案91－141号编号的《联邦通信委员会报告和命令》发布之日的通货膨胀率，调整税收规定，而且每年都要这样调整一次。本条规定自本法颁布之日起生效。

第403节　取消不必要的联邦通信委员会管理规定和职能

第（a）条　修改业余无线电台的检查程序——对第4节第（f）条第（4）款【《美利坚合众国法典》第47编第154节第（f）条第（4）款】作出修改——

（1）在第（A）项——

（A）在“准备目的”之后，增加“或者管理”的规定；

（B）在“少于该类”之后，增加“的”的规定；

（C）在“为所进行的检查”之后，增加“或者被管理”的规定；

（2）删除第（B）项；

（3）在第（H）项，删除“第（A）项、第（B）项、第（C）项”的规定，增加“第（A）项和第（B）项”的规定；

（4）在第（J）项——

（A）删除“或者第（B）项”的规定；

（B）删除最后一句；

（5）将第（C）项至（J）项分别重新调整为第（B）至（I）项。

第（b）条　指定机构进行检查的职权——对第 4 节第（f）条第（3）款【《美利坚合众国法典》第 47 编第 154 节第（f）条第（3）款】作出修改，在其末尾增加下列规定：“并且作为替代方式，联邦通信委员会指定的任何机构，均可以进行本款规定的检查。”

第（c）条　加快教育电视固定业务处理程序——对第 5 节第（c）条第（1）款【《美利坚合众国法典》第 47 编第 155 节第（c）条第（1）款】作出修改，删除最后一句，增加下列规定：“除涉及教育电视固定业务的服务授权案件外，或者本法另有规定外。本款的任何规定，均不授权联邦通信委员会对《美利坚合众国法典》第 5 编第 556 节第（b）条第（3）款或者第（2）款规定之人以外的任何人的收听行为作出规定。”

第（d）条　废除折旧费率的设定——对第 220 节第（b）条【《美利坚合众国法典》第 47 编第 220 节第（b）条】作出修改，删除“必须对上述运营商作出规定”的规定，增加“可以对它认为合适的上述运营商作出规定”。

第（e）条　采用独立审计人——对第 220 节第（c）条【《美利坚合众国法典》第 47 编第 220 节第（c）条】作出修改，在末尾增加下列规定：“联邦通信委员会可以要求根据任何州法被许可提供公共会计业务的任何人提供服务，协助或者进行本节规定的审计行为。在根据本节规定受雇为联邦通信委员会从事审计时，上述任何人均享有联邦通信委员会根据本节规定授予的权力，并如联邦通信委员会的工作人员一样受第（f）条的约束。”

第（f）条　委托私人实验室进行设备测试和认证——对第 302 节《美

利坚合众国法典》第47编第302节作出修改，在其末尾增加下列规定：

“第（e）条 联邦通信委员会——

“（1）可以授权使用私人组织测试和认证服务或者家用电器设备和系统是否符合根据本节颁布的管理规定；

“（2）可以把上述任何组织作出的认证视为是否遵守上述规定的初步证据；

“（3）在它认为必要时，可以为上述私人组织、测试和认证设立资格证书制度和标准。”

第（g）条 统一牌照更正制度——对第303节第（f）条【《美利坚合众国法典》第47编第303节第（f）条】作出修改，删除“除非在举行公开听证以后”的规定，增加“除非”的规定。

第（h）条 取消联邦通信委员会对政府拥有的船用无线电台的管辖权——

（1）对第305节（《美利坚合众国法典》第47编第305节）作出修改，删除第（b）条，分别重新调整第（c）条和第（d）条为第（b）条。

（2）对第382节第（2）款【《美利坚合众国法典》第47编第382节第（2）款】作出修改，删除“美利坚合众国海洋管理局、内陆沿海水路航运局或者巴拿马运河公司的船舶除外”的规定。

第（i）条 允许无牌照的国内船舶和飞行器电台的运作——对第307节第（e）条【《美利坚合众国法典》第47编第307节第（e）条】作出下列修改：

“第（e）条 （1）虽然有本法设立的牌照规定，但是，如果联邦通信委员会认定，上述授权符合公共利益、公共便利和公共需求，联邦通信委员会可以通过制定规则授权没有个体营业执照的无线电台经营下列无线电业务：（A）民用波段无线电服务；（B）无线电操纵服务；（C）为没有要求必须经营无线电台的经营国内路线的航空站提供的航空无线电台服务；（D）为没有要求必须经营无线电台的国内航线的船舶电台提供的海上无线电服务。

“（2）联邦通信委员会授权没有个体营业执照而可以进行营业的任何无线电台运营商，必须遵守本法的其他规定，必须遵守联邦通信委员会根据本法制定的规则。

“（3）本节规定的‘民用波段无线电服务’、‘无线电操纵服务’、‘航空无线电台’和‘船舶电台’的术语含义，与联邦通信委员会制定的规则所规定的含义相同。”

第（j）条　加速固定微波服务的牌照发放程序——对第 309 节第（b）条第（2）款【《美利坚合众国法典》第 47 编第（b）条第（2）款】作出修改，删除第（A）项，分别将第（B）至第（G）项重新调整为第（A）项至第（F）项。

第（k）条　外国董事——对第 310 节第（b）条【《美利坚合众国法典》第 47 编第 310 节第（b）条】作出修改——

（1）在第（3）款，删除“属于外国人身份的任何管理人员或者董事，或者”的规定；

（2）在第（4）款，删除“属于外国人身份的任何管理人员或者属于外国人身份的董事超过四分之一，或者”的规定。

第（l）条　对静默无线电台授权的限制——对第 312 节（《美利坚合众国法典》第 47 编第 312 节）作出修改，在其末尾增加下列规定：

“第（g）条　如果广播电台有连续 12 个月没有发送广播信号行为，则所颁发的该广播电台的电台经营牌照在所授权的该期期限到期时终止，不论该牌照的规定、期限或者条件是否有相反的规定。”

第（m）条　修正建筑许可要求——对第 319 节第（d）条作出修改，删除最后两句，增加下列规定：“对于任何广播电台，联邦通信委员会不享有放弃执行建筑许可要求的职权，除非联邦通信委员会通过管理规定认为，所授权的广播电台设施的微小改变，不需要取得许可。对于任何其他电台或者其他类型的电台，联邦通信委员会不得放弃执行取得建筑许可的要求，除非联邦通信委员会认为，放弃执行是为实现公共利益、公共便利和公共需求所必需的。”

第（n）条　检查活动——对第 362 节第（b）条【《美利坚合众国法典》第 47 编第 362 节第（b）条】作出下列修改：

“第（b）条　受本部分限制的美利坚合众国的所有船舶，必须每年由联邦通信委员会或者联邦通信委员会指定的机构至少检查一次其设备和装置。在检查后，如果联邦通信委员会认为，本法的所有相关规定均得到遵守，电台牌照也符合上述规定，则这一有关电台牌照的事实必须由联邦通信委员会予以出具证明。联邦通信委员会在其认为为确保遵守本法规定所必要时，可以定时地增加检查的次数。联邦通信委员会认为符合公共利益，可以——

“（1）在最长 90 日的期限内，放弃执行本节关于每年检查的规定，唯一的目的是让船舶完成其航行并驶入美利坚合众国的港口以便检查；

“（2）放弃执行本节关于每年检查船舶是否遵守《海上安全条约》中的无线电规定以及是否只在美利坚合众国水域外运营的规定的规定。'

第（o）条　其他机构进行的检查——对第 385 节作出修改——

（1）在联邦通信委员会之后，增加“或者联邦通信委员会指定的机构”的规定；

（2）在末尾增加下列规定：“根据适用于政府合同的法律规定，联邦通信委员会可以与任何人签订按照上述要求进行上述检查和认证的合同，而且作为合同的部分内容，可以允许上述任何人从牌照持有人处收取进行上述检查和认证的雇佣人员的开支和差旅费用。”

第 V 编——淫秽与暴力内容

第 A 分编——利用电信设施从事淫秽、骚扰和违法活动

第 501 节　法律简称

援引本编时，可以称为 1996 年《通信端正法》。

第 502 节　1934 年《通信法》关于利用电信设施从事淫秽或者骚扰活动的规定

对第 223 节（《美利坚合众国法典》第 47 编第 223 节）作出修改——

（1）删除第（a）条的规定，增加下列规定以取代其规定：

“第（a）条　无论是谁——

“（1）在州际或者与国外通信时——

“（A）故意利用通信装置——

“（i）制造、创作或者引诱，以及

“（ii）为了激怒、辱骂、威胁或骚扰其他人而发起传播任何淫秽、淫荡、淫欲、污秽或下流的任何评论、请求、建议、计划、图像或者其他通信内容；

“（B）故意利用通信装置——

“（i）制造、创作或引诱，以及

“（ii）发起传播淫秽或者下流的任何评论、请求、建议、计划、图像或者其他通信内容，并且明知通信内容的接收人系 18 岁以下的人，不论上述通信内容的制作者是否打电话或者发起该通信在所不论；

“（C）在没有披露身份的情形下，为了激怒、辱骂、威胁或者骚扰被叫号码或者接收通信的任何人而打电话或者利用通信装置，无论随后是否发生对话或者通信；

“（D）造成另一方的电话不断或者反复响起，并具有骚扰被叫号码方的任何人的目的；

“（E）在随后的对话或者通信期间，反复打电话或者利用某一电信装置反复发送通信内容，唯一目的是骚扰被叫号码端或者接收通信的任何人；

“（2）明知而允许利用其控制的电信设施用于第（1）款禁止的任何行为，并具有用于上述活动的目的的，必须按照《美利坚合众国法典》第 18 编的规定处以罚金，或者处以两年以下的监禁，或者两者并罚。”

（2）在其末尾增加下列条款：

“第（d）条　无论谁——

“（1）明知地在州际或者与国外通信时——

“（A）使用互动计算机装置发送给不满 18 岁的某个人或者某群人，

“（B）使用互动计算机装置，向不满 18 岁的人展示用当前社会标准衡量属于明显令人厌恶的性行为、性器官或者排泄行为、排泄器官的任何评论、请求、建议、计划、图像或者其他通信内容，不论上述服务的使用人是否主叫电话或者发起通信；

“（2）明知地允许上述之人控制之下的任何电信设施用作第（1）款禁止的活动，而且具有用于上述活动的目的的，应当根据《美利坚合众国法典》第 18 编的规定处以罚金，或者处以两年以下的监禁，或者两者并罚。

“第（e）条　除法律规定的其他任何辩护理由外：

“（1）不得因为只是提供了不属于该人控制之下的设施、系统或者网络，或者连接了上述设施、系统或者网络，包括传输软件、下载软件、中间储存软件、接入软件或者附属于提供不包括创造上述通信内容的上述接入或者连接的其他有关性能的行为，而判决上述行为违反了第（a）条或者第（d）条的规定。

“（2）本条第（1）款规定的辩护理由，不得适用于与积极参与制造或者明知而传播违反本节规定的通信内容的机构进行合谋之人，或者明知而推广以便他人取得上述通信内容之人。

“（3）本条第（1）款规定的辩护理由，不得适用于提供接入或者连接违反本节规定并由其拥有或者控制的设施、系统或者网络之人。

“（4）除非雇佣人员或者代理人的行为属于雇佣行为或者代理行为，而且雇主知悉该行为，并且授权或者批准该行为，或者雇主任其实施该行为，否则，不能根据本节规定要求雇主承担其雇佣人员或者代理人行为的责任。

“（5）如果一个人属于下列情形，就为第（a）节第（1）款第（B）项规定的行为而使用设施而言，属于第（a）节第（1）款第（B）项、第（d）条或者第（a）条第（2）款规定的刑事检控的辩护理由——

“（A）为限制或者防止未成年人接入上述条款规定的通信内容，而善意采取在当时情形下合理、适当而有效的行为，包括采取适当措施限制未成年人接触上述通信内容以及包括在当时技术可行的条件下采取的任何方法的；

“（B）通过要求使用已经过验证的信用卡、借记卡、成年人接入码或者成人个人身份证号码而已经限制接入上述通信内容的。

“（6）联邦通信委员会可以规定，哪些措施是为限制接入第（d）条规定的通信内容而采取的合理、有效并适当的措施。本节的任何规定，均未授权联邦通信委员会实施上述行为，或者具有规定联邦通信委员会享有职权批准、赞同或者允许私用上述措施的目的。联邦通信委员会不得为与上述措施有关的具体产品提供支持。有证据证明系为了实现第（5）款的目的而出于善意实施第（d）条规定的行为时，才允许采取上述措施。本节的任何规定。不得解释为把互动计算机服务公司视为普通运营商或者电信运营商。

“第（f）条　（1）对于没有违反应受刑事或者民事处罚的法律的行为之人，对于善意执行本节授权的辩护行为之人，或者对于出于善意限制或者防止传输或者接入本节规定的通信内容之人，不得在任何法院或者行政机构提起诉讼。

“（2）任何州或者地方政府，均不得对商业性机构、非赢利性图书馆或者高等教育机构实施的、与第（a）条第（2）款或者第（d）条规定的活动或者行为有关但不符合本节关于上述活动或者行为规定的商业性活动或者行为规定任何责任。本款的任何规定，均不得禁止任何州或者地方政府颁布和实施补充性监管、检查和责任制度、程序和要求，前提是上述制度、程序和要求仅调整州内服务，而且并不导致与关于州际服务规定的权利、义务或者责任不一致的后果。本条的任何规定，不得禁止任何州或者地方政府管理本节没有规定的行为。

“第（g）条　第（a）条、第（d）条、第（e）条或者第（f）条的任何规定，或者第（a）条或者第（d）条规定的控告诉讼的任何辩护理由，均不得解释为影响或者限制其他联邦法律的使用或者实施。

“第（h）条　对于本节而言——

“（1）本节规定的‘电信服务’的术语的使用——

“（A）并没有给本法其他有关淫秽和下流行为的条款所针对的广播牌照持有人和有线电视运营商规定任何新的责任；

“（B）并不包括互动计算机服务。

“（2）‘互动计算机服务’的术语含义，与第 230 节第（e）条第（2）款所规定的术语含义相同。

“（3）‘接入软件’术语，指并不创造或者提供通信内容但允许用户进行下列任一行为的软件（包括用户或者服务器软件）或者方法软件：

“（A）过滤、屏蔽、显示或者删除目录的行为；

“（B）挑选、选择、分析或者摘录目录的行为；

“（C）传输、接收、展示、发送、收藏、搜索、组织、重组、翻译目录或者给目录分类的行为。

“（4）‘高等教育机构’的术语含义，与1965年《高等教育法》第1201节（《美利坚合众国法典》第20编第1141节）所规定的术语含义相同。

“（5）‘库’的术语，指有资格加入《图书馆服务与建设法》（《美利坚合众国法典》第20编第355e节以下）标题III项下的州计划获取资金的库。”

第503节　淫秽的有线电视节目

对第639节（《美利坚合众国法典》第47编第559节）作出修改，删除“不多于10，000美元”的规定，增加“根据《美利坚合众国法典》第18编”的规定。

第504节　倒换有线电视频道供非用户使用

对第VI编第IV部分作出修改，在其末尾增加下列规定：

“第640节　倒换有线电视频道供非用户使用

“第（a）条　用户要求——在接到有线电视服务用户提出的要求后，有线电视运营商必须在不收取任何费用的情形下，完全转换或者完全阻隔发送的节目用户无法收到的频道的音频和视频节目。

“第（b）条　释义——本节规定的‘倒（转）换’的术语，指重新安排节目信号的内容，使该节目不能以看得懂的方式收听或者收视。”

第505节　倒换露骨的成人性视频节目

第（a）条　要求——对本法已作修改的第VI编第IV部分作进一步的修改，在其末尾增加下列规定：

“第641节　倒换露骨的成人性视频节目

“第（a）条　要求——在主要是提供性节目服务的任何频道上提供下流的明示成人性节目或者其他节目的过程中，多频道视频节目的传播商必须完全转换或者以其他方式阻止该部分音频和视频，不让非此类节目的用户接收到此类频道或者节目。

“第（b）条　执行——在多频道视频节目传播商遵守第（a）条规定的要求前，该传播商必须通过不在大量青少年可能收看的一天的某个时间（由联邦通信委员会作出规定）提供上述节目的方式，限制青少年接触该节规定的节目。

“第（c）条 释义——本节规定的‘倒（转）换’的术语，指重新安排节目信号的内容，使该节目不能以看得懂的方式收听或者收视。”

第（b）条 生效日期——第（a）条作出的修改决定，在本法颁布之日后的30日生效。

第506节 有线电视运营商拒绝传送某种节目的权利

第（a）条 公共、教育和政府频道——对第611节第（e）条【《美利坚合众国法典》第47编第531节第（e）条】作出修改，在其句号前增加下列规定：“，但是，有线电视运营商可以拒绝传输任何含有淫秽、下流或者裸露内容的公共节目或者该节目的部分内容。”

第（b）条 供商业性用途的有线电视频道——对第612节第（c）条第（2）款【《美利坚合众国法典》第47编第532节第（c）条第（2）款】作出修改，删除“运营商”的规定，增加“有线电视运营商可以拒绝传输任何供出租的含有淫秽、下流或者裸露内容的存取节目或者该节目的任何内容”的规定。

第507节 明确与通过计算机传播淫秽资料有关的现行法律

第（a）条 输入或者运输——对《美利坚合众国法典》第18编第1462节作出修改——

（1）在未调整序号的第一款，在“运营商”的规定之后，增加“或者互动计算机服务【其释义由1934年《通信法》第230节第（e）条第（2）款作出规定】”的规定；

（2）在未重新调整序号的第二款——

（A）在取得的规定之后，增加“或者接收”的规定；

（B）在“运营商”的规定之后，增加“或者互动计算机服务【其释义由1934年《通信法》第230节第（e）条第（2）款作出】”的规定；

（C）在“运营商”的规定之后，增加“输入”的规定。

第（b）条 为出售或者传播而运输——对未重新调整序号的《美利坚

合众国法典》第 18 编第 1465 节第一段作出修改——

（1）删除“在……范围运输”的规定，增加“在……范围运输或者传送，或者使用设施或者其方式”的规定。

（2）在第一次出现的国外贸易的规定之后，增加“或者在上述商业中或者影响上述商业的互动计算机服务【其释义由 1934 年《通信法》第 230 节第（e）条第（2）款作出规定】”的规定；

（3）删除“，或者故意输入的规定以及所有在州际或者与国外贸易中的污秽的资料之后的”上述规定，增加“的”规定。

第（c）条　解释——本节作出的修改决定已在本法中予以澄清，而且根据美利坚合众国诉阿尔珀斯案【《美利坚合众国判例汇编》第 338 卷第 680 页（1950 年）】确立的规则，不得解释为限制或者废除作出上述修改决定前的《美利坚合众国法典》第 18 编第 1462 节和第 1465 节所规定的任何禁止性规定。

第 508 节　强迫和引诱未成年人

对《美利坚合众国法典》第 18 编第 2422 节作出修改——

（1）在“无论谁故意”的规定之前，增加“第（a）条”的规定；

（2）在其末尾，增加下列规定：

“第（b）条　不论是谁，只要使用州际或者与国外贸易有关的任何设施或者包括邮件在内的资源，或者在美利坚合众国的特定海域和领土的管辖权范围内，故意说服、引诱、唆使或者强迫任何未满 18 岁的任何人从事可以追究刑事责任的卖淫活动或者任何性行为，或者企图实施上述行为的，应当根据本编处以罚金或者不少于 10 年的监禁，或者两者并罚。”

第 509 节　家庭在线授权

对 1934 年《通信法》第 II 编（《美利坚合众国法典》第 47 编第 201 节以下）作出修改，在其末尾增加下列章节：

“第 230 节　保护个人阻止和屏蔽令人厌恶的资料的权利

“第（a）条　调查结果——国会查明下列事实：

“（1）每个美国人可以享受的因特网或者其他互动计算机服务迅速发展，预示着我们的公民在取得教育和信息资料方面的能力得到极大提高。

“（2）这些服务给予了接受信息的用户极大程度的信息控制权，而且随着将来的技术发展，甚至可能会给予更大的控制权。

“（3）因特网以及其他互动计算机服务为真实多样的政治观点提供了论坛，为文化发展提供了独特的机会，为智力活动提供了无数的渠道。

“（4）因特网以及其他互动计算机服务，系在政府最小限度的管理范围内得到繁荣发展的，符合全体美国人的利益。

“（5）越来越多的美国人依赖互动媒体而得到政治、教育、文化和娱乐服务。

“第（b）条　政策——美利坚合众国的政策是——

“（1）促进因特网以及其他互动计算机服务和其他互动媒体的不断发展；

“（2）维护目前充满活力和竞争的因特网和其他互动计算机服务市场，让其不受联邦或者各州管理规定的羁绊；

“（3）鼓励可以实现使用因特网和其他互动计算机服务的个人、家庭和学校用户最大限度地控制其所接受的信息；

“（4）消除、抑制、阻止和过滤可以授权父母限制其孩子接入令人反感和不合适的在线资料技术的进一步发展和采用的因素；

“（5）保障有力地实施联邦刑事法律，威慑和惩罚通过计算机传播淫秽、追踪和骚扰内容的行为。

“第（c）条　对攻击性资料进行阻止和过滤的善意人的保护——

“（1）出版人或者代言人的待遇——任何互动计算机服务的提供商或者用户，均不视为另一信息内容提供商的出版人或者代言人。

“（2）民事责任——任何互动计算机服务的提供商或者用户，均不对下列行为负责——

“（A）出于善意而主动采取任何行为，限制接入或者存取提供商或者用户认为淫秽、淫荡、淫欲、污秽、过度暴力、骚扰或者其他令人反感的资料，无论上述资料是否属于受到宪法保护的；

“（B）采取任何行为，确保信息内容提供商或者其他人可以取得限制接入第（1）款规定的资料的技术手段。

“第（d）条　对其他法律的影响——

“（1）不得影响刑事法律——本节的任何规定，不得解释为阻止本法第223节、《美利坚合众国法典》第18编第71章（与淫秽行为有关的）或者第119章（与儿童性虐待有关的）以及其他任何联邦刑事制定法的实施。

“（2）不得影响知识产权法——本节的任何规定，不得解释为限制或者扩大适用与知识产权有关的法律。

“（3）州法——本节的任何规定，不得解释为防止任何州实施符合本节规定的任何州法。不得根据与本节规定不一致的任何州法或者地方法律，提起诉讼和追究责任。

“（4）不得影响通信私法——本节的任何规定不得解释为限制1986年《电子通信私法》或者该法作出的修改决定或者任何类似的州法的适用。

“第（e）条　释义——本节使用的：

“（1）因特网——‘因特网’的术语，指联邦或者非联邦协作分组交换数据网络的国际计算机网络。

“（2）互动计算机服务——‘互动计算机服务’的术语，指提供或者实现多用户通过计算机接入计算机服务器的任何信息服务、系统或者存取软件提供商，包括提供因特网接入的服务或者系统以及有图书馆或者教育机构提供或者运营的上述系统。

“（3）信息内容提供商——‘信息内容提供商’的术语，指完全或者部分对通过因特网或者其他互动计算机服务提供的信息的制作或者开发负责任的任何人或者机构。

“（4）存取软件提供商——‘存取软件提供商’的术语，指软件（包括用户或者服务器软件）的提供商，或者可以进行下列任一活动的方法工具：

“（A）过滤、屏蔽、显示或者删除目录的行为；

“（B）挑选、选择、分析或者摘录目录的行为；

“（C）传输、接收、展示、发送、收藏、搜索、组织、重组、翻译目录或者给目录分类的行为。”

第 B 分编——暴力内容

第 551 节　父母对电视节目的选择权

第（a）条　调查结果——国会查明下列事实：

（1）电视影响青少年对社会普遍认同的价值观和行为的认识。

（2）电视台运营商、有线电视系统运营商和视频节目提供商，应当遵守与视频节目有关的行业习惯，即考虑电视广播和有线电视节目已经非常突出地渗透到了美国青少年生活的各个方面。

（3）平均每个美国青少年每周收看电视节目 25 小时，有些青少年甚至每天收看电视节目高达 11 小时。

（4）研究表明，在年少时收看暴力视频节目的青少年比没有收看的青少年，存在更大的暴力和攻击行为的倾向，而且收看暴力视频节目的青少年倾向认为，暴力行为是可接受的行为。

（5）据估计，到小学毕业时，美利坚合众国的青少年通过电视，平均收看 8,000 起谋杀行为和 100,000 起暴力行为。

（6）研究表明，青少年受到电视上随处可见和随意处理的性资料的影响，削弱了父母培养孩子负责任态度和行为的能力。

（7）父母极其担心暴力和性视频节目，强烈支持可以给予他们更大的在家庭内部阻止他们认为对青少年有害的视频节目控制权的技术。

（8）授权父母限制对青少年有害的视频节目的负面影响，存在极其重要的政府利益。

（9）及时把即将播放的视频节目性质告诉父母，把允许他们方便阻止暴力、性或者其他他们认为对孩子有害的节目内容的技术手段交给他们，是实现极其重要的政府利益的非侵权性和受到严格控制的手段。

第（b）条　《电视分级法典》的结构——

（1）修改决定——对第 303 节（《美利坚合众国法典》第 47 编第 303 节）作出修改，在其末尾增加下列规定：

“第（w）条 规定下列内容——

“（1）根据联邦通信委员会按照1996年《电信法》第551节第（b）条第（2）款的规定建立的咨询委员会的建议，制定识别含有在展示给青少年之前应当告知父母的性、暴力或者其他下流资料的指导规则和建议程序，制定上述视频节目内容的分级制度。本款的任何规定，不得解释为赋予根据政治内容或者宗教内容实施视频节目分级的权利；

“（2）对于已经分级的任何视频节目，通过咨询电视行业的意见，制定规则，要求上述视频节目传播商传输允许父母阻止他们认为不适合其孩子收看的视频节目。”

（2）关于咨询委员会的规定——为实现本条第（1）款作出的修改决定的宗旨，设立咨询委员会时，联邦通信委员会必须——

（A）保证上述委员会由父母、电视广播人、电视节目制作人、有线电视运营商、相应的公共利益团体以及来自私营部门的其他相关个人组成，保证各政治派别所代表的各种观点以及联邦通信委员会的职能，均得到合理体现；

（B）给该咨询委员会提供有效、快速履行其职能所必需的人员和资源；

（C）要求咨询委员会在其首批人员任命之日后的1年内提交最终的建议报告。

第（c）条 关于可以阻止节目的电视制造的规定——对由第（a）条修改后的第303节（《美利坚合众国法典》第47编第303节）作出进一步的修改，在其末尾增加下列规定：

“第（x）条 对于被指定接收在州际商业活动过程中传输电视信号的或者在美利坚合众国境内制造的13英寸或者以上的图像屏幕的器材，要求必须具备可以让收看者阻止所有一般级别的电视节目的功能，但是，根据第330节第（c）条第（4）款规定制定的管理规定另有规定的除外。”

第（d）条 可以阻止节目的电视的运输——

（1）管理规定——对第330节（《美利坚合众国法典》第47编第330节）作出下列规定——

（A）将第（c）条重新调整为第（d）条；

（B）在第（b）条之后增加新的条款即第（c）条：

“第（c）条　（1）除第（2）款的规定外，任何人不得在州际商贸活动或者美利坚合众国法典境内的制造活动中运输本法第 303 节第（x）条规定的任何器材，但是，符合联邦通信委员会根据该节的授权制定的规则的行为除外。

“（2）本条规定，不得适用于不属于贸易范围的第（1）款规定的运输器材的运营商。

“（3）联邦通信委员会根据本条制定的管理规定，必须对联邦通信委员会监管行业采纳阻止技术标准的行为作出规定。上述规则必须规定，所有上述器材均可以接收由完全无间隔的 21 条线路输送的、符合行业在联邦通信委员会监管下建立的信号及其阻止规格的分级信号。

“（4）随着新的视频技术的发展，联邦通信委员会必须采取其认为合适的措施，保证用户一直享有阻止服务的权利。如果联邦通信委员会认为，存在如下可供替换的阻止技术——

“（A）让父母可以根据所认定的未分级节目阻止节目内容的；

“（B）用户可以类似于允许父母按照一般分级规定阻止节目的技术成本而取得的；

“（C）并允许父母如阻止一般分级节目内容的技术一样有效、简单而阻止多频道系统上的大多数节目的，联邦通信委员会必须修改根据第 303 节第（x）条制定的规则，要求该节规定的器材，必须配置该节规定的阻止技术或者本款规定的可供替换的阻止技术。”

（2）条文协调性修改决定——对由第（d）条第（1）款第（A）项重新调整后的第 330 节第（d）条作出修改，删除“第 303 节第（s）条和第 303 节第（u）条”的规定，在被删除之处增加“以及第 303 节第（s）条、第 303 节第（u）条和第 303 节第（x）条”的规定。

第（e）条　生效和实施日期——

（1）分级规定的实施——本节第（b）条作出的修改决定，在本法颁布之日后 1 年生效，但是，除非联邦通信委员会经咨询有关公共利益团体和私营企业中的有关人士后认为，至上述日期，视频节目的发行商没有——

（A）制定在展示给孩子前应当告知父母关于性、暴力或者其他不雅资料的视频节目分类自律规则，并且上述规则得到联邦通信委员会的认可；

（B）主动同意广播上述节目分级的信号。

（2）关于制造规定的生效日期——在制定执行第（c）条作出的修改决定时，联邦通信委员会在咨询电视制造行业后，必须规定适用上述修改规定对所涵盖的器材的要求的生效日期，而且该日期不得迟于本法颁布之日后的2年。

第552节　技术基金

美利坚合众国的政策，是鼓励广播电视、有线电视、卫星电视、辛迪加、其他视频节目传播商以及相关的行业（经与有关公共利益团体和私营企业的相关人员咨询后）——

（1）建立技术基金，鼓励电视和电子设备制造商促进可以让父母阻止他们认为不适合孩子收看的节目的技术的发展，鼓励低收入家庭的父母取得这种能力；

（2）向收看的社会公众报告经济实用的阻止技术的发展情况；

（3）建立和完善有效的程序、标准、系统、配件或者其他机制，保证用户可以完全而轻易地取得有效利用阻止技术的信息，并鼓励低收入家庭的父母取得这种信息。

第C分编——司法审查

第561节　快速审理

第（a）条　地区法院三名法官组成合议庭审理——虽然有其他法律的规定，但是，任何具有初步证据质疑本编、本编作出的修改决定或者与其有关的任何规定的合宪性的民事诉讼案件，应当根据《美利坚合众国法典》第28编第2284节的规定，由地区法院三名法官组成合议庭进行审理。

第（b）条　上诉审理——虽然其他法律作出了规定，但是，审理案件的三名法官组成的合议庭根据第（a）条规定，作出的判决本编、本编的修改决定或者其他任何有关规定违宪的中间判决、最终判决、裁定或者决定，均有权直接向美利坚合众国最高法院上诉。任何此类上诉必须在上述判决、裁定或者决定作出后20日内提出。

第 VI 编——对其他法律的影响

第 601 节　和解判决书和其他法律的适用

第（a）条　修改决定适用于未来行为——

（1）AT&T 案和解判决书——在本法颁布之日前受 AT&T 案和解判决书确定的任何限制规定或者责任约束的任何行为或者活动，在上述颁布日期以及该日期之后，应当受本法修改后的 1934 年《通信法》规定的限制规定和责任的约束，但不受上述 AT&T 案和解判决书确定的限制规定和责任的约束。

（2）GTE 和解判决书——在本法颁布之日前受 GTE 和解判决书确定的任何限制规定或者责任约束的任何行为或者活动，在上述颁布日期以及该日期之后，应当受本法修改后的 1934 年《通信法》规定的限制和责任的约束，但不受上述 GTE 和解判决书确定的限制规定和责任的约束。

（3）MCCAW 和解判决书——在本法颁布之日前受 MCCAW 和解判决书确定的任何限制规定或者责任约束的任何行为或者活动，在上述颁布日期以及该日期之后，应当受本法修改后的 1934 年《通信法》规定的限制和责任的约束，但不受上述 MCCAW 和解判决书确定的限制规定和责任的约束。

第（b）条　反托拉斯法——

（1）保留条款——除第（2）款和第（3）款另有规定外，本法的任何规定或者本法作出的任何修改规定，均不得解释为修改、限制或者代替任何反托拉斯法的适用。

（2）废止规定——对第 221 节第（a）条【《美利坚合众国法典》第 47 编第 221 节第（a）条】予以废止。

（3）《克莱顿法案》——对《克莱顿法案》【《美利坚合众国法典》第 15 编第 18 节】最后一款作出修改，删除“联邦通信委员会”的规定。

第（c）条　联邦法律、州法律和地方法律——

（1）不存在默示的影响——本法以及本法作出的修改决定，不得解释为修改、限制或者代替联邦、州或者地方法律，但本法及其修改决定另有明确规定的除外。

（2）州税法的保留条款——虽然第（1）款作出了规定，但是，本法的任何规定或者本法作出的任何修改决定，均不得解释为修改、限制、代替，或者授权修改、限制、代替，与税收有关的任何州或者地方的法律，但是，1934年《通信法》第622节和第653节第（c）条以及本法第602节另有规定的除外。

第（d）条　商业性移动服务的联合营销——尽管联邦通信委员会管理规定第22.903节（《联邦行政法典》第47编第22.903节）或者其他联邦通信委员会管理规定作出了规定，但是，贝尔运营公司或者其他任何公司可以把商业性移动服务与电话交换服务、交换接入、本地接入与传输电信服务、交互本地接入和传输服务和信息服务一起联合营销和销售，但与有线服务有关的本法修改后的1934年《通信法》第271节第（e）条第（1）款和第272节另有规定的除外。

第（e）条　释义——本节规定的：

（1）AT&T和解判决书——AT&T和解判决书的术语，指位于哥伦比亚特区的美利坚合众国地区法院于1982年8月24日，在反托拉斯法性质的民事案件第82－0192号美利坚合众国诉西部电气公司案中作出的判决，包括在1982年8月24日以及该日之后作出的与上述诉讼有关的任何判决或者裁定。

（2）GTE和解判决书——GTE和解判决书的术语，指于1985年1月11日重述的位于哥伦比亚特区的美利坚合众国地区法院于1984年12月21日，在反托拉斯法性质的民事案件第83－1298号美利坚合众国诉GTE公司案中作出的判决，包括在1984年12月21日以及该日之后作出的与上述诉讼有关的任何判决或者裁定。

（3）MCCAW和解判决书——MCCAW和解判决书的术语，指位于哥伦比亚特区的美利坚合众国地区法院在反托拉斯法性质的民事案件第94－01555号美利坚合众国诉AT&T公司和MCCAW公司案过程中，当事人于1994年7月15日申请拟作出的判决，包括当事人在上述拟议和解判决书和其他类似拟议和解判决书作出前，当事人愿意遵守的上述拟议和解判决书的规定。

（4）反托拉斯法——反托拉斯法的术语的含义，与《克莱顿法》第1

节第（a）条【《美利坚合众国法典》第15编第12节第（a）条】所作的解释相同，但上述术语含有的1936年6月12日颁布的通称为《罗宾逊—帕特曼法》【《联邦制定法大全》第49编第1526节、《美利坚合众国法典》第15编第3节以下】以及适用于不正当竞争的《联邦贸易委员会法》第5节（《美利坚合众国法典》第15编第45节）所规定的术语含义除外。

第602节　与卫星直拨服务有关的地方税收优先原则

第（a）条　优先原则——应当免除卫星直拨服务提供商缴纳或者交纳任何地方税收管理机构针对卫星直拨服务规定的税收、收费或者税费。

第（b）条　释义——本节规定的——

（1）卫星直拨服务——“卫星直拨服务”的术语，指仅通过卫星直接向用户终端而不通过除用户终端连接卫星或者上行连接卫星外的地面接收或者传播设备而传输或者广播节目的行为。

（2）卫星直拨服务提供商——本节规定的“卫星直拨服务提供商”的术语，指传输、广播、出售或者发送卫星直拨服务的人。

（3）地方税收管理机构——“地方税收管理机构”的术语，指美利坚合众国领域内的州以外的任何城市、市区、县、乡镇、教堂区、运输区、征税区或者其他任何地方机构。

（4）州——“州”的术语，指美利坚合众国的任何一个州、哥伦比亚特区、领地或者属地。

（5）税或者费——“税”和“费”的术语，指任何地方销售税、地方使用税、地方无形财产税、地方所得税、营业执照税、公用事业税、专营税、总收入税、消费税、特许经营税、地方电信税或者任何其他税种、许可费或者给从事某种经营、管理规定的费用，或者为地方税收机构征收的费用。

第（c）条　维护州的权威——本节不得解释为防止任何州向卫星直拨服务提供商征税，或者防止地方税务机构接受从州规定和征收的税费中得到收入。

第VII编——其他规定

第701节　防止免费电话提供的信息或者服务出现不正当广告宣传

第（a）条　防止不正当广告宣传活动——

（1）一般规定——对第228节第（c）条【《美利坚合众国法典》第47编第228节第（c）条】作出修改——

（A）删除第（7）款第（C）项的规定，在删除处增加下列规定：

“（C）在通话期间向呼叫方收取所传输信息的费用，除非——

“（i）呼叫方已签署符合第（8）款规定的书面协议（包括通过电子媒体发送的协议）；

“（ii）或者根据第（9）款的规定向呼叫方收取信息费用；或者

（B）（i）删除上款第（C）项末尾的或者的规定；

（ii）删除上款第（D）项末尾的句号，增加一个“分号”和“或者”的规定；

（iii）在上述条款的末尾增加下列规定：

“（E）通过请求转接或者以其他方式连接到每次付费的电话服务上，即收费电话的方式，向呼叫方收费”；

（C）在末尾增加下列条款：

“（8）通过免费电话提供的信息广告的订阅协议——

“（A）一般规定——就第（7）款第（C）项第（i）目的规定而言，书面订单并不符合本款的要求，除非该协议规定的资料条款规定提供该信息并包括了下列内容——

“（i）收取的信息费用的价格；

“（ii）信息提供商的姓名；

“（iii）信息提供商的营业地址；

“（iv）信息提供商的日常营业电话；

“（v）在信息价格变化前，信息提供商至少提前一个账单周期通知用户；

“（vi）用户选择付款方式，如直接汇款、记账、预付、电话付款、信用卡或者电话卡的方式。

“（B）付款安排方案——如果用户按照第（A）项第（ii）目的规定，选择电话付款的付费方式——

“（i）协议必须明确规定，用户从电话线中获取的信息服务将收取费用；

“（ii）电话账单必须而且应以大号字体标明下列声明：‘普通运营商不得因为没有支付有争议的信息服务而中断本地或者长途电话服务；’

“（iii）电话账单必须清楚标明所拨打的 800 电话号码。

“（C）使用密码防止未授权的使用行为——除非含有下列内容，否则，书面协议不符合本款的规定——

“（i）含有独有的个人身份证号码或者其他用户专有识别号码，并要求用户使用上述号码才能获取所提供的信息，还要含有使用说明的内容；

“（ii）保证通过用户个人身份证号码或者用户专有识别号码取得的信息服务的任何收费，均按照用户根据第（A）项第（vi）目选定的付款方式进行。

“（D）例外规定——尽管第（7）款第（C）项作了规定，但是，下列情形不要求采取符合本款规定的书面协议——

“（i）利用为耳聋之人服务的电信装置的电话；

“（ii）普通运营商及其关联成员或者本地交换运营商及其关联成员提供的查号服务；

“（iii）购买货物或者不属于信息服务的服务。

“（E）终止服务——普通运营商在接到任何人关于信息提供商违反本节规定的投诉后，运营商必须——

“（i）立即对投诉事项展开调查；

“（ii）如果运营商有理由认定投诉有效，他可以终止向信息提供商提供服务，除非提供商提供了符合本节规定的书面协议的证据。

“（F）救济措施的处理——本款规定的救济措施可以补充本法第 V 编规定的其他任何救济措施。

“（9）在没有协议的情形下以信用卡、预付、记账、赊账或者电话卡的方式支付费用——如果符合第（7）款第（C）项第（ii）目的规定，不按照本款规定向呼叫方收费，除非呼叫方以信用卡、预付、记账、赊账或者电话卡的方式支付费用，并且信息服务提供商在回复每个电话时，含有下列介绍性披露信息——

“（A）明确表明系收费电话；

“（B）明确表明每分钟服务的收费价格和向呼叫人收取的任何服务费用或者提供给呼叫人的任何服务，均可以转让；

“（C）说明收费可以采取信用卡、预付款、记账、赊账或者电话卡的方式。

“（D）要求呼叫人提供卡号；

“（E）明确说明电话收费在介绍性信息结束时开始计算；

“（F）明确说明呼叫人在介绍性信息结束时或者结束前挂机，不会产生任何费用。

“（10）避开介绍性披露信息——第（9）款的规定不适用于使用可以避免接听该介绍性信息的回避装置的重复致电人的电话。上述信息提供商在提价后必须将上述回避装置拆除，并给予联邦贸易委员会认为充足的时间，以适当合理的方式通知呼叫人已提价。

“（11）电话卡的释义——本节规定的‘电话卡’的术语，指对于个人而言独特的识别号码或者密码，它是由普通运营商发给该人并可以使该人支付电话账单，不论电话发端于何处。”

（2）管理规定——在本法颁布之日后不迟于180日内，联邦通信委员会必须修改其管理规定，使之与第（1）款作出的修改决定内容相符合。

（3）生效日期——第（1）款作出的修改决定，在本法颁布之日生效。

第（b）条　每次付费的电话服务的说明——

（1）《电话披露和争议解决法》——对《电话披露和争议解决法》第204节第（1）款【《美利坚合众国法典》第15编第5714节第（1）款】作如下修改：

“（1）‘每次付费的电话服务’的含义，与1934年《通信法》第228

节第（i）条所规定的含义相同，但是，联邦通信委员会可以通过制定规则，把上述释义扩大到提供音频信息或者音频娱乐的其他服务，前提是联邦通信委员会认为上述服务可能系根据第 201 节第（a）条制定的规则所禁止的不公平和欺骗性的行为，尽管该法第 228 节第（i）条第（1）款第（B）项和第（C）项有不同规定。”

（2）《通信法》——对第 228 节第（i）条第（2）款【《美利坚合众国法典》第 47 编第 228 节第（i）条第（2）款】作出修改，删除“或者所征收费用的任何服务”的规定。

第 702 节　用户信息的隐私权

对第 II 编作出修改，在第 221 节（《美利坚合众国法典》第 47 编第 221 节）之后增加下列章节：

“第 222 节　用户信息的隐私权

“第（a）条　一般规定——每个电信运营商均负有为包括转售电信运营商提供的电信服务的电信运营商在内的其他电信运营商、设备制造商和用户的专有信息保密的义务。

“第（b）条　运营商信息的保密——因提供电信服务而从其他运营商处接收或者取得专有信息的电信运营商，只能为前述目的而使用上述信息，不得将上述信息用于自己的营销行为。

“第（c）条　用户专有网络信息的保密——

“（1）对电信运营商的隐私要求——除法律另有规定或者取得用户的同意外，通过提供电信服务而接收或者取得用户专有网络信息的电信运营商，只能在提供下列服务的过程中，使用、披露，或者允许接入个别可识别的用户专有网络信息：（A）提供上述信息所来源的电信服务；（B）或者提供上述电信服务所必需的服务，或者提供上述电信服务过程中所使用的服务，包括出版电话号码本在内的服务。

“（2）用户请求披露——在用户书面请求披露后，电信运营商可以向用户指定的任何人披露用户的专有网络信息。

“（3）群体用户信息——通过提供电信服务而接收或者取得用户专有

网络信息的电信运营商，可以为第（1）款规定以外的目的使用、披露或者允许接入群体用户信息。本地交换运营商只有在经合理请求，把上述群体用户信息按照合理和非歧视性的条件提供给其他运营商或者个人的前提下，可以为第（1）款规定以外的目的使用、披露或者允许接入群体用户信息。

“第（d）条　例外规定——本节的任何规定，均不得禁止电信运营商为了直接通过其代理人或者间接通过其代理人从事下列行为而使用、披露或者允许接入从用户处取得的用户专有网络信息——

“（1）发起、提供、推广电信服务和收集电信服务的费用；

“（2）保护运营商的权利或者财产，或者保护上述服务的使用和其他运营商不受欺诈、滥用、非法使用或者订阅上述服务的伤害；

“（3）在通话期间，提供任何回话电信营销、推荐或者管理服务给用户，前提是上述电话系用户发起的而且用户同意利用上述信息提供上述服务。

“第（e）条　用户名单信息——尽管第（b）条、第（c）条和（d）条作了规定，但是，提供电话交换服务的电信运营商，可以将其作为上述服务提供商及时而未分类收集的用户名单信息，按照非歧视性的合理价格、条件，提供给为出版任何形式的电话号码簿而提出请求的任何人。

“第（f）条　释义——本节规定的：

“（1）用户专有网络信息——‘用户专有网络信息’的术语，指——

“（A）与电信运营商的任何用户申请的电信服务使用的数量、技术配置、型号、目的地和总数有关的并且只有通过运营商与用户之间的联系才能由用户取得的信息；

“（B）以及与运营商的用户接受的电话交换服务或者长途电话服务有关的账单所包含的信息，但是，上述术语并不包括用户名单信息。

“（2）群体信息——‘群体信息’的术语，指与某一类服务或者用户有关的、每个用户的身份和特征已被剔除的集合数据。

“（3）用户名单信息——‘用户名单信息’的术语，指下列信息——

“（A）可以识别已收录的运营商用户姓名和电话号码、地址或者主要广告类别或者上述项目的任意组合的信息；

“（B）运营商及其关联成员以任何电话号码簿的形式已出版、促使出版或者接受出版的信息。”

第703节　杆上附件

对第224节（《美利坚合众国法典》第47编第224节）作出修改——

（1）在第（a）条第（1）款，删除第一句并增加下列规定：“‘公用事业公司’的术语，指属于本地交换运营商或者电力、煤气、水、蒸汽或者其他公用事业公司并拥有或者控制全部或者部分用于任何有线通信的电线杆、线盒、管道或者通行权的人。”

（2）在第（a）条第（4）款的系统之后，增加下列规定：“或者电信服务的提供商。”

（3）在第（a）条第（4）款之后，增加下列规定：

“（5）本节规定的‘电信运营商’（其含义由本法第3节作出解释）的术语，不包括第251节第（h）条规定的任何现有本地交换运营商。”

（4）在第（c）条第（1）款的“条件”之后，增加一个逗号和下列规定：“或者接入第（f）条规定的电线杆、线盒、管道或者通行权。”

（5）删除第（c）条第（2）款第（B）项中的“有线电视服务”的规定，并增加“通过上述附件提供的上述服务”的规定；

（6）在第（d）条第（2）款之后，增加下列规定：

“（3）本节适用于有线电视系统只用来提供有线电视服务而使用的任何杆上附件的费率。在根据第（e）条规定制定的管理规定生效日前，本节也可以适用于有线电视系统或者任何电信运营商（只要上述运营商不属于杆上附件协议的一方当事人）为了提供任何电信服务而使用的任何杆上附件的费率。”

（7）在上条末尾增加下列规定：

“第（e）条　（1）在1996年《电信法》颁布之日后不迟于2年内，联邦通信委员会必须按照本节规定制定管理规定，在当事人不能解决收费争议时，管理电信运营商为提供电信服务而使用的杆上附件的费率。上述管理规定必须保证公用事业公司收取的杆上附件的价格公正、合理并且不实行差别待遇。

“（2）公用事业公司应当将提供空间的成本分摊至机构之间可用空间以外的电线杆、线盒、管道或者通行权上，使上述分摊比例等于三分之二的提供除根据在所有附属机构之间平均分摊上述成本的可用空间以外的空间成本。

“（3）公用事业公司应当根据每个机构要求的可用空间的百分比，在所有机构之间分摊提供可用空间的成本。

“（4）第（1）款所要求制定的管理规定，在 1996 年《电信法》颁布之日后 5 年生效。因制定本条要求制定的管理规定而导致杆上附件价格提升部分，应当平均逐步计入上述管理规定生效之日开始计算的 5 年期限的每年增长的部分。

“第（f）条　（1）公用事业公司必须向有线电视系统或者任何电信运营商提供非歧视性的接入其拥有或者控制的任何电线杆、线盒、管道或者通行权。

“（2）尽管第（1）款作出了规定，但是，提供电力服务的公用事业公司出于非歧视性的没有足够容量以及为了安全、可靠和通常适用的管理原因的考虑，可以拒绝向有线电视系统或者任何电信运营商接入其电线杆、线盒、管道或者通行权。

“第（g）条　从事提供电信服务或者有线电视服务的公用事业公司，必须把本节规定的该公司管理的杆上附件平均价格数归入提供上述服务的成本（并向提供上述服务的任何关联成员、分支机构或者联营公司收取费用）。

“第（h）条　无论电线杆、线盒、管道或通行权的所有人何时计划修缮或改变上述电线杆、线盒、管道或通行权，该所有人必须向在上述管道、线盒或通行权上取得附属设施的任何机构发出书面通知，以便上述机构有合理的机会增加或修缮其现有的附属设施。在收到上述通知后增加或者修缮了其现有附属设施的任何机构，必须承担因所有人为使上述电线杆、线盒、管道或者通行权可用而作出的相应成本。

“第（i）条　不得要求取得电线杆、管道或通行权附属设施的任何机构，承担重新设置或者重新安装该附属设施的任何成本，前提是，上述设置或者安装系其他任何机构（包括上述电线杆、线盒、管道或者通行权的所有人）要求增加附属设施或者修缮现有附属设施的结果。”

第 704 节　设施安装地点和无线电频率发射标准

第（a）条　全国无线电信设施用地政策——对第 332 节第（c）条【《美利坚合众国法典》第 47 编第 332 节第（c）条】作出修改，在其末尾增加下列规定：

“（7）维护当地分区规划的权威——

“（A）一般权威——除本款另有规定外，本法的任何规定不得限制或者影响各州或者地方政府及其机构对个人无线服务设施的安装、建设和修缮事项作出决定的职权。

“（B）限制规定——

“（i）任何州或者地方政府及其机构就个人无线服务设施的安装、建设和修缮事项作出的管理规定——

“（I）不得不合理地在功能相同的服务提供商之间实施差别待遇；

“（II）不得禁止提供个人无线服务或者具有禁止提供个人无线服务的效果。

“（ii）州或者地方政府及其机构必须在收到个人无线服务设施的安装、建设或者修缮请求后的合理时间内，在考虑上述请求的性质和范围后，就批准上述事项作出决定。

“（iii）州或者地方政府及其机构作出的不批准安装、建设、或者修缮个人无线服务设施的任何决定，必须采取书面形式，并在书面资料中附有充足的证据。

“（iv）只要个人无线服务设施的安装、建设和修缮行为符合联邦通信委员会关于频率的管理规定，任何州或者地方政府及其机构，均不得以无线电发射频率的环境影响为由，管理上述个人无线服务设施的安装、建设和修缮行为。

“（v）受到州或者地方政府及其任何机构与本款规定不符的任何决定行为或者不作为行为的不利影响的任何人，在上述作为或者不作为行为之后的 30 日内，可以在有管辖权的法院提起诉讼。受理的法院应当快速审理并作出判决。受到州或者地方政府及其任何机构与第（iv）目规定不符的任何决定行为或者不作为行为的不利影响的任何人，均可以向联邦通信委员会申诉，要求采取救济措施。

“（C）释义——本款规定的——

“（i）‘个人无线服务’的术语，指商业性移动服务、没有牌照的无线服务和普通运营商的无线交换接入服务；

“（ii）‘个人无线服务设施’的术语，指提供个人无线服务的设施；

“（iii）‘没有牌照的无线服务’的术语，指利用合法授权但不要求取得个体牌照的装置提供电信服务的行为，它不包括提供卫星直拨服务【其释义由第303节第（v）条作出规定】。”

第（b）条　无线电发射频率——在本法颁布之日后的180日内，联邦通信委员会必须完成ET第93－62号案件的审理，制定与无线电发射频率影响有关的规则并使之生效。

第（c）条　财产的取得——在本法颁布后的180日内，总统或者其指定之人，必须制定联邦各部门按照公平、合理和非歧视的原则，取得他们为设置完全或者部分依赖于传输或者接收上述服务利用联邦频谱权的新型电信服务而控制下的财产、通行权和便役权的程序。上述程序可以规定，在不能避免直接与联邦部门或者机构的任务、现有的或者所计划的财产、通行权和便役权用途发生冲突的情形下，合法授权提供商提出使用财产、通行权和便役权的申请必须予以同意。对使用上述财产、通行权和便役权的上述电信服务提供商，可以收取合理的费用。联邦通信委员会给各州提供技术帮助，鼓励他们为上述目的而取得其管辖范围内的财产、通行权和便役权。

第705节　直接接入长途电话运营商的移动服务

对第332节第（c）条【《美利坚合众国法典》第47编第332节第（c）条】作出修改，在其末尾增加下列条款：

“（8）移动服务接入——对于从事商业性移动服务的人，不得要求其在所从事的上述业务范围内，为提供长途电话服务的普通运营商提供平等的接入服务。如果联邦通信委员会认定，上述服务用户被拒绝接入其选择的长途电话提供商，而且上述拒绝行为违背公共利益、公共便利和公共需求，联邦通信委员会应当制定管理规定，要求通过使用分配给上述提供商或者其他机构的运营商识别码，为上述用户提供没有阻碍的接入用户选择的长途电话提供商的服务。上述没有阻碍的接入要求，不适用于移动卫星服务，除非联邦通信委员会认定上述服务适用上述要求符合公共利益。”

第 706 节　先进的电信激励机制

第（a）条　一般规定——对电信服务具有监管职责的联邦通信委员会以及各州通信委员会，应当按照符合公共利益、公共便利和公共需求的方式，通过最高价格管理、宽容性管理、可以促进本地电信市场的竞争的措施或者其他可以拆除基础设施投资障碍的其他管理方法，鼓励合理而及时地为全体美国人（尤其是为中小学）提供先进的电信技术。

第（b）条　调查——在本法颁布之日后的 30 个月内，联邦通信委员会必须开始启动有关向全体美国人（尤其是中小学）提供先进电信技术的调查而且必须在启动调查后的 180 日内完成调查。在调查过程中，联邦通信委员会必须得出结论，是否已将先进电信技术以合理而及时的方式提供给了全体美国人。如果联邦通信委员会得出的结论是否定的，它必须立即采取行动，通过清除基础设施投资障碍和促进电信市场的竞争而加快提供上述技术的速度。

第（c）条　释义——本节规定的：

（1）先进电信技术——“先进电信技术”的术语，指在不考虑任何传输媒介或者技术的条件下，可以让用户发起和接收高质量音频、数据、图像和使用任何技术的视频电信的高速、交换、宽带电信技术。

（2）中小学——“中小学”的术语，指 1965 年《中小学教育法》第 14101 节第（14）款和第（25）款（《美利坚合众国法典》第 20 编第 8801 节）规定的中学和小学。

第 707 节　电信发展基金

第（a）条　拍卖托管账号的保证金和使用——对第 309 节第（j）条第（8）款【《美利坚合众国法典》第 47 编第 309 节第（j）条第（8）款】作

出修改，在其末尾增加下列条款：

“（C）拍卖托管账号的保证金和使用——联邦通信委员会根据本条规定，要求任何人取得参加竞拍的资格而必须提交的任何保证金，必须存放于联邦通信委员会（经咨询财政部后）根据本节规定指定的金融机构的付息账号中。在竞拍结束后的 45 日内——

“（i）成功竞拍者的保证金必须支付给财政部；

“（ii）竞拍失败者的保证金必须退还该竞拍者；

“（iii）根据本法第 714 节的规定，该账号的孳息必须转让给电信发展基金。”

第（b）条　基金的成立和运作——对第 VII 编作出修改，在（经第 305 节增加规定后的）第 714 节后面，增加下列章节：

“第 714 节　电信发展基金

“第（a）条　本节目的——本节目的是——

“（1）促进小型企业获得资金以提高电信行业的竞争水平；

“（2）刺激新技术的发展，提高就业和训练水平；

“（3）资助普及服务和促进电信服务向服务水平不高的农村和城市地区发展。

“第（b）条　基金的成立——设立称为电信发展基金的法人组织，该组织在解散前应当享有继承权。该基金的主要办公场所位于哥伦比亚特区，为确定民事诉讼案件的审判地点和管辖权，视其为该特区的居民和市民。

“第（c）条　董事会——

“（1）董事会的组成和主席——电信发展基金设有由联邦通信委员会主席任命的 7 名董事组成的董事会。其中 4 名董事系私营企业派出的代表，3 名董事系联邦通信委员会、小型企业管理局和财政部各自派出的代表。在本节颁布之日后的 30 日内，联邦通信委员会主席应当任命其中一个私营企业代表为该基金的主席，以促进该基金的快速成立和运作。董事应当含有具有下列领域经验的成员：金融、投资银行、政府银行、通信法律、行政管理和公共政策。

“（2）聘任成员和选举成员的任期——董事任期为 5 年，但创始成员的任期遵守任命时指定的下列任期——

“（A）1 个人的任期是 1 年；

“（B）1 个人的任期是 2 年；

“（C）1 个人的任期是 3 年；

“（D）2 个人的任期是 4 年；

“（E）2 个人的任期是 5 年（其中 1 人是主席）。

在继任人选指定和取得资格前，董事可以继续任职。

“（3）董事会的会议和职能——董事会必须在主席召集下举行会议，但每季度至少举行一次会议。董事会必须决定管理基金运作的总政策。董事会主席经董事会批准，按照章程或者董事会制定的职能、权利和义务，选择、任命和补充合格人选任其章程规定的管理人员，并且上述之人系基金的管理人员并负有上述职能、权利和义务。

“第（d）条　基金账户——电信发展基金应当维护其为履行本条款而由董事会主席（经征询联邦通信委员会和财政部后）在指定金融机构设立的账户。该基金账户应由下列款项构成——

“（1）根据本法第 309 节第（j）条第（8）款第（C）项规定转让的利息；

“（2）拨款给联邦通信委员会再贷款给电信发展基金的款项；

“（3）电信发展基金接受的捐献给它的任何捐款；

“（4）与基金发放的贷款、取得的股权或者其他转来的款项有关的还款或者付款。

“第（e）条　基金的使用——所有存入电信发展基金账号的存款只能用于——

“（1）发放贷款、投资或者其他信用贷款给合格的符合第（f）条规定的符合资格的小型企业；

“（2）为合格的小型企业提供金融咨询；

“（3）管理和经营基金的开支（包括工资、支出和基金办公场所的租赁或者购买的支出）；

“（4）调查、研究或者金融分析的准备工作；

“（5）与本节目的有关的其他业务。

“第（f）条　必须根据下列情形，按照1990年《联邦信贷改革法》（《美利坚合众国法典》第2编第661节以下）以及适用于合格小型企业的其他法律的规定，才能从电信发展基金取得贷款或者信用贷款——

“（1）合格小型企业的经营计划的分析报告；

“（2）保证贷款或者信用贷款安全的合理担保；

“（3）贷款或信用贷款对于促进本条款的程度；

“（4）董事会规定的其他贷款政策。

“第（g）条　拨款贷款的返还——根据第（d）条第（2）款规定而发放的任何贷款，必须按照规定上述拨款贷款的任何拨款法具体规定的条款进行分配偿还（包括与还贷时间有关的条件）。

“第（h）条　一般法人权利——电信发展基金享有下列权利——

“（1）以其法人名称以及通过自己的法律顾问起诉和应诉、投诉和辩护；

“（2）采用、改变和使用合法告知的法人印章；

“（3）通过董事会采纳、修改和废止为其业务活动所必需的章程、规则和管理规定；

“（4）在任何州都不必考虑是否符合该州的资格规定或者类似制定法规定而开展业务、进行管理、拥有行政管理人员和行使本节规定的权利；

“（5）为实现电信发展基金目的而租赁、购买或者以其他方式取得，拥有、持有、改进、使用或者以其他方式交易任何财产，不论是动产还是不动产或者两者的混合物，不论何种孳息、不论位于何处。

“（6）接受有助于实现电信发展基金的任何目的服务或者财产的赠予，不论是动产还是不动产，不论是否两者的混合物，不论是有形还是无形的；

“（7）出售、转让、抵押、担保、租赁、交换和以其他方式处理其财产和资产；

“（8）任命上述所需要的行政管理人员、律师、雇佣人员和代理人，决定他们的资格条件，规定他们的义务，确定他们的工资，规定他们的责任，确定惩罚措施；

“（9）签订合同、签署文件、承担责任、贷款、进行股权投资以及从事正当管理其事务和正当开展业务所需要的任何活动。

“第（i）条　会计、审计和报告——电信发展基金的会计账目必须每年审计一次。上述审计必须按照一般认可的审计标准由独立的合格的公共会计师进行。财政部和联邦通信委员会的代表可以查阅有助于审计的电信发展基金的所有账簿、会计资料、金融档案、报告、文件以及其他任何文件、物品或者财产及其使用的上述资料、财产。

“第（j）条　财政部的审计报告——财政部每个财政年度必须在该财政年度结束后不迟于 6 个月内，向总统和国会提交一次上述每一次审计的报告。该报告必须记载审计的范围、资产和责任、本金和盈余或者负债的内容，盈余或者负债的分析，收入和开支的分析，资金来源和用途，让总统和国会了解电信发展基金的运作和金融状况所必需的意见和信息以及财政部认为与上述情形有关的可行建议。

“第（k）条　释义——本节规定的：

“（1）合格小型企业——‘合格小型企业’的术语，指在提交本节规定的申请前的过去 3 年平均年收入 50,000,000 美元或者以下的在电信行业从事经营活动的企业。

“（2）基金——‘基金’的术语，指根据本节规定成立的电信发展基金。

“（3）电信行业——‘电信行业’的术语，指利用受到监管或者不受监管的设施或者服务的通信企业，包括广播、电信、有线电视、计算机、数据传输、软件、节目、先进信息和电子商务等业务。”

第 708 节　国家教育技术基金公司

第（a）条　调查结论和目的——

（1）调查结论——国会查明下列事实：

（A）公司——在哥伦比亚特区已设立一个私营、非营利性质的、不属于联邦政府的机构或者独立于联邦政府架构的称为国际教育技术基金公司的公司。

（B）董事会——该公司受其章程规定的董事会的管理。该董事会由 15

名成员组成，其成员情况如下——

（i）有5个成员系学校和公共图书馆的公共机构代表的代表；

（ii）有5个成员系州政府的代表，包括熟悉州金融、技术和教育的人员；

（iii）有5个成员系拥有网络技术、金融和经营专门知识的私营企业代表。

（C）公司宗旨——由其公司章程规定的该公司的宗旨是——

（i）筹集资源和鼓励私人投资教育技术基础设施；

（ii）指定州教育技术部门接受该公司的贷款、物资或者其他形式的资助；

（iii）建立鼓励各州从事下列活动的标准——

（I）创造、维护和更新为中小学和公共图书馆提供音频、视频和数据通信的互动式高容量网络；

（II）分配资源保证所在州的所有中小学都可以得到公平的资助并取得普及接入网络的技术；

（III）通过创新的技术教育手段和方法，更新知识的传递和发展；

（iv）在适当考虑各类型校区和公共图书馆的合理平衡和上述学校和图书馆的不同需求的基础上，为州教育技术部门提供贷款、物资或者其他形式的资助；

（v）筹集资源为中小学和公共图书馆提供最大的帮助；

（vi）作为全新教育技术的信息交换所，通过公私合资企业，通过在必要时给包括联邦在内的帮助而提供技术帮助成立州教育技术部门，鼓励发展教育电信和信息技术。

（2）目的——本节的目的是认定该企业为一个根据哥伦比亚特区法律运营的非赢利性企业，并授权联邦政府相关机构为该企业提供帮助。

第（b）条　释义——本节规定的——

（1）“公司”的术语，指第（a）条第（1）款第（A）项规定的国际教育技术基金公司；

（2）“小学和中学”的术语，与1965年《中小学教育法》第14101节规定的上述术语的含义相同；

（3）“公共图书馆”的术语，与《图书馆服务与建设法》第 3 节规定的术语含义相同。

第（c）条　为教育技术目的提供的资助——

（1）公司的接收行为——虽然有其他法律的规定，但是，为了实现第（a）条第（1）款第（C）项规定的公司宗旨，只要法律允许，该公司可以从任何联邦政府部门或者机构接受任何捐赠、赠予、捐献、合同或者技术帮助。

（2）协议——为了接受第（1）款规定的任何帮助，该公司可以与提供上述帮助的联邦政府部门或者机构签订协议，并同意——

（A）只能为董事会认为符合第（a）条第（1）款第（C）项规定的公司宗旨的活动而利用上述帮助提供的资金和技术帮助；

（B）审查州教育技术部门和接受该公司资助的其他机构的活动，保证第（a）条第（1）款第（C）项规定的公司宗旨得到执行；

（C）不得为公司董事会的任何成员、公司任何行政管理人员或者雇佣人员或者其他任何个人的利益而积累公司的任何资产，但提供服务的工资和合理补偿除外；

（D）公司董事会将制定规定和程序，防止利益冲突；

（E）保证公司董事会与第（a）条第（1）款第（B）项的规定保持一致；

（F）该公司和接受公司资助的任何机构，受国会相应监管规定的约束；

（G）遵守——

（i）第（d）条规定的审计规定；

（ii）第（e）条规定的报告和作证规定。

（3）解释——本节的任何规定，不得解释为把国家教育技术基金公司改造为联邦政府的一个机构或者独立部门，或者把该公司董事会、行政管理人员和雇佣人员改造为联邦政府的官员或者雇佣人员。

第（d）条　审计——

（1）由独立的符合资格的公共会计师进行审计——

（A）一般规定——公司的财政报告必须每年按照普遍接受的审计标准，由独立的被州监管机构或者美利坚合众国的其他部门认定符合资格的公共会计师进行审计。审计应在该公司会计资料正常保存的地点进行。该公司拥有或使用且有助于审计的所有账簿、会计资料、金融档案、报告、文档和其他所有文件、物品或者财产，均应提供给进行审计的人员；公共档案机构、财税代理人和监护人持有的可以证明收支或者证券交易的全部资料，均应提供给上述审计人员。

（B）报告要求——第（A）项规定的年度审计报告必须纳入第（e）条第（1）款规定的年度报告中。

（2）档案管理规定——国家教育技术基金公司必须保证从该公司得到每份资助均——

（A）记录保管要求——该企业应该确保每一位接受其援助的人保管好——

（i）有与上述资助有关的独立账号；

（ii）上述档案在必要时可以合理地完全披露——

（I）资助数量和上述资助接收人的处分情形；

（II）上述资助对象或者使用的项目或者工程的总成本；

（III）其他资源提供的项目或者工程成本的数量与性质；

（iii）将有助于有效审计的其他档案资料。

（B）账簿的审计和检查——公司应当保证该公司或者该公司合法授权的任何代表，为审计和检查的目的，可以取得与资助有关的从该公司接收资助的人所持有的任何账簿、文档、文件和档案。总审计署的代表应当也可以为上述目的而取得上述资料。

第（e）条　年度报告和向国会作证——

（1）年度报告——每年不迟于4月30日，该公司应当公开前一财政年度的年度报告，并将该报告提交总统和国会。该报告必须包含本节规定的全面而详细的公司运作、活动、经济状况和成绩的评估意见，并可以含有公司认为应当提出的建议。

（2）在国会作证——该公司的董事会成员和管理人员，必须就第（1）款规定的报告、总审计署根据本节规定作出的审计报告或者国会相关委员会认为合适的事项，向国会相关委员会作证。

第 709 节　先进医疗电信服务的利用报告

商务部部长经咨询健康与人力服务署署长和其他有关部门以及机构后，应当向与医疗电信共同工作组的活动有关的众议院商业委员会和参议院商业、科学和运输委员会提交报告，并同时提交公共卫生部或者其他联邦机构资助的医疗电信研究和师范项目得出的任何调查结论。该报告必须检讨与病人安全有关的问题、提供的服务质量和效果以及与利用先进医疗电信服务有关的其他法律、医学和经济问题。该报告应当在 1997 年 1 月 31 日前提交各个委员会。

第 710 节　拨款的权力

第（a）条　一般规定——除法律授权的拨款金额外，授权将为执行本法以及本法作出的修改规定所必需的款项下拨给联邦通信委员会。

第（b）条　对收费的影响——为实现第 9 节第（b）条第（2）款【《美利坚合众国法典》第 47 编第 159 节第（b）条第（2）款】的目的，第（a）条规定的额外拨款数量，应当解释为改变 1934 年《通信法》第 9 节第（a）条规定的履行行为的拨款数量。

第（c）条　基金的取得——对第 309 节第（j）条第（8）款第（B）项【《美利坚合众国法典》第 47 编第 309 节第（j）条第（8）款第（B）项】作出修改，在其末尾增加下列句子：“上述抵销的征收费用，授权可以保留至开支完毕为止。”

众议院发言人

美利坚合众国副总统和参议院议长

1998 年《互联网免税法》

众议院第 4328 号——综合拨款法案

第 XI 编——暂缓征税的规定

第 1100 节　法律简称

援引本法时，可以称为“《互联网免税法》”。

第 1101 节　暂缓征税

第（a）条　暂缓征税——自 1998 年 10 月 1 日起至本法颁布之日后的 3 年期间，任何州及其政府机构均不得增加下列税收：

（1）互联网接入税，但这一税种在 1998 年 10 月 1 日以前已普遍规定并实际征收的除外；

（2）电子商务复合税或者差别税。

第（b）条　维护州和地方税收机关的权威——除本节规定外，本编的任何规定，均不得解释为修改、削弱或者替代，或者授权修改、削弱或者替代，本法颁布之日有效的《美利坚合众国宪法》或者其他联邦法律规定允许征税的相关法律。

第（c）条　责任与未决案件——本编的任何规定，均不影响本法颁布之日以前产生和执行中的税收责任，也不影响与此类税收有关的正在进行的诉讼。

第（d）条　普遍规定与实际征收的释义——如果在 1998 年 10 月 1 日前，制定法已授权征收并且符合下列情形之一的，就属于本节规定的在 1998 年 10 月 1 日前已普遍规定并实际征税的税种——

（1）根据各州有关行政机构或者其分支机构制定的规则或者发布的其他文告，互联网接入服务供应商有合理机会知晓，上述机构已解释上述税收适用于互联网接入服务并已征税；

（2）州或者其政府机构已就互联网接入收入普遍征收上述税种。

第（e）条　暂缓征税的例外规定——

（1）一般规定——第（a）条也不得适用于在通过全球网（World Wide Web）进行州际或国际贸易的过程中，故意并明知材料的性质而为商业目的进行下列情形的通信之人或机构：任何未成年人可以获取通信内容，并包含有害于未成年人的资料，除非上述之人或机构通过下列方式，限制未成年人访问该有害资料——

（A）要求使用信用卡、借记卡、成人接入码或者成人身份证号码；

（B）接受可以证明年龄的数字证书；

（C）或者通过其他合理而可行的技术。

（2）例外范围——为实现第（1）款的目的，不得将某个人视为制作资料进行商业通信的下列范围之人——

（A）从事提供电信服务的电信运营商；

（B）从事提供互联网接入服务的经营活动之人；

（C）从事提供互联网信息定位工具的经营活动之人；

（D）或者类似于从事他人制作的通信的传输、储存、提取、主持、格式化（或者它们的任何组合）或者翻译而不选择或者改变通信内容的活动。

（3）释义——本条规定的：

（A）通过全球网的方式——“通过全球网的方式”的术语，指通过把材料放置于计算机服务器为基站的文档，以便使用超文本传送协议、文件传送协议或者其他类似协议，可以通过互联网公开获取。

（B）商业目的和从事经营活动——

（i）商业目的——只有在某个人从事商业目的的通信业务时，才能认为该人系为了商业目的而进行通信。

（ii）从事经营活动——“从事经营活动”的术语，指通过全球网进行通信或者提供通信（此类通信含有对未成年人有害的资料）之人投入时间、精力或者劳动到这种活动之中，而且这是该人的贸易或者生意的正常过程，目的是从上述活动中取得利润（尽管不必要求该人取得利润，或者上述通信行为或者提供通信的行为系该人的唯一或者主要业务或者收入来源）。只有在某个人有意引起有害于未成年人的资料贴在全球网上。或者有意引诱上述资料贴在全球网上，才能认为该人系为商业目的通过全球网从事通信行为或者提供通信（包含有害于未成年人的资料）的行为。

（C）互联网——“互联网”的术语，指无数计算机和电信设施的总称，包括设备和运行软件，它们组成互联互通的采用传输控制协议或者互联网协议或者之前或者之后的任何协议的网络的全球网络，目的是通过有线或者无线的方式交换各种信息。

（D）互联网接入服务——“互联网接入服务”的术语，指可以让用户存取内容、信息、电子邮件或者通过互联网提供的其他服务，也可以包括存取专有内容、信息和作为一组服务提供给消费者的其他服务。上述术语并不包括电信服务。

（E）互联网信息定位工具——“互联网信息定位工具”一词是指，把用户引导或链接至全球网上某个在线地址的服务。该术语包括：地址名录、索引、参考书目、指示器和虚拟链接。

（F）对未成年人有害的资料——“对未成年人有害的资料”的术语，指任何淫秽的或者属于下列情形之一的通信信息、图片、图像、图形图像文档、文章、录音、文学作品或者其他任何形式的资料——

（i）按照现代社会标准，从整个材料和就未成年人考虑而言，一般人会认为旨在吸引或者旨在迎合淫欲趣味的；

（ii）以针对未成年人的明显挑逗方式，描述、描写或者描绘真实的或者模仿的性行为或者性接触、真实的或者模仿的正常的或者变态的性行为，或者以淫荡的方式展示生殖器或者已发育女性的乳房的；

（iii）从整体上来看，对于未成年人而言缺乏严肃的文学、艺术、政治或者科学价值的。

（G）未成年人——“未成年人”的术语，指不满 17 周岁的任何人。

（H）电信运营商和电信服务——“电信运营商”和“电信服务”的术

语，与1934年《通信法》第3节（《美利坚合众国法典》第47编第153节）所规定的术语的含义相同。

第（f）条 暂缓征税的其他例外规定——

（1）一般规定——第（a）条也不适用于互联网接入提供商，除非在与用户签订提供互联网接入的协议时，上述提供商主动向用户提供（可以付费也可以免费）旨在允许用户限制接入对未成年人有害的互联网上的资料的屏蔽软件。

（2）释义——本节规定的：

（A）互联网接入提供商——“互联网接入提供商”的术语，指为让用户接入互联网而从事计算机和通信设施提供行为之人，但是，并不包括仅提供电信服务的普通运营商。

（B）互联网接入服务——“互联网接入服务”的术语，指为让用户通过使用计算机和调制调解器或者其他通信设施接入互联网而提供计算机和通信服务的行为，但是，并不包括运营商提供的电信服务。

（C）屏蔽软件——“屏蔽软件”的术语，指旨在允许某人限制他人接入对未成年人有害的互联网的资料的软件。

（3）适用——第（1）款适用于本法颁布之日后6个月或者6个月之后签订的提供互联网接入服务的协议。

第1102节 电子商务咨询委员会

第（a）条 电子商务咨询委员会的架构——设立一个称为电子商务咨询委员会的委员会（在本编中简称为“该委员会”）。该委员会必须——

（1）由按照第（b）条规定任命的19名成员组成，其中包括由委员会成员在他们之间选举的主席；

（2）按照本编规定从事业务活动。

第（b）条 成员——

（1）一般规定——该委员会成员实行任期终身制。各委员会成员必须符合下列规定：

（A）3个代表来自联邦政府，由商务部部长、财政部部长和美利坚合众国贸易代表（或者他们各自委派的人员）组成。

（B）8 个代表来自州和地方地方政府（其中一个来自没有规定销售税的州或者地方政府，一个来自没有规定收入所得税的州）。

（C）8 个代表来自电子商务行业（包括小型企业）、电信运营商、地方零售行业和消费者组织，构成情况如下——

（i）5 个由参议院多数党领袖任命；

（ii）3 个由参议院少数党领袖任命；

（iii）5 个由众议院议长任命；

（iv）3 个由众议院少数党领袖任命。

（2）任命——委员会成员的任命不得迟于本法颁布之日后的 45 日。主席的选举不得迟于本法颁布之日后的 60 日。

（3）空缺——委员会成员出现任何空缺，均不影响其行使职权，但是，应当按照原任命方式填补空缺。

第（c）条　捐赠的接受——为了资助或者促进委员会的工作，委员会可以接受、使用和处置捐赠的服务或者包括不动产和动产在内的财产。在委员会终止时尚未使用的捐赠，应当返还捐赠人。

第（d）条　其他资源——该委员会可以合理地从司法部、商务部、国务院、财政部和美利坚合众国贸易代表办公室取得资料、资源、数据和其他信息。该委员会为举行会议，也可以合理地使用上述任何部门或者办公室的设施。

第（e）条　日落规则——该委员会在本法颁布之日后 18 个月应当终止活动。

第（f）条　电子商务咨询委员会的规则——

（1）法定人数——电子商务咨询委员会的 9 个成员构成进行委员会活动的法定人数。

（2）会议——电子商务咨询委员会举行的任何会议，必须至少提前 14 日发出合适的通知并向社会公开。

（3）作证的机会——电子商务咨询委员会必须为社会公众、纳税人组织、消费者组织以及州和地方政府官员的代表提供作证的机会。

（4）补充规则——电子商务咨询委员会可以制定其他必要的规则。

第（g）条 电子商务咨询委员会的义务——

（1）一般规定——电子商务咨询委员会必须全面研究使用互联网、互联网接入和其他类似的州内、州际或者国际销售活动的联邦、州和地方以及国际交易的税收和关税待遇。

（2）研究的问题——电子商务咨询委员会把下列内容纳入第（a）条规定的研究活动之中——

（A）考察——

（i）外国市场给从事电子商务的美利坚合众国的财产、货物、服务或者信息提供商以及电信服务提供商规定的障碍；

（ii）上述障碍的规定，将对美利坚合众国消费者以及在国外市场提供财产、货物、服务或者信息的美利坚合众国公民的竞争力和互联网发展和壮大产生的影响。

（B）考察美利坚合众国和其他国家的电子商务的消费税的征收和管理情况，上述征收活动对全球经济的影响，包括考察使用和不使用互联网进行交易时上述税收的征收与管理的关系。

（C）考察互联网和互联网接入（尤其是语音传送）对 1986 年《国内税收法典》第 4251 节规定的税收的收入基数的影响。

（D）考察下列情形的模范州法——

（i）可以提供应缴纳或者免除销售税和使用税的各种财产、货物、服务或者信息的统一释义的；

（ii）可以保证互联网接入服务、在线服务和使用互联网、互联网接入服务或者其他在线服务的通信和交易，在税收和技术方面与其他远程销售受到同样的中立对待的；

（E）考察税收包括不征税，对包括使用互联网在内交易的所有州际销售活动的影响、对零售业的影响和对州和地方政府的影响，该考察可以审视州和地方政府就州内购买人向州外出售人购买时产生的销售税和使用税的征收情况。

（F）考察联邦、州和地方就电信服务提供活动征税的简化方式。

（3）对 1934 年《通信法》的影响——本节的任何规定，均不包括考察联邦通信委员会或者国家就下列事项规定的任何税费——

（A）1934年《通信法》（《美利坚合众国法典》第47编第151节以下）规定的义务；

（B）1996年《电信法》（或者该法作出的修改决定）的执行。

第（h）条　国家税收协会通信和电子商务税收工程组——电子商务咨询委员会必须尽可能地保证其工作不会破坏国家税收协会通信和电子商务税收工程组的工作。

第1103节　报告

在本法颁布之日后不迟于18个月内，电子商务咨询委员会必须将反映上述考察结果的报告，包括必与本编规定的电子商务咨询委员会研究活动的调查结论有关的立法建议，提交国会审议。电子商务咨询委员会同意的任何建议，必须是与税收有关的、在技术上中立的并且适用于所有形式的远程商业活动。除非在进行调查或者作出建议时在任的三分之二的电子商务咨询委员会成员同意，否则，任何调查结论或者建议均不得写入报告中。

第1104节　释义

本编规定的：

（1）比特税——“比特税”的术语，指明确按照电子传输的数字信息量或者每单位时间电子传输的数字信息量计征的任何电子商务税，但是，不包括对电信服务提供活动计征的税种。

（2）差别税——“差别税”的术语，指——

（A）各州及其政府部门规定征收的符合下列情形的任何电子商务税——

（i）对于通过其他方式进行的类似财产、货物、服务或者信息的交易，上述州及其政府部门普遍没有规定征税并依法征税的；

（ii）对于通过其他方式进行的类似财产、货物、服务或者信息的交易，上述州及其政府部门普遍没有规定征税并依法征税，但是，在不到5年的期间内该税种的税率逐步降低的除外；

（iii）对于通过其他方式进行的类似财产、货物、服务或者信息的交易外的不同之人或者机构规定了纳税或者征税义务的；

（iv）建立了互联网接入服务提供商或者在线服务提供商的分类制度，目的是对上述提供商规定比普遍适用于通过其他方式提供类似信息服务的提供商的税率更高的计征税率。

（B）州及其政府部门规定的任何税种，条件是——

（i）除 1998 年 10 月 1 日之前普遍规定并实际征收的（互联网接入）税种外，在决定远程销售商的纳税义务时，接入远程销售商州外计算机服务器的网址的能力系应当考虑的一个因素；

（ii）仅仅因为下列原因，在决定征税义务时，将互联网接入服务或者在线服务提供商视为远程销售商的代理人——

（I）远程销售商的信息或者内容展示在互联网接入服务或者在线服务的提供商的州外计算机服务器上；

（II）通过互联网接入服务或者在线服务提供商的州外计算机服务器发出指令。

（3）电子商务——“电子商务”的术语，指通过互联网或者互联网接入进行的任何交易行为，包括财产、货物、服务或者信息的销售、租赁、报价或者交付行为，无论是否有对价，并包括提供互联网接入的行为。

（4）互联网——“互联网”的术语，指无数计算机和电信设施的总称，包括设备和运行软件，它们组成互联互通的采用传输控制协议或者互联网协议或者之前或者之后的任何协议的网络的全球网络，目的是通过有线或者无线的方式交换各种信息。

（5）互联网接入服务——“互联网接入服务”的术语，指可以让用户存取内容、信息、电子邮件或者通过互联网提供的其他服务，也可以包括存取专有内容、信息和作为一组服务提供给消费者的其他服务。上述术语并不包括电信服务。

（6）复合税——

（A）一般规定——“复合税”的术语，指某州及其政府部门在相同或者本质上相同的并受另一个州及其政府部门规定的税种（不论税率是否相同，不论税基是否相同）约束的电子商务上规定的任何税种，并对其他管辖区已支付的税款不作考虑（例如转售免税资格）。

（B）例外规定——上述术语不包括某州及其某个或者多个政府部门对

同一电子商务规定的销售税或者使用税或者对从事也受上述销售税或者使用税约束的电子商务之人所规定的税种。

（C）销售税或者使用税——第（B）款规定的“销售税或者使用税”的术语，指针对有形动产的出售、购买、储存、消费、发送或者其他使用行为征收的税种，或者针对规定上述税种的法律规定的服务征收的税种，这种税种按照上述财产或者服务的销售价格或者其他价格的数量计征。

（7）州——“州”的术语，指美利坚合众国的任何一个州、哥伦比亚特区、任何自治区、领地或者属地。

（8）税——

（A）一般规定——“税”的术语，指——

（i）任何政府机构为增加政府收入目的而规定收取的任何费用，但不指针对所赋予的特定权利、服务或者利益而规定征收的费用。

（ii）销售商负有的代收并交给政府机构的由政府机构规定应向购买人征收的任何销售税或者使用税的义务规定。

（B）例外规定——上述术语不包括根据 1934 年《通信法》第 622 节或者第 653 节（《美利坚合众国法典》第 47 编第 542 节、第 573 节）的规定，由州或者地方特许经营权管理机构设定的任何特许经营权费或者类似费用，或者与 1934 年《通信法》（《美利坚合众国法典》第 47 编第 151 节以下）规定的责任或者电信运营商有关的其他任何费用。

（9）电信服务——“电信服务”的术语的含义，与 1934 年《通信法》第 3 节第（46）款【《美利坚合众国法典》第 47 编第 153 节第（46）款】所规定的术语的含义相同，并且包括通信服务（其释义见 1986 年《国内税收法典》第 4251 节的规定）。

（10）互联网接入税——“互联网接入税”的术语，指互联网接入税，包括针对互联网服务销售或者使用的任何新税种或者已有税种的征收和适用，除非上述税种在 1998 年 10 月 1 日前已普遍规定并实际征收。

第 XII 编——其他规定

第 1201 节　宣告应当免除互联网的任何联邦税收

国会认为，在本节规定的暂缓征税期间，不得针对互联网和互联网接入征收任何类似于第 1101 节第（a）条规定的税收的联邦税。

第 1202 节　全国贸易的评估结论

对 1974 年《贸易法》第 181 节（《美利坚合众国法典》第 19 编第 2241 节）作出修改——

（1）第（a）条第（1）款——

（A）第（A）项——

（i）删除第（i）目末尾“并且”的规定；

（ii）在第（ii）目的后面，增加下列规定：“（iii）美利坚合众国电子商务”。

（B）第（C）项——

（i）删除第（i）目末尾“并且”的规定；

（ii）在第（ii）目的末尾增加“并且”的规定；

（iii）在第（ii）目之后增加下列规定：“（iii）附加的美利坚合众国电子商务的价值”；

（iv）在“或者投资于”规定后面增加“或者与之交易”的规定。

（2）第（a）条第（2）款第（E）项——

（A）删除第（i）目末尾的“并且”的规定；

（B）在第（ii）目末尾增加“并且”的规定；

（C）在第（ii）目之后增加下列规定：“（iii）与之交易的电子商务的价值”。

（3）在末尾增加下列条款：

“第（d）条　电子商务——本节规定的‘电子商务’的术语的含义，与《互联网免税法》第 1104 节第（3）款规定的术语含义相同。”

第 1203 节　宣告应当免除互联网的外国关税和不受贸易壁垒或者其他限制规定的约束

第（a）条　一般规定——国会认为，总统应当努力通过世界贸易组织、经济发展和合作组织、泛大西洋经济合作组织、亚太经济合作论坛、美洲自由贸易区域组织、北美自由贸易协定组织以及其他相应的渠道，达成拆除全球电子商务壁垒的地区、双边和多边的协议。

第（b）条　协商目标——美利坚合众国的协商目标应当是——

（1）保证电子商务——

（A）不受关税和非关税壁垒的约束；

（B）不受繁琐和歧视性的管理规定和标准的约束；

（C）不受差别税的约束。

（2）通过为下列事项扩大市场准入机会而加快电子商务的发展——

（A）电信基础设施的建设；

（B）电信设备的采购；

（C）互联网接入和电信服务的提供；

（D）货物、服务和数字化信息的交换。

第（c）条　电子商务——本节规定的“电子商务”的术语，与第 1104 节第（3）款规定的该术语的含义相同。

第 1204 节　不得扩大税收职权

本编的任何规定，均不得解释为扩大任何人在本法颁布之日前负有的纳税或者缴税的义务。

第 1205 节　维护权威

本编的任何规定，不得限制或者以其他方式影响 1996 年《电信法》（《公法公报》第 104—104 号）的实施或者该法作出的修改决定的实施。

第 1206 节　可分性

虽然本编的任何规定，本编作出的任何修改决定，或者上述规定对任何人或者任何情形的适用，被有管辖权的法院判决违反《美利坚合众国宪法》，但是，本编的其他规定以及该规定对其他人和情形的适用，不受影响。

1998 年《数字千年版权法》

美国版权局摘要

1998 年 12 月

简介

《数字千年版权法》[①] 由克林顿总统于 1998 年 10 月 28 日签署生效。这项立法落实了世界知识产权组织于 1996 年制定的两项条约:《世界知识产权组织版权条约》和《世界知识产权组织表演与录音制品条约》。《数字千年版权法》还解决了许多与版权有关的其他重要问题。

《数字千年版权法》共分五个部分:

- 第一部分是 1998 年**《世界知识产权组织版权条约和表演与录音制品条约实施法》**,落实了世界知识产权组织的多项条约。
- 第二部分是**《网上版权侵权责任限制法》**,界定了在线服务供应商在开展特定活动时因违反版权而应承担的责任。
- 第三部分是**《电脑维护竞争保障法》**,免除了因维护或修理目的而启动电脑来复制电脑程序的侵权责任。
- 第四部分包含六项**《杂项条款》**,涉及版权局的职能;远程教育;《版权法》中关于图书馆、临时录音以及在互联网上"网络广播"(webcasting)录音的特例;以及在动画片版权转让中的集体谈判劳资协议义务的适用性。
- 第五部分是**《船体设计保护法》**,为船体设计创建了一种新的保护形式。

① 出版编号:105 - 304, 112 Stat. 2860(1998 年 10 月 28 日)。

本备忘录简要总结了《数字千年版权法》的各个部分，它只是对该法案条款的一种概述。出于文章长度和可读性的考虑，其中省略了大量内容。若想完整了解《数字千年版权法》的具体条款，你需查阅该法案的全文。

第一部分：世界知识产权组织条约的落实

第一部分落实了世界知识产权组织的多项条约。首先，它对美国法律进行了某些技术性修订，以提供有关这些条约的适当参考和联系。其次，它为《美利坚合众国法典》第 17 卷新增了两条禁令——第一是禁止对版权人为保护其作品而使用的技术措施进行规避；第二是禁止篡改版权管理信息，并为违反这些禁令增加了民事赔偿和刑事处罚规定。不仅如此，第一部分还要求美国版权局与美国商务部国家通信与信息管理局联合开展两项研究。

技术性补充条款

国家资格

《世界知识产权组织版权条约》和《世界知识产权组织表演与录音制品条约》要求各成员国对来自其他成员国或由其他成员国创作的某些作品提供保护。该保护不应低于对国内作品的保护水平。

《版权法》第 104 条为美国法律保护来自其他国家的作品奠定了可行性基础。《数字千年版权法》第 102（b）条对《版权法》第 104 条进行了修订，并对其第 101 条新增了定义，以便把美国法律的保护范围扩大至那些应受《世界知识产权组织版权条约》和《世界知识产权组织表演与录音制品条约》保护的作品。

恢复版权保护

上述两项条约要求各方对以前存在的、来自其他成员国且在原创国保护期到期后未进入不受版权保护状态的作品提供保护。《伯尔尼公约》和《贸易相关知识产权协议》中也含有类似的义务规定。1995 年，《乌拉圭回合协定法案》执行了此项义务，在《版权法》中增加了第 104A 条，以恢复对来自《伯尔尼公约》或世界贸易组织成员国、且在原创国仍受保护、但在过去因不符合当时美国法律所规定的程序，或因缺乏条约关系而不受保护的作品提供保护。《数字千年版权法》第 102（c）条对第 104A 条进行了修订，以恢复在同等情况下对来自《世界知识产权组织版权条约》和《世界知识产权组织表演与录音制品条约》成员国的作品提供保护。

把登记作为诉讼前提

其他技术性修订与两项条约中为防止为履行或享有执行规定程序权而设立限定条件的禁令有关。《版权法》第 411（a）条规定，版权人在启动法律诉讼前必须到版权局对版权索赔进行登记，但是为了满足《伯尔尼公约》现有条约的规定，许多外国作品不在此列。《数字千年版权法》第 102（d）条对第 411（a）条进行了修订，将免责范围扩大到所有外国作品。

技术保护和版权管理系统

世界知识产权组织制订的每项条约都含有本质相同的语言，规定成员国要防止规避用于保护版权的技术措施，并防止对版权管理信息的完整性进行篡改。这些规定成为了《版权法》所赋予的专有权利的技术助手。它们提供被国际版权界认为对于安全和高效探索数字网络作品具有关键意义的法律保护。

规避技术保护措施

一般方法

《世界知识产权组织版权条约》第 11 条规定：

各缔约方应针对规避作者在行使其根据本条约或伯尔尼公约及其他限制性法案所赋予的权力时，为保护其作品而采取的有效技术措施（未经作者授权或受到法律禁止）的行为，提供充分的法律保护和有效的法律赔偿。

《世界知识产权组织表演与录音制品条约》第 18 条含有几乎相同的表述。

《数字千年版权法》第 103 条为《美利坚合众国法典》第 17 卷新增了第 12 章。新增的第 1201 条履行了为防止规避版权人为保护其作品而采取的技术措施提供充分、有效的法律保护的义务。

第1201条将技术措施分为两类：防止在未经授权情况下对版权作品进行访问的措施，以及防止在未经授权情况下对版权作品进行复制[①]的措施。根据下文的描述，在某些情况下禁止制作或销售用于规避其中任何一类技术措施的装置或服务。就规避行为自身而言，该条款禁止规避第一类技术措施，而非第二类。

进行这种分类的目的是为了确保公众拥有连续、正当使用版权作品的能力。由于复制作品可能是在一种适当情况下的正当使用行为，所以第1201条并未禁止对防止复制的技术措施进行规避。相反，由于正当使用之说并非是对未经授权访问作品的行为进行辩护，因此禁止以访问为目的而对技术措施进行规避的行为。

第1201条禁止使用下列三类装置或服务：

- 以规避上述技术措施为主要目的设计或生产的装置或服务；
- 除规避上述技术措施外，不拥有其他更多、明显的商业目的或用途的装置或服务；或
- 以具有规避上述技术措施的用途而进行营销的装置或服务。

非强制性规定

第1201条明确阐明，对规避装置的禁令并不要求消费类电子产品、电信或计算设备制造商在设计产品时，要针对某种特定技术措施做出正面回应第【1201（c）（3）条】。尽管存在这条具有一般意义的“非强制性”规定，但是第1201（k）条却明确要求对一种特定类型的技术做出正面回应：在本法案颁布后18个月内，所有模拟盒式录像机的设计必须符合特定技术——即一般被称为Macrovision的技术，该技术目前被用于防止对模拟盒式录像带和某些模拟信号进行未经授权的复制。本规定禁止版权人将这些特定技术应用于免费电视、免费有线电视和收费有线电视广播（basic and extended basic tier cable broadcasts）。

---

① 此处的“复制”是对作者行使《版权法》第106条赋予的任何专有权利的一种简洁表述。因此，用于防止在未经授权情况下传播或公开表演一部作品的技术措施属于第二类。

保留条款

第 1201 条包含两条一般性保留条款。第一，第 1201（c）（1）条规定，第 1201 条中的任何部分均不影响版权侵权事宜（包括正当使用）所涉及的权利、赔偿、限制或辩护。第二，第 1201（c）（2）条规定，第 1201 条中的任何部分均不会扩大或缩小替代性或辅助性版权侵权（enlarges or diminishes vicarious or contributory copyright infringement）。

例外情况

最后，第 1201 条中的禁止规定还含有多种例外情况。一项是针对执法、情报机构和其他政府活动的全条款免责【第 1201（e）条】。其他例外情况涉及第 1201（a）条，该条规定的是如何划分限制作品访问权的技术措施的类型。

第 1201（a）（1）（B）–（E）条涵盖的特例情况最为广泛，该条款确立了一项管理规定制定流程，用以评估禁止对此类访问控制措施实施规避的影响。这项禁止规定在两年内并未生效。该规定一旦生效，该作品应属于一种特定作品种类，如果某些属于一种特定作品种类中的作品正在或有可能受到禁止非侵权使用的不利影响，则将为该作品使用者提供一项特例。美国国会图书馆馆长将根据美国版权局局长的建议，通过定期制定规定以决定这项免责权的适用性。此外，美国版权局局长应同美国商务部负责通信和信息的部长助理共同磋商。

其他六项特例如下：

1. *非盈利性图书馆、档案馆和教育机构特例*【*第1201（d）条*】。禁止对旨在控制访问权的技术措施进行规避的规定有一个特例，那就是允许非盈利性图书馆、档案馆和教育机构，在出于判断是否需要获得授权以访问某部作品的目的时，可以规避相关的技术措施。

2. *逆向工程*【*第1201（f）条*】。这项特例允许已经合法获得一个电脑程序副本使用权的个人，可以出于识别和分析电脑程序的内容，以实现与其他程序可互操作性而必须采取的规避措施的目的，对相关技术措施进行规避，并开发用于这种规避的技术措施，其程度不应超过《版权法》所允许的范围。

3. *加密研究【第1201（g）条】*。有关加密研究的例外情况，允许为查找加密技术的漏洞和弱点而对控制访问权的技术措施进行规避，并开发用于这一目的的技术措施。

4. *保护未成年人【第1201（h）条】*。这项特例允许法庭把该禁令用于一个技术要素或部件，以考察是否有必要将其纳入预防未成年人访问互联网内容的技术。

5. *个人隐私【第1201（i）条】*。当技术措施或其保护作品有能力收集或散布与自然人网上活动有关的个人身份识别信息时，本特例允许对保护性技术措施实施规避。

6. *安全测试【第1201（j）条】*。这项特例允许在获得版权人或运营商授权的情况下，出于检测一台电脑的安全性、电脑系统或网络的目的，而对控制访问权的措施进行规避，并开发用于实施这种规避的技术措施。

在适用上述特例时，每项特例都有一整套限制条件，这不在本文的论述范畴。

版权管理信息的完整性

《世界知识产权组织版权条约》第 12 条相关部分规定：

各缔约方应为下列情况提供充分和有效的法律赔偿，即任何个人在知晓或在民事赔偿方面有条件知晓，其行为将导致、引起、促使或隐瞒违反本条约或《伯尔尼公约》任何权利的情况下，蓄意作出下列行为：

（1）未经授权擅自删除或更改任何电子版权管理信息；

（2）明知电子版权管理信息未经授权而被擅自删除或更改后，仍在未经授权的情况下擅自向公众传播、为传播而引入、播放或播发作品或作品副本。

《世界知识产权组织表演与录音制品条约》第 19 条含有几乎相同的说法。

新增的第 1202 条款履行了保护版权管理信息（CMI）完整性的义务。该条款用两段文字单独说明了其保护范围，第一段涉及虚假版权管理信息，第二段涉及对版权管理信息的删除或更改问题。该条款（a）款禁止以导致、引发、促使或隐瞒侵权行为为目的而蓄意提供或散布虚假的版权管理信息。(b)款禁止在未经授权的情况下，蓄意删除或更改版权管理信息，以及在已知版权管理信息未经授权而被删除或更改后，仍然散布版权管理信息或作品副本。(b)款规定，在明知或根据民事赔偿责任有条件知晓其行为将会导致、引发、促使或隐瞒侵权行为时，发生上述行为而应承担的责任。

(c)款将版权管理信息定义为：有关作品、作者、版权人、(在某些情况下的)表演者、作品的撰稿人或导演的身份识别信息，以及使用作品的条款与条件，和美国版权局所规定的其他此类信息。有关作品使用者的信息明确不在此列。

第 1202 条为执法部门、情报机构和其他政府活动提供了全面豁免【第 1202(d)条】。该条款还包含了对广播站和有线电视系统在某些情况下删除或更改版权管理信息行为的责任限制，虽然其行为无意导致、引发、促使或隐瞒侵权行为【第 1202(e)条】。

赔偿措施

任何人因他人违反第 1201 条和第 1202 条而受到侵权伤害，可以向联邦法院提起民事诉讼。第 1203 条赋予法院批准给予版权人一系列与《版权法》相似的、公正的货币赔偿（包括法定伤害赔偿金）的权力。在无意违法的情况下，法院可以自行决定减少或免除伤害赔偿。在这种情况下，违法者需证明它不知晓，且没有理由认为其行为构成了违法【第 1203(c)(5)(A)条】。本条款对非盈利性图书馆、档案馆和教育机构提供特别保护，在这种情况下，这些单位享有完全豁免权【第 1203(c)(5)(B)条】。

此外，为了获得商业利益或谋取私利而蓄意违反第 1201 条或第 1202 条，则属于犯罪行为。根据第 1204 条的规定，初犯者将被处以最高 500,000 美元的罚金，或最高 5 年监禁，惯犯将被处以最高 1,000,000 万美元罚金，或最高 10 年监禁。非盈利性图书馆、档案馆和教育机构免除全部刑事责任【第 1204(b)条】。

美国版权局和美国商务部国家通信与信息管理局有关技术发展的研究

《数字千年版权法》第一部分要求美国版权局（Copyright Office）与美

国商务部国家通信与信息管理局（NTIA）联合开展两项研究，一项研究与加密技术有关，另一项研究与技术发展对《版权法》两项现有特例情况的影响有关。新增的《美利坚合众国法典》第 17 卷第 1201（g）（5）条要求美国版权局局长和商务部通信与信息事务部长助理，在法规制定后一年内向国会做出报告，汇报加密研究免责条【新第 1201（g）条】对加密研究的影响、加密技术的发展，旨在保护版权作品的技术措施的充足性和有效性，以及保护版权人免受他人在未经授权情况下访问其加密版权作品的情况等。

《数字千年版权法》第 104 条要求美国版权局局长和商务部通信与信息事务部长助理共同评估：（1）《数字千年版权法》第一部分的效果，以及根据第 109 条（首次销售原则）和第 117 条（允许电脑程序副本的所有者复制并为适于电脑使用而对其进行修改的豁免权）开展电子商务和相关技术的发展情况；以及（2）现有技术和新兴技术与推行这些法律条款的关系。完成这项研究的时间是在自《数字千年版权法》通过之日起 24 个月内。

第二部分：网上版权侵权责任限制

《数字千年版权法案》的第二部分在《版权法》[①] 中新增了第 512 条，针对网上服务提供商的版权侵权行为制定了四项新的责任限制。新的责任限制基于以下四种服务提供商行为：

1. 暂时通讯；
2. 系统缓存；
3. 按用户要求在系统或网络上存储信息；及
4. 信息定位工具。

新增的第 512 条还包括对非盈利性教育机构适用于这些责任限制的特殊规定。

每项责任限制均规定了有关伤害赔偿的一整套限制规定，并且从各方面限制了适用豁免权的条件【第 512（j）条】。每项限制都涉及一个单独、不

① The Fairness in Musical Licensing Act, Title II of Pub. L. No. 105 - 298, 112 Stat. 2827, 2830 - 34 (Oct. 27, 1998) also adds a new section 512 to the Copyright Act. This duplication of section numbers will need to be corrected in a technical amendments bill.

同的职能，而且对服务提供商是否符合上述责任限制中的某一条限制的判定，并不影响对该提供商是否符合任何其他三项责任限制的判定【第 512（n）条】。

如果服务提供商不符合第 512 条中的任何限制规定，并不意味着它一定是侵权。版权人仍必须要证明服务提供商实施了侵权行为，而且服务提供商仍可利用版权被告常用的理由（例如：正当使用）为自己做辩护【第 512（l）条】。

除限制服务提供商的责任外，第二部分还制定了一套法律程序，版权人可以通过该程序获得来自联邦法院的传票，命令服务提供商披露有侵权嫌疑的用户的身份【第 512（h）条】。

第 512 条还含有一项规定，确保了服务提供商不会处于这样一种尴尬境地，即一方面要防止违规，另一方面还要保护用户的个人隐私权。该条（m）款明确阐明：第 512 条中没有任何规定，为了符合任何一种责任限制，而要求服务提供商在违反法律的情况下（如《美国电子通讯隐私法》）来监视其服务或访问材料。

一般性责任限制资格

寻求获得第二部分有关责任限制规定的受益者必须证明自己是一个合格的“服务提供商”。为了满足第一条有关暂时通讯的限制条件，第 512（k）（1）（A）条中对“服务提供商”的定义为：“提供传输、路由或在用户指定的两点或多点之间，为该用户选择的材料提供数字网络通讯连接，而不对发送或接收的材料的内容进行任何更改的实体。”对于其他三项责任限制，第 512（k）（l）（B）条对“服务提供商”进行了更广泛的定义：“网上服务或网络访问的提供商或相关设备的运营商。”

此外，若要符合上述任何一项责任限制条件，服务提供商必须满足以下两个综合条件：（1）其必须采取并适当实施在适当情况下终止那些再三侵犯版权用户账户的政策；以及（2）其必须适应而且不得干预“标准技术措施”。【第 512（i）条】。“标准技术措施”的定义为：根据版权人和服务提供商的广泛共识，通过一个公开、公平、自愿的跨行业流程制定的，版权人用来表明或保护版权作品的措施；在合理且一视同仁的基础上，任何版权人都可以使用这些措施，而且不会造成服务提供商承担巨额成本或对其施加巨大压力。

关于暂时通讯的责任限制

一般而言，第512（a）条限制了服务提供商在以下情况中的责任：服务提供商仅作为数据管道，根据他人的请求，将数字化信息从网络上的一点传输到另一点。本责任限制涵盖传输、路由选择，或为信息以及在网络运营过程中自动生成的中间副本和暂时性副本提供连接的行为。

若要符合本责任限制，服务提供商的活动必须满足以下条件：

● 传输必须由一个人而不是提供商发起。

● 传输、路由选择、提供连接或复制，必须通过自动技术处理程序实现，而不经过服务提供商对材料加以选择。

● 服务提供商不得限定材料的接收者。

● 通常来说，不得向预期接收者之外的任何人提供任何中间副本，而且保留时间不得超过适当的必要保留时间。

● 传输材料时，不得对其内容进行任何更改。

关于系统缓存的责任限制

第512（b）条限制了服务提供商下述行为中所要承担的责任：在有限时间内保留个人而非提供商放于网上的材料的副本，然后按他或她的指令传输给某一用户。服务提供商对该材料进行保留，以便通过传输所保留的副本满足用户对相同材料的请求，而不是从网络上的原始来源中检索该材料。

这么做的好处在于，减少了服务提供商的带宽需求，并缩短了后续请求获取相同信息的等待时间。另一方面，它可能会导致向用户提交的信息过时，而且可能使网站运营商失去精确的“点击”信息（关于网站上特定材料的请求数量的信息），网站运营商经常根据这些信息计算广告收入。出于这一原因，在网上发布信息者可能会制定有关更新该信息的规则，而且可能会利用技术措施追踪“点击”数量。

本部分责任限制适用于，出于为随后提出请求的用户提供该材料之目的，通过自动技术处理程序，进行的中介性和临时性储存的行为。其受制于以下条件：

- 不得对所保留的材料的内容进行更改。
- 根据普遍接受的行业标准数据通信协议，提供商必须遵守关于“更新”材料的规定，使用来自初始位置的材料替换保留的材料副本。
- 提供商不得干预将“点击”信息反馈给材料发布人的技术，只要此类技术符合特定要求。
- 根据材料发布人提出的访问条件（例如，密码保护），提供商必须限制用户对该材料的访问。
- 一旦服务提供商获悉原始网站上的材料已经被删除、拦截或被命令删除或拦截，必须立即删除或拦截未经版权人授权而发布的任何材料。

关于根据用户要求在系统或网络上存储信息的责任限制

第 512（c）条限定了服务提供商对于托管于其系统上的网站（或其他信息库）的侵权材料所应承担的责任。本责任限制适用于根据用户要求存储信息。为了符合本责任限制，提供商必须满足以下条件：

- 如下文所述，提供商不一定有充分的信息知道有侵权行为发生。
- 如果提供商有控制侵权行为的权利和能力，它不得接受直接来自侵权行为的经济收入。
- 一旦接到关于已声明侵权行为的适当通知，提供商必须迅速删除该材料或拦截对该材料的访问。

此外，服务提供商必须在美国版权局备案，指定接收侵权索赔通知书的联系人。美国版权局将提供一个关于指定代理人的建议表格（http：//www. loc. gov/copyright/onlinesp/），并在美国版权局网站（http：//www. loc. gov/copyright/onlinesp/list/）上维护代理人名单。

根据知情标准，只有在确实不知情、不了解侵权行为的事实或情况，或是在知晓或发现侵权时，立即删除该材料或拦截对该材料的访问时，服务提供商才符合本责任限制。

该法规还设定了关于适当通知的法律程序，以及关于其效力的规定【第 512（c）（3）条】。根据通知和删除程序，版权人要向服务提供商指定的联系人提交一份包括指定内容清单的通知，且要承认：如作伪证，愿意接受法律制裁。未能达到完全的法定要求，则意味着服务提供商不认为这种通知已经达到必要的知情水平，而不接受该通知。如果在收到恰当的通知后，服务提供商立即删除了通知中指明的材料或阻止了对其访问，那么该服务提供商将免于承担经济赔偿责任。此外，服务提供商还将受到保护，不必因为删除材料而对任何人就此提出的索赔请求承担责任【第 512（g）（1）条】。

为了避免发出错误或虚假的通知，第 512 条规定了一些安全措施。第（g）（1）款为用户提供了一个通过发出否认侵权通知的方式来对侵权和删除通知做出回应的机会。为了符合对于删除资料不承担法律责任的保护条件，服务提供商必须立即通知用户，它已经删除了该材料或是阻止了对它的访问。如果用户提交了符合法定要求的相反通知，包括声明该材料是在失误或是被错当成他人的情况下，被删除或是受到了访问阻止，且承认如作伪证，愿意接受法律制裁时，那么，除非版权人对用户提起诉讼，要求法庭对用户发出停止侵权命令，否则服务提供商必须在收到相反通知后的 10 ~ 14 个工作日内，把该材料重新放回网络。

如果在侵权通知或否认侵权通知中故意提供错误的材料，则要受到法律制裁。任何人若是故意错误地提供正在侵权、或是因失误或被错认成他人而被删除或受到访问阻止的材料，则要承担由侵权人、版权人及其授权代理人，或服务提供商所引起的任何相关损失（包括成本和律师费）【第 512（f）条】。

关于信息定位工具的责任限制

第 512（d）条涉及超链接、在线检索、搜索引擎及类似工具。本条款限定了使用此类信息定位工具，为用户推荐或链接含有侵权材料的网站所应承担的法律责任，只要这些行为满足以下条件：

● 提供商的知情程度一定不能达到能让其认识到该材料正在构成侵权的必要水平。其知情水平与本条责任限制对驻留在系统或网络上的信息的规定相同。

● 如果提供商拥有控制这种侵权行为的权力和能力，它必须没有收取直接源自这种侵权行为的经济利益。

● 一旦接到有关侵权索赔的通知时，提供商必须迅速删除或阻止对该材料的访问。

实际上，这些条件与修改前的责任限制所适用的条件一样，只是对通知要求有所不同。这些条款为防止发出错误或虚假通知提供了保障（如上所述），还保护提供商免受因删除相关材料而被要求索赔【第 512（f）～（g）条】。

关于非盈利性教育机构责任的特殊规定

第 512（e）条定义了何时教职人员或承担教学或研究职能的学生雇员的行为或对这种情况的了解，可能会影响到非盈利性教育机构适用于上述四条责任限制的资格。就暂时通讯或系统缓存的责任限制来说，教职人员或学生是指“除提供商之外的个人”，以此来避免使该机构失去适用上述责任限制的资格。对于其他责任限制来说，知道是否是教职人员或学生与机构无关。必须满足以下条件：

● 该教职人员或学生的侵权行为不涉及提供对过去三年学校要求或推荐的教材的在线访问；

● 该机构在过去三年所收到的有关其教职人员或学生有侵权行为的通知不超过两份；和

● 该机构为其所有用户提供的信息性资料都符合版权法的说明和倡导。

第三部分：电脑维护或修理

第三部分扩大了现有的、《版权法》第 117 条与电脑程序有关的特例情况的范围，允许电脑程序的所有者在使用与电脑相连的程序时，在必要的情况下对该程序进行复制或改写。这种修订权允许电脑的所有者和租赁人在维护或修理电脑的过程中，复制或授权复制电脑程序。该免责条款只适用于在启动电脑时自动生成的电脑程序副本，而且该电脑已经合法拥有经授权的程序副本。新副本不得以任何其他方式使用，而且必须在电脑维护或修理结束后立即销毁。

第四部分：杂项条款

美国版权局权力说明

第 401（b）条增加了《版权法》第 701 条的内容，确认美国版权局的权力机构继续履行根据现有权力已经履行了几十年的政策职能和国际职能。

广播机构的临时录音

《版权法》第 112 条给予“临时录音”以免责待遇。这种录制的目的旨在便于播放。例如，根据这项免责条款，广播电台可以录制一组歌曲，然后使用新的录制品而非原始 CD 播放节目（在广播过程中，原始 CD 必然处于“闲置状态”）。

在《数字千年版权法》颁布之前，第 112 条就已存在相似的规定，允许广播机构制作和保留作品副本长达 6 个月时间（此后称为“临时保留”），副本数量不能超过一个，只要该广播机构有权播放一项公开表演或展示一部作品，无论是根据授权，还是基于这样的事实，即不存在有关录音制品的一般公开表演权概念。

1995 年《录音制品数字化表演权法》第一次在《美国版权法》中规定了有限录音制品的公开表演权。该项权力只涵盖通过数字化传输手段进行的公开表演，而且受制于数字广播免责条款（即通过美国联邦通信委员会认证的地面广播站的播放），以及关于特定非点播的订阅式传输的法定许可（即对接收者的特定请求做出响应）。

《数字千年版权法》第 402 条扩大了第 112 条免责条款的内容，将在根据《录音制品数字化表演权法》关于数字广播的免责条款或法定许可进行播放的情况下，出于方便录音制品的数字化传输目的而进行的录制纳入其中。根据修订，第 112 条还允许在特定情况下规避访问控制技术，以使相应机构能够进行暂时录制。

远程教育研究

在制定《数字千年版权法》的过程中，立法者表达了修订《版权法》

以促进远程教育的意向，可通过扩大第 110（2）条中现有的关于教育广播的特例范围来实现。《数字千年版权法》第 403 条规定，美国版权局应与受影响的当事方进行磋商，并就如何通过数字技术促进远程教育向国会提出建议。美国版权局必须在法案颁布后六个月内向国会作出报告。

根据规定，版权局必须考虑以下问题：

- 制定新特例的必要性；
- 将要包含在任何特例中的作品种类；
- 适当限制可能在特例情况下被使用的作品数量；
- 哪些当事方应该符合特例；
- 根据任何特例，哪些当事方应该是合格的远程教材的接收者；
- 技术保护措施的使用范围应该作为任何特例资格的一个条件委托管理；
- 许可的可用性范围应该在评估任何特例资格的过程中予以考虑；以及
- 其他适用事项。

关于非盈利性图书馆和档案馆的特例

《数字千年版权法》第 404 条对《版权法》第 108 条中关于非盈利性图书馆和档案馆的特例进行了修订，以适应数字技术的发展和不断演变的档案保存实践。在颁布《数字千年版权法》之前，第 108 条允许此类图书馆和档案馆出于保存或馆际互借目的，制作一份复制品（即非数字副本）。修订后，第 108 条允许制作最多三份副本，副本可以是数字副本，只要不在图书馆建筑以外向公众提供这些数字副本即可。此外，修订后的条款规定，如果原始著作的格式已经过时（即用于读取该著作的机器或设备已经停产，或无法从市场上购得），此类图书馆或档案馆可以把作品复制成新的格式。

《录音制品数字化表演权法案》中关于网络广播的修订

如上所述，美国国会于 1995 年通过了《录音制品数字化表演权法》，规定了局限于数字化传输的录音制品的表演权。根据该法案，对三种类型的数字化传输进行了明确：广播传输（不享有表演权）、订阅式传输（一般要获得法定许可）和点播传输（要拥有完全的专有权）。根据《录音制品数字化表演权法》，广播传输是指由获得美国联邦通信委员会（FCC）认证的地面广播站所进行的传输。

在过去几年，许多实体开始利用流媒体音频技术在因特网上对录音制品进行数字化传输。而这种行为不属于《录音制品数字化表演权法》中所述三种类型数字化传输中的任何一种。因此，《数字千年版权法》第 405 条对《录音制品数字化表演权法》进行了修订，扩大了订阅式传输的法定许可范围，将网络广播也包含进了“合格的非订阅式传输”新类型中。

除扩大法定许可的范围外，《数字千年版权法》还修订了任何想获得许可的实体必须遵守的标准（对于那些需要遵守祖父条款的标准，保持现有标准不变）。它还修订了费率的确定因素（同样要遵守一条祖父条款），指导根据法律组建的仲裁小组按公平市价确定专利使用费率。

《数字千年版权法》中的这一条款还为制作临时录音规定了一项新的法定许可。如上文所述，《数字千年版权法》第 402 条对《版权法》第 112 条进行了修订，允许为便于对录音进行数字化传输而制作一份临时录音，这种录音要么得到了《录音制品数字表演权法》关于播放录音免责特例的许可，要么满足法定的许可条件。希望制作多份获得第 112 条完全免责特例允许的临时录音的传输机构，现在适用一种可以制作这种额外临时录音的法定许可。不仅如此，这项新的法定许可还适用于未被《数字千年版权法》第 402 条扩大后的免责范围所覆盖的传输机构（而非不享有数字表演权的广播公司）制作临时录音。

在转让电影权力时代行合约义务

第 416 条解决了作者、导演和影视演员在制片人无法支付费用的情况下，能否因为电影做宣传而获得追加报酬的问题。目前，演员工会的集体劳资协议要求制片人在某些情况下需要与发行商签订代偿协议，根据该协议，发行商将承担起代替制片人支付此类追加报酬的义务。显然，某些制片公司并未始终做到这一点，没有为演员工会留下相关的契约关系（contractual privity），使他们能够向发行商追索报酬。

《数字千年版权法》为《美利坚合众国法典》第 28 卷新增加了一章，规定受让人应承担起由制片人要求其根据集体劳资协议而应承担的、支付这些追加报酬的义务。只有当发行商在已知或有理由知道该影片是根据一项集体劳资协议制作，或是一项法庭庭谕确认，根据集体劳资协议，制片人无法在 90 天内满足仲裁判决书的情况下，这些义务才会附加生效。有两类转让不在本规定的范围之内。第一类仅限于对公共表演权的转让，第二类转让的是担保权益，伴之担保权益持有人随后进行的任何转让。

此条款还要求总审计师在与美国版权局局长磋商后，开展一项研究，研究在电影业适用该条款的条件，以及该条款对电影业的影响等问题。预计这项研究将在颁布本法案后两年内完成。

第五部分：对某些原创设计的保护

《数字千年版权法》的第五部分名为《船体设计保护法》，为《美利坚合众国法典》第 17 卷新增了第 13 章。该部分创建了一个全新的体系，以保护某些有用物品的原创设计——该原创设计旨在使该物品吸引或具备独特外观。就本《船体设计保护法》而言，“有用物品”仅限于长度不足 200 英尺的船体（包括甲板）。

一旦公布采用某种设计的有用物品或公布设计注册，《船体设计保护法》将为该设计提供保护。如果在该设计首次公布两年内未申请注册，则保护将失效；但是如果在申请注册日期前一年以上公布某种设计，则该设计将无法注册。一旦该设计注册成功，则保护效力将从保护开始之日起延续十年。

《船体设计保护法》受到了法律期满限制——即该法案于通过（2000 年 10 月 28 日）两年后到期。美国版权局接到指令，将同美国专利商标局共同开展两项研究以评估《船体设计保护法》的影响。第一项研究于 1999 年 10 月 28 日开展，而第二项研究于 2000 年 10 月 28 日开展。

生效日期

《数字千年版权法》中的大部分条款自法案通过之日起生效，但是有几项例外。第一部分中关于根据新世界知识产权组织条约而制订的美国版权法中有关作品保护资格的技术性修订将在相关条约生效后生效。与此类似，对此类作品恢复版权保护的条款也将在相关条约生效后生效。对规避访问控制措施的禁止将在本法案通过两年后方生效（2000 年 10 月 28 日）。

1999 年《统一电子交易法》

《统一电子交易法》（1999 版）由统一州法会议全国委员会起草，1999 年 7 月 23－30 日在科罗拉多州丹佛市召开的第 108 届统一州法会议全国委员会年会上通过并建议在各州实施。《统一电子交易法》的序言、注释（1999 年版）2000 年 1 月 20 日由统一州法会议全国委员会提供。

1999 年《统一电子交易法》

统一州法会议全国委员会参加 1999 年《统一电子交易法》立法筹备的代表成员如下：

帕特里克·布龙菲尔德·弗莱，委员会主席，北达科他州 Grand Forks 市的北达科他大学法学院 9003 号信箱

斯蒂芬·Y. 周，马萨诸塞州波士顿市灯塔大街 30 层，邮政编码 02108

肯尼思·艾里奥特，奥克拉荷马州奥克拉荷马市罗宾逊北大街 204 号市政大楼 22 层，邮政编码 73102

亨利· 迪布·加百利，路易斯安那州新奥尔良市松树大街 526 号洛约拉大学（Loyola University）法学院，邮政编码 70118

比安·M. 格列高利，加利福尼亚州萨科拉曼多市州议会大楼 3021 房间立法顾问局，邮政编码 95814－4996

约瑟夫· 马祖里克，蒙大拿州赫勒拿市北桑德斯 215 号总检察官办公室，邮政编码 201401

帕米拉·米埃德·萨格特，佛吉尼亚州阿宾顿市 846 号信箱

D. 本杰明·比尔德，记者，爱达荷州莫斯科市 Rayburn 6 号爱达荷州立大学法学院，邮政编码 83844－2321

基恩·N. 勒布伦，主席，南达科塔州拉皮德城圣约瑟夫街 909 号 8250

号信箱

亨利·M. 吉特莱森，专业委员会主任，佛罗里达州雷克兰市莱克韦尔道92号32092信箱

美国律师协会顾问

C. 罗伯特·比安提，明尼苏达州明尼阿波利斯市第七大街南45号第七大厦3400房间，美国律师协会商法委员会，邮政编码55402－1609

阿迈利亚·博斯，宾夕法尼亚州费城北大街1719号天普大学法学院，邮政编码19122

托马斯·J. 斯麦丁霍夫，伊利诺伊州芝加哥市伦道夫东路130号美国律师协会科技委员会，邮政编码60601

执行董事

弗莱德·H. 弥勒，执行董事，俄克拉荷马州诺曼市迪姆伯戴尔路300号，俄克拉荷马州立大学法学院

威廉·J. 皮尔斯，名誉执行董事，密西根州安娜堡市洛克斯波里路1505号，邮政编码48104

可从下列地址获取本法：

伊利诺伊州芝加哥市安大略东路211号1300房间

美国统一州法全国委员会

邮政编码60611

312/915－0195

1999年《统一电子交易法》

序言

随着通讯与信息转化手段电子化的到来，经营模式和开展业务方法已发生演变，电子技术的速度、效率和经济成本性得到运用。

这些发展，在以电子媒质单一形式存在的记录和文件的法律效力方面形

成了法律障碍。法律规定信息、协议、合同必须采用书面形式保存或订立的，无论该规定源于影响协议的可执行性的反欺诈法还是源于保存记录方面的法规，对电子媒质的有效使用确实构成了障碍。

电子障碍的一大突出例证涉及各州所谓的《支票留存法》（check retention statutes）。波士顿联邦储备银行的一项研究表明，2500 多部州级立法要求支票发行机构留存付讫的支票。该规定不仅对支票开立者产生负担，而且实际上抑制了经办支票的银行自动处理业务的能力。尽管《统一商法典》确立了支票回笼中止（check truncation）的效力，但银行客户必须保留付讫的纸质支票的，则银行不得通过电子传输信息的形式处理该业务。《统一电子交易法》通过确立信息电子记录的对应物，既消除了该障碍，又未影响基本规则与要求。

《统一电子交易法》的立法目的是，确认电子记录和电子签名效力，消除电子商务障碍，理解这一点很重要。这并非一部缔约方面的普通成文法，这是因为合同的实体性规定并未受《统一电子交易法》的影响。该法又非数字签名法。美国的州有《数字签名法》的，《统一电子交易法》则旨在支持与补充各州的数字签名法。

一、《统一电子交易法》的适用范围与程序方法

《统一电子交易法》的适用范围为所涉交易设定了明晰的框架，同时避免了当事人因不大老练地使用较新的电子媒质而吃惊。本法适用范围明悉而确定的同时，也为继续开发创新技术，促进电子交易提供了坚实的法律框架。

一般性适用范围方面，本法的适用范围固有地受限于“交易”的定义签名。本法并非适用所有书面文件与签名，仅适用与交易相关的电子记录与电子签名。本法中的交易定义为与企业、商业和政府事务相关的人们之间所发生的交易。一般而言，法律对许多排除适用的“标准”交易几乎不作书面文件或签名的要求。一个好例子与信托业务相关。关于设定信托关系的一般规定，并未正式要求书面形式。此外，其他情形下的书面要求源于政府归档事宜。例如，为保护第三人利益，对不动产的权利证书或其他文书需要归档，因此认为不动产交易具有潜在的麻烦。当事人的不动产买卖合同甚至不动产权利证书的效力并不受任何归档形式的影响，因此问题出现了：交易采用电

子形式的，为何不能由本法确定该类交易生效呢。未发现其中的合理原因。

归档要求参见本法第十七条至第十九条政府记录规定部分。州政府专用电子记录系统时，排除适用所有不动产交易尤其没有道理。这是因为许多州已有《统一商法典》第9条关于财务报表归档立法了。

排除适用《统一商法典》的具体规定，反映出的认识是，在修订《统一商法典》第5条、第8条和经修订的第9条过程中，突出了电子交易。《统一电子交易法》第二条和第二条第一款有确保电子方式完成交易的手段规定。修改本法第二条和第二条第一款等规定时，上述条款/本法范围可使本法能用以填补法律空白。

类似考虑同样适用新颁布的《统一计算机信息交易法》（简称“UCITA”）。确定本法的范围与适用性具有决定性，能最大限度地使得与现有书面文件和签名要求不一致的、一般而概括的排除性规定不明智。要推动电子交易，本法的可适用性交由本法和其他法律的司法解释去解决，其中的不确定性不能接受。

最后，本法规定的情形涉及当事人双方两相情愿采用电子方式进行交易。承认该情形，就应明确规定，援引本法之前有必要确定一方默许或有意采用电子方式进行交易。因而本法第五条规定，本法仅仅适用同意采用电子形式交易的当事人。在此情形下，对协议期限需作广义的解释，确保每次当事人有意进行电子交易时即适用本法，而无论该意愿是否上升到签署正式协议的程度。

二、程序方法

本法的另一基本前提是，本法具有简约性和程序性。在电子交易情形下，只要能消除电子媒质的偏差和障碍，现有法律的一般效力可使电子交易方法生效。本法符合现有实体法规定。本法符合其他法律规定的方面具体包括（1）现有法律规定的“签名”的含义和效力；（2）本法第八条关于信息呈现、信息发送和信息格式化的方式方法；（3）本法第九条的归属规定，以及（4）本法第十条的差错规定。

本法处理记录和签名的规定，充分表明采用了最简方案。而记录是否归属某人，交由本法之外的立法解决。电子签名是否生效，交由具体周围情形和其他法律判断。该规定作为有益的指导，能够确保在现有法律规定下，记录和签名的方式与书面记录和手签效力相同。

本法规定与其他实体法相一致，并不否认有必要制定电子媒质的使用规则与标准。本法明确承认电子记录、电子签名和电子合同的效力，规定了以存储为目的而使用电子记录和电子信息，明确了在成本节约和效率方面潜力巨大。本法规定，人们编程并使用机器（即“电子代理人”）的行为，对机器使用者具有约束力，无论是否对某具体交易人工审查。本法详细规定了电子记录的接收和发送标准，在金融服务领域，允许通过实施可转让记录而进行创新。本法允许依照生效实体法，按照上述方式圆满完成电子交易。

1999 年《统一电子交易法》

第一条　标题

本法名称定为《统一电子交易法》。

第二条　定义

本法中：

1. “协议”是指当事人以语言明示的事实上的交易或依照特定交易适用的法律从特定情形或赋予合意效力的规则、规定和程序所推定的交易。

2. “自动交易”是指一项交易全部或部分通过电子手段或电子记录进行或履行，其中一方或双方在订立合同、履行既有合同或交易义务的行为或记录未经参与其中的个人审查。

3. “计算机程序”是指为达到一定结果直接用于或间接用于信息处理系统的一系列语句或指令。

4. “合同”是指当事人根据本法和其他适用法订立的协议所产生的全部法律义务。

5. “电子方式”是指采用电学、数字、磁、无线、光学、电磁或相关手段的技术。

6. “电子代理人”是指非经人的行为或审核，全部或部分独立地发起某种行为或应对电子记录或履行的计算机程序、电子手段或其他自动化手段。

7. “电子记录”是指通过电子手段设定、生成、发送、传播、接收或存储的记录。

8. “电子签名”是指附着于或逻辑地关联于一项记录并意欲签署该记录的人采纳的电子声音、符号或程序。

9. “政府部门”是指联邦政府、州、郡、市或其他州属政治机构的行政、立法或司法行署、部门、理事会、委员会、当局、研究院或其他机构。

10. “信息”是指数据、文本、图像、声音、代码、计算机程序、软件、数据库或类似事物。

11. “信息处理系统”是指设定、生成、发送、接收、存储、显示或处理信息的系统。

12. “某人”是指个人、公司、商业信托、地产、信托、合伙、有限责任公司、联合体、合资企业、政府部门、上市公司或其他任何法律上或商业上的实体。

13. “记录”是指写入有形媒质或存储于电子媒质或其他媒质，并且能够以可认知的形式恢复的信息。

14. “安全程序”是指用于确认一项电子签名、电子记录或电子履行确属特定某人所为，或用于检测电子记录中信息变化或信息错误的程序，它包括需要使用算法或其他代码、鉴别词句和数字、加密、回叫或其他的识别程序。

15. “州”是指美国的一个州、哥伦比亚特区、波多黎各、美属维尔京群岛或其他美国拥有管辖权的地区或孤岛，也包括联邦法律认可或州政府正式承认印第安部落或家族群、阿拉斯加原始村落。

16. “交易”是指两个或两个以上当事人之间就完成企业、商业或政府事务而进行的一项或一系列活动。

资料来源：《联合国国际贸易法委员会电子商务示范法》《统一商法典》《统一计算机信息交易法》和《法律重述第二版：合同》

解析：

1. “协议”

当事人是否达成协议，取决于他们的明示性语言和所有有关情形。《法律重述第二版：合同》第三条规定，协议是当事人双方或多方达成合意的具体表现。参见《法律重述第二版：合同》第二条评析 b 部分。

《统一商法典》具体包括了可将协议推定为《统一商法典》中的“履约过程、交易过程、行业惯例”的情形。尽管本法中的协议并未定义为涉及商业惯例和其他方的具体行为，但该定义并非旨在运用相关实体法，就某具体交易，影响对双方协议的解释。该法在提供当事人协议条款过程中考虑到商业惯例和行为的，该惯例和行为与本法定义中的“其他情形”具有相关性。

适用某特定交易的法律规定系统规则等构成当事人协议一部分的，在确定本法下各方协议中，该规则具有同等效力。例如，《统一商法典》第 4 条规定，联邦储备管理规定、实施通知以及票据交换所规则具有协议的效力。可将该法定协议适当包含在本法的协议定义中。

各方协议与确定本法是否依约发生变化具有相关性。此外，各方协议可确定当事人各方使用电子记录与电子签名的限定性因素，安全程序和交易的类似方面。参见《贸易伙伴示范协议：商务律师增补版 45，（1990 年 6 月)》。参见本法第五条（b）款及其评析部分。

2. “自动交易”

自动交易是由机器完成无人工干预的、通过电子手段进行或履行的、订立合同并履行生效合同义务的一项交易。本法适用的交易具有多样性，因此其适用范围广泛是必要的。

由于电子代理人功能，本定义侧重的是电子记录可导致一方采取行动或履行协议的情形，尽管并不预期对电子记录进行人工审查。第十四条的具体规定确保了一方或双方未审查电子记录的，所达成协议则生效。

本条定义的关键之处在于，交易一方或双方无人参加。例如，某人通过图书销售商网站 Bookseller. com 订购图书，这即为自动交易，因为图书销售商通过机器接受并确认了订单。同样的，汽车制造商和供应商通过电子数据交换系统开展业务的，汽车制造商的计算机一俟在某预先设定程序参数内接到信息，即刻向供应商计算机传出电子订单。因订单在供应商预先设定程序参数内，使得供应商计算机确认了订单，处理了供货，这就是一项交易的全过程。但，如果供应商依靠员工的人力审单、受理并处理买方订单，那么仅有汽车制造商方面的交易是自动的。在任一情形下，整个交易即属本条定义的交易。

3. “计算机程序”

本定义是指电子、数据系统的功能性和操作性方面，与电子代理人（参见“电子代理人”定义）等用于电子系统的操作指令相关。

4. “电子方式”

最流行技术的基本特点和对认可的单一术语的需求，确保了“电子方式”的使用。该定义旨在确保本法随着新技术的发展而广泛运用。无论当事人使用何种媒质，应根据新开发的技术对本术语进行广义解释，以实现本法的立法目的，确保交易生效。“书面形式”的现行法律规定，可由纸、纤维、甚至石头等几乎任何有形媒质来体现。本法的立法目的和适用范围包括无形媒质。从技术角度而言，该媒质能以人类可感知的形式存储、传输、复制信息，但该媒质缺乏纸、纸草或石头等有形特征。

技术角度而言，并非所有列举的技术都具有“电子方式”的特性（如光纤技术），但对说明主要现有技术而言，“电子方式”是最具描述性的术语。例如，为数据传播和存储而开发的生物过程和化学过程，虽未在定义中具体提及，但包括在技术定义内，因为该过程靠电磁脉冲产生作用。但某特定技术是否具有“电子方式”的技术特征，即是否靠电磁脉冲产生作用，对本法是否应包括用特定技术设定、使用、存储的记录和签名不具有决定性。本法旨在适用任何媒质设定、使用、存储的所有记录和签名，而该媒质允许以可感知的形式恢复信息。

5. “电子代理人”

从该定义得出，电子代理人是机器。由于“电子代理人”一词逐渐得到认可，该词限定范围是工具功能。一方使用电子代理人的效力问题，在本法关键性规定（即本法第十四条）部分有具体规定。

诸如计算机程序或其他自动手段等为人使用的电子代理人，是该人使用的工具。一般规定，工具的使用者对使用该工具所得结果承担责任，因为工具本身没有独立意志。但根据定义，电子代理人一旦被交易当事人激活，能够在设定的程序参数内启动、响应或与其他当事人或自己的电子代理人互动，无需该当事人另行照顾。

尽管本法规定，电子代理人仅能在程序预设的技术结构范围内履行职责，但可以想象，在本法生效期间，可将电子代理人设计为具备自主行动能力者，不仅具备自动功能。也就是说，随着人工智能的发展，计算机可具备“从经验中学习，在自有程序中变更指令，甚至设计新指令”的能力。艾伦和韦迪逊（Allen and Widdison）问过“计算机可以订合同吗?”（9 Harv. J. L. &Tech 25，1996 冬季刊）。该技术一旦开发，法庭可能随之解释电子代理人的定义，对这种新能力予以确认。

这里，“自动交易”定义评析中涉及 Bookseller. com 和汽车制造商的例子同样适用。图书销售商是通过电子代理人处理图书订单的。汽车制造商和供应商分别由电子代理人，通过电子数据交换系统方便并完成实时存货流程处理的。

6. “电子记录”

电子记录是更宽泛的“记录”定义的子集，通过纸质以外的媒质设定、使用、存储记录，参见电子方式定义。作为使用于本法中的、对定义设限的词，该术语同样用于本法。

信息处理系统、计算机设备和程序、电子数据交换系统、电子邮件、声控邮件、传真、电传、复印机、扫描仪和类似技术，都可作为本法规定的电子方式。

相应地，众多其他记录形式中，存储于计算机硬盘和软盘的信息、传真和声控邮件消息、电话应答机上的消息，录音带、录像带均为本法规定的电子记录。

7. “电子签名”

签名的概念定义得宽泛，不具体。特定的记录是否“签名”是个关于事实的问题。根据其他相关法律，必须有证据证明该事实。本法仅仅保证，可随电子方式一并签名。无需采用具体技术设定有效签名，只要具备必要意愿，应答机器的声音足可证明。同样的，将姓名或名称作为电子邮件通讯的一部分，亦可足以证明，如同传真上企业名称的证明作用一般。可能出现的情形是，因未具备必要意愿，符号、声音或过程不符合签名要求。人们具备必要意愿的，可使用数字签名；无意签署的，可仅仅使用专用密钥作为进入工具，或以其他方式完成具有法律约束力的行为。任何情形下的关键点是，具有为签署相关记录而采纳声音、符号或程序的意愿。

该定义的要求是，签名人采用声音、符号或程序的，应具备签署记录的意愿。将声音、符号、过程适用电子记录的，可产生不同的含义和结果。签名行为后果和效力由其他法律另行确定。但是，签名的基本属性是具备实施具有重大法律意义行为的意愿而应用声音、符号或程序。法律正是把这种意愿理解为“签名”一词含义的一部分，无需定义。

本法最大限度内确立了电子签名和人工签名的等效性。因此，“签名”一词用以暗示和表达该等效性。该定义是为了克服电子签署和鉴定记录中发生无法保证的偏颇。

其他法律中的“鉴定”一词的含义和目的往往相对窄于本法所述电子签名。但，其他任一法律规定下的鉴定，却构成了本法下的电子签名。电子签名的确切作用，则根据本法第九条（b）款规定的有关情形而确定。

该定义包括标准网页点击过程的电子签名。例如，某人通过卖方网站订购商品或服务时，要求其提供信息，作为流程一部分，然后收到该商品或服务。顾客到最后一步，点击“我同意”时，该客户即已接受该流程，愿将该顾客与该流程记录相关联。电子签名的直接效果决定于所有有关情形。但该人接受了这样的流程，即他/她有意得到该产品和/或服务，并情愿接受付款义务的约束。接受该流程传递出的意愿是，要实施具有重大法律意义的行为，即留下签名的印记。

该定义的另一重大方面在于，电子签名有必要与记录相联系，或从逻辑角度与记录相关联。在广泛应用纸的世界，人们认为，一方接受的符号依附于或位于旨在得到鉴定的同一张纸的某处。例如，附笺紧粘于本票上；又例如，大宗合同尾部设有具有代表性的签名。该有形表现形式在电子情形下是不存在的。相应地，该定义明确规定，符号必须以某种形式与签署的电子记录相连接或相关联。该连接与颁布的美国食品药品管理局 21CFR 第 11 条法规相一致（1997 年 3 月 20 日）。

只要在上述情形下，签名者具有签名的意愿，签署并采纳了该符号，使用公共密钥技术的数字签名可作为电子签名，如同电子邮件中仅包括某人姓名一般。

8. “政府部门”

该定义对本法第十七至十九条非强制性规定很重要。

9. “信息处理系统”

该定义与《联合国国际贸易法委员会电子商务示范法》规定相符。该词包括计算机系统和其他信息系统，主要用于本法第十五条相关信息的收发规定。该部分立法的关键点是，信息已进入系统，人们从中可查阅信息。

10. “记录”

“记录”是旨在反映除人脑记忆形式之外的各种信息传播或存储手段，包括信息的各种传播或存储方法，包括“书写形式”。记录不必不可销毁或具有永久性，但该词不包括用某种手段不能存储或保留的口头或其他传播形式。除人脑记忆之外手段不能存储的信息不能作为记录。在书面情形下，“记录”一词并未确定实体法特别规定的、记录可能含有的目的、经允许的用法或法律效力。1996 年 10 月 1 日，美国律师协会（ABA）对“记录”一词的使用情况编制了报告。

11. “安全程序”

安全程序可用来验证电子签名，验证发送人的身份，或确保电子记录信息的完整性。该定义不用以识别任何特定技术，而允许使用当事人选择的或法律确定的程序，允许当事人具有最大灵活性，允许未来进行技术开发。

本法中该词定义宽泛，用于体现确立电子记录或电子签名属性或内容完整性的一种方法。本法并不允许通过推测或其他方法使安全程序的使用产生法律效力。本法中，使用安全程序仅为证实电子记录或电子签名的来源或内容提供了一个方法。

技术上，安全程序可能非常尖端，诸如不对称密码系统。在另一极端，安全程序可以简单到像电话一样，能够通过其他传播渠道确认发送者的身份。该程序包括使用母亲的婚前姓或者某人身份证编号（PIN）。上述每个例证，都是确认人身份或人的信息准确性的方法。

12. “交易”

该定义限于当事人在企业、商业或政府事务中所采取的行动，包括人与人之间进行的企业、商业方面的所有互动，具体包括消费者或政府之间其中一个目的。但该词不含单向性或非交易性活动。如此，该词对下条所述法律适用范围设定了结构性限制，将业务和商务宽泛地理解并解释为符合其他相关法律界定的“消费者”个人所从事的业务和商务交易。假如艾里斯和鲍勃同意利用在线拍卖网站，以 2000 美元的价款将艾里斯的小车卖给鲍勃，该交易就完全受本法调整。即使艾里斯和鲍勃是符合其他相关法律规定的典型“消费者”，其交易也是商业交易。因而交易与商事相关，完全符合本法适用的交易。

其他交易类型包括：

1. 由个人采购自零售商的单一行为。该行为可通过将打印的目录作为订单传真出去的方式或电子邮件交流方式完成。

2. 大公司之间订立了规范交易方式方法的贸易伙伴主合同之后，每周一次或每月一次发生的循环订单。

3. 个人与在线网络零售商进行的采购。该行为可发展为持续、系列的个人采购，将安全程序等作为持续经营一部分。

4. 采购交易通过传真文件或电子邮件的形式完成。此交易中，所有当事人可利用电子会议技术，参与其中。在规定时间，以电子方式签署所有电子记录并传给对方。在此情形下，电子记录和电子签名依照本法而生效，免除了“亲自”完成的要求。

交易必须是两人或两人以上的互动。签署遗嘱、信托、卫生保健授权委托书或类似保健任命书的行为不涉及他人，因而是单一行为，不作为本法定义下的交易的一部分，不受本法调整。但本法确实适用所有与交易相关的电子记录和电子签名，因而确实适用诸如与交易相关的内部审计和会计记录。

第三条　适用范围

（a）除本条（b）款另有规定外，本法适用与交易相关的电子记录或电子签名。

（b）本法不适用于由下列法律调整的交易：

（1）调整遗嘱、遗嘱附件、遗嘱信托的设立与执行的法律；

（2）《美国统一商法典》，其中第 1－107 条、1－206 条、第 2 条、第 2

条 a 款除外；

（3）《美国统一计算机信息交易法》；

（4）州认可的其他法律。

（c）本法适用排除本条 2 款法律适用的、由本条 2 款之外的法律调整的电子记录或电子签名。

（d）适用本法的交易，仍受其他相关实体法的管辖。

参见下文评析后的立法注释

评析：

1. 本法的适用范围，仅限于相关企业、商业（包括消费者）和政府的交易。因此，与企业、商业（包括消费者）和政府无关的交易，不受本法调整。

单一生成、且不作为交易一部分的电子记录和电子签名，不受本法调整。参见关于本法第二条的第 12 项评析。

2. 本法影响了现有法律规定下的信息、记录、签名的提交和存储的媒质。本法涵盖用于相关企业、商业（包括消费者）和政府交易的所有电子记录和电子签名，但本法主体规定与其他法律的书面文件与签名规定相关。相应地，本条（b）款的排除适用部分，侧重有书面文件和签名要求的法律规定，该规定不受本法影响。

3. 本条（b）款排除适用部分澄清并确定了哪些法律受本法影响，哪些不受影响。本条规定的是不受本法影响的、依照具体法律而进行的交易，而其他部分则归受本法影响。

4. 本款第（1）项排除了遗嘱、遗嘱附录、遗嘱信托的适用。考虑到普遍创建记录的单边性，考虑到不可能将该记录用于本法规定的交易中（例如，由两人或多人在企业、商业、政府事务中开展活动），该排除规定极其有利。第（2）项排除了《统一商法典》第 1 – 107 条和第 1 – 206 条之外的其他所有条款的适用。本法不适用经排除的、《统一商法典》中“现行”或“经修改”条款。本法适用《统一商法典》第 2 条、第 2 条 A 款、《统一商法典》第 1 – 107 条和第 1 – 206 条。

5. 《统一商法典》第 3 条、第 4 条和第 4 条 A 款规定影响支付体系，明确从本法适用范围中删除。《统一商法典》第3条、第4条和第4条A款调整的支票收取与电子转账系统（electronic fund transfer systems），涉及系统和除基本合同当事人之外的多方关系。确认该体系中的电子媒质生效，其影响涉及超出本法适用范围的方面。排除本法第五条、第八条和第九条的适用，是因为相关该些条款的修改过程中，将涉及电子实务的重要考量。第（3）项规定，本法排除《统一计算机信息交易法》（UCITA）的适用。这是因为起草该法过程中，亦涉及电子合同条款的重要考量。

6. 本法第十六条对可转让记录的非常有限的适用并不影响支付系统，旨在将该规定适用于当事人达成的明示性协议的交易。排除适用第三条和第四条，并不影响本法对可转让记录的适用。第十六条旨在允许对系统进行开发，提供第十六条规定的“控制”。对票据法具有强化作用的控制理论，很有必要作为占有理论的替代。该技术有待于开发，允许占有独特的、体现与可议付本票权利相关的电子券。第十六条的控制概念旨在替代占有。

本法第十六条作为独立规则（free standing rules），确立了本法规定的可转让记录当事人的权利。将本法第十六条与《统一商法典》第3-302条、第7-501条和第9-308条相参照，旨在出于第十六条（c）注释的限定性目的，将这些规定内容加入本法。相应地，同为可转让记录的电子记录，不用于第三条、第四条、第九条规定的交易目的，但会成为用于第十六条规定交易目的的电子记录。但《统一商法典》的上述规定，仍适用可转让记录的权利，记住这点很重要。相应地，诸如完善第九条方式方法等其他实质性规定，必须与其他法律相符。参见第十六条评述。

7. 本法确实适用未修订的第二条和第二条（A）款下的交易。有充分理由使得此类情形下的电子合同生效。销售与租赁交易并不显示与基本交易当事人之外的宽泛体系相关联。此类交易存在于支票收取与电子资金划转业务当中。其他的销售与租赁，并不对合同当事人之外第三方的权利造成深远影响，而是存在于提供了担保的交易系统中。最后，当今在销售、许可、租赁领域，电子商务出现最多。排除这些交易，将在很大程度上影响本法的立法目的。

第二条和第二条（A）款在未来得到修改通过的，《统一电子交易法》

仅仅适用于那些法律的规定范围。

8. 可出于一项法律要求而适用电子记录和/或电子签名。电子记录和/或签名可由一个以上法律调整。因而在本条（c）款中应当清楚，尽管存在显著冗余，但本条（b）款下未受本法影响的电子记录，可用于本条（b）款未排除的其他法律目的，确认其效力。例如，本法不适用《统一商法典》第 4 条规定的交易中使用支票电子记录。也就是说，本法不使所谓的电子支票生效。但，根据支票留存的法律规定，与支票同一的电子记录受本法调整。这样，符合第十二条的，留存支票的电子形象/记录则符合支票留存法律规定。

另一情形下，本条（c）款允许本法适用本条（b）款所排除适用的交易。例如，《统一商法典》第 9 条规定的交易，一般适用对个人财产设定担保权益的任何交易。但该第 9 条排除了房东即房屋出租方的留置权适用。相应地，尽管本法排除了第 9 条规定交易的适用，但无房屋出租方留置权的其他法律规定的，本法则可适用设定房屋出租方的留置权。这是因为，关于房屋出租方留置权的交易排除适用第 9 条。

9. 本条（b）款（4）项的排除事项，应限定在可用于第二条第（16）款交易中电子记录和电子签名的法律范围内。任何情形下，单边采用的记录或与业务、商务（包括消费者）或政府事务无关的记录，不受本法调整。排除适用与该类记录相关的法律，将会得出其他记录与签名是否受本法调整的、计划之外的推论。

同样重要的是，将可能有的其他排除事项纳入本条（b）款（4）项。如上述第八项评述，本条（b）款下被排除适用的交易中使用的电子记录，例如用于纳税的支票，将依照本条（c）款其他未排除的法律规定得到确认，例如用作支付凭证的支票。至关重要的是，将可能的其他排除适用纳入本条（b）款中，使得本条（c）款的良好效果对其他未排除交易中的记录同样适用。

立法部门虽可决定向某人发送诸如停水停电停气（utility shutoff）等特定书面通知，但公用部门（utility）无权为了存储和证明而使用电子媒质，要明白这一点是困难的。参见第三条（b）款（4）项下《关于其他可能排除事项的立法注释》（Legislative Note Regarding Possible Additional Exclusions）。

下列讨论源于1998年9月21日向法律草案委员会提交的《关于法律排除适用任务》的报告。研究该报告后，法律草案委员会决定，本法之外的排除事项不予保证。

此外，对本法适用的固有限制（交易的定义、当事人默许电子版的使用），同样对其他排除事项产生影响。但法律草案委员会认识到，有的立法机关可能希望本法排除对其他交易的适用，认为主要领域的指导，对考虑排除适用其他领域的立法机关是有帮助的。由于大量州法涉及书面文件和签名，下列可能发生的交易并未列举穷尽。

但他们的确代表了起草过程中最常发生的、不适合电子媒质的领域。但法律草案委员会认为，并不保证排除其他领域的适用。记住这点很重要。

1.（遗嘱信托之外的）信托

信托可用于企业和个人。据交易定义，用于企业、商业领域之外的信托不受本法调整。企业与商业信托方面，规定信托成立的法律对纸质或签名规定很少或没有规定。事实上，在大多数领域，可口头设立各类信托。结果是，法律草案委员会相信，本法应适用交由当事人决定是否采用书面形式的任何交易。因此，没有针对书面形式的法律规定的，则无正当原因排除本法对调整信托法律的适用。

2. 授权委托书

授权委托书为简单的制式性代理协议。一般而言，未发现只有采取纸质或有签名的授权委托书授权方可生效的形式要求。

有的州依法设特别健康授权委托书。这些授权可能有州法律相关签署、确认及可能的公证的具体要求。正常情况下，交易中不会发生该授权，因此也不受本法调整。但即使在交易情形下发生该记录，本法也会消除电子媒质使用中的障碍，并保留相关实体法的其他规定，避免将该法从本法适用范围中排除。尤其是根据第八条和第十一条规定，该法的实体性规定将予以保留，可采取符合该实体性规定的电子形式。

3. 不动产的交易

将涉及不动产的当事人纸质文件效力与对第三方的影响相区分，这点很重要。当事人之间，无需在订立电子合同方面继续设置现有障碍。相比其他企业和商业（包括消费者）合同，相关不动产的交易并无独特之处。因而，是否采用电子媒质协议形式，应由当事人决定。当然，要对第三人生效，州法一般要求申办于政府部门。当事人应当考虑，是否采纳各州的电子申办系统，是否需提交纸质申请，完善第三方的权利。其他法律要求公证和认证的，第十一条规定了电子公证、认证的完成方式。

政府申办要求方面，各州自行决定是否接受、实施电子申报系统。（参见第十七至十九条）。但政府登记系统当前要求将经公证的、手签的纸质契据予以存储。尽管加利福尼亚州和伊利诺伊州试行电子申报系统，但普及该系统之前，当事人可能至少会选择采用纸质契据进行申报。本法任何规定不排除当事人选择最适合特定交易的媒质。当事人为避免高昂出差费，可能主观希望采用电子媒质，圆满完成交易，但实际上却可能采用书面契据形式，符合现有登记系统和要求。关键点在于，本法任何规定，不得阻碍当事人为完成全部或部分交易而选择纸质媒质还是电子媒质。

4. 关于消费者保护的规定

各州关于消费者保护的法律，通常要求采取书面形式向消费者披露或提供信息。本法确实适用此类交易，因此需要考虑的是，是否排除该法的具体适用。排除消费者交易的适用，将使得大量商业交易不存在。该交易发挥着电子媒质的效率，使消费者受益。在线商务以消费者需求和关注为驱动，必须将其考虑在内。

同时，承认诸多针对消费者的立法保护作用是重要的。关于消费者的立法，常常要求信息的提供应采用书面形式，可能要求消费者单独签署特别吸引消费者注意的某特别规定。

本条（1）项规定，无论法律规定何时以书面形式发送信息，要求电子记录能为人收悉。该条为信息发送方设定了重要的负担。信息发送方必须确保，信息接收人的信息系统与信息发送方的系统相匹配，能够收到发送方系统所发送的信息。此外，本法任何规定并不允许回避法律规定的单独签名的行为发生。本法仅仅允许电子签名或首签。

消费者保护的其他法律明确或隐含地规定，应采用某种特定方式或格式，提交某类信息。要求使用特定字体、格式、风格提交信息的法律以及要求明确展示信息的法律得到了保留。第八条（b）款（3）项具体保留了该规定在电子情形下的适用性。有关于提供的信息应明确或看上去明确的法律规定的，如何确定“明确”，则由其他法律调整。本法第八条一方面详细保留了信息披露立法的保护功能，另一方面，符合其他法律关于电子方式的实体性规定的，允许同时使用电子媒质。

在消费者保护的立法方面，格式和单独签署方面的要求，对确保信息不越过完全信任的客户具有关键作用。本法不仅不会干扰该规定要求，而且会保留该要求。此外，其他实体法继续发挥作用，允许法院断定任何不当或隐瞒行为，如恣意妄为、欺诈、胁迫、误判等。无论记录以何种媒质出现，该法继续适用。

要求当事人双方同意进行电子交易，可同时预防强制性要求当事人地采用电子媒质，参见本法第五条（b）款。此外，法律要求包括具体条款或语言的，该要求在第五条（e）款中得到广泛保留。将信息发往某人或应由某人接收信息的要求在第十五条有所规定。在纸质充斥的世界上，发送信息的义务对发送方并不产生确认收悉的义务，产生的只是应采取合理的发送方法的义务。在法律要求收悉的情形下，第五条、第八条、第十五条为发送方设定了负担，如满足法定要求，发送方应确保将信息向接收方发送。

保留现有安全保护措施和选择全部不用电子媒质表明，排除本法对消费者保护法的适用，缺乏必要性。立法部门希望，集中审查要求以书面形式提供事后合同形式和事后违约通知的法规。但，该设想必须在需要保护与可能构成潜在责任之间求得平衡。妨碍消费者和他人寻求和希望采用电子技术的限制，将不会使消费者和他人需求得到很好满足。

第四条　法律适用

本法生效之日或生效之后所设定、生成、发送、传播、接收或存储的电子记录或电子签名适用本法。

评析：

本条明确规定，本法仅适用本法生效后的电子记录与电子签名的有效性认定。本法生效前的电子记录与电子签名的是否生效问题，则由其他法律调整。

第五条　电子记录和电子签名的使用；协议变更

（a）本法不要求任何记录或签名都必须通过电子手段或以电子形式设定、生成、发送、传播、接收、存储、处理或使用。

（b）本法适用于当事人各方均同意采用电子手段进行的交易。当事人是否同意采用电子手段进行交易，从特定合同文义和有关情形及当事人的行为加以确定。

（c）同意采用电子手段进行交易的一方当事人，仍可拒绝采用电子手段进行其他交易。本款赋予的权利不得通过协议而放弃。

（d）除非本法另有规定，本法任何条款的效力可以通过协议变更。本法中“除非另有约定”或其他类似条款，并不表明其他条款不得通过协议变更。

（e）电子记录或电子签名是否具有法律效力，由本法和其他适用法律确定。

评析：

本条规定将本法适用范围限定在当事人同意采用电子方式开展的交易范围内。有必要对本规定进行广义解释，确保本法具有最宽泛的、与消除电子商务障碍相一致的适用范围。

1. 本条明确规定旨在促进电子手段的应用，但并不要求使用电子记录和电子签名。该基本原则在本条（a）款作了规定，在（b）款和（c）款中进行了详述。该基本原则要求是具有开展电子交易的愿望，保留一方在此后交易中不采用电子交易方式的权利。

2. 堪为本法一例的是，当事人双方愿开展电子交易。因此，本法出于自愿，最大限度保护当事人拒绝使用电子交易的自主权，如此理解是适当的。在所有情形下，应有当事人同意采用电子交易方式的愿望，该要求是对本法适用范围的限定。

3. 本法如旨在促进电子交易，在合同未发展成熟到使用电子方式的情形下，本法必须具有可适用性。尽管在电子交易之前有绝对把握拿下确定的合同，但并非合同明确了，当事人才能放心接受电子交易方式。事实上，该规定本身就对电子商务形成阻碍，与本法的基本精神相冲突。因而，必须根据所有情形和证据确定使用电子方式的、必要的明示或默示同意是否存在。

4. 本条（b）款规定，本法适用的交易是当事人同意采用电子方式进行的交易。确定当事人是否取得必要的同意，应从广义角度对当事人的言行进行解析。本法因而明确规定，应从所有全部情形发现当事人的主观同意，包括当事人的行为。关键因素是，当事人具有采用电子方式交易的意愿。该意愿一旦具备，则适用本法。参见《法律重述第二版：合同》第二条、第三条和第十九条。

当事人同意采用电子方式交易的意愿，可从下列情形中发现：

（1）汽车制造商和供应商达成了贸易伙伴协议，协议规定了双方采用电子方式开展业务的条款、条件与方法。

（2）名叫乔的人送出含有商用电子邮件地址的名片。名片接收方有理由推测乔同意在任何情形下采用电子方式进行商务交往。但无其他事实支持的情形下推测乔会同意超出名片所示业务范围而进行电子沟通的，该推测未必合理。

（3）萨莉可能有数个电子邮件地址：有她的家用电子邮件地址、主要办公地电子邮件地址和加入的非赢利组织地址。任何情形下可合理推测，萨莉愿意在相关电子邮件地址的商务领域、出于相关商务目的，采用电子方式沟通。但视具体情况，出于其他目的而使用萨莉特别保留的电邮帐户而与萨莉通讯的，则不合理了。

（4）考虑当事人同意采用电子交易方式的因素之一是时间，即何时同意使用电子沟通方式。如某人从诸如 Bookseller. com 网站订购书籍，可从该行为中推测出该人具有采用电子方式交易并收到相关电子交易函电的意愿。相应地，相关交易信息方面，图书销售商有理由采用电子方式与该个人完成交易。

上述例子侧重了解当事人的电子交易意愿。同样地，如两个人在开会，一人告诉另一人发送电子邮件，对某交易进行确认的，将会出现本条（b）

款相应规定的必要的同意。无论哪种情况，必须针对各种情形，就电子交易广义上的生效性，对名片的使用情况、会上所言或证明愿采用电子交易方式的证据进行考量。

5. 正如可根据周围情境表明存在明示或默示同意电子交易的意愿，同样可以显示缺乏同意电子交易的真实意思。例如：

（1）汽车制造商某公司通过网站发布汽车召回消息，有从不上网或不能上网的人，那么，即使书面采购协议规定买方同意接受该通知方式，汽车制造商也不能依靠本法主张该通知生效。

（2）买方签署标准制式合同，在印刷精致的其他部分第三页有同意接收电子通知的约定。买方从未采用电子方式与卖方沟通，合同中也无同意电子交易的其他任何信息显示。不仅不可能发现内容最制式的协议之外的任何信息，而且本法任何规定不得阻止法院对依照普通法相关合同成立、显示公平等原则而订立的标准合同行使监督。

6. 另有本条（c）款明确，当事人可以拒绝电子交易，即使该当事人过去从事过电子交易。当事人一方拒绝电子交易的后果，应根据当时具体情形，依照其他相关法律而确定。届时，必须将所相关交易的评估考虑在内。

当事人因某具体合同下的每个行为达到独立“交易”的程度而有权拒绝采用电子形式执行该合同的，必须依照合同目的和准备采取的电子形式综合考虑。例如，采购合同规定采用电子方式收发通知的，不视为谨慎交易，而是该通知已达到独立商业活动的程度，成为合同所述的采购“交易”一部分。允许当事人一方在合同规定交易中变更交易媒质，这并非本款目的。本款旨在为当事方保留下次采购中使用非电子媒质的权利。

7. 本条（e）款为本法总论部分非常重要的组成部分。尽管本法确定电子记录和电子签名的效力并实施之，但除极其有限的情形之外，电子记录和电子签名的法律效力，交由本法之外的其他现有实体法解决。参见第十六条等规定。即使在确认电子媒质记录和电子签名效力之时，本法仍明确保留其他法律关于该记录的实体性规定。参见第十一条等。

例如，除认定电子记录、电子签名和电子合同效力之外，不得将第七条（a）款和（b）款解释为确认特定记录、签名或合同的法律效力。法规要求记录含有最低限度的实质性内容的，该记录的法律效力取决于该记录是否符合其他相关法律的实体性规定。

第八条在现有法律中明确保留了许多相关书面信息提交的法律规定。尽管本法现允许以电子记录形式提交信息，但第八条规定，必须遵守其他实体法关于电子媒质的规定。

第六条　解释与适用的原则

本法必须按照下列原则进行解释与适用

1. 在与其他相关法律保持一致的基础上促进电子交易；

2. 电子交易合理实施以及实施领域不断拓展；

3. 遵循本法宗旨，促进本法在各州的统一实施。

评析：

1. 本法的立法目的与策略是

（1）确认电子记录与电子签名的合法性，授权使用之，促进商业交易与政府交易；

（2）消除因书面与签名要求不明确而产生的电子商务和政府交易方面障碍；

（3）通过使用电子手段，简化、净化调整商务交易和政府交易的法律，适应现代需求；

（4）基于当事人惯例、传统和协商一致，允许商业和政府电子实务继续扩大；

（5）推动各州（和世界范围内）实施商务和政府交易的电子和相关技术适用法律的统一化；

（6）提升公众对电子商务、政府电子交易的有效性、完整性、可靠性的信心；

（7）促进用以实施电子商务和政府交易必需的法律、商务基本建设的发展。

2. 草拟本法，允许按照电子交易合法化目的而灵活适用之。本法规定能使电子媒质应用合法化，并能使之得到实施，允许法院将本法规定适用于新的、未能预见的技术和实践。可以预见，随着时间的推移，今天新鲜而未预见的事物，明天就会司空见惯。

相应地，本立法旨在为未来可开发的媒质的合法化确定框架。该媒质能证明，其质量与本法可确认效力的电子媒质质量相同。

第七条　电子记录、电子签名、电子合同的合法性认定

（a）不得仅仅因为一项记录或签名采用电子形式而否定其法律效力或强制执行力。

（b）不得仅仅因在合同成立过程中使用电子记录而否定合同的法律效力或强制执行力。

（c）如果法律要求一项记录须采用书面形式，电子记录视为符合法律规定。

（d）如果法律要求签名，电子签名视为符合法律规定。

资料来源：《联合国国际贸易法委员会电子商务示范法》第 5 条、第 6 条和第 7 条。

评析：

1. 本条规定了本法的基本前提，即设定、提交、保留记录、签名或合同的媒质不影响其法律意义。本条（a）和（b）款规定，旨在消除因将媒质作为单一考虑因素而不承认记录、签名或合同的效力或强制执行力。规定信息采用电子记录形式，这与采用书面形式无关联性。

2.《法律重述第二版：合同》第八条规定，合同可能有法律效力但无强制执行效力。确实，记录或合同有法律效力而无强制执行效力的情形出现在欺诈相关规定中。尽管合同可能无强制执行效力，但记录可能具有附随性作用，如同在某案中，买方根据《反欺诈法》认为不具有强制执行效力的合同而购买了产品，并为其购买了保险。尽管买方对卖方未交付产品不享有直接救济权，但保险公司不得因保险人不是产品所有权人而拒绝理赔。参见《法律重述第二版：合同》第八条第四个案例。尽管本条出于反欺诈法而确定电子记录的合法性，但无合理理由发现当事人有电子交易的意思表示的，参见第五条（b）款，则不能合理推断出本法的适用性，本法也不能确定电子记录的效力。本法并未述及在其他法律规定下，电子记录是否有效。

3. 本条（c）和（d）款规定，电子记录和电子签名符合书面与签名的法律规定。该规定仅限于记录应当采用书面形式或应当签名的法律要求。除要求采用书面形式和签名之外，本条并未涉及到其他法律要求。参见第八条等。

本条（c）款和（d）款是（a）款的具体化运用。立法用意是依照与书面语效力相关的法律规定，确定电子记录和电子签名的法律效力，其效力等同于书面记录和签名，并完成电子记录和签名。因本法更具体规定而得到修改的其他规定，应当排除适用。

例证一：某甲向某乙发送如下电子邮件："本人想从贵处购买小产品，下周二发货。某甲签名"。某乙回复的电子邮件如下："本人接受您购买小产品，下周二发货。某乙签名"。

本邮件的有效性不得因采用了电子形式而否认。此外，《反欺诈法》规定，上述两种电子邮件均可作为记录。但因上述记录均无数量说明，根据现行《统一商法典》第 2 -201 条 1 款，本协议对双方并无强制执行效力。

例证二：某甲向某乙发送如下电子邮件："本人愿出 1000 美元，想从贵处购买 100 个小产品，下周二发货。某甲签名"。某乙回复电子邮件如下："本人接受您出 1000 美元购买 100 个小产品，下周二发货。某乙签名"。本案的分析与例证一相同；不同的是，记录与《统一商法典》第 2 -201 条第 1 款规定相符。对于本交易而言，不得仅仅因为未用笔墨"书写"或"签名"而否认其法律效力。

4. 第八条重点介绍其他法律所涉及的、可能影响具体情形下电子记录法律效力或强制执行效力的其他立法。例如，第八条（a）款是提供书面形式信息的法律规定。之后，本条规定了以电子记录方式提供信息的效力是否等同于书面提供方式提供的信息的判断标准。第八条是对本条确认记录效力规定的补充。

5. 依照本法相关特定交易的实体法规定，电子记录的法律效力问题可独立于记录是否有签名而存在。例如，作为合同义务一部分，必须发送通知的，通知的有效性将转向当事人是否提供通知，而无论通知是否签署，参见第十五条。在此情形下，尽管电子记录可能无电子签名，但，只要该电子记录归属本法第九条下的当事人，且该记录符合第十五条规定要求的，该电子记录即可生效。

第八条　书面信息的提供；记录呈现

（a）当事人各方约定采用电子手段进行交易，而法律规定一方当事人应采用书面形式向另一方当事人提供、发送、交付信息的，如该信息系以在接收时可被接收方保留的电子记录形式提供、发送或交付，视为符合法律要求。发送方或其信息处理系统禁止接收方打印或存储某电子记录的，接受方则不得保留该电子记录。

（b）本法之外的其他法律要求采用下列方式记录的：

（i）以特定方式邮寄或显示的；

（ii）以特定方法发送、传播或传输的；

（iii）包含以特定方式形成的信息的，

则适用以下规则：

（1）该记录须以其他法律规定的特定方式邮寄或显示。

（2）除本条（d）款第（ii）项另有规定外，该记录须以其他法律规定的特定方式发送、传播或传输。

（3）该电子记录须包含以其他法律规定的特定方式形成的信息。

（c）发送方禁止接收方存储或打印电子记录的，则该电子记录对接收方不具有强制执行力。

（d）本条规定不得通过协议变更，但以下情形除外：

（i）本法之外的其他法律要求信息以书面形式提供、发送、传递，但允许协议变更该要求的，则本条（a）款的信息须以可保留的电子记录形式之规定，亦可协议变更。

（ii）本法之外的其他法律规定，可通过“一级邮件，邮费预付”、“常规美国邮件”发送、传播、传输记录之要求，可协议变更以适应其他法律之扩展。

资料来源：《加拿大统一电子商务法》

评析：

1. 本条为除外规定，旨在从本法基本立法宗旨出发，确保其他相关实体法的适用不因本法而受到影响。本条明确规定，尽管其他法律规定的采用笔墨书写形式亦可用电子方式，但本法任何规定不得违反该法的其他规定。

本条涉及其他法律相关信息披露与信息通知的众多事宜。

2. 本条与前一条相独立。第七条是关于书面形式的法律规定，而本条是关于信息的书面提供形式和相关信息提供的方式、方法、交付的法律规定。本条涉及其他法律更为具体的规定，为遵守更为具体的法律规定标准，并且为符合其他法律要求，引用了其他法律规定。

3. 依照本条（a）款，为符合信息应采用书面形式提交的其他法律规定，信息的电子记录接收方必须能够得到并阅读到该电子记录，必须能在日后通过某种方式恢复找到电子记录。因而本条规定，电子记录应能存储备查。

本条特别规定，发送方或发送方的系统不允许保留电子记录的，应当排除本条适用。用现有或未来开发的技术手段阻止接受方保留所接收的信息副本的，会形成一个判断，即并未依照本条（a）款规定提供信息。政策、基本法律要求书面提供信息，使得信息发送方多了一个责任负担，即信息应能在日后得到并查阅。这对信息发送方而言确实存在困难，因为信息接收方的系统不同，系统的接收能力也不同。但为了遵守其他法律规定，使信息为人所得到，信息发送方必须确保信息接收人能收到并存储信息。但有证据表明，接收方的系统发生异常使得信息随后不能看到的，则由法院认定发送方是否遵守了本款规定。

4. 本条（b）款为规定信息的提供或展示方式的法律的除外条款，其效力不受本法影响。

例如，法律规定采用一级邮件方式发送通知的，该发送形式不受本法影响。准备发送的信息可以磁盘形式，即电子形式提供，但特定的发送方式必须通过常规美国邮寄服务。信息的显示、发送、格式规定对电子记录和电子签名继续生效。可以电子媒质方式满足该法律规定的，例如可依照其他法律规定、用 20 号字体的等同媒质提交该信息的，本法确认该媒质使用的合法性，电子记录是否符合其他法律规定的具体问题，则交由其他法律调整。法律要求将具体记录与其他记录一并发送或附于其他记录发送的，只要经认定记录符合其他法律规定相互联系相互关联的，本法并不排除以电子形式一并发送记录。

5. 本条（c）款规定鼓励信息发送方使用不妨碍他人存储信息的系统。

但有些情形下，为了保护知识产权或为了不让他方保留发送方的保密信息，信息提供方可能希望阻止他人存储信息。此情形下的阻碍行为可以理解，但信息发送方希望强制性实施含有该信息的记录的，不得阻碍接收方保留该信息。与本条（a）款不同的是，本条（c）款适用所有交易，仅仅针对接收方规定了不可强制执行性。本条（a）款对信息发送方规定了更宽泛的责任，确保信息接收方能够存储信息。

6. 本条立法目的具有保护性，支持了本条（d）款的不可弃权性规定，但信息的发送、采用的格式等等则由其他法律规定。因此，其他法律允许放弃如上保护的，在电子环境下，没必要设定更重的责任负担。

第九条　电子记录和电子签名的归属和效力

（a）电子记录或电子签名是某人行为的结果的，则其效力归属于行为人。其行为可以通过任何方式予以体现，包括通过用以确定电子记录或电子签名归属于某人的任何安全程序予以体现。

（b）本条（a）款规定的电子记录或电子签名归属于某人的效力问题，应根据设定、执行、通过记录、签名时的特定背景和周边情形加以确定，包括当事人协议和相关法律规定。

评析：

1. 本条（a）款规定，只要电子记录或电子签名源于某人自己行为，该电子记录或签名应归属于该行为人，该归属的法律效力见本条（b）款。本条并不改变相关归属的法律规定。本条确保该规定在电子情形下能得到适用。人的行为包括该人自己的行为、由他人担当的代理人，也包括其电子代理人的行为，即该人的工具。尽管该规定显得直白，但明确了记录或签名不归属于机器，而应归属于机器操作人或机器编程者。在下列任一情形下，电子记录和电子签名可归属于本条（a）款下的人：

A. 该人将自己姓名键入电子采购订单的；

B. 该人的员工依照授权将该人姓名键入电子采购订单的；

C. 该人的计算机开出包括该人姓名或其他身份信息的采购订单的。该计算机设计了程序，一旦收到特定参数内的存货信息即订购产品。

在上述任一情形下，签名和订购采用纸质的，本法之外的其他法律规定，将签名和订购行为归于该人。本条（a）款明确规定采用电子媒质的，会出现同一结果。

2. 本法不含任何规定，影响签名用于记录归属于某人的手段。事实上，签名常常用作将记录归属某人的主要手段。前述例子中，电子签名一旦归属个人，那么电子记录同时归属该人，除非该人构成欺诈、虚构或其他无效行为。但签名并非唯一的归属方法。

3. 使用传真传输的，会有许多例证是关于使用的信息的归属，而非签名的归属。由于整页传真显示的是发送传真的机器信息，因此传真可归属于某人。同样，传真件可包括用以识别发送方的抬头。有情况表明，传真抬头实际上就构成了签名，因为这是发送人采用的、用以识别传真真伪的符号。但对该签名的确认源于发现意愿的必要性。有的情形下，必要的交易意愿缺失，因此传真抬头并非签名。关键点在于，无论有无签名，电子记录中的信息应能足以证明将电子记录归属于某特定人的事实。记录的归属问题，记录内容通常为归属的发现提供必要信息。从当事人间确定的交易规则中可发现归属。如同纸质记录一般，可引入虚构或伪造记录的证据，推翻记录归属的证据。

4. 电子情形下，某些信息看上去不归属于某记录，而是显著地将某人与特定记录相联系。数字号码、个人身份证号码、公共和私人的开锁暗码，都能确认电子记录应归属的一方。当然，安全程序为确认归属的另一证据。

在电子情形下，安全程序具有独特重要性，因此，具体利用作为证明归属手段的安全程序是有利的。某些过程中，技术安全性是说服尝试者某具体电子记录或电子签名归属于特定人的记录或签名的、可能的最好考虑。某些情形下，利用安全程序可以说明，记录与相关签名来自某人业务。这对防止受黑客干扰的主张提出是必要的。应用安全程序并不意味着其他形式的归属证明力差。某特定程序的优势程度，并不影响程序作为安全程序的地位，影响的仅仅是趋于用于确定归属的安全程序作为证据的权重。考虑到这点同样重要。

5. 本条适用于确定“键进”交易的效力。只要有意“签名”开展交易，“键进”交易即涉及电子签名程序。参见“电子签名”的定义部分。在匿名

“键进”情形下，如何证明成了首要问题。电子记录经必要证明而归属于某特定人，本条就与其相关。该证明包括可跟踪键入来源的安全程序。

6. 一旦确定记录或签名归属于某特定人的，必须根据周边具体情形确定记录或签名的效力，其中包括当事人的协议。同时，通知归属效力是应当根据情况考虑的另一法律规定。本条（b）款所述的是记录或签名一旦归属某人的效力问题。

第十条　变化或错误的影响

电子记录在交易当事人之间传输时发生变化或错误的，适用以下规则：

（1）当事人约定使用某种安全程序检测变化或错误，一方当事人遵照执行安全程序，另一方当事人未遵照执行，而未遵守方当时遵守执行安全程序的本可以检测到该变化或错误的，遵守方可以撤销发生变化或出现错误的电子记录的效力。

（2）在涉及个人的自动交易中，他人的电子代理人未能在获悉电子记录出现错误时创造条件，避免或纠正错误的，个人可撤销与他人的电子代理人交易过程中源自于本人错误的电子记录的效力，该人应当：

（A）及时通知对方当事人电子记录出现错误，并且告知本人无意受对方当事人接收的错误电子记录的约束；

（B）采取遵照对方合理通知等合理措施，将存在错误的记录返还给对方，对方通知的，还应采取合理措施，销毁收到的对价；

（C）仍未利用或得到来自对方当事人对价的任何利益或价值。

（3）如果本条第（1）款和第（2）款均不适用，电子记录的变化或错误将导致“用以调整错误的法律”和当事人订立的合同规定的结果。

（4）本条第（2）款、第（3）款规定不得以协议方式变更。

资料来源：《法律重述第二版，合同》第 152 ~ 155 条。

评析：

1. 本条规定仅限当事人之间传输信息时所发生的变化与错误，无论属于人与人之间传输【参见本条第（1）款】的交易还是人与机器之间传输【参见本条第（1）款和第（2）款】的自动交易。本条规定的是当事人之间进行记录交换时所发生的变化和错误的影响问题。变化和错误发生在传输环节之外的，则明确适用用以调整错误的法律解决冲突。本条既包括变化又包括错误。例如，如买方向卖方发送订购 100 个小产品的消息，但买方的信息处理系统却将订单变成了 1000 个小产品。在买方所传输的和卖方所接收的信息之间出现了“变化”。如买方输入 1000 个而实际上仅想订 100 个，但注意到错误发生时订单已传出，则发生了错误，这属于本条规定的情形。

2. 本条第（2）款解决的是当事人同意用安全程序来检测双方传输信息发生变化和出现错误问题，针对的是未遵守约定的当事人，即本来最有能力避免变化或错误的一方，无论该方是发送方还是接收方。错误或/和变化的根源未揭示，因此人和机器的错误或/和变化都会涉及。错误或变化即使采用安全程序也检测不出的，当事人应依照调整错误的一般法解决争议。

3. 本条第（1）款适用的情形仅为安全程序可检测到错误或/和变化，但当事人一方未采用该安全程序，未检测出该错误或/和变化。在此情形下，根据调整错误的一般法，一方采取一切措施力求避免错误的，错误记录可以撤销。参见《法律重述第二版：合同》第一百五十二条至第一百五十四条。约定方使得错误记录撤销，这符合《法律重述第二版：合同》第一百五十三条和第一百五十四条规定，因为违约方最有可能避免问题的发生，且能够承担错误风险，该情形可构成一方出错。出错的对方（即守约方）有权根据第一百五十三条规定撤销合同。这是因为该方没有出错风险，而违约方有理由知悉该错误。

4. 适用时，本条第（2）款如同第（1）款，允许守约方避免错误电子记录的影响。但该款仅适用与对方当事人的电子代理人交易时个人出现的人为错误。个人对个人的交易中，更有可能在双方采取行动之前就纠正错误。但个人与对方电子代理人交易时出错的，不大可能在对方依照错误记录装船或采取其他措施之前纠正错误。第（2）款仅仅适用个人出错。电子代理人出错的，将形成系统错误。在此情形下，该错误的效力依照本条第（1）款解决，而非本条第（3）款和调整错误的一般法。

5. 本条鼓励电子代理人代理的一方建立保障措施，防止个人错误记录的发送，或者使得个人能够纠正发送的错误。例如，可为电子代理人设计一个向个人提供的“确认界面”，上面规定个人起初同意的所有信息。这将使个人有能力防止发送出错记录的发生。同样地，电子代理人可收到个人发送的记录，然后发回确认函，在交易完成之前，个人必须收到该确认函。这就可以纠正错误的记录。任一情形下，电子代理人将“创造机会，预防、纠正出错”，本款不适用。然而，任何错误的效力由其他法律调整。

6. 同时，本条第（2）款在引用该款规定避免错误电子记录发生之前，对守约方另有要求。第一，个人必须迅速采取措施，将出错和并非个人故意出错的事实告知对方。采取的告知方式是否迅速，由各种因素综合考虑，其中包括个人联系对方的能力。个人应当告知对方错误以及并不愿受所收电子记录约束（即撤销）。该规定允许守约方撤销，因此要求该方明确说明，正在寻求撤销该电子记录，即缺乏受该记录约束的意愿。第二，通常要求恢复原状，撤销出现差错的交易。因而，任何情形下，个人必须按照对方指示，退回收到的对价或自行销毁之。这是为了确保对方能对发送的出错的对价保持控制。

最后也是最重要的，因交易不能解除而使得中间人受损害的，个人不会从中得到任何好处。本条规定可防止一方交付了不可返还或不可销毁的对价后解除交易的做法。例如，收到的对价为信息的，其中信息的好处不可能撤销。尽管信息本身可以返还，但查阅一下信息或再传播信息可能构成了利益，这排除了守约方解除交易。还可能发生的情况是，守约方收到了对价，而收到的时间和第一次返还之间价值发生了变化。此时，不足以恢复原状，交易则不能撤销。上述两个例证中，本条第（2）款（C）项规定下，个人可能已收到对价利益，因此不能依照本条规定撤销出错的电子记录。

7. 在本条第（1）款或第（2）款未述及的所有情形下，出现错误或变化的，将适用当事人的合同约定、其他法律规定，尤其是调整错误的法律，解决争议。当事人的合同和其他法律的处理结果不同的，当事人的合同应交由其他法律来解释。保留记录环节出错的，适用本法第十二条。在此情形下，信息的准确性和可恢复性即成为标准之一。

8. 本条第（4）款规定使得第（2）款关于错误纠正的规定和第（3）款调整错误的法律规定不具有可变性。第（2）款为使用电子代理人的当事人规定了鼓励措施，为与其交易的个人建立了保障机制。此外，本款在个人行使本款规定的撤销权之前做出严格规定，避免个人趁机享受不合理的利益。因此，允许当事人协议撤销本款规定并无道理。取而代之的是，当事人双方应遵照执行本款规定。

第十一条　公证和确认

法律要求或记录需经公证、确认、证实或以宣誓方式制作的，如授权为之者的电子签名，以及其他相关法律要求包含其中的所有其他信息附着于或逻辑地关联于该项签名或记录的，则视为符合法律规定。

评析：

本条允许公证人和其他授权官员采用电子形式，有效地取消盖印要求。但本条并未排除公证法的其他规定，与本法的整体推动相一致，允许签名和信息以电子媒质方式进行。例如，买方希望通过电子邮件，向卖方发送经公证的不动产买卖协议。公证人必须与买方同在一室，确定买方身份，对该身份进行宣誓。

必须将整个交易活动作为不动产买卖电子合同的一部分，公证人的电子签名必须作为不动产买卖电子协议的一部分。另举一例。买方寻求向卖方发送宣誓书，说明的是所收产品存在瑕疵。法院书记员经州法律授权主持宣誓，与买方同在一室。书记员主持宣誓，将宣誓书和其他必要信息收入电子记录，寄给卖方。书记员一经主持宣誓，一经公证将买方的电子签名用于电子记录中，也同时将自己的电子签名用于电子记录中。只有符合其他相关的实体性规定，并反映于电子记录中，买方宣誓电子记录则与宣誓的纸质记录的效力相同。

第十二条　电子记录的保留；原件

（a）法律要求保留记录，如该信息记录中电子记录按如下方式保留的，视为符合法律规定：

（1）自电子记录首次以最终形式生成后，该记录能准确反映所记录信息的；且

（2）随后可随时查阅的。

（b）本条（a）款关于保留记录的规定，不适用于仅仅为了发送、传播或接收记录的任何信息。

（c）在满足本条（a）款条件下，某人可利用他人提供的服务，满足本条（a）款要求。

（d）法律规定以原件形式提供或保留记录的，或规定未以原件形式提供或保留记录的后果的，按照本条（a）款规定保留了电子记录，即符合该法规定。

（e）法律规定保留支票的，只要按照本条（a）款规定保留了支票正面和背面信息的电子记录，视为符合法律规定。

（f）法律要求当事人保留记录以作证据、审计或用于类似目的，符合本条（a）款的可保留电子记录具有同等效力，本法生效后实施的法律特别禁止电子记录用作上述目的则除外。

（g）本条规定并不排除本州政府部门在其管辖范围内做出关于记录保留的附加规定。

资料来源：《联合国国际贸易法委员会电子商务示范法》第 8 条和第 10 条。

评析：

1. 本条调整的是电子记录作为保留记录和原件的适用性。只要有可靠保证，电子记录可准确复制信息的，本条将继续确认电子记录和纸质记录的功能可替代性。这与《联邦证据规则》第 1001 条第（3）款 和 1974 年《统一联邦证据规则》第 1001 条第（3）款的规定相符。本条确保以电子形式存储的信息可有效用于审计、证明、归档和类似目的。

2. 电子媒质中，原件的概念是有问题的。例如，人们在计算机上草拟文件，文件的原件要么是先前存储的磁盘，要么是先前存储的硬驱。定期存储文件草稿的，文件有时先存入磁盘后存入硬驱，有时先存入硬盘后存入磁盘，反之亦然。在此情形下，“原件”可将磁盘上的信息变为硬驱上的信息。事实上，有人认为，“原件”仅存在于随机存取存储器（RAM）上。一定程度上，将文件以“副本”形式存储于磁盘或硬驱的，原件即已销毁。任何情形下，保留记录的，关注焦点是信息的完整性，并非信息的独创性。

3. 本条（a）款要求准确性和未来查阅信息方便程度。准确性要求源于《统一联邦证据规则》。信息的可继续查阅性要求方面，侧重的是技术老化问题和开发系统信息的更新与迁移需求。在五到十年时间内（要求保留大量信息的期间），公司要更新一代到数代技术并非不可能。更重要的是，该技术将信息从一个系统重新转换成另一系统的，系统可能相互不匹配。例如，随着个人计算机的发展，诸如带有存储器芯片的打字机等二十世纪八十年代早期的操作系统早已过时。原先存入带有存储器芯片打字机当中的信息，需要按照本条规定的准确性要求，转换进个人计算机系统。还有，存入信息的媒质稳定性可能差了。例如，与存入计算机硬盘的信息相比，存入软盘的信息一般稳定性差，信息崩溃的威胁更大。任何情形下，必须满足信息的可继续查阅性，确定本条规定的、以电子方式存储的信息生效。

符合本条（a）款的，本条允许当事人将原书面记录方式转换成电子记录存储。因而，存储书面记录无具体要求的，书面记录按照本条规定存储成电子记录后，即可销毁。

本款指的是信息包含在电子记录之中，而非依靠电子记录的概念。用以澄清存储的关键点是信息本身。必须存储哪些信息，取决于所需信息的目的性。某电子邮件的地址与路径的信息相关的，该信息应当存储。但相关电子邮件内容的，那么需要存储的仅仅是该信息。当然聪明的记录存储方式包括所有信息，因为日后哪些信息具有相关性不得而知。

4. 本条（b）款和（c）款明确规定，某些辅助性信息或由第三方使用的信息，并不影响电子形式存储的记录和信息的适用性。同样，特定信息的相关性只有有人提出询问请求后，方可为人所知。

5. 本条（d）款继续规定本法的主旨，法律要求保留原件的，电子记录即确定为原件。将电子记录和电子信息确定为原件，这符合《统一证据规则》规定。参见《统一证据规则》第 1001 条第（3）款、第 1002 条、第 1003 条、第 1004 条。

6. 本条（e）款特别侧重许多州保留支票的相关详尽规定。波士顿联邦储备银行编写的报告确认，数百个州级法律要求保留或制作原先注销的支票。该规定排除了银行及其客户实现现行法律另行确定的、相关支票回笼中止过程的利益与效率适用。由本条实现银行及其客户保留电子支票的益处。

7. 本条（f）款和（g）款概括了其他记录存储方式的法律规定。保留支票的，所有企业和个人可从保留电子记录中实现节约成本的客观目的。只要符合本法第十二条规定，本法允许所有当事人获得该利益。但政府总是要求采用某媒质形式存储记录，因此，本条（f）款和（g）款规定了政府部门具体确定的记录类型和要求。

第十三条　证据力

诉讼程序中，不得将记录或签名采取电子形式作为唯一理由而否认其作为证据的效力。

资料来源：《联合国国际贸易法委员会电子商务示范法》第 9 条。

评析：

本条如同第七条规定，不允许将提供信息的形式作为唯一理由，不承认电子记录和电子签名的效力。本条任何规定不免除一方奠定必要基础，允许使用电子记录的义务。参见《统一证据规则》第 1001 条第（3）款、第 1002 条、第 1003 条、第 1004 条。

第十四条　自动交易

自动交易适用以下规则：

（1）合同可由当事人的电子代理人之间的交互行为而成立，即使无人知晓或检查电子代理人的行为及其相关条款和协议。

（2）合同可由电子代理人和以其名义代表本人或他人的个人之间的相互行为而成立，包括：个人可自由地拒绝履行的相互行为，且个人知道或有理由知道此相互行为将导致电子代理人完成交易或履行完毕。

（3）合同条款由适用的实体法确定。

资料来源：《联合国国际贸易法委员会电子商务示范法》第 11 条。

评析：

1. 本条确认，机器可作为电子代理人，代替交易当事人订立合同。该做法否定了因订立合同时缺乏人的意愿而阻碍合同成立的主张。涉及机器时，订立合同的必要的人的意愿即随设定程序和使用机器而消失。其他情形下，与本法基本目的相符的有利规定，消除了电子交易的障碍，同时最大限度地使得调整错误的法律、合同成立的法律等实体法不受影响。

2. 本条第（2）款规定过程能使匿名点击交易生效。匿名点击过程可能只产生不可识别的法律关系。例如某甲想访问某人网站，未经确定身份、未同意限制或义务而要求进入网站，网站网主准某甲进入。此情形即未设定任何法律关系。另一方面，某甲的行为可能表明同意某特定条款。例如，某甲想访问某网站，所遇第一个屏幕通知他该网站信息具有专有性，某甲可出于自己使用目的而使用该信息，点击下框时，表明某甲同意未经网主事先同意，禁止出于其他目的而使用该信息。某甲点击“同意”对话框，下载了信息，将该信息用于其他禁止性目的。难道某甲不该受该点击的约束？看来，适当的答案应当是，也就是“应当受约束”。

网主表明某甲得到信息的唯一路径是本人网站，能阅读目标信息的过程规定，某甲了解使用条件后必须点击“我同意”对话框的，某甲则采取了可随意拒绝的行动，而某甲知道这样可使网站准许其查阅信息，即“完成的交易。”合同条款依照一般合同原则而确定，但包括对某甲使用信息的限制，以此作为查阅网站信息的先决条件。

3. 评析二的交易中，交易记录同样包括电子签名。点击“我同意”对话框，某甲有意签名而采用了该流程，即使自己受法律义务和交易结果性记录的约束。其他相关法律要求“书面签署”的，本交易将具有强制执行性。不要求“书面签署”的，足以确定电子记录可根据第九条规定归属某甲。可采取合理手段，体现该归属，包括表明必要性。某甲仅能通过网站的过程得到信息。

第十五条　发送与接收的时间和地点

（a）除非发送方和接收方另有约定，下列情形下，电子记录视为发送：

（1）电子记录正确指向或导入接受方指定或使用的、用于接收电子记录、或发送类型的信息，且用于恢复电子记录的信息处理系统的；

（2）电子记录具备被接收方信息处理系统处理的形式的；

（3）电子记录进入发送方或代为发送者所能控制的信息处理系统的，或进入由接收方控制并使用或指定的信息处理系统的区域的。

（b）除非发送方和接收方另有约定，下列情形下，电子记录视为发送：

（1）电子记录进入接收方指定或用来接收电子记录或所发送类型的信息及用于恢复电子记录的处理系统的；

（2）电子记录具有能被接收方信息处理系统处理的形式的。

（c）即使信息处理系统所处地点与本条（d）款规定设计的电子记录接收地点不一致，本条（b）款仍然适用。

（d）除非电子记录中明示规定或发送、接收双方另有约定，电子记录从发送方的营业地发送的和在接收方的营业地接收的，视为发送成功。本款适用以下规则：

（1）发送方或接收方有一个以上营业地时，当事人的营业地为与基本交易有最密切联系的营业地；

（2）发送方或接收方没有营业地的，当事人营业地是指发送方或接收方的住所地。

（e）根据本条（b）款而接收的电子记录，即使没意识到已接收，视为已接收。

（f）由本条（b）款规定的信息处理系统发送的“收到”电子确认通知表明，记录已被接收，但电子确认书本身并不表示所接收信息内容与所发送信息一致。

（g）电子记录据称根据本条（a）款规定已发送，或根据本条（b）款规定已接收，而当事人知道该项电子记录未实际发送或接收的，则该发送或接收的效力适用其他相关法律规定。除其他法律另行允许，本款规定不得协议变更。

资料来源：《联合国国际贸易法委员会电子商务示范法》第 15 条。

评析：

1. 本条规定了电子记录发送及接收时间与地点方面的违约规则（default rules）。本条不侧重发送或接收记录的效力。也就是说，对接收方而言，无论记录难以理解还是不可使用，与该记录是否成功收发是两码事。难以识别的记录无论是否对当事人有约束力，其有效性问题另由其他相关法律解决。

2. 本条（a）款确定了电子记录何时发送。一旦确定电子记录已发送，其收发效力由其他法律确定。为了妥善发送电子记录，本款要求按照接收方地址发给接收人，或采用其他方式向接收方发出。要达到本条规定的发送，必须将含有的具体信息的记录发给希望发给的接收方。尽管不排除电子群发，但发给系统而不是个人的群发信息不足以形成发送的结果。记录脱离了发送方的控制或置于接收方控制之下的，视为发送。通过电子邮件或因特网发送的记录，会通过众多不同的服务器系统。相应地，涉及一个以上系统时的关键在于，发送方丧失了对信息的控制权。

但，许多消息发布系统的结构是，电子记录可能永远不会离开发信人的控制。例如，在大学或公司，从技术上讲，在本系统内将电子邮件发送至另一教工/员工的，不会脱离发送方的控制。这是因为电子邮件从来不会离开本组织的服务器。相应地，要送达，电子邮件应能到达接受人可以控制的某点。本条不侧重此后退回的电子记录效力，例如从邮箱中删除。用纸质世界来类推，就如同从某人邮箱里取走一封信。正如本法第八条提供电子信息所规定，接受方是否接收消息的能力，应由发送方是否采取措施防止退回消息进行判断。发送方尤为如此，因为发送方必须将记录发向接受方指定或使用的系统。

3. 本条（b）款仅仅规定，记录以系统可以处理的形式进入接收方指定、使用或进入的系统之时，记录则已收到。将接收消息与接收人可进入的系统相连接，可避免接收方将消息留给服务器或他处，从而避免接收消息的潜在可能。但本条并未解决发送方如何证明收到的时间问题。

为确保接收方保留对接受消息地的控制，本条（b）款规定，应由接收方规定或使用，以正在发送的记录种类为目的而使用或设计系统。许多人出于不同目的而拥有多个电子邮箱。本条（b）款规定，接收方可指定使用于特定交易中的电子邮箱或系统。例如，接收方可就私事而指定家用电子邮箱，为公事而指定办公电子邮箱，或为组织业务而单独指定专用电子邮箱。假如某甲在家中向某乙发送相关业务通知，某乙将其营业地指定为唯一业务地址的，不视为收到通知。家中看到通知后承认收到的情形是否构成已收到通知，这取决于其他相关实体法律规定。

4. 本条（c）款和（d）款规定为记录视为发送或收悉的情形确定了过错规则（default rules）。其焦点在于接收方的营业地，而非信息处理系统所在地。这可能与当事人之间交易绝对无关。对电子商务用户而言，从一州到另一州，并非因知晓传播的信息系统地点而进行传播，该情形并非鲜见。此外，某些传播系统地点，可在当事人未意识到变化的情形下发生变化。

相应地，收发消息的地点成为其他相关法律规定事项时，例如法律抵触事宜 、税收事宜等，相关地点应为收方或发方的地点，并非信息处理系统所在地。本条（d）款明确了个人在将指定记录视为送达或已收到的地点方面具有灵活性。本条（d）款规定，个人可在电子记录中单独指定收发消息地点。如同协商指定一般，可由其他相关法律限定与本交易具有合理关系的地点。

5. 本条（e）款明确规定，收到消息并非取决于记录已存储于该人系统中的通知接收者。记录到达指定系统时，无论接收方是否收到记录，都为收悉。纸质的推理是，接收人从未查阅过邮件通知。

6. 本条（f）款规定了电子确认函效力的法律确定性。强调的仅仅是收到的事实，而非接收内容的质量，也非阅读或“打开”过电子记录。

7. 本条（d）款限制了当事人采用各种方法，按照规定收发本条（a）款和（b）款规定的邮件的能力。其他情形下法律规定源于其他实体法的，其他法律允许协议变更的，本法并不设其他规定，内容可根据其他法律而变更。

第十六条　可转让记录

（a）本条所称“可转让记录”是指符合下列条件的电子记录：

（1）《统一商法典》第 3 条规定的票据或《统一商法典》第 7 条规定的书面形式的电子记录；

（2）电子记录的签发方明示约定该电子记录是可转让记录。

（b）可证明可转让记录的权益转让方系可靠地确定该人即为可转让记录的被签发人的，则该人拥有对可转让记录的控制权。

（c）以下列方式设定、存储、转让某可转让记录的，系统则符合本条（b）款规定，该人对该项可转让记录享有控制权：

（1）除非本款（4）项、（5）项、（6）项另有规定，可转让记录惟一原件存在的、可识别并且未经变动的；

（2）原件认定下列人对可转让记录有权主张控制：

（A）可转让记录的签发对象；（B）原件显示可转让记录已转让，最后转让的对象为控制权人；

（3）原件传递给主张控制的人或其指定代理人并由其存储；

（4）经过控制人同意的，方可增加或改变原件受让方的副本或修改件；

（5）原件的任何复制件以及复制件的复制件均一律视为非原件；

（6）针对原件的任何修改，可视为已得到或未得到授权。

（d）如《统一商法典》第1－021条第（20）款所定义，除非另有约定，可转让电子记录控制人是该项可转让记录的持有人，持有与《统一商法典》项下同等记录或书面文件的相同权利和抗辩权。其中包括：《统一商法典》第3－302条（a）款、第7－501条或第9－308条规定的相关法律要求符合时，持有人权利包括在正当程序中的持有人、合法的票据转让受让方或购买人所享有的权利和抗辩权。取得和行使本款规定的任何权利，无须以交付、占有或背书为要件。

（e）除非另有约定，可转让记录的义务人享有与《统一商法典》项下同等记录或书面文件的义务人相同的权利和抗辩权。

（f）一方要求强制执行的，寻求强制执行可转让记录一方应提供合理证据，证明该人享有对该可转让记录的控制权。证据可包括：得到可转让记录原件和足以审查可转让记录的条款，确认可转让记录控制人身份的相关商业记录的路径。

资料来源：经修改的第9－105部分第9条。

评析：

1. 纸质票据与文件很独特，因为有形凭证即一张纸，实际上体现的是无形的权利与义务。设定独特电子凭证、体现纸质票据或支付工具单一属性的最大困难是，不得为满足纸质文件必须允许使用电子记录而对相关票据或支付工具的规则单一地进行修改。但可转让记录该条编入本法，承认了开展业务的当事人通过确立规则获取电子环境下的可议付收益的愿望。

本条为票据开立人或/和义务人提供了电子票据、文件相等物的设定、转让和强制执行性方面的法律支持。本条的确认，为业界动用大量时间和资源开发系统和程序、鼓励使用电子文件提供了必要鼓励和支持。

允许使用电子相等物，促进系统发展，其重大意义在于，电子记录具有成本性、高效性和安全性。数以亿计的票证文件所发生的存储费用和所需存储空间是显而易见的。而且，自然灾害可能极大地影响对存储、回收、发送纸质支付工具法律规定的执行能力。开发严格符合本条标准的电子系统，允许存储副本，像原件一样地反映其完整性，存储成本、传输成本和其他成本会因此降低，而安全性和纸质记录法律规定的符合程度会得到增强。本法第十六条规定了可为持有人控制的电子记录的设定，而电子记录持有人可凭借合法而善意的采购人身份，得到持有人的利益。业界要实现电子媒质的利益和效率，确定完全可由电子方式完成的、相关纸质本票交易的手段不可或缺。尤其是，该交易的其他方面已经由电子方式实现，而要求采用纸质票据交易的，拖拖拉拉，浪费时间的现象司空见惯。

除减少生成、存储、回收纸质票据等物流方面问题外，同样会减少相关该交易的邮寄与发送费用。

2. 可转让记录定义限于两大重要方面。第一，只有纸质本票等价物和纸质权利文件方可设定为可转让记录。权利票据和文件并不影响与支票等相关的、更广义的支付体系。允许使用“电子支票”而影响支票托收系统，将足以对本法针对性产生影响。因此，本法排除了《统一商法典》第 3 条和第 4 条关于交易范围的适用。在此方面，由于不必影响系统性考虑而以合同手段应对强制执行问题，本法第十六条对本票等价物的限定很重要。第二，不仅本法第十六条限定在电子记录范围内，在纸质的情形下即作为可议付本票或文件，而且开立电子记录者必须明确同意将电子记录视为可转让记录。可转让记录定义为“电子记录是……开立人明确同意为可转让记录的电子记录”，这表明尽管存在不同看法，认为电子记录或书面记录的同时存在可确定开立人的明确同意，但电子记录本身就可确定开立人主观上的明确同意。但是，不可能兑换如此开立的纸质票据，这是因为此情形下的开立人并非电子记录的开立人。设定该限制，目的在于确保可转让记录仅能在义务人开立之时设定。将纸质票据转化成电子记录，然后人为销毁的可能性以及该做法产生的影响，并未在本法第十六条中涉及。

要求义务人在电子记录中明确同意，将该记录作为可转让记录对待，这并不影响可转让记录的特征性（即不影响纸质票据的定义），因为这是法定条件，而且，这并未使票据开立人有义务承担可转让记录上除支付义务之外的其他责任。因此，在《统一商法典》第三部分第 104 条（a）款第（3）

项范围内，可转让记录并不成为“附条件的”。

3. 根据本法第十六条，取得对电子记录“控制权”，是纸质类推的情形下对“占有权”的替代。更准确而言，本法第十六条的“控制权”替代的是可议付本票或可议付权利证明文件的交付、背书和占有。根据本法第十六条（b）款规定，只要“用于证明可转让记录中权益转让的系统足以确认【主张控制权者】成为可转让记录的开立对象或转让对象”，即可确定控制权。关键点在于，无论是否涉及第三方注册或技术保障，系统必须有显示，足以确认有权获得支付者身份。本法第十六条（c）款接着对该系统确定了要求非常严格的安全避风港名单。该条款具体规定源于经修改的《统一商法典》第九章第 105 条。一般而言，可转让记录必须独特、可识别、且除非特别准许而不得涂改。“可信的副本”必须：（1）能够识别主张控制权的、向其开立记录或最近向其转让记录的人；（2）由控制权主张人或受让方存储；（3）除控制权主张人同意之外，不得涂改。此外，作为副本，可信的副本必须能够识别。无论是否得到授权，所有副本的修订本必须能够识别。

可采用可信的第三方登记系统，满足控制方面的法律要求。在《统一商法典》第 8 条规定的证券权利转让方面和美国农业部资助的棉花仓单转让方面，该系统现已到位。只要符合本条第（c）款规定标准，本法则承认该系统的使用。此外，完全符合该标准的技术体系也会得到本法第十六条的许可。例如，某借款方签署了一电子记录。该记录是纸质时则为本票或文件。借款方在电子记录中详细约定，该记录符合本条可转让记录的规定要求。

借款方执行了一个新开发的技术体系，该体系采用借款方可证明借款方为可转让记录开立对象的方式，将所有电子信息的日期记入可转让记录，将所有电子信息加密并存储至可转让记录。作为选择，借款方可与第三方订立合同，登记所有可转让记录，保留确定记录开立对象的和随后转让的所有记录。例如，为确保控制权，后一方法是，为开立、转让《统一商法典》第 7 部分第 735 条“成本加运费”（C. F. R.）等规定下的棉花电子仓单而建设系统。

系统中最重要的是，应采用确保只有一个“持有人”的方式，安全地、可以证明地向他人转让记录。对确定性和安全性的需求，导致本条（c）款的系统标准无隙可乘。依赖第三方登记的系统，可能是符合本条（c）款关于可转让记录的独特的、可识别的、不可涂改要求的最有效途径。该系统同时提供了确保清楚记录、识别受让方的手段。

请记住，制定本法第十六条，旨在提供电子记录控制者权利方面足够的法律确定性，即法律上鼓励开发确定必要控制的系统。制定本法第十六条过程中，联邦储备委员会代表详细审查了全国支付系统电子化的影响。本法第十六条体现出了妥协。正如所注意到的，受影响的支付系统中什么法律变化是需要的、什么法律变化是妥当的，该条规定在详尽研究和考虑上述问题期间起着桥梁作用。

4. 注意到本条未规定哪些内容很重要，未规定针对中间受让方和转让方的强制执行力事宜（即纸质票据规定的背书人责任）、纸质票据可附随的保证责任以及取得含有基本责任的可转让记录的效力问题。上述事宜，必须由发送和转让可转让记录的当事人通过合同方式进行约定。合同无上述约定的，应依照其他相关法律解决。

其他法律可包括关于转让和责任承担的一般合同原则，或者由《统一商法典》第 3 条类推的原则。例如，开立人同意用开立给某甲的可转让记录偿债。除非开立方和某甲约定暂停可转让记录基本义务的履行，否则不能防止某甲在没有可转让记录时履行基本合同责任。同样，如某甲通过授予某乙控制权的方式，将可转让记录转让给某乙，某乙则依法取得了针对义务人/开立人的权利。但除非某甲同意承担可转让记录下的责任，否则某乙针对某甲的追索权不会明确。尽管适当情形下类推适用第 3 条规则，可转让记录或相关系统规则中约定不明的，转让方的责任即不清。

5. 现在的经营模式是在可议付利益上依靠该模式的效力。能说明第十六条的一大例子是抵押支持下的证券业。

商业票据的合并使用人（Aggregators），先取得设定抵押担保的本票，紧接着是源于抵押经纪人设定的一连串抵押贷款的转让。转让票据过程中，票据的买方和买方的贷方/被担保方将介入其中。对最后票据的购买方而言，依靠票据合法持有人和善意购买方身份，为其提供发行自己投资债券的法律保障。该投资债券由所购票据证明的债务支持。购买方只有通过 HIDC 身份认定才能得到保证，即禁止第三方提出索赔主张。只有通过 HIDC 身份，买方才能最终避免在转让环节设定的、要求确保转让环节每人放弃履行义务的所有抗辩的、难以想象的负担。

6. 本条为独立的规定。尽管本法参照了《统一商法典》第 3 条、第 7 条、第 9 条具体规定，但还是将这些规定收入本法，作为本法相关规则。可转让记录当事人的权利由本条（d）款和（e）款确定。本条（d）款规定了确定可转让记录一方权利的规则。该款明确规定，依照本款而非其他法律确定权利，将权利取得方式的规则作为本法一部分。本条（d）款最后规定旨在确保相关占有的法律规定。该部分本身不符合电子记录的精神，因此未构成本法一部分。

本法第十六条（d）款规定，设定控制者，即为可转让记录的“持有人”，相当于类推的纸质票据持有人。更重要的是，该人采用使其成为相当于纸质记录合法持有人的方式取得控制的，则取得了 HIDC 权利。因此，控制人能够向义务人强制执行可转让记录，而无论介入主张和抗辩理由如何。但通过将这些权利并入本法第十六条，本法并未确定《统一商法典》第3 条下的本票批发电子化的效力。

此外，很重要的一点是，要理解本法第十六节规定的可转让记录是《统一商法典》第 9 条规定的“账户”、“一般无形物”或“无形付款”，而在《统一商法典》第 3 条中，无可转让记录的对应部分。相应地，法律的两大主体可适用债权人的资产。本法第十六条规定的可转让记录持有人可取得《统一商法典》第 9 条规定的购买方权利，但除非《统一商法典》第 9 条通过申请且得到完善，否则事先控制的破产财产受托人可使该权利无效。控制人同时以授予持有人的合法身份实施控制的，当然该人不受破产财产受托人或留置债权人主张而持有之.

7. 本条（e）款赋予可转让记录义务人的权利与纸质记录义务人的权利相当。因此，除非电子记录中有放弃抗辩条款，或除非受让方取得本条（d）款规定的 HDC 权利，否则义务人享有合同转让下的全部权利与抗辩。此外，义务人（obligor）有权取得注释或包括于电子记录中的付款。

8. 本条（f）款赋予义务人为确定正确付款对象而得到可转让记录或其他信息的权利。这将使得义务人保护其权益，取得免除付款或履行合同的抗辩。这点特别重要，因为适当情形下随后控制者亦可作为持有人，支付可转让记录。

9. 本法第十六条为推动本法的单一例外，仅仅确认商务交易中电子媒质的效力。本法第十六条实际提供了扩展电子商务的手段。为借款方和投资方提供了可实施新型金融服务的确定性。本法第十六条提供的法律保护，希望会使技术模式和商务模式得到开发，实现金融服务业中电子交易成本的显著降低和效率的显著提高。本法第十六条仅仅作为连通电子环境下相关可议付性的广泛事务的一道桥梁，但该条为更大范围的考虑提供了推动力，同时使得技术模式与商业模式的得以继续开发。

第十七条　电子记录的设定与保留，政府部门对书面记录的转换

本州“各政府部门”、“州委任官员”应当决定，是否以及在多大程度上，由政府部门设定电子记录、保留电子记录，并将书面记录转换为电子记录。

评析：

参见第十九条之后评析部分。

第十八条　政府部门对电子记录的接受与分发

（a）除非本法第十二条（f）款另有规定，本州“各政府部门”、“州委任官员”应决定是否及在多大范围内由政府部门向当事人发送或接收当事人的电子记录和电子签名，或者设定、生成、传播、存储、处理、使用、依赖电子记录和电子签名。

（b）在政府部门根据本条（a）款电子记录和电子签名使用范围内，基于安全考虑，“政府部门”、“州委任官员”可以规定：

（1）设定、生成、发送、传播、接收、存储电子记录必须采取的方式或形式，以及为实现上述目的而设的系统；

（2）电子记录必须以电子手段签发的，电子签名的类型必须附于电子记录、电子签名的方式或程式、或人们通过使用第三人完成该程序时，第三人身份必须达到的标准；

（3）适合确保电子记录充分存储、处置、完整性、安全性、保密性与可审计性的控制程序和属性；

（4）配合非电子形式的记录必需或特定情形下必需的电子记录方面的

其他任何属性。

（c）除本法第十二条（f）款另有规定外，本法不要求本州政府部门使用或允许使用电子记录或电子签名。

资料来源：《伊利诺伊州法》第 25 – 101 条，1996 年《佛罗里达州电子签名法》第 7 部分第 96 – 324 章。

评析：

参见第十九条之后的评析部分。

第十九条　协同适用性

采纳本法第十八条标准的州"政府部门"、"委任官员"，可以鼓励和促进与本州和其他州政府部门、联邦政府、本州与政府部门有业务往来的非政府人员所采纳的类似标准保持一致，协同适用。本州政府部门为特定情形选择实施了最合适标准。适当时，上述标准可规定不同层级的标准水平。

资料来源：《伊利诺伊州法》第 25 – 115 条。

参见下文评析后的立法注释部分。

评析：

1. 将本法第十七至十九条归类为非强制性规定，各州资助考虑是否采纳。众多电子商务障碍中，存在着州政府部门适用电子媒质的障碍，无论是州政府公共部门之间的内部障碍，还是与私人领域之间的外部障碍。在此情形下，政府作为商务一方，例如政府采购，适用本法的一般性生效规定。也就是说，政府必须同意与卖方和政府服务商开展电子交易。但在其他情形下，政府应当具备电子交易的条件和能力。无论是政府部门的内部记录还是传播，还是提供给政府部门的信息，还是向政府部门提起的申请，上述三项促使各州为交易电子化奠定基础。

2. 本法第十七至十九条规定宽泛而概括。许多州没有必要采纳，因为这些州已通过旨在促进政府使用电子记录和传播的立法。但许多州需要制定确认效力的宽泛规则，因而，本法将这些条款作为基点。

但对各州而言，最重要的是各州应确保所建系统与其他州政府部门的系统相匹配，与私人领域的常用系统相匹配，而无论采用那个体系和规则。非常真实存在的风险是，无数政府部门和单位因未考虑到系统的匹配性，使用系统中可能产生障碍，这种原因造成的风险要比其他原因的风险大得多。

3. 本法第十七至十九条规定宽泛而概括，为各州的具体需求提供了最大的灵活性和适应性。政府部门组织与结构不同，因此授权各州灵活采用。但各州有必要记住，应当通过适当协调各州制定的参数内系统和规则，制止障碍形成。

4. 本法第十七条授权州政府部门在政府各部门之间普遍使用电子记录和电子签名，授权将书面记录与人工签名转换成电子记录与电子签名。根据规定，本条可使立法机关选择性地将使用或转化书面记录与签名的决定交由政府部门做出，或将该义务转让给指定的州政府官员履行。该规定将授权在电子格式的转化完成之后，销毁书面记录。

5. 本法第十八条宽泛地授权州政府部门在与非政府人士交易时收发电子记录与签名。重复一遍，该规定属许可型，而非义务型。参见本条（c）款规定。但该条具体规定，出于证据目的而使用的电子记录应适用第十二条，除非政府部门选择退出。

6. 本法第 19 条为本法最重要部分。要求政府部门或州政府官员推出标准时，能够尽可能考虑应用性和相互协同性两者的一致性。本条规定，应用不一致的，可能使得现有障碍扩大化。这是条关键性规定。未有此说明，可独立开发的众多系统，可能成为电子商务新的障碍，而非消除障碍。协同适用性的关键是灵活性和适应性。单一系统要求所产生的障碍，大得如同许多不同系统扩散的障碍。

对通过本法第十七至十九条的立法注释：

1. 本法第十七至十九条为非强制性规定，供各州立法部门考虑是否采纳，已加入括号内进行解释。本法第十七至十九条是排除还是包括，只要本法第一至十六条全部采纳，对本法的整体性采纳不会产生不利影响。部分州没必要采纳本法第十七至十九条，因为这些州已出台授权政府使用电子媒质的法律。但本法第十七至十九条规定的授权，对希望朝该领域发展的州而言很关键。

2. 州立法部门采用本法第十七至十九条规定的，数个问题必须重视：

A. 采用本法第十七至十九条规定的电子媒质的一般授权，足以满足特定地域的需求吗？或需要更具体详细的授权吗？该认定可能受监督电子媒质使用的适格主体或个人的影响，参见下款。在授权方面，本法第十七至十九条规定宽泛而概括。可以肯定，采用上述条款之后，可添加更多特别之处。立法机关的问题是，此时是否需要更大指南和更多特别之处。回答如果是肯定的，立法部门本次不应通过本法第十七至十九条。

B. 假如立法部门决定通过并颁布本法第十七至十九条，哪个主体或个人应监督政府使用电子媒质的实施情况？正如上述第十七条、第十八条、第十九条括号中所述，必须就决策体进行选择，针对管辖各州电子媒质使用情况的系统和规则做出关键决策。各州作上述决定时，需要考虑各自特定结构与管理情况。但强烈鼓励立法部门决定时优先考虑系统的匹配性和协同适用性。

C. 最后，应就程序做出决定。通过程序，在州政府各部门之间和州内部各级政府组织之间对电子系统进行协调。这要求考虑到各州的各自特殊情况。

3. 某州决定不通过颁布本法第十七至十九条规定的，《统一电子交易法》第一至十六条仍对作为“人”在规定范围内从事“交易”的政府主体适用。交易的定义中包括“政府事务”。当然，正如其他当事人，交易当时的情形必须表明，政府同意从事电子交易。参见本法第五条（b）款。但本法第一至十六条所有规定，可用以确定有政府主体的交易中使用的电子记录与电子签名的效力。

某州决定通过颁布本法第十七至十九条规定的，《统一电子交易法》第一至十六条继续如上适用。此外，本法第十七至十九条授权政府部门之间使用电子媒质。最后，本法第十七至十九条为各州提供了更广泛授权，授权其与非政府主体和个人建立商业关系中使用电子媒质，开发系统与程序。

第二十条　条款的独立性

本法有条款认定无效或对某人某情形的适用认定无效的，本法其他条款或适用效力不依赖上述无效条款或其适用而存在的，该无效性对前述本法其他条款或适用并无影响。

第二十一条　生效日期

本法自　　年　月　日起生效。

1999 年《电子隐私权法》

众议院第 3321 号（众议院提出的法案）

第 106 届国会第一次会议

为了预防个人信息采集和使用过程中发生欺骗和不正当行为等目的，美国众议院于 1999 年 11 月 10 日举行会议。马尔凯先生（代表他本人和卢瑟先生）提出如下法案；随后按照相关委员会审查类似规定的职权，将该法案提交商业委员会以及银行与金融服务委员会、运输与基础设施委员会和农业委员会进行审查，经过一定期限，再呈议长作出决定。

美利坚合众国众议院和参议院为了预防个人信息采集和使用过程中发生欺骗和不正当行为等目的而举行会议通过的法案。

第 1 节　法律简称

援引本法时，可以称为“1999 年《电子隐私权法》”。

第 2 节　调查结论

国会查明：

（1）我国通信网络不断发展而且日趋精细复杂，越来越多的企业和个人将利用前述网络进行通信联络和商业活动。

（2）由于数字通信技术的发展，公开或者秘密采集、编辑网络通信中的个人信息，日趋容易、方便和快捷。

（3）消费者对其个人信息拥有所有权。

（4）消费者必须得到告知，其个人信息被人采集；消费者必须得到明显提示，信息接受者具有披露、出售或者为其他目的而使用信息的意图；消费者必须有能力控制其个人信息的采集范围，并有权禁止或者阻止任何未经授权而使用、再使用、披露或者出售其个人信息的行为。

（5）不断改进的互联网协议可以将决定权交给消费者，让其切实有效地授权或者拒绝他人采集和使用其个人信息。

（6）正当的信息活动，包括告知消费者在采集数据，明显提示消费者在进行数据活动，由消费者选择同意或者不同意他人进行上述活动，消费者可以获取所采集的数据、可以保护数据的完整性并接触信息。

（7）最近由乔治敦商学院进行的一项网站调查显示，只有 9.5% 的受调查网站作出的规定，含有上述告知、提示、选择、获取、保护和接触信息等正当信息活动的隐私权条款。

（8）目前对个人隐私权和行业义务作出规定很重要，只有如此，消费者才会相信，他们的隐私权在我国的电信网络中能够得到充分的保护。

（9）在政府的鼓励和监管下，行业通过努力制定体现正当采集和传播个人信息行为的标准和协议而帮助消费者，对于允许消费者更好地控制其个人信息的传播至关重要。

（10）因消费者担忧隐私以及缺乏调整个人隐私权的全国性规则，全国电子商务的健康发展受到影响。

（11）确立合理的信息政策、标准和习惯，广为采纳和运用旨在赋予消费者权利的技术手段，可以缩减保护消费者所必需的政府规则的调整范围。

（12）为促进电子商务的未来发展，保护与采集和使用个人数据有关的个人基本权利，必须确立在一定程度上依靠行业自律的国家隐私权政策，需要为消费者服务的技术手段以及制定得到政府支持的保护措施。

第 3 节　防止在采集和使用个人信息过程中发生不当和欺骗行为

第（a）条　禁止行为——

（1）一般规定——网站或者在线服务的运营商以违反第（b）条规定的规则的方式，从某个人处采集个人信息，系违法行为。

（2）披露给受到保护的父母——虽然第（1）款作出了规定，但是，不得根据任何联邦法律或者州法的规定，要求上述网站或者在线服务的运营商及其代理人为下列行为负责：为答复根据 1998 年《青少年在线隐私权保护法》第 1302 节第（b）条第（1）款第（B）项第（iii）目的规定而披露个人信息的要求，出于善意并按照合理的程序向青少年的父母披露其信息的行为。

第（b）条　隐私保护措施——

（1）一般规定——在本法颁布之日后不迟于 18 个月内，联邦贸易委员会应当根据《美利坚合众国法典》第 5 编第 553 节的规定颁布规定下列内容的规则——

（A）要求任何采集个人信息的网站或者在线服务运营商，在其采集特定类型个人信息的网页上明确而明显地提示，运营商将如何使用上述信息以及运营商将如何披露上述信息；

（B）（i）要求上述网站或者在线服务运营商，在采集个人信息时，均应明确而明示地在线提供途径，让个人可以根据按照第（A）项制定的规则，同意或者不同意采集信息和使用所采集的信息；

（ii）允许上述网站或者在线服务运营商，按照根据第 5 节规定批准的自律指导规则，建立个人可以按照其就上述信息采集和使用行为作出的选择，予以同意或者不同意而事先签订协议的方式。

（C）禁止上述网站或者在线服务运营商采集和使用个人信息，除非——

（i）上述采集或者使用信息行为，已根据按照第（A）项规定制定的规则予以披露；

（ii）上述信息采集或者使用行为，已得到信息被采集或者使用人员按照根据第（B）项第（i）目或者第（ii）目规定制定的规则规定的方式，同意采集或者使用其信息；

（D）要求上述网站或者在线服务运营商，根据要求向信息被采集或者使用的个人提供——

（i）为修改而进入上述运营商采集的相关个人信息的访问路径；

（ii）告知所采集的个人信息是否被再次使用、被披露或者被出售以及已披露、已出售给何人；

（E）要求上述网站或者在线服务运营商设立和遵守保护所采集的个人信息的秘密性、安全性和完整性的合理程序。

（2）例外规定——根据第（1）项规定制定的规则，不得禁止上述网站或者在线服务运营商出于下列情形之一而采集、使用或者传播上述信息——

（A）保护其网站的安全或者完整；

（B）采取措施以防止承担责任；

（C）回复司法程序的要求；

（D）在其他法律条款允许的范围内，提供信息给执法机构。

（3）终止服务——对于拒绝同意按照第（1）款第（B）项规定采集和使用其信息的个人，上述规则应当允许上述网站或者在线服务运营商停止提供服务。

第（c）条　执行——根据第4节至第7节的规定，违反根据第（a）条规定制定的规则的行为，应当视为违反根据《联邦贸易委员会法》第18节第（a）条第（1）款第（B）项【《美利坚合众国法典》第15编第57节第（a）条第（1）款第（B）项】规定所制定的解释不当或者欺骗行为的规则的行为。

第（d）条　相抵触的州法——任何州或者地方政府，对于与本法规定的任何行为或者活动有关的州际或者国际贸易中的运营商的商业性行为或者活动，均不得规定与本节所规定的上述行为或者活动的处理方式不同的任何责任。

第4节　安全港条款

第（a）条　指导规则——遵守根据第（b）条规定批准的，由营销行业代表、网络行业代表或者其他任何人颁布的自律指导规则的任何运营商，均符合第3节第（b）条规定的要求。

第（b）条　激励——

（1）自律激励——在制定第3节（b）规定的规则时，对于运营商自律实施该节第（b）条规定的监管规定所要求提供给个人的保护行为，联邦贸易委员会必须规定激励措施。

（2）视为遵守的情形——上述激励措施，应当包括如下规定：如果某个人在被提醒和被批评后，遵守联邦贸易委员会认为符合根据第3节规定发布的规则的要求而予以批准的指导规则，该人将被视为遵守第3节规定的规则的要求。

（3）迅速回应请求——在提交请求后的180日内，联邦贸易委员会必须就安全港条款的请求作出决定，并就该请求作出书面形式的决定。

第（c）条　起诉——对于联邦贸易委员会针对根据第（b）条规定要求批准指导规则的请求作出的最终决定，或者没有在180日内就上述请求作出决定的，可以向《美利坚合众国法典》第5编第706节规定的具有相应管辖权的美利坚合众国地区法院起诉。

第5节　州提起的诉讼

第（a）条　一般规定——

（1）民事诉讼——如果某州的司法部长有理由认为，该州居民的利益已经或者正在受到违反联邦贸易委员会根据第3节第（b）条规定制定的任何规则的行为之人从事的活动的威胁或者不利影响，则作为民之父母的该州，可以代表该州居民向具有相应管辖权的美利坚合众国地区法院提起民事诉讼，请求——

（A）禁止实施该种行为；

（B）强制要求遵守上述规则；

（C）代表该州居民取得损失赔偿、恢复原状或者其他补偿的判决；

（D）取得法院认为适合的其他救济措施。

（2）通知——

（A）一般规定——在提起第（1）款规定的诉讼前，所在州的司法部长应当向联邦贸易委员会——

（i）提交将提起诉讼的书面通知；

（ii）提交该诉讼的起诉状副本一份。

（B）免责规定——

（i）一般规定——如果州司法部长认为，在提起诉讼之前提交第（A）项规定的通知书不可行，则不适用第（A）项关于州司法部长提起诉讼的规定。

（ii）通知——对于第（i）目规定的诉讼情形，州司法部长应在提起诉讼的同时，向联邦贸易委员会提交通知和起诉书副本。

第（b）条　介入——

（1）一般规定——在收到第（a）条第（2）款规定的通知后，联邦贸易委员会有权介入所通知的诉讼案件。

（2）介入效力——联邦贸易委员会根据第（a）条的规定介入诉讼后，享有下列权利——

（A）听取与该诉讼有关的情况汇报；

（B）提出上诉。

（3）专家意见书——经向法院提出申请后，自律指导规则得到联邦贸易委员会批准并把它作为本节规定的诉讼案件被告的辩护理由之人，可以在上述诉讼过程中提交专家意见书。

第（c）条　法律解释——对于提起第（a）条规定的任何民事诉讼而言，本法的任何规定均不得解释为限制州司法部长行使该州法律赋予司法部长进行下列活动的权力——

（1）开展调查活动。

（2）主持宣誓或者作证仪式。

（3）强制要求证人出庭作证或者提交文件以及其他证据材料。

第（d）条　联邦贸易委员会提起的诉讼——对于联邦贸易委员会或者以联邦贸易委员会的名义针对违反根据第 3 节规定制定的任何规则的行为而提起诉讼的情形，各州不得在案件审理期间，针对上述案件的起诉书列明的被告，再行提起第（a）规定的诉讼。

第（e）条　审判地和送达——

（1）审判地——根据第（a）条规定提起的任何诉讼，均可以向符合《美利坚合众国法典》第 28 编第 1391 节关于审判地的适用规定的美利坚合众国地区法院提起。

（2）送达——对于根据第（a）条规定提起的诉讼，可以在被告所属的下列情形之一的任何地区送达——

（A）居住地；

（B）被发现地。

第 6 节　法律的实施和适用

第（a）条　一般规定——除另有规定外，本法应当由《联邦贸易委员会法》（《美利坚合众国法典》第 15 编第 41 节以下）规定的联邦贸易委员会负责实施。

第（b）条　具体规定——应当根据下列规定执行本法所规定的要求——

（1）对于下列情形，适用《联邦存款保险法》第 8 节（《美利坚合众国法典》第 12 编第 1818 节）的规定——

（A）对于国内银行以及外国银行的联邦支行和联邦代理处，由通货监管局负责实施。

（B）对于联邦储备局的成员银行（国内银行除外）、外国银行的支行和代理处（外国银行的联邦支行、联邦代理处和被保险州支行除外）以及外国银行拥有或者控制的商业性借贷公司和根据《联邦储备局法》第 25 节或者第 25 节第（a）条（《美利坚合众国法典》第 12 编第 601 节以下和第 611 节以下）的规定进行经营的组织，由联邦储备局监管委员会负责实施；

（C）对于联邦存款保险公司承保的银行（但联邦储备局的成员银行除外）以及外国银行已被承保的州支行，由联邦存款保险公司董事会负责实施。

（2）对于《联邦存款保险法》第 8 节（《美利坚合众国法典》第 12 编第 1818 节）适用于联邦存款保险公司承保的存款协会的情形，由储蓄监管局局长负责实施。

（3）《联邦信贷协会法》（《美利坚合众国法典》第 12 编第 1751 节以下）适用于任何联邦信贷协会的情形，由国家信贷协会管理局委员会负责实施。

（4）对于《美利坚合众国法典》第 49 编第 VII 分编第 A 部分适用于受该部分约束的任何航空运承运人或者外国航空承运人的情形，由运输部部长负责实施。

（5）对于 1921 年《罐头业及畜牧业法》（《美利坚合众国法典》第 7 编第 181 节以下）【但该法第 406 节（《美利坚合众国法典》第 7 编第 226 节、第 227 节）的规定除外】适用于受该法约束的任何行为的情形，由农业部部长负责实施。

（6）对于 1971 年《农业贷款法》（《美利坚合众国法典》第 12 编第 2001 节以下）适用于任何联邦土地银行、联邦土地银行协会、联邦中间信贷银行或者生产信贷协会的情形，由农业信贷管理局负责实施。

第（c）条 特定权力的行使——对于第（a）条规定的任何机构行使该条提及的任何法律规定的权力实施而言，违反本法规定的任何要求的行为，均视为违反该法规定的行为。除第（a）条具体提及的法律的任何条款规定的权力外，为了保证本法规定的任何要求得到遵守，上述条款提及的每一个机构，均可以行使法律赋予其的其他任何权力。

第（d）条 联邦贸易委员会采取的行动——如《联邦贸易委员会法》（《美利坚合众国法典》第 15 编第 41 节以下）的所有相关条款均已并入本法且已成为本法的组成部分一样，委员会必须按照同样的权限、权力和义务，采取同样的措施，防止任何人以同样的方式违反联邦贸易委员会根据第 3 节规定制定的规则。如《联邦贸易委员会法》（《美利坚合众国法典》第 15 编第 41 节以下）的所有相关条款均已并入本法且已成为本法的组成部分一样，违反上述规则的任何机构，必须以同样的方式，接受根据同样的权限、权力和义务以及采取同样的措施而由《联邦贸易委员会法》规定的处罚，并享有其规定的权利和赦免。

第（e）条 对其他法律的影响——

（1）维护联邦贸易委员会的权威——本法作出的任何规定，均不得解释为限制其他任何法律规定所规定的联邦贸易委员会的职权。

（2）与《通信法》的关系——本法或者根据本法规定的规则的任何规定，均不得要求网站或者在线服务提供商，从事与 1934 年《通信法》第 222 节或者第 631 节（《美利坚合众国法典》第 47 编第 222 节或者第 551 节）相抵触的活动。

第 7 节 隐私权诉讼

第（a）条 隐私权诉讼——如果法律或者所在州的诉讼规则允许，个人或者机构均可以向所在州的相应法院提起下列诉讼——

（1）违反为禁止上述违反行为而根据第 3 节规定制定的任何规则的诉讼；

（2）要求赔偿上述违反行为导致的实际经济损失的诉讼，或者要求判决上述每一种违反行为赔偿 1,000 美元的案件，以涉案金额大的诉讼为准；

（3）上述两种诉讼。

第（b）条　故意和明知的违反行为——如果法院认定，被告故意或者明知而违反第 3 节规定的任何规则，则法院可以自由裁量，将第（a）条第（2）款规定的赔偿数量增加至 10,000 美元。

第 8 节　检查

在根据第 3 节的规定首次发布的规则生效之日后不迟于 5 年内，联邦贸易委员会应当——

（1）检查本法的实施情况，包括本法的实施对与青少年有关的信息采集和披露的影响、对青少年访问他们所选择网站的信息访问活动的影响和对为青少年设计的网站的提供情况的影响；

（2）起草第（1）款规定的检查结果的报告并提交国会。

第 9 节　释义

本法规定的：

（1）运营商——“运营商”的术语——

（A）指经营互联网网站或者在线服务的任何人，从上述网站或者在线服务的用户处采集或者维护个人信息之人，或者采集或者维护上述用户信息之人，或者在上述网站或者在线服务用于商业用途的情形下，代表上述之人而采集或者维护上述信息之人，包括提供产品或者服务以便通过上述网站或者在线服务进行销售之人，而且上述活动涉及的商业活动——

（i）发生在州与州之间或者在与一个或者多个美国以外的国家之间；

（ii）发生在美利坚合众国的任何领土、哥伦比亚特区或者上述任何领土与——

（I）另一上述领土之间；

（II）或者任何一州或者美国以外的任何一个国家。

（iii）发生在哥伦比亚特区与任何州、领地或者美国以外的国家之间；

（B）但是，不包括《联邦贸易委员会法》第 5 节（《美利坚合众国法典》第 15 编第 45 节）规定不受该法调整的任何非盈利机构。

（2）委员会——“委员会”的术语，指联邦贸易委员会。

（3）披露——“披露”的术语，指与个人信息有关的——

（A）运营商出于任何目的，以可以识别的方式，将从某个人处采集的个人信息予以让渡的行为，但是，将上述信息提供给运营商之外的为网站内部运作提供支持并不会为其他任何目的披露或者使用该信息的人除外；

（B）通过任何形式，包括公开张贴、通过互联网或者通过下列方式，造成通过网站或者在线服务从某个人处采集的个人信息，以可识别的方式而公开得到——

（i）网站主页；

（ii）网友服务；

（iii）电子邮件服务；

（iv）信息发布栏；

（v）聊天室。

（4）联邦机构——“联邦机构”的术语，如《美利坚合众国法典》第 5 编第 551 节第（1）款所解释的上述术语一样，指某个机构。

（5）互联网——“互联网”的术语，指无数计算机和电信设施的总称，包括设备和运行软件，它们组成互联互通的采用传输控制协议或者互联网协议或者之前或者之后的任何协议的网络的全球网络，目的是通过有线或者无线的方式交换各种信息。

（6）个人信息——“个人信息”的术语，指在线收集的关于个人情况的可识别某个人的信息，包括——

（A）姓名；

（B）包括街道名称和城镇名称在内的家庭住址或者其他物理地址；

（C）电子邮箱地址；

（D）电话号码；

（E）社会保险号码；

（F）联邦贸易委员会认定可以通过物理或者在线方式联系上某个人的其他任何识别物；

（G）或者网站在线采集并与本款规定的某一识别物组合在一起的独特识别信息。

（7）人——“人”的术语，指任何个人、合伙人、公司、信托公司、不动产公司、合作公司、协会或者其他实体。

（8）网站和在线服务——联邦贸易委员应当通过制定规则，按照符合本法宗旨的方式，解释“网站”和“在线服务”的含义，并根据与通过互联网采集个人信息有关的技术、惯例或者程序的变化，修改或者修正上述规则。

第 10 节　生效日期

本法第 3 节第（a）条、第 5 节和第 6 节，不迟于下列日期而生效——

（1）本法颁布之日后的 18 个月内；

（2）如果联邦贸易委员会没有在本法颁布之日后的一年内就第 4 节规定的安全港待遇的第一个申请作出决定，则为联邦贸易委员会就所提交的上述申请作出决定之日，但是，无论任何不得迟于本法颁布之日后 30 个月之内。

1999 年《反网络域名抢注消费者保护法》

参议院第 1948 号《知识产权和通信综合改革法》（参议院提出的法案）

《公法公报》第 106—113 号颁布（1999 年 11 月 29 日）

第 III 编——商标网络域名抢注的防治

第 3001 节　法律简称和法律指称

第（a）条　法律简称——援引本法时，可以称为“《反网络域名抢注消费者保护法》”。

第（b）条　1946 年《商标法》的法律指称——本编针对 1946 年《商标法》的任何指称，均指于 1946 年 7 月 5 日批准通过的标题为“为实施某些国际条约等目的而为用于商业活动的商标提供注册登记和保护的法律”（《美利坚合众国法典》第 15 编第 1051 节以下）的法律。

第 3002 节　域名抢注的防治

第（a）条　一般规定——对 1946 年《商标法》第 43 节（《美利坚合众国法典》第 15 编第 1125 节）作出修改，在其末尾增加下列规定：

“第（d）条　（1）（A）不必考虑当事人的货物或者服务，具有下列行为之人，在包括根据本节规定作为商标受到保护的个人姓名所有人在内的商标所有人提起的民事诉讼中，应当承担责任——

“（i）具有从上述商标中，包括从根据本节规定作为商标保护的个人姓名中，获取利益的恶意意图；

“（ii）并且注册、交易或者使用下列情形之一的域名的——

“（I）由于在上述域名注册之时，上述商标具有显著性，导致上述域名与上述商标相同或者类似至混淆性的程度；

“（II）由于在上述域名注册之时，上述商标为驰名商标，导致上述域名与上述商标相同，或者类似至混淆性的程度，或者会淡化了上述商标；

“（III）系受到《美利坚合众国法典》第18编第706节或者《美利坚合众国法典》第36编第220506节保护的商标、文字或者名称。

“（B）（i）在判断某个人是否具有第（A）项所规定的恶意意图时，法院可以考虑但不限于下列因素——

“（I）上述域名所含有的该人商标或者其他知识产权权利；

“（II）构成上述域名的上述之人法定名称的涉及范围或者普遍用于识别该人的名称的涉及程度；

“（III）在善意提供任何货物或者服务的过程中，上述之人在先使用上述域名的情形；

“（IV）在上述域名之下可接入的网址上，上述之人出于善意而非商业性使用或者合理使用上述商标的情形；

“（V）该人有否具有为了牟取商业利益，或者为了抹黑或者贬损上述商标，通过对网站的来源、主办机构、关联机构或者支持机构，制造产生混淆可能的手条，将消费者从商标所有人的网站位置，误导至可能损害该商标所代表的商誉的域名之下可接入的网址的意图；

“（VI）上述之人在没有出于善意提供货物或者服务而使用上述域名或者使用上述域名的意图的情形下，为营利目的，向商标所有人或者任何第三人发出转让、销售或者以其他方式出让上述域名的要约行为，或者上述之人实施了表明具有上述行为倾向的在先行为；

“（VII）上述之人在申请域名注册之时提供重要而误导性的虚假联络信息，上述之人有意不维护准确的联络信息，或者上述之人实施了表明具有上述行为倾向的在先行为；

“（VIII）上述之人不考虑当事人的货物或者服务，注册或者收购大量域名，并且知道上述域名在注册时与具有显著性的他人商标相同或者类似至混淆的程度，或者知道会淡化在上述域名注册之时驰名的其他人的驰名商标；

“（IX）上述之人注册的域名所包含的商标，是否符合第43节第（c）

条第（1）款规定显著性和驰名性。

“（ii）法院认为上述之人相信并有合理依据相信系合理使用或者合法使用域名的任何情形，均不应被认定为存在第（A）项规定的恶意意图。

“（C）涉及本款规定的域名注册、交易或者使用行为的任何案件，法院均可以判决没收或者注销该域名，或者判决将该域名转让给商标所有人。

“（D）只有域名注册人或者该注册人授权的被许可人，才应对第（A）项规定的域名使用行为承担责任。

“（E）本款使用的‘交易’的术语，指包括但不限于销售、购买、出借、质押、许可、货币交换和其他任何换取对价的转让或者作为对价接受的交易行为。

“（2）（A）如果符合下列情形，商标所有人可以在域名注册机构、域名注册登记机构以及注册或者分配域名的其他域名管理机构所在地的司法区，提起对物民事诉讼——

“（i）该域名侵犯了已在专利与商标局注册的或者根据第（a）条或者第（c）条规定受到保护的商标所有人的任何权利；

“（ii）并且法院查明该所有人——

“（I）对于根据第（1）款规定提起的民事诉讼中本应作为被告之人，无法取得对人诉讼管辖权的；

“（II）或者努力通过下列方式不能找到根据第（1）款规定提起的民事诉讼中本应作为被告之人的——

“（aa）按域名注册人向注册机构提供的邮政地址和电子邮件地址，向域名注册人发出指控其侵犯行为和意图采取本款规定的行动的通知的；

“（bb）并且在起诉之后，根据法院可能立即作出的决定，公告该诉讼的。

“（B）第（A）项第（ii）目规定的行为，构成送达行为。

“（C）在根据本款规定提起的对物诉讼中，下列司法区应当视为域名的所在地——

“（i）域名注册机构、域名注册登记机构以及进行域名注册或者分配的域名管理机构所在司法区；

“（ii）或者足以证明对域名注册和使用的处分行为享有控制权和管辖权

的文件所提交保管的法院所在司法区。

“（D）（i）本款规定的对物诉讼的救济措施，仅限于没收或者注销域名以及将域名转让给商标所有人的法院判决。在收到商标所有人按照本款规定，向美利坚合众国联邦地区法院提起诉讼的加盖印鉴的起诉书副本的书面通知后，域名注册机构、域名注册登记机构或者其他域名管理机构——

“（I）应当立即将足以证明法院对域名注册和使用的处分行为享有控制权和管辖权的文件提交法院保管；

“（II）在案件审理期间，不得转让、中止或者以其他方式修改域名，但是，根据法院判决作出的除外。

“（ii）域名注册机构、域名注册登记机构或者其他域名管理机构，不对本款规定的禁令性或者经济性救济措施承担责任，除非其存在恶意或者故意漠视的行为，包括故意不遵守上述法院的任何裁决。

“（3）第（1）款规定的民事诉讼、第（2）款规定的对物诉讼以及根据上述任一种诉讼所取得的任何救济措施，均可以补充其他任何诉讼或者可以通过其他方式取得的救济措施。

“（4）第（2）款规定的对物管辖权，可以补充以其他方式存在的任何管辖权，无论该管辖权是对物还是对人。”

第（b）条　为个人提供的域名抢注保护——

（1）一般规定——

（A）民事责任——未经另一在世之人同意，将其姓名注册为域名，或者将实质相似并至混淆程度的姓名注册为域名，目的是通过将上述域名出售给在世之人或者任何第三人而获利之人，应当在姓名被抢注之人提起的诉讼中承担责任。

（B）例外规定——出于善意将在世之人的姓名注册为域名之后之人，或者将实质相似并至混淆程度的姓名注册为域名之人，如果上述姓名用于、附属于或者涉及包括《美利坚合众国法典》第 17 编第 101 节所规定的雇佣作品在内的《美利坚合众国法典》第 17 编所保护的作品，域名注册之人系版权所有人或者作品的被许可人以及具有意图出售与合法利用该作品有关的域名，并且上述注册行为不为注册人和署名人所禁止，不应承担本款规定的责任。本项规定的例外规定，仅适用于根据第（1）款规定提起的民事诉讼，而且不得以任何方式限制 1946 年《商标法》（《美利坚合众国法典》第 15 编第 1051 节以下）以及其他联邦法或者州法规定所提供的保护。

（2）救济措施——对于根据第（1）款规定提起的任何民事诉讼案件，法院可以作出禁令性救济措施的判决，包括判决没收或者注销域名，或者判决将域名转让给原告。法院还可以自由裁量，判决向胜诉方赔偿诉讼费和律师费。

（3）释义——本条规定的“域名”术语，与 1946 年《商标法》第 45 节（《美利坚合众国法典》第 15 编第 1127 节）所规定的术语含义相同。

（4）生效日期——本条适用于本法颁布之日及其后注册的域名。

第 3003 节　赔偿金与救济措施

第（a）条　域名抢注的救济措施——

（1）禁令——对 1946 年《商标法》第 34 节第（a）条【《美利坚合众国法典》第 15 编第 1116 节第（a）条】作出修改，删除第一句中的“第（a）条或者第（b）条”的规定，增加“第（a）条、第（c）条或者第（d）条”的规定。

（2）赔偿金——对 1946 年《商标法》第 35 节第（a）条【《美利坚合众国法典》第 15 编第 1117 节第（a）条】作出修改，在第一句“第 43 节第（a）条”的规定之后，增加“，第（c）条或者第（d）条”的规定。

第（b）条　法定赔偿金——对 1946 年《商标法》第 35 节【《美利坚合众国法典》第 15 编第 1117 节】作出修改，在其末尾处增加下列规定：

“第（d）条　对于涉及违反第 43 节第（d）条第（1）款的案件，在初审法院作出最后判决之前的任何时间，如果法院认为合适，原告均可以不选择赔偿实际损失和利润的救济措施，而选择取得每个域名不少于 1,000 美元且不多于 100,000 美元之间的法定赔偿金的判决。”

第 3004 节　责任限制

对 1946 年《商标法》第 32 节第（2）款【《美利坚合众国法典》第 15

编第1114节】作出修改——

（1）删除第（A）项之前的“根据第43节第（a）条”的规定，增加“根据第43节第（a）条或者第（d）条”的规定；

（2）将第（D）项重新调整为第（E）项，并在第（C）项之后增加下列规定：

“（D）（i）（I）实施第（ii）目规定的对域名有影响的行为的域名注册机构、域名注册登记机构或者其他域名注册管理机构，不论最终是否认定上述域名侵犯了或者淡化了他人商标，但是，第（II）分目另有规定的除外。

“（II）第（I）分目规定的域名注册机构、域名注册登记机构或者其他域名注册管理机构仅在实施了下列行为之一的情形下，才受禁令性救济的约束——

“（aa）在已经提起的涉及域名处分的案件中，没有立即将足以证明法院对域名注册和使用的处分行为享有控制权和管辖权的档案提交法院的；

“（bb）在案件审理期间，转让、中止或者以其他方式修改域名的，但根据法院命令实施的除外；

“（cc）故意不遵守上述法院的任何命令的。

“（ii）第（i）目第（I）分目规定的行为，系指符合下列情形的拒绝注册、撤销注册、转让、暂时屏蔽或者永远注销域名的行为：

“（I）遵守第43节第（d）条规定的法院命令的；

“（II）上述域名注册机构、注册登记机构或者注册管理机构，执行禁止注册与他人商标相同或者类似至混淆程度或者淡化他人商标的域名的合理政策的。

“（iii）如果没有证据证明具有从域名注册或者维护中牟利的恶意意图，域名注册机构、域名注册登记机构或者其他域名注册管理机构不对注册或者维护域名的行为而向他人承担本节规定的赔偿责任。

“（iv）如果域名注册机构、域名注册登记机构或者其他域名注册管理机构，根据其他任何人关于某一域名与他人商标相同或者类似至混淆的程度，或者淡化了他人商标的故意且重大的虚假陈述，作出了第（ii）目规定的行为，应由故意作出上述虚假陈述之人承担域名注册人因上述行为遭受的包括诉讼费和律师费在内的损失的赔偿责任。法院也可以判决上述域名注册人取得禁令性救济措施，包括要求激活上述域名，或者要求把上述域名转让给域名注册人。

“（v）根据第（ii）目第（II）分目的规定，域名被暂时停用、暂时屏蔽或者转让的域名注册人，在收到商标所有人发出通知后，可以提起民事诉讼，要求确认，根据本法的规定，其注册或者使用域名的行为是合法的。法院可以判决上述域名注册人取得禁令性救济措施，包括重新激活域名或者将域名转让给上述域名注册人。”

第 3005 节　释义

对 1946 年《商标法》第 45 节（《美利坚合众国法典》第 15 编第 1127 节）作出修改，在未重新调整序号的解释“假冒”术语的条款后，增加下列规定：

“‘域名’的术语，在任何域名注册机构、域名注册登记机构或者其他域名注册管理机构注册的或者由上述机构分配的、构成互联网电子地址组成部分的、由字母和数字构成的名称。”

“‘互联网’的术语的含义，与 1934 年《通信法》第 230 节第（f）条第（1）款【《美利坚合众国法典》第 47 编第 230 节第（f）条第（1）款】规定的术语含义相同。”

第 3006 节　调研滥用人名的域名注册情况

第（a）条　一般规定——在本法颁布之日后不迟于 180 日内，商务部长与专利与商标局和联邦选举委员会协商后，应当就制定指导规则和程序解决注册或者使用部分或者全部包含他人姓名的域名纠纷或者含有类似至混淆程度的他人姓名的域名纠纷，进行调查研究，提出建议，并向国会报告。上述报告应当含有下列事项的讨论意见和建议——

（1）保护个人姓名不被他人出于牟利目的注册为二级域名后，再出售给上述姓名被注册为域名之人或者任何第三人；

（2）保护个人姓名不被蓄意损害其声誉或者与该人姓名相联系的商誉

的行为人恶意用作二级域名；

（3）保护消费者姓名不被注册为和用作一级域名之下的二级域名，而且上述注册或使用方式、意图或可能在该域名注册人或根据该域名访问的网址与姓名被注册人之间的关联、牵连或协作关系方面欺骗公众，或造成公众混淆它们之间的关联、牵连或协作关系，或在域名注册人的货物、服务或商业活动的来源、出资或批准方面欺骗公众，或者造成公众混淆其来源、出资人或批准方；

（4）保护公众姓名，包括美利坚合众国联邦、州或者地方政府官员、官员候选人和政治职位的潜在候选人姓名，不被注册为域名，以至造成破坏选举，或者影响公众取得上述人员准确可靠信息的能力；

（5）州法或者其他法律规定的现有救济措施以及上述救济措施是否足以解决第（1）款至第（4）款规定的问题；

（6）互联网域名和编号分配公司的指导规则、程序和政策以及上述规则、程序和政策能否解决第（1）款至第（4）款规定的问题。

第（b）条　指导规则和程序——商务部长必须根据其与互联网域名与编号分配公司签订的《谅解备忘录》，与该公司共同制定解决注册或者使用含有他人部分或者全部姓名的域名或者与他人姓名类似至混淆程度的域名所引发争议解决指导规则和程序。

第3007节　历史文物遗址的保护

对《国家历史文物遗址保护法》第101节第（a）条第（1）款第（A）项【《美利坚合众国法典》第16编第470a节第（a）条第（1）款第（A）项】作出修改，在其末尾增加下列规定：

“尽管1946年7月5日批准通过、题为‘《为执行某些国际条约的规定等目的，对用于商业活动的商标注册和保护作出规定的法律》’【通称为‘1946年《商标法》’，见《美利坚合众国法典》第15编第1125节第（c）条】作出了规定，但是，在《全国历史遗址目录》上或者符合列入上述目录的建筑物和构建物（不论是独立的还是作为历史遗址区的组成部分），或者被州或者地方政府确定为历史遗址区的独立地标或者附属建筑物的建筑物和构建物，可以保留与该建筑物或者构建物具有历史联系的名称。”

第3008节 保留条款

本节的任何规定，不得影响被告根据1946年《商标法》享有的任何辩护理由【包括上述法律第43节第（c）条第（4）款规定的任何辩护理由，或者与合理使用有关的任何辩护理由】，或者不得影响《美利坚合众国宪法》第一修正案规定的言论自由或者表达自由的个人权利。

第3009节 技术性和协调性修改决定

对《美利坚合众国法典》第28编第85章作如下修改：

（1）对《美利坚合众国法典》第28编第1338条作如下修改——

（A）删除该节标题中“trade - marks”的规定，增加“trademarks”的规定；

（B）删除第（a）条中“trade - marks”的规定，增加“trademarks”的规定；

（C）删除第（b）条中“trade - marks”的规定，增加“trademarks”的规定。

（2）对与《美利坚合众国法典》第28编第85章的节目录中与第1338节有关的条目作出修改，删除其中的“trade - marks”的规定，增加“trademarks”的规定。

第3010节 生效日期

本编第3002节第（a）条、第3003节、第3004节、第3005节和第3008节，适用于本法颁布之日前、颁布之日或者颁布之日后注册的所有域名，但是，经本编第3003节修改之后的1946年《商标法》第35节第（a）条或者第（d）条（《美利坚合众国法典》第15编第1117节）规定的赔偿金，不适用于本法颁布之日前发生的域名政策、交易或者使用行为。

2000 年《青少年互联网保护法》

第 1701 节　法律简称

援引本编时，可以称为“《青少年互联网保护法》”。

第 1702 节　否定性条款

第（a）条　涉及内容的否定性条款——本编或者本编作出的任何修改决定，均不得解释为禁止地方教育部门、中小学或者图书馆阻断其拥有或者运营的电脑与互联网上的任何内容的链接，但除本编及其修改决定作出规定的情形除外。

第（b）条　涉及隐私的否定性条款——本编及其修改决定的任何规定，均不得解释为要求通过任何可以识别身份的用户信息追踪未成年人或者成年人使用互联网的情况。

第 1703 节　技术保护措施的研究

第（a）条　一般规定——本法颁布之日后不迟于 18 个月内，国家电信和信息管理局必须为下列目的，发布通知并发起征求意见的程序。

第（1）款　评估当前的技术保护措施，包括商业性互联网屏蔽和过滤软件，是否足以充分满足教育机构的需要；

第（2）款　就鼓励符合上述需要的措施的研究，提出建议；

第（3）款　评估社区入网后目前实施的本地互联网安全制度的制定及其效果。

第（b）条　释义——在本节中：

第（1）款　技术保护措施——“技术保护措施”的术语，指屏蔽或者过滤互联网接入下列可视资料的专门技术。

第（A）项 《美利坚合众国法典》第18编第1460节作出解释的淫秽资料；

第（B）项 《美利坚合众国法典》第18编第2256节作出解释的儿童色情资料；

第（C）项 对未成年人有害的资料；

第（2）款 对未成年人有害的资料—“对未成年人有害的资料”的术语，指下列图片、图像、图形图像文档或者其他可视内容。

第（A）项 整体而言，能够引起未成年人对裸露、性或者分泌物的淫欲的；

第（B）项 以适合未成年人口味的明显挑逗方式，描写、描述或者描绘真实或者模拟性行为或者性接触、真实或者模拟的正常或者变态性行为或者以淫荡的方式展示生殖器的；

第（C）项 以及整体而言，对未成年人来说缺乏严肃的文学、艺术、科学或者政治价值的。

第（3）款 性行为与性接触—“性行为”和“性接触”的术语含义，与《美利坚合众国法典》第18编第2246节所规定的术语含义相同。

第A分编——联邦计算机教育基金

第1711节 关于学校获取基金的限制规定

对1965年《中小学教育法》第3编（《美利坚合众国法典》第20编第6801节以下）作出修改，在其末尾增加下列规定：

“第F部分——关于学校获取基金的限制规定

“第3601节 学校使用资金的限制规定

“第（a）条 互联网安全——

“第（1）款 一般规定—根据《青少年互联网保护法》第1721节修改后的1934年《通信法》第254节第（h）条第（5）款的规定，地方教育机构为不能以折扣价格取得服务的中小学取得本编规定的任何基金，不得用于为上述学校购买接入互联网的计算机，或者用于为上述学校支付与互联网接入有关的直接费用，除非上述学校、学校董事会、地方教育机构或其他负责管理上述学校的管理机构符合下列要求：

“第（A）项 （i）为未成年人建立了包括不能通过上述任何计算机访问含有下列可视资料之一的、与互联网接入有关的技术保护措施在内的相应互联网安全制度——

“（I）淫秽资料；

“（II）儿童色情资料；

“（III）对未成年人有害的资料。

“（ii）已在未成年人使用计算机期间，采取了上述技术保护措施；

第（B）项 （i）已建立了包括不能通过上述任何计算机访问含有下列可视资料之一的、与互联网接入有关的技术保护措施在内的相应互联网安全制度——

“（I）淫秽资料；

“（II）儿童色情资料；

“（ii）已在任何人使用计算机期间，采取了上述技术保护措施。

“第（2）款 执行时间与措施——

“第（A）项 一般规定——对第（1）款规定的学校负有管理责任的地方教育机构，证明其所负责管理的上述学校已经遵守了第（1）款的规定，系本节生效后下一个项目基金年度以及随后的每一个项目基金年度的基金申请程序必经的步骤。

“第（B）项 程序——

“（i）建立了相应互联网安全制度和采取了相应技术保护措施的学校——根据第（1）款规定，对建立了符合该款规定的相应互联网安全制度和采取了符合该款规定的相应技术保护措施的学校负有管理责任的地方教育机构，应当证明上述学校在本法规定的每一个年度项目期间，均遵守了第（1）款的规定。

“（ii）没有建立相应互联网安全制度和采取相应技术保护措施的学校——根据第（1）款规定，对没有建立符合该款规定的相应互联网安全制度的学校负有管理责任的地方教育机构：

“（I）在本节生效后的第一个项目年度内，地方教育机构依据本法为上述学校申请基金时，应当证明该学校为建立符合上述规定的互联网安全制度，正在采取包括制定任何必要的采购程序在内的上述措施；

“（II）在本节生效后的第二个项目年度内，地方教育机构依据本法为上述学校申请基金时，应当证明上述学校已遵守上述规定。第（1）款规定的由地方教育机构负责管理的任何学校，不能证明其在第二个项目年度内遵守了上述规定的，没有资格申请本法规定的第二个项目年度以及随后所有项目年度的基金，直至上述学校满足上述法律规定为止。

“（iii）放弃——应当获得但未能获得根据第（ii）目第（II）分目规定的相关地方教育机构的证明文件的学校，在州或者地方采购规则、管理规定或者竞标规定不要求取得上述条目规定的证明文件的情形下，可以申请放弃适用上述条目的规定。相关的地方教育机构应当将上述条目适用于上述学校的情形，报告国家通信和信息管理局局长。上述报告应当确认，上述学校将会在本节生效后的第三个项目年度开始之前遵守第（1）款的规定。

“第（3）款　在特定使用期间的中止行为—管理员、监督员或者第（1）款规定的官方机构授权的人员，对于善意研究或者其他合法目的的接入行为，可以中止适用有关技术保护措施。

“第（4）款　关于未遵守规定的处理——

“第（A）项　利用《基本教育法》的救济措施——局长有理由认为本编规定的基金的任何接受者实质上没有遵守本节规定时，可以——

“（i）停止拨款给本编规定的基金接受者；

“（ii）提起诉讼，请求法院签发停业整顿的命令，强制接受者遵守相关规定；

“（iii）根据《基本教育法》第 455 节、第 456 节和 457 节（《美利坚合众国法典》第 20 编第 1234 节第 d 条）授予局长的职权，与基金接受者达成遵守相关规定的协议，促使遵守上述规定。

“第（B）项　禁止取回基金——第（A）项授权采取的措施，是针对没有实际遵守本条规定的学校专门采取的补救措施，但是，局长不得要求没有遵守上述规定的接受者交回基金。

“第（C）项　建议拨款—局长认定（不论是通过检查确认或者取得其他充分证据）根据第（A）项第（i）目规定被停止拨款的基金接受者已经改正造成停止拨款的行为的，可以终止执行上述条款规定的停止拨款决定。

“第（5）款　释义——在本节中

“第（A）项　计算机——‘计算机’的术语，包括任何硬件、软件，或者附属于、安装于计算机的其他技术，或者与计算机有关的其他技术，或者用于计算机的技术。

“第（B）项　接入互联网——装配了调制调解器的计算机，或者链接了计算机网络的计算机，视为接入互联网。

“第（C）项　获得或者运行——基金直接或者间接用于下列情形的，视为已经取得本编规定的用于购买或者操作计算机的基金的中学或者小学

“（i）购买、租赁或者以其他方式获得上述计算机，或者取得上述计算机的使用权的；

“（ii）获得与计算机操作有关的服务、物资、软件，或者与计算机操作有关的其他行动或者物质支持。

“第（D）项　未成年人—‘未成年人’的术语，指未满 17 周岁的自然人。

“第（E）项　儿童色情资料—‘儿童色情资料’术语的含义，与《美利坚合众国法典》第 18 编第 2256 节所规定的上述术语含义相同。

“第（F）项　对未成年人有害的资料—‘对未成年人有害的资料’的术语，指下列情形的任何图片、图像、图形图像文档或者其他可视资料——

“（i）整体而言，能够引起未成年人对裸露、性或者分泌物的淫欲的；

“（ii）以适合未成年人口味的明显挑逗方式，描写、描述或者描绘真实或者模拟性行为或者性接触、真实或者模拟的正常或者变态性行为或者以淫荡的方式展示生殖器的；

“（iii）以及整体而言，对未成年人来说缺乏严肃的文学、艺术、科学或者政治价值的。

“第（G）项　淫秽—‘淫秽’术语的含义，与《美利坚合众国法典》第 18 编第 1460 节所规定的术语含义相同。

“第（H）项　性行为与性接触—‘性行为’和‘性接触’的术语含

义，与《美国法典》第 18 篇第 2246 节所规定的术语含义相同。

“第（b）条　生效日期——本节在《青少年互联网保护法》颁布之日后的 120 日生效。

“第（c）条　可分性——本节任何规定被判决违法无效的，不影响本节其余规定的效力。”

第 1712 节　关于图书馆取得特定基金的限制规定

第（a）条　修改决定——对《博物馆和图书馆服务法》第 224 节［《美利坚合众国法典》第 20 编第 9134 节第（b）条］作出修改——

第（1）款　在第（b）条——

第（A）项　重新调整第（6）款为第（7）款；

第（B）项　在第（5）款之后，增加下列条款：

“第（6）款　保证该州将遵守第（f）条的规定；以及”

第（2）款　在其末尾增加下列条款：

“第（f）条　互联网安全——

“第（1）款　一般规定——根据《青少年互联网保护法》第 1721 节修改后的 1934 年《通信法》第 254 节第（h）条第（5）款的规定，第 213 节第（2）款第（A）项或者第（B）项所规定的不能以折扣费率取得服务的图书馆取得本编规定的任何基金，不得用于为上述图书馆购买接入互联网的计算机，或者用于为上述图书馆支付与互联网接入有关的直接费用，除非——

“第（A）项　上述图书馆——

“（i）为未成年人建立了恰当的、包括不能通过上述任何计算机访问含有下列可视资料之一的、与互联网接入有关的技术保护措施在内的互联网安全制度——

“（I）淫秽资料；

“（II）儿童色情资料；

“（III）对未成年人有害的资料；

“（ii）已在未成年人使用计算机期间，采取上述技术保护措施；

“第（B）项 上述图书馆——

“（i）已建立了恰当的、包括不能通过上述任何计算机访问含有下列可视资料之一的、与互联网接入有关的技术保护措施在内的互联网安全制度——

“（I）淫秽资料；

“（II）儿童色情资料；

“（ii）已在任何人使用计算机期间，采取了上述技术保护措施。

“第（2）款 接入其他资料——本节的任何规定，不得解释为禁止图书馆限制网络接入或者以其他方式防范第（1）款第（A）项第（i）目第（I）目、第（II）目和第（III）分目规定以外的资料。

“第（3）款 在特定使用期间的中止行为——管理员、监督员或者第（1）款规定的官方机构授权的人员，对于善意研究或者其他合法目的的接入行为，可以中止适用有关技术保护措施。

“第（4）款 执行时间与措施——

“第（A）项 一般规定——第（1）款规定的图书馆取得其已经遵守第（1）款规定的认定书，系本节生效后下一个项目基金年度以及随后的每一个项目基金年度的基金申请程序的必经步骤。

“第（B）项 程序——

“（i）建立了相应互联网安全制度和采取了相应技术保护措施的图书馆——根据第（1）款规定，对建立了符合该款规定的相应互联网安全制度和采取了符合该款规定的相应技术保护措施的图书馆，应当取得认定书，确认其在本法规定的每一个年度项目期间，均遵守了第（1）款的规定。

“（ii）没有建立相应的互联网安全制度和采取相应的技术保护措施的图书馆——根据第（1）款规定的没有建立符合该款规定的相应互联网安全制度的图书馆——

“（I）在本节生效后的第一个项目年度内，上述图书馆申请本法规定基金时，应当证明其为建立符合上述规定的互联网安全制度，正在采取包括制定任何必要的采购程序在内的上述措施；

“（II）在本节生效后的第二个项目年度内，图书馆申请本法规定的基金时，应当证明其已遵守上述规定。第（1）款规定的图书馆，不能证明其在第二个项目年度内遵守了上述规定的，没有资格申请本法规定的第二个项目年度以及随后所有项目年度的基金，直至上述图书馆满足上述法律规定为止。

“（iii）放弃——应当获得但未能获得根据第（ii）目第（II）分目规定的证明文件的图书馆，在州或者地方采购规则、管理规定或者竞标规定不要求取得上述条目规定的证明文件的情形下，可以申请放弃适用上述条目的规定。上述图书馆应当将上述条目适用于其的情形，报告博物馆和图书馆服务研究院院长。上述报告应当确认，上述图书馆将会在本节生效后的第三个项目年度开始之前遵守第（1）款的规定。

“第（5）款　关于未遵守规定的处理——

“第（A）项　利用《基本教育法》的救济措施——博物馆和图书馆服务研究院院长有理由认为本编规定的基金的任何接受者实质上没有遵守本节规定时，可以——

“（i）停止拨款给本编规定的基金接受者；

“（ii）提起诉讼，请求法院签发停业整顿的命令，强制接受者遵守相关规定；

“（iii）与基金接受者达成协议，促使其遵守上述规定。

“第（B）项　禁止取回基金——第（A）项授权采取的措施，是针对没有实际遵守本条规定的图书馆专门采取的补救措施，但是，博物馆和图书馆服务研究院院长不得要求没有遵守上述规定的接受者交回基金。

“第（C）项　建议拨款——博物馆和图书馆服务研究院院长认定（不论是通过检查确认或者取得其他充分证据）根据第（A）项第（i）目规定被停止拨款的基金接受者已经改正造成停止拨款的行为的，可以终止执行上述条款规定的停止拨款决定。

“第（6）款　可分性——本条任何规定被法院判决违法无效的，不影响本条其他规定的效力。

“第（7）款　释义——在本节中：

“第（A）项　儿童色情资料——‘儿童色情资料’术语的含义，与《美利坚合众国法典》第 18 编第 2256 节所规定的上述术语含义相同。

“第（B）项　对未成年人有害的资料——‘对未成年人有害的资料’的术语，指下列情形的任何图片、图像、图形图像文档或者其他可视资料——

“（i）整体而言，能够引起未成年人对裸露、性或者分泌物的淫欲的；

“（ii）以适合未成年人口味的明显挑逗方式，描写、描述或者描绘真实或者模拟性行为或者性接触、真实或者模拟的正常或者变态性行为或者以淫荡的方式展示生殖器的；

“（iii）以及整体而言，对未成年人来说缺乏严肃的文学、艺术、科学或者政治价值的。

“第（C）项　未成年人——‘未成年人’的术语，指未满 17 周岁的自然人。

“第（D）项　淫秽——‘淫秽’术语的含义，与《美利坚合众国法典》第 18 编第 1460 节所规定的术语含义相同。

“第（E）项　性行为与性接触——‘性行为’和‘性接触’的术语含义，与《美国法典》第 18 篇第 2246 节所规定的术语含义相同。”

第（b）条　生效日期——本节在《青少年互联网保护法》颁布之日后的 120 日生效。

第 B 分编——普及服务折扣

第 1721 节

学校和图书馆针对与互联网接入的计算机实施与技术保护措施有关的互联网安全制度系取得普及服务折扣的条件，要求如下：

第（a）条　学校——对 1934 年《通信法》第 254 节第（h）条【《美利坚合众国法典》第 47 编第 254 节第（h）条】作出修改

第（1）款　将第（5）款重新调整为第（7）款；

第（2）款　在第（4）款之后，增加下列第（5）款规定：

“（5）对计算机已经链接互联网的特定学校的要求——

“第（A）项　互联网安全——

“（i）一般规定——除第（ii）目规定的情形外，其计算机已经链接互联网的小学或者中学，不能依据第（1）款第（B）项的规定以折扣利率获得服务，除非上述学校、学校董事会或者对上述学校负有管理责任的其他教育管理机构——

“（I）向委员会提交第（B）项和第（C）项所规定的证明文件；

“（II）依照第（1）条的规定，向委员会提交能证明上述学校已经建立和实施互联网安全制度的证明文件；

“（III）确保计算机的使用行为与证明文件的记载一致。

“（ii）适用性—第（i）目的禁止性规定，不适用于为互联网接入、互联网服务或者互联网链接外的目的而取得第（1）款第（B）项规定的折扣服务的学校。

“（iii）公告和听证会—第（i）目规定中小学及其学校董事会、地方教育机构或者对上述学校负有管理责任的其他教育管理机构，应当发出合理的公告，并至少举行一次公开的听证会或者会议，说明所计划采取的互联网安全制度。如果上述中小学不是 1965 年《中小学教育法》第 14101 节（《美利坚合众国法典》第 20 编第 8801 节）中所规定的中小学，本目所规定的公告和听证会的公开范围，可以限定在与上述学校有关的社会公众。

“第（B）项　与未成年人有关的证明文件—本项规定的证明文件，指证明学校、学校董事会、地方教育机构或者对上述学校负有管理责任其他教育管理机构

“（i）正在为未成年人实施互联网安全制度，包括监控未成年人的在线活动以及采取与其计算机接入互联网有关的以防止通过上述计算机访问下列可视资料的技术保护措施——

“（I）淫秽资料；

“（II）儿童色情资料；

“（III）对未成年人有害的资料；

“（ii）在未成年人使用上述计算机期间，采取上述技术保护措施。

“第（C）项　与成年人有关的证明文件——本款规定的证明文件，指证明上述学校、学校董事会、地方教育机构或者对上述学校负有管理责任的

其他教育管理机构

“（i）正在实施互联网安全制度，包括采取与其计算机接入互联网有关的以防止通过上述计算机访问下列可视资料的技术保护措施——

“（I）淫秽资料；

“（II）儿童色情资料；

“（ii）在任何人使用上述计算机期间，均采取上述技术保护措施。

“第（D）项　在成年人使用期间的中止行为——管理员、监督员或者第（1）款规定的认证机构授权的人员，在成年人使用期间，对于善意研究或者其他合法目的的接入行为，可以中止适用有关技术保护措施。

“第（E）项　执行时间——

“（i）一般规定——自《青少年互联网保护法》第 1721 节第（h）条下的本款规定生效之日起，对于本款规定的受第（ii）目规定约束的任何学校，第（B）项和第（C）项规定的证明应当按照下列规定作出——

“（I）对于上述生效日期之后的本条规定的第一个项目基金年度而言，应当在上述项目基金年度开始后不迟于 120 日内作出；

“（II）对于随后的任何基金项目年度而言，应当作为上述项目基金年度的申请手续的必经步骤而作出。

“（ii）程序——

“（I）建立了相应的互联网安全制度和采取了相应技术保护措施的学校——建立了符合第（B）项和第（C）项规定的认证要求的相应互联网安全制度和采取了符合上述要求的相应技术保护措施的学校，应当证明其在本条规定的每一个年度项目申请期间，均遵守了第（B）项和第（C）项的规定，但是，对于《青少年互联网保护法》第 1721 节第（h）条下的本款规定生效之日后的第一个项目基金年度而言，上述证明必须在上述第一个项目基金年度开始后不迟于 120 日内作出。

“（Ⅱ）没有建立相应的互联网安全制度和采取相应的技术保护措施的学校——第（i）目规定的没有建立符合第（B）项和第（C）项规定的证明要求的互联网安全制度和没有采取符合上述证明要求的技术保护措施的学校——

“（aa）在适用于上述基金的本条规定生效后的第一个项目年度内，应当证明其为建立符合第（B）项和第（C）项规定的互联网安全制度和采取符合上述规定的技术保护措施，正在采取包括制定任何必要的采购程序在内的上述措施；

“（bb）在适用于上述基金的本条规定生效后的第二个项目年度内，应当证明其遵守第（B）项和第（C）项的规定。不能证明其在第二个项目年度内遵守了上述规定的，没有资格申请本条规定的第二个项目年度以及随后所有项目年度的折扣服务或者代替上述折扣服务的基金，直至上述学校满足上述法律规定为止。

“（III）放弃——在上述第二个项目年度内，没有遵守第（A）项和第（C）项规定的受第（ii）目规定约束的学校，在州或者地方采购规则、管理规定或者竞标规定不要求取得上述条目规定的证明文件的情形下，可以申请放弃适用第（II）分目第（bb）次的规定。上述学校、学校董事会、地方教育机构或者对上述学校负有管理责任的其他教育管理机构，应当将上述条目适用于上述学校的情形，报告委员会。上述报告应当确认，上述学校将会在适用于上述学校申请基金的本条规定生效后的第三个项目年度开始之前遵守上述规定。

“第（F）项　关于未遵守规定的处理——

“（i）没有提交证明——故意不遵守本款关于递交年度证明的申请指导规则的任何学校，均没有资格依据本条的规定，按照折扣价格取得服务，或者取得代替本条规定的上述折扣价格服务的基金。

“（ii）没有遵守证明文件记载的内容——故意不确保其使用计算机的行为与第（B）项和第（C）项规定的证明文件的记载内容一致的学校，应当偿还所取得的本条规定的上述证明文件所涵盖的任何基金和折扣服务费用。

“（iii）未遵守的救济措施——

“（Ⅰ）未提交证明文件——没有按照第（i）目的规定提交证明文件的学校，可以通过补交相关证明的方式进行补救。补交上述证明后，上述学校就有资格依照本条规定按折扣价格取得服务。

“（Ⅱ）未遵守——没有遵守第（ii）目所要求的证明规定的学校，可以通过确保其计算机的使用遵守证明内容的方式进行补救。向委员会递交证明文件或者证明采取补救措施的其他相应证明后，上述学校有资格依据本条规定按折扣价格取得服务。”

第（b）条 图书馆——对上述第 254 节的第（h）条作进一步修改，在经本节第（a）条作出修改后的第（5）款之后，增加下列条款：

“第（6）款 对计算机已经连接互联网的图书馆的要求——

“第（A）项 互联网安全——

“（i）一般规定——除第（ii）目规定的情形外，具有一台或者一台以上的计算机接入互联网的图书馆，不能按照第（1）款第（B）项规定价格折扣取得服务，除非图书馆——

“（Ⅰ）向委员会提交了第（B）项和第（C）项规定的证明文件；

“（Ⅱ）向委员会提交第（1）款规定的图书馆已经制定并执行互联网安全制度的证明；

“（Ⅲ）确保计算机的使用与证明文件的内容一致。

“（ii）适用规定——第（i）目的禁止性规定，不适用于为提供互联网接入、互联网服务和内部链接以外的目的而取得第（1）款第（B）项规定的折扣服务的行为。

“（iii）公告和听证会——第（i）目规定的图书馆，应当提供合理的公告，并至少举行一次听证会或者会议，说明所计划制定的互联网安全制度。

“第（B）项 涉及未成年人的证明——本款规定的证明，指证明图书馆——

“（i）正在实施互联网安全制度，包括采取与其计算机接入互联网有关的以防止通过上述计算机访问下列可视资料的技术保护措施——

“（I）淫秽资料；

“（II）儿童色情资料；

“（III）对未成年人有害的资料；

“（ii）在未成年人使用上述计算机期间，采取上述技术保护措施。

“第（C）项 与成年人有关的证明文件——本款规定的证明文件，指证明图书馆——

“（i）正在实施互联网安全制度，包括采取与其计算机接入互联网有关的以防止通过上述计算机访问下列可视资料的技术保护措施——

“（I）淫秽资料；

“（II）儿童色情资料；

“（ii）在任何人使用上述计算机期间，均采取上述技术保护措施。

“第（D）项　在成年人使用期间的中止行为——管理员、监督员或者第（A）项第（i）目规定的证明机构授权的人员，在成年人使用期间，对于善意研究或者其他合法目的的接入行为，可以中止适用有关技术保护措施。

“第（E）项　执行时间——

“（i）一般规定——自《青少年互联网保护法》第1721节第（h）条下的本款规定生效之日起，对于本款规定的受第（ii）目规定约束的任何图书馆，第（B）项和第（C）项规定的证明应当按照下列规定作出——

“（I）对于上述生效日期之后的本条规定的第一个项目基金年度而言，应当在上述项目基金年度开始后不迟于120日内作出；

“（II）对于随后的任何基金项目年度而言，应当作为上述项目基金年度申请手续的必经步骤。

“（ii）程序——

“（Ⅰ）建立了相应互联网安全制度和采取了相应技术保护措施的图书馆——建立了符合第（B）项和第（C）项规定的证明要求的相应互联网安全制度和采取了符合上述要求的相应技术保护措施的图书馆，应当证明其在本条规定的每一个年度项目申请期间，均遵守了第（B）项和第（C）项的规定，但是，对于《青少年互联网保护法》第1721节第（h）条下的本款规定生效之日后的第一个项目基金年度而言，上述证明必须在上述第一个项目基金年度开始后不迟于120日内作出。

“（Ⅱ）没有建立相应的互联网安全制度和采取相应的技术保护措施的图书馆——第（i）目规定的没有建立符合第（B）项和第（C）项规定的证明要求的互联网安全制度和没有采取符合上述证明要求的技术保护措施的图书馆——

“（aa）在适用于上述基金的本条规定生效后的第一个项目年度内，应当证明其为建立符合第（B）项和第（C）项规定的互联网安全制度和采取符合上述规定的技术保护措施，正在采取包括制定任何必要的采购程序在内的上述措施；

“（bb）在适用于上述基金的本条规定生效后的第二个项目年度内，应当证明其遵守第（B）项和第（C）项的规定。不能证明其在第二个项目年度内遵守了上述规定的，没有资格申请本条规定的第二个项目年度以及随后所有项目年度的折扣服务或者代替上述折扣服务的基金，直至上述图书馆满足上述法律规定为止。

“（III）放弃—在上述第二个项目年度内，没有遵守第（A）项和第（C）项规定的受第（Ⅱ）分目规定约束的图书馆，在州或者地方采购规则、管理规定或者竞标规定不要求取得上述条目规定的证明文件的情形下，可以申请放弃适用第（II）分目第（bb）次的规定。上述图书馆、图书馆董事会或者对上述图书馆负有管理责任的其他管理机构，应当将上述条目适用于上述图书馆的情形，报告委员会。上述报告应当确认，上述学校将会在适用于上述图书馆申请基金的本条规定生效后的第三个项目年度开始之前遵守上述规定。

“第（F）项　关于未遵守规定的处理——

“（i）没有提交证明文件——故意不遵守本款关于提交年度证明的申请指导规则的任何图书馆，均没有资格依据本条的规定，按照折扣价格取得服务，或者取得代替本条规定的上述折扣价格服务的基金。

“（ii）没有遵守证明文件记载的内容——故意不确保其使用计算机的行为与第（B）项和第（C）项规定的证明文件的记载内容一致的任何图书馆，应当偿还所取得的本条规定的上述证明文件所涵盖的任何基金和折扣服务费用。

“（iii）未遵守的救济措施——

“（Ⅰ）未提交证明文件——没有按照第（i）目的规定提交证明文件的图书馆，可以通过补交相关证明的方式进行补救。补交上述证明后，上述图书馆有资格依照本条规定按折扣价格取得服务。

“（Ⅱ）未遵守规定——没有遵守第（ii）目所要求的证明规定的图书

馆，可以通过确保其计算机的使用遵守证明内容的方式进行补救。向委员会提交证明文件或者证明采取补救措施的其他相应证明后，上述图书馆有资格依据本条规定按折扣价格取得服务。”

第（c）条　定义——对经本节第（a）条第（1）款重新调整后的第（7）款作出修改，在其末尾增加下列规定：

“第（D）项　未成年人——‘未成年人’的术语，指未满17周岁的自然人。

“第（E）项　淫秽——‘淫秽’术语的含义，与《美利坚合众国法典》第18编第1460节所规定的术语含义相同。

“第（F）项　儿童色情资料——‘儿童色情资料’术语的含义，与《美利坚合众国法典》第18编第2256节所规定的上述术语含义相同。

“第（G）项　对未成年人有害的资料——‘对未成年人有害的资料’的术语，指下列情形的任何图片、图像、图形图像文档或者其他可视资料——

“（i）整体而言，能够引起未成年人对裸露、性或者分泌物的淫欲的；

“（ii）以适合未成年人口味的明显挑逗方式，描写、描述或者描绘真实或者模拟性行为或者性接触、真实或者模拟的正常或者变态性行为或者以淫荡的方式展示生殖器的；

“（iii）以及整体而言，对未成年人来说缺乏严肃的文学、艺术、科学或者政治价值的。

“第（H）项　性行为与性接触——‘性行为’和‘性接触’的术语含义，与《美国法典》第18篇第2246节所规定的术语含义相同。

“第（I）项　技术保护措施——‘技术保护措施’的术语，指用于屏蔽或者过滤互联网接入第（5）款或者第（6）款规定的与上述证明文件有关的资料的专门技术。”

第（d）条　条文协调性的修改决定——对该节第（4）款作出修改，删除“第（5）款第（A）项”的规定，增加“第（7）款第（A）项”的规定。

第（e）条　可分性——本节修改后的1934年《通信法》第254节第

(h)条第(5)款或者第(6)款的任何规定，被法院判决违法无效的，上述条款的其余规定以及上述条款适用于其他人或者其他情形的效力，不受影响。

第(f)条　管理规定——

第(1)款　要求——联邦通信委员会应当为实施经本节修改后的1934年《通信法》第254节第(h)条第(5)款和第(6)款规定的目的，制定管理规定。

第(2)款　截止期限——尽管其他法律作出了规定，但是，联邦通信委员会应当根据第(1)款的规定制定管理规定，并确保上述管理规定在本法颁布之日后120日生效。

第(g)条　为获得技术保护措施而利用某项基金的规定

第(1)款　一般规定——尽管其他法律作出了规定，但是，根据第3134节、1965年《中小学教育法》第VI编第A部分或者《图书馆服务与技术法》第231节的规定而取得的基金，可以用于购买或者获取为符合本编以及本编修改决定所规定的要求而必需的技术保护措施。本编以及本编修改决定，并不授权以其他来源的基金用于购买或者取得上述技术保护措施。

第(2)款　技术保护措施的释义——在本节中，“技术保护措施”的术语含义，与第1703节所规定的术语含义相同。

第(h)条　生效日期——本节作出的修改决定，于本法颁布之日后的120日生效。

第C分编——关于社区青少年互联网保护的规定

第1731节　法律简称

援引本分编时，可以称为“《社区青少年互联网保护法》”。

第1732节　互联网安全制度要求

对1934年《通信法》第254节(《美利坚合众国法典》第47编第254节)作出修改，在其末尾增加下列规定：

“第(l)条　针对学校和图书馆的互联网安全制度要求——

“第(1)款　一般规定——为执行第(h)条规定的责任，适用第

（h）条规定的每个学校或者图书馆应当——

“第（A）项　针对下列事项，建立和执行相应的互联网安全制度——

“（i）不适宜未成年人接触的互联网和全球网上的材料；

“（ii）未成年人使用电子邮件、聊天室以及其他直接电子通信时的安全与保护；

“（iii）未经授权的访问，包括所谓的‘黑客’和未成年人在线参与的其他非法活动；

“（iv）未经授权披露、使用和传播未成年人的个人身份信息；

“（v）旨在限制未成年人接触对未成年人有害的资料的措施。

“第（B）项　发布合理公告并至少举行一次听证会或者会议，说明所计划采取的互联网安全制度。

“（2）当地确定内容是否合适的规定——不适合于未成年人的具体内容，应当由学校董事会、地方教育机构、图书馆或者有权作出决定的其他管理机构作出。美利坚合众国政府的任何机构或者部门，均不得——

“第（A）项　为作出上述决定设立标准；

“第（B）项　审查出具证明的学校、学校董事会、地方教育机构、图书馆或者其他管理机构作出的上述决定；

“第（C）项　审议出具证明的学校、学校董事会、地方教育机构、图书馆或者其他管理机构在执行第（h）条第（1）款第（B）项的规定时所采纳的标准；

“第（3）款　提交审查的规定——依照本节规定由学校、学校董事会、地方教育机构、图书馆或者负责制定上述安全制度的其他管理机构制定的每一项互联网安全制度，经委员会提出要求，均应提交上述委员会审查。

“第（4）款　生效日期——本节的规定，应当在《青少年互联网保护法》颁布之日后第 120 日或者第 120 日后，适用于学校和图书馆。”

第 1733 节　实施的管理规定

在本法颁布之日后不迟于 120 日内，联邦通信委员会应当为实施本法修改后的 1934 年《通信法》第 254 节第（1）条的规定，制定管理规定。

第 D 分编——快速审理

第 1741 节　快速审理

第（a）条　地区法院三名法官组成合议庭审理——虽然有其他法律的规定，但是，任何具有初步证据质疑本编、本编作出的修改决定或者与其有关的任何规定的合宪性的民事诉讼案件，均应当根据《美利坚合众国法典》第 28 编第 2284 节的规定，由地区法院三名法官组成合议庭进行审理。

第（b）条　上诉审理——虽然其他法律作出了规定，但是，审理案件的三名法官组成的合议庭根据第（a）条规定，作出的判决本编、本编的修改决定或者其他任何有关规定违宪的中间判决、最终判决、裁定或者决定，均有权直接向美利坚合众国最高法院上诉。任何此类上诉必须在上述判决、裁定或者决定作出后 20 日内提出。

2000年《互联网虚假身份证明防范法》

《公法公报》第106－578期—2000年12月28日

《联邦制定法大全》第114卷第3075页

第106届国会

美利坚合众国众议院和参议院为加强实施打击虚假身份证明的联邦制定法等目的而举行会议通过的法律。

第1节　法律简称

援引本法时，可以称为“2000年《互联网虚假身份证明防范法》”。

第2节　反虚假身份证明协调委员会

第（a）条　一般规定——司法部长和财政部长必须设立反虚假身份证明协调委员会，通过现有的跨机构专门小组或者采取其他措施，保障有力地调查和起诉虚假身份证明文件【释义由本法第3节第（2）款修改后的《美利坚合众国法典》第18编第1028节第（d）条第（3）款作出规定】的制作和传播行为。

第（b）条　成员——反虚假身份证明协调委员会由美利坚合众国特勤局局长、联邦调查局局长、司法部长、社会保障署署长以及移民和归化署署长或者由他们各自委派的人员组成。

第（c）条　存续期限——自本法生效之日后2年内，协调委员会应当终止活动。

第（d）条　报告——

（1）一般规定——在反虚假身份证明协调委员会存续期间，司法部长和财政部长必须于每年年终时，向参议院司法委员会和众议院司法委员会报告协调委员会的活动情况。

（2）内容——第（1）款规定的报告必须含有如下内容——

（A）在上年度调查和起诉的制作和传播虚假身份证明文件的案件中，大陪审团决定提起公诉、非大陪审团决定提起公诉、认罪答辩、有罪判决和无罪判决的案件总数；

（B）大陪审团决定提起公诉与非大陪审团决定提起公诉以及由此而产生的认罪答辩、有罪判决和无罪判决所属的联邦司法区名称；

（C）起诉时所适用的联邦制定法的具体规定；

（D）调查和起诉的重大案件的简要案情；

（E）每件认罪答辩案件和有罪判决案件所确定的具体刑罚；

（F）为更有效地调查和起诉虚假身份证明文件的制作和传播行为，提出的立法修改建议。

第 3 节　虚假身份证明

对《美利坚合众国法典》第 18 编第 1028 节作如下修改：

（1）在第（c）条第（3）款第（A）项的“商业”之后，增加“，包括通过电子手段传输文件”的规定；

（2）第（d）条——

（A）在第（1）款的“影响”之后，增加“模板、计算机文档、计算机光盘”的规定；

（B）在第（5）款的分号之后，删除“并且”的规定；

（C）将第（6）款重新调整为第（8）款；

（D）将第（3）至（5）款分别重新调整为第（4）至（6）款；

（E）在第（2）款之后，增加下列规定：

“（3）‘虚假身份证明文件’的术语，指意图表明个人身份或者为证明个人身份而普遍接受的如下文件：

“（A）不是政府机关颁发的或者由其授权颁发的；

“（B）但看似美利坚合众国政府、州政府及其所属部门、外国政府及其所属部门、国际组织或者准国际组织颁发的或者由其授权颁发的。”

（F）在重新调整后的第（6）款之后，增加下列规定：

“（7）‘传输’的术语，包括在他人可以登录的网页上挑选身份证明文件、虚假身份证明文件或者身份证明文件制作工具以及投放或者指示投放上述身份证明文件、虚假身份证明文件或者身份证明文件制作工具。”

第 4 节　废止决定

《美利坚合众国法典》第 18 编第 1783 节以及该编第 83 章目录表中与该节有关的条目，予以废止。

第 5 节　生效日期

本法以及根据本法作出的修改决定，在本法颁布后 90 日生效。

本法于 2000 年 12 月 28 日批准通过。

2003 年《反垃圾邮件法》

参议院第 877 号

美利坚合众国

第一百零八届国会第一次会议

于 2003 年 1 月 17 日星期二在华盛顿市举行会议

为了限制和惩罚通过互联网发送未经索取的商业电子邮件而规范商业活动，美利坚合众国众议院和参议院举行会议通过的法律。

第 1 节 法律简称

援引本法时，可以称为“2003 年《未经索取的色情和营销邮件攻击控制法》”或者“2003 年《反垃圾邮件法》”。

第 2 节 国会调查结果及其政策

第（a）条 调查结果——国会查明下列事实：

（1）电子邮件已成为极其重要的大众通讯方式，每天都有数以百万计的美国人依靠它进行个人或者商业活动。电子邮件成本低、通达全球，极其方便、快捷，为培育和发展通畅的商业环境提供了独特的机会。

（2）电子邮件的方便、快捷受到数量急剧膨胀的未经索取的商业电子邮件的威胁。据估计，目前未经索取的商业电子邮件占电子邮件发送总量的比例，由 2001 年的 7% 上升至目前的 50% 以上，而且其数量还在持续增长。大多数的这类邮件在某种程度上属于虚假性或者欺骗性信息。

（3）由于无法拒绝接收未经索取的商业电子邮件，因此，花费成本存取这类邮件，或者花费时间接收、过滤以及删除这些邮件，均会增加收件人的负担。

（4）接收大量的无用信息，还会降低电子邮件的方便性，导致淹没在大量无用信息中的有用商业性或者非商业性电子邮件信息存在丢失、漏看或者删除的风险，从而降低电子邮件对收件人而言的可靠性和有用性。

（5）有的商业性电子邮件，含有许多收件人认为性质上属于低俗或者色情的内容。

（6）未经索取的商业性电子邮件不断增多，给传递和接收前述邮件的互联网接入服务提供商、公司企业、教育机构和非赢利性机构带来沉重的经济负担，因为在不增加基础设施的投入情况下，上述提供商、公司企业和机构处理邮件的能力是有限的。

（7）许多未经索取的商业性电子邮件的发件人有意隐蔽邮件的来源。

（8）许多未经索取的商业性电子邮件的发件人，为了引诱收件人查阅信息，故意在邮件主题中加入误导性信息。

（9）虽然有一些商业性电子邮件的发件人，为收件人提供了拒绝接收（或者“选择拒收”）前述发件人将来发送的商业性电子邮件的简便而可靠的方式，但是，其他发件人并没有提供上述“选择拒收”机制，或者拒绝尊重收件人不接收上述发件人将来发送的上述邮件的要求。

（10）许多未经索取的商业性电子邮件的群发人，利用计算机程序自动从用户必须贴出邮件地址才能完全利用的互联网网址或者在线服务上，采集大量的电子邮件地址。

（11）很多州已经颁布旨在规范或者减少未经索取的商业性电子邮件的法律，但是，这些制定法规定的标准和要求各不相同。因此，上述立法显然没有成功解决与未经索取的商业性电子邮件有关的问题，部分原因在于，电子邮件地址并不具体指向某一特定的地理位置，守法经营者在这些迥异的制定法面前无所适从。

（12）解决与未经索取的商业性电子邮件的急速泛滥和滥用带来的相关问题，不能仅仅依靠联邦立法，开发和使用技术手段以及努力与其他国家进行合作也是必需的。

第（b）条 国会关于公共政策的判断——根据第（a）条的调查结果，国会认为——

（1）在全国范围内规范商业性电子邮件的行为中，存在重大的政府利益；

（2）商业性电子邮件的发件人不得在邮件的来源或者内容方面误导收件人；

（3）商业性电子邮件收件人有权拒绝再次接收来源相同的商业性电子邮件。

第 3 节　释义

在本法中：

（1）明确同意——用于商业性电子邮件信息的“明确同意”的术语，指——

（A）收件人明确同意接收信息，这种同意既可以是收件人主动提出的，也可以是回应明确而明示征求同意的请求时作出的。

（B）如果上述信息来自收件人向其表示同意的当事人以外的人，在表示同意之时，收件人已得到明确而明示的提示，收件人的电子邮件地址可能转让给主动发送商业性电子邮件信息的其他当事人。

（2）商业性电子邮件信息——

（A）一般规定——“商业性电子邮件信息”的术语，指以发放商业广告或者促销商品或者服务为主要目的的电子邮件信息（包括为商业目的而经营的互联网网站内容）。

（B）交易性或者关联性信息——“商业性电子邮件信息”的术语，不包括交易性或者关联性信息。

（C）与主要目的有关的管理规定——在本法颁布之日后不迟于 12 个月内，联邦贸易委员会必须根据确定相关标准的第 13 节的规定，制定管理规定，进一步确定电子邮件信息的主要目的。

（D）公司或者网站名称的提及——如果电子邮件信息中含有的某一商业性机构名称或者某一商业性机构网站链接的内容，表示的系商业性广告或者商业性产品或者服务促销外的主要目的，则这类内容并不导致上述信息被视为本法规定的商业性电子邮件信息。

（3）委员会——“委员会”的术语，指联邦贸易委员会。

（4）域名——“域名”的术语，指在任何域名注册机构、域名注册登记机构或者其他域名注册管理机构注册的或者由上述机构分配的、作为互联网电子邮件地址组成部分的、以字母数字构成的任何名称。

（5）电子邮件地址——“电子邮件地址”的术语，指通常以一串字符表示的、由独一无二的用户名或者邮箱（通常称为“本地部分”）和互联网域名名称（通常称为“域名部分”）组成的以及无论是否显示均可以收发电子邮件信息的名称。

（6）电子邮件信息——“电子邮件信息”的术语，指发送至特定电子邮件地址的信息。

（7）《FTC法》——“FTC法”的术语，指《联邦贸易委员会法》（《美利坚合众国法典》第15编第41节以下）。

（8）头信息——“头信息”的术语，指电子邮件信息所附的来源、目的地和路径信息，包括发送人域名、发送人电子邮件地址以及出现在识别或者旨在识别信息发送人栏的其他任何信息。

（9）发送——用于商业性电子邮件信息的“发送”术语，指发起或者传送前述信息，或者诱使发起或者传送前述信息的行为，但不包括例行发送前述信息的行为。在本款中，视为发送信息的人，可以多于一人。

（10）互联网——“互联网”的术语，与《互联网免税法》（《美利坚合众国法典》第47编第151节以下）所规定的该术语的含义相同。

（11）互联网接入服务——“互联网接入服务”的术语，与1934年《通信法》第231节第（e）条第（4）款【《美利坚合众国法典》第47编第（e）条第（4）款】所规定的术语的含义相同。

（12）诱使——用于发送商业性电子邮件信息的“诱使”术语，指付费、支付其他对价或者引诱他人代为发送前述信息的故意行为。

（13）受到保护的计算机——“受到保护的计算机”的术语，与《美利坚合众国法典》第18编第1030节第（e）条第（2）款第（B）项所规定的术语含义相同。

（14）收件人——用于商业性电子邮件信息时的“收件人”术语，指发送信息的电子邮件地址的授权用户。如果商业性电子邮件信息的收件人除发送前述信息的地址外，还有一个或者多个电子邮件地址，该收件人应当分别视为上述每一个地址的收件人。如果某一电子邮件地址已被重新分配给新用户，新用户不应视为重新分配之前发送至该地址的任何商业性电子邮件信息的收件人。

（15）例行发送——“例行发送”的术语，指通过自动的技术方法，为已识别的收件人或者已向收件人提供地址之人，传播、发送、传递、处理或者储存电子邮件信息的行为。

（16）发件人——

（A）一般规定——除第（B）项规定的情形外，用于商业性电子邮件信息时的“发件人”术语，指发送前述信息并利用该信息为其产品、服务或者互联网网站做广告或者进行促销的人。

（B）独立业务单位或者部门——通过独立业务单位或者部门进行经营的机构，在信息中向收件人称，其系上述特定的业务单位或者部门而不是上述机构组成部分的业务单位或者部门，则视上述业务单位或者部门为本法意义上的前述商业性电子邮件信息的发件人。

（17）交易性或者关联性信息——

（A）一般规定——“交易性或者关联性信息”的术语，指主要目的为下列内容的电子邮件信息——

（i）促进、完成或者确认收件人此前已经同意与发件人进行的商业交易的；

（ii）为收件人使用或者购买的产品或者服务提供担保信息、产品召回信息以及安全或者保险信息的；

（iii）提供——

（I）有关条款或者功能改变通知的；

（II）有关收件人资格或者地位改变通知的；

（III）定期发送的账户余额信息以及与订单、成员、账户、贷款或者类似的涉及收件人正在购买或者使用的由发件人提供的产品或者服务有关的当前商业活动的其他解释说明的。

（iv）提供与雇佣关系直接相关或者与收件人当前介入、参与或者加入的受益计划相关的信息的；

（v）根据收件人与发件人之间先前达成的协议，交付收件人有权收到的包括更新换代后的产品在内的产品或者服务的；

（B）释义的修改——为适应电子邮件技术或者行业的发展变化和实现本法的宗旨而必须修改上述信息释义时，联邦贸易委员会可以根据第 13 节的规定，通过制定管理规定修改第（A）项规定的释义，扩大或者缩小本法视为交易性或者关联性信息的信息范围。

第 4 节　禁止掠夺性和滥用性商业性的电子邮件

第（a）条　犯罪行为——

（1）一般规定——对《美利坚合众国法典》第 18 编第 47 章作出修改，在其末尾增加下列章节：

“第 1037 节　与电子邮件有关的欺诈等行为

“第（a）条　一般规定——从事或者影响州际或者国际商业活动的任何人明知——

“（1）未经授权而进入受到保护的计算机，并利用前述计算机或者通过前述计算机，故意发送众多商业性电子邮件信息；

“（2）出于在信息来源方面欺骗或者误导收件人的目的，使用受到保护的计算机传送或者传输众多商业性电子邮件信息或者任何互联网接入服务；

“（3）在众多商业性电子邮件信息中，实质伪造头信息并故意发送上述虚假信息；

“（4）使用实质伪造的实际注册人的身份信息，注册五个或者五个以上的电子邮件帐户、在线用户帐户或者两个或者两个以上的域名，并故意使用上述帐户或者域名及其组合发送众多商业性电子邮件信息；

“（5）或者假冒五个或者五个以上互联网协议地址的注册人或者其权益的合法继受人，并故意使用上述地址发送众多商业性电子邮件信息，或者密谋从事上述行为，应当按照第（b）条规定的刑罚受到处罚。

“第（b）条　刑罚——第（a）条规定的犯罪行为的刑罚——

“（1）如果符合下列情形之一，单处本编规定的罚金或者单处 5 年以下的监禁，或者并处上述两种刑罚——

“（A）为了实施美利坚合众国或者任何州的法律所规定的任何重罪而实施上述犯罪行为；

“（B）在此之前，被告人因涉及发送众多商业性电子邮件信息或者未经授权进入计算机系统而根据本节、第 1030 节或者任何州法的规定，已被判决有罪。

“（2）如果符合下列情形之一，单处本编规定的罚金或者单处 5 年以下的监禁，或者并处上述两种刑罚——

“（A）上述犯罪行为系第（a）条第（1）款规定的犯罪行为；

“（B）上述犯罪行为系第（a）条第（4）款规定的犯罪行为，并涉及 20 件或者 20 件以上假冒的电子邮件，或者 20 起或者 20 起以上假冒的在线用户帐户注册行为，或者 10 起或者 10 起以上假冒的域名注册行为；

“（C）为了实施上述犯罪行为，发送的电子邮件信息总量，在任一 24 小时内超过 2,500 件、在任一 30 日内超过 25,000 件或者任一年内超过 250,000 件；

“（D）上述犯罪行为在任一年内，造成一个或者多个受害者的损失累计 5,000 美元或者 5,000 美元以上；

“（E）在任一年内，实施上述犯罪行为之人，获取的利益累计 5,000 美元或者 5,000 美元以上；

“（F）或者被告人是与其他三人或者三人以上共同实施的犯罪活动的组织者或者领导者。

“（3）其他任何情形，单处本编规定的罚金或者少于 1 年的监禁，或者并处上述两种刑罚。

“第（c）条　没收——

“（1）一般规定——在给被认定为触犯了本节规定的犯罪行为的被告人量刑时，法院判决没收被告人的下列财产归美利坚合众国——

“（A）构成上述犯罪行为所得的或者来源于上述犯罪行为所得的任何动产或者不动产；

“（B）用于或者意图用于从事上述犯罪行为或者协助从事上述犯罪行为的任何设备、软件或者其他技术。

“（2）程序——《管制物品法》第 413 节（《美利坚合众国法典》第 21 编第 853 节）除该第（d）条之外规定的程序以及《联邦刑事诉讼规则》第 32.2 节规定的程序，适用于本节规定的整个刑事没收的过程。

“第（d）条　释义——本节规定的：

“（1）损失——‘损失’的术语，与本编第 1030 节第（e）条所规定的上述术语的含义相同。

“（2）实质——对于第（a）条第（3）款和第（4）款的规定而言，损害信息收件人以及代表收件人，举报违反本节规定之人，或者识别、寻找、回复已发送电子邮件信息之人以及调查上述被举报的违反行为的执法机构，进行信息处理的互联网接入服务的能力的头信息或者注册信息的更改或者隐瞒行为，属于实质伪造。

“（3）众多——‘众多’的术语，指 24 小时内超过 100 件电子邮件信息、30 天内超过 1,000 件电子邮件信息或者一年内超过 10,000 件电子邮件信息。

“（4）其他术语——其他任何术语的含义，与 2003 年《反垃圾邮件法》第 3 节所规定的术语含义相同。”

（2）条文协调性的修改规定——对《美利坚合众国法典》第 18 编第 47 章作出修改，在其末尾增加下列规定：

“第 1037 节 与电子邮件相关的欺诈等行为。”

第（b）条　美利坚合众国量刑委员会——

（1）指令——美利坚合众国量刑委员会根据《美利坚合众国法典》第 28 编第 994 节第（p）条规定的职权以及按照本节的规定，必须审查并在必要时修改其量刑指导规则和政策规定，目的是为本节补充修改后的《美利坚合众国法典》第 18 编第 1037 节规定的违反行为和通过大量发送未经索取的电子邮件的方式协助实施的其他犯罪行为，规定相应的刑罚。

（2）要求——为执行本条规定，对于下列情形，量刑委员会应当考虑从重量刑——

（A）根据《美利坚合众国法典》第 18 编第 1037 节的规定被定罪并符合下列情形之人——

(i) 通过包括下列行为在内的不当方式获取电子邮件地址的——

(I) 未经授权，采集他人运营的网站、专有服务或者其他在线公共论坛用户的电子邮件地址；

(II) 通过计算机随机采集电子邮件地址的。

(ii) 或者知道上述商业性电子邮件信息，与包含或者推广域名注册人提供虚假注册信息而取得注册的互联网域名的犯罪行为有关。

(B) 被判决实施了其他犯罪行为之人，包括从事了与发送大量电子邮件有关的欺诈、窃取身份资料、淫秽资料、儿童色情资料和儿童性虐待行为的犯罪行为之人。

第 (c) 条　国会意见——国会认为——

(1) 垃圾邮件已经成为在个人和企业计算机系统之间传播色情资料、实施欺骗计划、传播病毒、蠕虫和特洛伊木马的途径；

(2) 司法部应当运用其认为应当运用的现有一切执法手段，包括《美利坚合众国法典》第 18 编第 47 章和第 63 章（关于欺诈和虚假陈述的规定）、《美利坚合众国法典》第 18 编第 71 章（关于淫秽的规定）、《美利坚合众国法典》第 18 编第 110 章（关于儿童性虐待的规定）和《美利坚合众国法典》第 18 编第 95 章（关于诈骗的规定）所规定的执法手段，调查和起诉通过大量发送商业性电子邮件而协助从事联邦规定的犯罪活动之人。

第 5 节　为商业性电子邮件用户提供的其他保护

第 (a) 条　关于信息传播的规定——

(1) 禁止传播虚假性或者误导性信息——向受到保护的计算机发送含有或者附有实质虚假性或者实质误导性头信息的商业性电子邮件信息以及交易性或者关联性信息的任何行为，均为违法行为。在本款中——

(A) 在技术上准确但含有为了发送信息而通过虚假或者欺骗的伪装或者陈述而取得的源电子邮件地址、域名或者互联网协议地址的头信息，应当视为实质误导性信息；

(B) 可以准确识别信息发送之人的“发件人”行（用于识别或者旨在识别信息发送人身份之行），不应视为实质虚假性或者实质性误导性的信息；

（C）发送信息之人为隐蔽其来源，故意使用其他受到保护的计算机传递或者传输信息，导致不能准确识别用于发送信息的受到保护的计算机的头信息，应当视为实质误导性信息。

（2）禁止欺骗性主题——【根据执行《联邦贸易委员会法》第 5 节规定（《美利坚合众国法典》第 15 编第 45 节）的标准】，实际知道或者在当时环境下作出合理反应可以从客观环境中充分知道，信息主题在与信息内容或者事项有关的重大事实方面可能误导收件人，而向受到保护的计算机发送商业性电子邮件信息的任何行为，应当视为违法行为。

（3）商业性电子邮件应当含有回复地址或者类似地址的规定——

（A）一般规定——向受到保护的计算机发送商业性电子邮件时，没有明确和明显显示可以回复的如下电子邮件地址或者其他互联网地址的任何行为，均是违法行为——

（i）收件人可以按照上述信息指定的方式回复电子邮件信息或者其他形式的互联网通信，提出不愿继续通过接收上述信息的电子邮件地址接收来自发件人的商业性电子邮件信息的要求；

（ii）在初始信息传输之后不迟于 30 日内，仍然可以接收上述信息或者通信。

（B）更多细节上的选择权——商业性电子邮件的发件人可以按照第（A）项第（i）目的规定，向收件人提供可以选择接收或者拒绝接收的商业性电子邮件类型的目录或者清单，前提是上述目录或者清单含有收件人可以选择拒绝接收来自发件人的任何商业性电子邮件信息的选项。

（C）暂时性无法接收信息或者处理请求——因发生发件人无法控制的技术性问题，导致电子邮件回复地址或者其他地址出人意料地暂时性无法接收信息或者处理请求，但上述问题在合理期限内得到解决的，不属于违反第（A）项规定的要求。

（4）禁止被拒绝后继续传输商业性电子邮件——

（A）一般规定——如果收件人通过根据第（3）款规定地址，提出了拒绝接收某些或者任何来自上述发件人的商业性电子邮件的请求，则符合下列情形之一的，系违法行为——

（i）发件人在收到上述请求后的 10 个以上工作日，向收件人发送上述请求范围内的商业性电子邮件信息；

（ii）收到上述请求后的 10 个以上工作日，代表发件人向收件人发送商业性电子邮件信息之人，实际知道或者根据客观环境应当知道，上述信息属于收件人所提出的请求范围内的商业性电子邮件信息；

（iii）通过所提供或者所选择的信息将发往的地址，代表发件人协助向收件人发送商业性电子邮件信息之人，实际知道或者根据客观环境应当知道，上述信息违反第（i）目或者第（ii）目的规定；

（iv）发件人或者知道收件人已经提出上述请求的其他任何人，为符合本法或者其他法律规定以外的目的，出售、租赁、交易或者以其他方式转让或者让渡收件人电子邮件地址（包括通过交易或者以其他形式转让含有收件人电子邮件地址的目录）。

（B）后续的明确同意——如果收件人在提出第（A）项规定的请求后又作出了明确同意，则不适用第（A）项的禁止性规定。

（5）商业性电子邮件含有识别信息、选择拒收和物理地址的规定——

（A）任何人向受到保护的计算机发送任何商业性电子邮件信息，均属违法行为，除非上述信息提供了——

（i）明确而明显的表明上述信息是广告或者要约邀请的识别信息；

（ii）明确而明显的第（3）款规定的拒绝继续接收来自上述发件人的商业性电子邮件信息的机会的提示；

（iii）有效的发件人物理邮政地址。

（B）如果收件人事前已明确同意接收商业性电子邮件信息，则第（A）项第（i）目的规定，不适用于传输上述商业性电子邮件信息的行为。

（6）实质——对于第（1）款的规定而言，用于虚假性或者误导性头信息的“实质”术语，包括损害代表收件人，举报违反本节规定之人，识别、寻找、回复已发送电子邮件信息之人或者调查上述被举报的违反行为的执法机构，进行信息处理的互联网接入服务的能力的头信息或者注册信息的更改或者隐瞒行为，或者损害信息收件人回复已发送电子邮件信息的能力的头信息或者注册信息的更改或者隐瞒行为，属于实质伪造。

第（b）条 与商业性电子邮件有关的情节严重的违法行为——

（1）地址采集和字典式破译——

（A）一般规定——向受到保护的计算机发送第（a）条规定的非法商业性电子邮件信息，或者通过提供或者选择将传输信息的地址而协助发送上述信息，并且实际知道或者根据客观环境应当知道下列情形的任何行为，均系违法行为——

（i）收件人的电子邮件地址，系通过自动方式从他人运营的互联网网站或者专有在线服务获取的，而且在上述地址获取之时，上述网站或者在线服务含有下列内容的声明：上述网站或者在线服务的运营商，不会将其维护的地址给予、出售或者以其他方式转让给具有发送或者指使他人发送电子邮件信息目的的其他任何人；

（ii）收件人的电子邮件地址，系通过把姓名、字母或者数字组成无数序列而可能产生电子邮件地址的自动方式获取的。

（B）声明——本款的任何规定，均不能在上述电子邮件地址上设立所有权或者财产权益。

（2）自动创设众多电子邮件帐号——通过脚本控制器或者其他自动方式，注册众多电子邮件帐号或者在线用户帐号，用以向受到保护的计算机传送或者指使他人向受到保护的计算机传送根据第（a）条规定属于违法的商业性电子邮件信息的任何行为，均系违法行为。

（3）通过未经授权的侵入行为而传送或者传播——故意从未经授权而侵入的受到保护的计算机或者计算机网络传送或者传播第（a）条规定的非法商业性电子邮件信息的任何行为，均系违法行为。

第（c）条 补充性的规则制定权——联邦贸易委员会应当按照第13节的规定，通过制定规则——

（1）修改第（a）条第（4）款第（A）项或者第（a）条第（4）款第（B）项规定的10个工作日的期限，或者对上述规定均作出修改，前提是，如果联邦贸易委员会在考虑下列情形后，规定其他期限更合理——

（A）第（a）条的目的；

（B）商业性电子邮件收件人的利益；

（C）给合法商业性电子邮件发件人增加的负担。

（2）如果联邦贸易委员会认为其他行为或者活动，实质上会造成第（b）条规定的非法商业性电子邮件信息的数量激增，可以作出具体规定，增加适用第（b）条规定的行为或者活动。

第（d）条　在含有性取向资料的商业性电子邮件设置警告标志的规定——

（1）一般规定——任何人不得在州际商业活动中，向受到保护的计算机发送或者传播含有性取向资料的商业性电子邮件，或者以上述方式影响州际商业活动，并且——

（A）在电子邮件的主题中，没有设置联邦贸易委员会根据本条规定要求设置的标志或者提示；

（B）在任何收件人打开信息且不作进一步操作的情况下，首先看到的信息内容中，没有提供上述内容，只含有——

（i）第（2）款规定或者要求的上述标志或者提示；

（ii）第（a）条第（5）款要求在信息中必须含有的信息资料；

（iii）如何登录上述性取向资料或者上述性取向资料登录方法的指示。

（2）事前明确同意——第（1）款的规定，不适用于收件人已明确同意接收信息后的传输电子邮件信息行为。

（3）关于标志和提示的要求——在本法颁布之日后不迟于 120 日内，联邦贸易委员会与司法部长协商后必须规定，含有性取向资料的商业性电子邮件应当含有或者附有可以清楚识别的标志或者提示，以便告知收件人上述事实并有助于过滤上述电子邮件。联邦贸易委员会应当在《联邦行政法公报》中公开发布根据本款规定制定的标志或者提示的要求并公告公众。

（4）释义——本节的“性取向资料”术语，指露骨描写性行为的任何资料（与《美利坚合众国法典》第 18 编第 2256 节所规定的上述术语含义相同），除非上述描写行为仅为全部资料中不重要的一小部分，而其他部分基本上与性问题无关。

（5）刑罚——故意违反第（1）款规定之人，应当根据《美利坚合众国法典》第 18 编的规定，单处罚金或者 5 年以下有期徒刑，或者并处上述两种刑罚。

第6节　为促销而故意传播虚假性或者误导性电子邮件信息

第（a）条　一般规定——通过违反第5节第（a）条第（1）款规定的商业性电子邮件信息的传播行为，促销或者授权他人促销其贸易或者业务以及通过上述贸易或者业务出售与提供出售、租赁与提供租赁或者以其他方式可以取得的货物、产品、财产或者服务的任何人，如果符合下列情形，其行为均系违法行为——

（1）在开展正常贸易或者业务的过程中，知道或者应当知道，通过上述贸易或者业务出售与提供出售、租赁与提供租赁或者以其他方式可以取得的货物、产品、财产或者服务，系通过上述信息进行促销的；

（2）从上述促销行为中取得了经济利益，或者希望从上述促销行为中取得经济利益；

（3）没有采取合理行动——

（A）阻止上述信息传播行为；

（B）或者查明上述信息传播行为并报告联邦贸易委员会。

第（b）条　针对第三人的执行限制规定——

（1）一般规定——除第（2）款另有规定外，向他人提供违反第（a）条规定的货物、产品、财产或者服务的人（下称“第三人”），不对上述违法行为承担责任。

（2）例外规定——向他人提供违反第（a）条规定的货物、产品、财产或者服务的第三人，符合下列情形之一的，应当承担违反第（a）条规定的责任——

（A）拥有违反第（a）条规定之人的贸易或者业务，或者在上述贸易或者业务中拥有超过50%份额的所有权或者经济利益的；

（B）（i）实际知道上述货物、产品、财产或者服务系通过违反第5节第（a）条第（1）款规定的进行传播的商业性电子邮件信息所促销的；

（ii）从上述促销活动取得或者希望取得经济利益的。

第（c）条《联邦贸易委员会法》的专有执行权——第7节第（f）条和

第（g）条不适用于违反本节规定的行为。

第（d）条 保留条款——除第7节第（f）条第（8）款规定的情形外，本节的任何规定，均不得解释为限制或者阻止根据本法规定针对违反本法其他任何条款的行为所采取的任何措施。

第7节 实施总则

第（a）条 不当或者欺骗性的违法行为——除第（b）条另有规定外，如违反本法的行为系《联邦贸易委员会法》第18节第（a）条第（1）款第（B）项所规定的不当或者欺骗性的违法行为一样，本法由联邦贸易委员会实施。

第（b）条 由其他特定机构实施的规定——应当根据下列规定实施本法——

（1）下列情形适用《联邦存款保险法》第8节（《美利坚合众国法典》第12编第1818节）的规定——

（A）对于国内银行以及外国银行在美国的联邦支行或者联邦代理处，由通货监管局负责实施；

（B）对于联邦储备局的成员银行（国内银行除外）、外国银行的支行和代理处（外国银行的联邦支行、联邦代理处和被保险州支行除外）以及外国银行拥有或者控制的商业性借贷公司、根据《联邦储备局法》第25节或者第25节第（a）条（《美利坚合众国法典》第12编第601节以下和第611节以下）的规定进行经营的组织以及银行控股公司，由联邦储备局监管委员会负责实施；

（C）对于联邦存款保险公司保险的银行（联邦储备局的成员银行除外）以及外国银行已被保险的州支行，由联邦存款保险公司董事会负责实施；

（D）对于存款由联邦存款保险公司承保的储蓄协会，由美国储蓄监管局局长负责实施。

（2）对于《联邦信贷协会法》（《美利坚合众国法典》第12编第1751节以下）适用于任何联办承保的信贷协会的情形，由国家信贷协会管理局委员会负责实施。

（3）对于 1934 年《证券交易法》（《美利坚合众国法典》第 15 编第 78 节第 a 条以下）适用于任何经纪人或者交易商的情形，由联邦证券交易委员会负责实施。

（4）对于 1940 年《投资公司法》（《美利坚合众国法典》第 15 编第 80 节第 a—1 条以下）适用于投资公司的情形，由联邦证券交易委员会负责实施。

（5）对于 1940 年《投资顾问法》（《美利坚合众国法典》第 15 编第 80 节第 b—1 条以下）适用于根据该法注册的投资顾问的情形，由联邦证券交易委员会负责实施。

（6）对于根据州保险法从事提供保险服务之人，根据《格雷姆－比利雷－里奇法》第 104 节（《美利坚合众国法典》第 15 编第 6701 节）的规定，由上述之人住所地的州保险管理机构负责实施，但是，如果所在州的州保险管理机构选择不行使上述权力，则应根据第（a）条的规定，由联邦贸易委员会实施执行本法的的权力。

（7）对于《美利坚合众国法典》第 49 编第 VII 分编第 A 部分适用于受该部分约束的任何航空运承运人或者外国航空承运人的情形，由运输部部长负责实施。

（8）对于 1921 年《罐头业及畜牧业法》（《美利坚合众国法典》第 7 编第 181 节以下）【但该法第 406 节（《美利坚合众国法典》第 7 编第 226 节、第 227 节）的规定除外】适用于受该法约束的任何行为的情形，由农业部部长负责实施。

（9）对于 1971 年《农业贷款法》（《美利坚合众国法典》第 12 编第 2001 节以下）适用于任何联邦土地银行、联邦土地银行协会、联邦中间信贷银行或者生产信贷协会的情形，由农业信贷管理局负责实施。

（10）对于 1934 年《通信法》适用于受该法约束的任何人的情形，由联邦通信委员会负责实施。

第（c）条　特定权力的行使——对于第（b）条规定的任何机构行使该条提及的任何法律规定的权力实施而言，违反本法规定的行为，均视为违反联邦贸易委员会贸易管理规定的行为。除第（b）条具体提及的法律的任何条款规定的权力外，为了保证本法规定的任何要求得到遵守，上述条款提及的每一个机构，均可以行使法律赋予其的其他任何权力。

第（d）条　联邦贸易委员会采取的行动——如《联邦贸易委员会法》（《美利坚合众国法典》第 15 编第 41 节以下）的所有相关条款均已并入本法且已成为本法的组成部分一样，联邦贸易委员会必须按照同样的权限、权力和义务，采取同样的措施，防止任何人以同样的方式违反本法。如《联邦贸易委员会法》（《美利坚合众国法典》第 15 编第 41 节以下）的所有相关条款均已并入上述分编且已成为该编的组成部分一样，违反上述分编的任何机构，必须以同样的方式，接受根据同样的权限、权力和义务以及采取同样的措施而由《联邦贸易委员会法》规定的处罚，并享有其规定的权利和赦免。

第（e）条　适用暂停营业和禁令性救济措施时不必证明明知——不论本法其他条文如何规定，采取第（a）条、第（b）条、第（c）条或者第（d）条规定的任何程序或者行动的过程中，以暂停营业和禁令性救济措施的方式，强制要求遵守第 5 节第（a）条第（1）款第（C）项、第 5 节第（a）条第（2）款第（ii）目以及第（iii）目、第 5 节第（a）条第（4）款第（A）项第（iv）目、第 5 节第（b）条第（1）款第（A）项或者 5 节第（b）条第（3）款规定的要求时，无论是联邦贸易委员会还是联邦通信委员会均不必指控或者证明具有上述章节条款规定的心理状态。

第（f）条　州提起的诉讼——

（1）民事诉讼——如果某州的司法部长、政府机构或者官员有理由认为，该州居民的利益，已经或者正受到违反本法第 5 节第（a）条第（1）款或者第（2）款，第 5 节第（d）条规定，第 5 节第（a）条第（3）款、第（4）款或者第（5）款规定的行为之人从事的活动或者实施的行为的威胁或者不利影响，则作为民之父母的该州司法部长、政府机构或者官员，可以代表该州居民向具有相应管辖权的美利坚合众国地区法院提起民事诉讼，请求——

（A）禁止被告人继续从事违反本法第 5 节规定的违法行为；

（B）代表该州居民取得相当于下列较大数额情形的损失赔偿——

（i）上述居民遭受的实际经济损失；

（ii）根据第（3）款规定确定的赔偿数额。

（2）适用暂停营业和禁令性救济措施时不必证明明知——不论本法其他条文如何规定，在根据本条第（1）第（A）项规定提起的诉讼中，各州司法部长、政府机构或者官员均不必指控或者证明，具有第5节第（a）条第（1）款第（C）项、第5节第（a）条第（2）款第（ii）目以及第（iii）目、第5节第（a）条第（4）款第（A）项第（iv）目、第5节第（b）条第（1）款第（A）项或者5节第（b）条第（3）款规定的心理状态。

（3）法定赔偿金——

（A）一般规定——为适用第（1）款第（B）项第（ii）目的规定，根据本款确定的数额，系以250美元乘以违法行为次数（上述居民每接收一条非法信息或者每发送一条非法信息给上述居民，视为一个独立的违法行为）得出的数额。

（B）限制规定——对任何违反第5节规定【但第5节第（a）第（1）款除外】的违法行为，根据第（A）项规定确定的赔偿数额，不得超过2，000，000美元。

（C）增加赔偿金——符合下列情形之一的，法院可以判决增加赔偿金，但不得超过本款对于其他情形规定应取得的赔偿数额的三倍——

（i）法院认定被告明知且蓄意实施上述违法行为的；

（ii）被告的非法行为包含本法第5节第（b）条所规定的一项或者多项情节严重的违法行为。

（D）减少赔偿金——在计算第（A）项规定的赔偿金时，法院应当考虑——

（i）被告是否已尽合理注意义务，建立并实行旨在有效防止上述违法行为的合理商业惯例或者程序；

（ii）是否属于尽管作出了遵守按照第（i）目规定的合理商业惯例或者程序的合理努力，但仍然违法行为的情形。

（4）律师费——对于根据第（1）款规定胜诉的案件，法院可以自由裁量，判决向所在州交纳诉讼费和合理的律师费。

（5）联邦管理机构的权力——所在州应当将第（1）款规定的诉讼，以书面形式提前送达联邦贸易委员会或者第（b）条规定有关联邦管理机构，并向联邦贸易委员会或者有关联邦管理机构提交起诉状副本，但是，在无法提前送达的情形下，上述州应当在提起上述诉讼后立即送达上述通知。联邦贸易委员会或者有关联邦管理机构有权——

（A）介入上述诉讼；

（B）在介入上述诉讼后，听取与此案有关的所有情况汇报；

（C）将案件移交有关的美利坚合众国地区法院；

（D）提出上诉。

（6）解释——为保证可以提起第（1）款规定的诉讼，本法的任何规定均不得解释为禁止州司法部长行使该州法律赋予其从事下列行为的权力——

（A）开展调查活动；

（B）主持宣誓或者作证仪式；

（C）要求证人出庭作证或者提交文件以及其他证据。

（7）审判地和送达程序——

（A）审判地——根据第（1）款规定提起的任何诉讼，均可以向符合《美利坚合众国法典》第 28 编第 1391 节关于审判地的适用规定的美利坚合众国地区法院提起；

（B）送达——对于根据第（a）条规定提起的诉讼，可以在被告所属的下列情形之一的任何地区送达——

（i）被告人居住地；

（ii）被告人的物理经营场所。

（8）在联邦诉讼案件审理期间限制州诉讼的规定——联邦贸易委员会或者第（b）条规定的有关联邦管理机构已经提起违反本法的民事或者行政诉讼案件，而且上述诉讼案件尚未审结的，任何州司法部长、官员或者机构，均不得针对联邦贸易委员会或者其他管理机构起诉状中所载明的被告人违反本法规定的任何行为，提起本条规定的诉讼案件。

（9）特定民事诉讼所要求的故意——除第 5 节第（a）条第（1）款第（C）项，第 5 节第（a）条第（2）款，第 5 节第（a）条第（4）款第（A）项第（ii）目第（iii）目、第（dd）次，第 5 节第（b）条第（1）款第（A）项，或者第 5 节第（b）条第（3）款规定的案件外，对于州司法部长、官员或者机构针对违反本法规定的行为提起的民事诉讼案件，如果州司法部长、官员或者机构不能证明被告对于构成违法行为的作为或者不作为明知或者按照客观环境应当明知，法院就不得作出所请求的救济措施的判决。

第（g）条　互联网接入服务提供商提起的诉讼——

（1）起诉权——受到违反本法第5节第（a）条第（1）款、第5节第（b）条或者第5节第（d）条的违法行为，或者违反第5节第（a）条第（2）款、第（3）款、第（4）款或者第（5）款规定的行为或者活动的不利影响的互联网接入服务提供商，可以针对被告向有管辖权的美利坚合众国地区法院提起民事诉讼，请求——

（A）禁止被告进一步实施违法行为；

（B）取得相当于下列较大数额情形的赔偿金——

（i）上述违法行为给互联网接入服务提供商导致的实际经济损失；

（ii）根据第（3）款规定决定的数额。

（2）“诱使”的特定含义——对于根据第（1）款规定提起的任何诉讼，应如第3节第（12）款规定的“诱使”术语，在“代为”之后，含有“实际知道或者有意避免知道，上述之人是否正在从事或者将从事违法本法规定的行为或者活动”的含义。

（3）法定赔偿金——

（A）一般规定——为实现第（1）款第（B）项第（ii）目规定的目的，根据本款决定的赔偿数额，系违法行为次数【每处理一条通过互联网接入服务提供商的设施传输或者意图传输的非法信息，或者每处理一条传输或者意图传输至从违反第5节第（b）条第（1）款第（A）项第（i）目规定的互联网接入服务提供商处取得的电子邮件地址的非法信息，视为一次独立的违法行为】乘以下列任一数额，得出的数额——

（i）对于违反第5节第（a）条第（1）款的违法行为，乘以100美元；

（ii）对于在违反第5节其他规定的违法行为，乘以25美元。

（B）限制规定——对于任何违反第5节【但第5节第（a）条第（1）款除外】规定的违法行为，根据第（A）项确定的数额不得超过1，000，000美元。

（C）增加赔偿金——符合下列情形之一的，法院可以判决增加赔偿金，但不得超过本款对于其他情形规定应取得的赔偿数额的三倍——

（i）法院认定被告明知且蓄意实施上述违法行为的；

（ii）被告的非法行为包含本法第5节第（b）条所规定的一项或者多项情节严重的违法行为。

（D）减少赔偿金——在计算第（A）项规定的赔偿金时，法院应当考虑——

（i）被告是否已尽合理注意义务，建立并实行旨在有效防止上述违法行为的合理商业惯例或者程序；

（ii）是否属于尽管做出了遵守按照第（i）目规定的合理商业惯例或者程序的合理努力，但仍然违法行为的情形。

（4）律师费——对于根据第（1）款规定起诉的任何案件，法院可以自由裁量，要求任何一方当事人承诺支付诉讼费，并判决任何一方当事人承担合理的律师费在内的合理费用。

第8节　对其他法律的影响

第（a）条　联邦法——

（1）本法的任何规定，不得解释为削弱1934年《通信法》第223节或者231节（《美利坚合众国法典》第47编第223节或者231节）、《美利坚合众国法典》第18编第71章（与淫秽有关的规定）或者第110章（与儿童性虐待有关的规定）或者其他任何联邦刑事法律的实施。

（2）本法的任何规定，不得解释为以任何方式影响联邦贸易委员会根据《联邦贸易委员会法》规定，针对商业性电子邮件信息中的实质虚假性或者欺骗性陈述或者不当活动采取强制执行实施的职权。

第（b）条　州法——

（1）一般规定——本法取代各州及其政府部门明确规定监管利用电子邮件发送商业性信息的任何法律、法规或者规章，但禁止商业性电子邮件信息及其附件信息出现虚假性或者欺骗性内容的任何法律、法规或者规章除外。

（2）不是专门规范电子邮件的州法——本法不得解释为对下列州法享

有优先适用权——

（A）不是专门调整电子邮件的州法，包括非法侵入法、合同法或者侵权法；

（B）与欺诈或者计算机犯罪有关的其他州法。

第（c）条　不影响针对互联网接入服务提供商的政策——本法的任何规定，均不得解释为对互联网接入服务提供商根据任何其他法律条款，制订、实施或者执行拒绝传播、传送、传递、处理或者储存某种类型的电子邮件信息的政策的合法性或者不合法性产生影响。

第 9 节　拒绝电子邮件登记

第（a）条　一般规定——在本法颁布之日后不迟于 6 个月，联邦贸易委员会应当向参议院商业委员会、科学委员会和运输委员会以及众议院能源委员会和商业委员会提交下列内容的报告——

（1）制定建立拒绝电子邮件登记的全国推广计划和时间表；

（2）包括联邦贸易委员会对与上述登记有关的现实性、技术性、安全性、隐私性、强制性或者其他方面的解释；

（3）包括上述登记将如何适用于儿童电子邮件帐户的解释。

第（b）条　授权实施——联邦贸易委员会可以在本法颁布之日后不迟于 9 个月内，制定和实施上述计划。

第 10 节　对商业性电子邮件影响的研究

第（a）条　一般规定——在本法颁布之日后不迟于 24 个月内，联邦贸易委员会经与司法部和其他相关机构协商后，应当向国会提交一份详细分析本法规定的执行和效果情况以及国会是否需要对这些规定作出修改的报告。

第（b）条　分析要求——第（a）条规定的联邦贸易委员会报告应当下列内容——

（1）就技术和市场的发展情况，包括消费者存取电子邮件信息的设备性质的发展变化，对本法规定的可行性和有效性具有的影响，进行分析研究。

（2）就如何处理通过位于其他国家的设施或者计算机发送或者传输的

商业性电子邮件，包括联邦政府在国际谈判、国际论坛、国际组织或者国际机构中可以采取的措施或者政策立场，进行分析研究并提出建议。

（3）就如何保护包括青少年在内的消费者不会收到或者看到淫秽或者色情商业性电子邮件的选择权，进行分析研究并提出建议。

第 11 节　通过奖励举报违法行为促进执法工作与关于标签的规定

联邦贸易委员会应当向参议院商业委员会、科学委员会和运输委员会以及众议院能源委员会和商业委员会——

（1）在本法颁布之日后的 9 个月内，提交设立举报违反本法行为的奖励制度的报告，上述报告包括下列内容——

（A）联邦贸易委员会将针对违反本法行为所收缴的民事罚款总额不少于 20% 的金额，奖励给符合下列情形的第一人的程序——

（i）指认违反本法的行为人的；

（ii）提供让联邦贸易委员会成功收缴民事罚款的信息的。

（B）可以最大限度减小向联邦贸易委员会控告违反本法规定行为的负担的程序，包括允许通过电子方式向上述委员会控告的程序。

（2）在本法颁布之日后的 18 个月内，提交要求适用互联网工程工作小组标准，在主题进行使用字母“ADV”或者其他类似识别标签，以便可以通过主题进行识别商业性电子邮件的计划报告，或者联邦贸易委员会不同意上述计划的原因进行解释的被告。

第 12 节　对其他传播方式的限制规定

对 1934 年《通信法》第 227 节第（b）条第（1）款【《美利坚合众国法典》第 47 编第 227 节第（b）条第（1）款】作出修改，在第（A）项之前条文的“美利坚合众国”的规定之后，增加“，或者如果收件人位于美利坚合众国境内，在美利坚合众国境外的任何人”的规定。

第 13 节　管理规定

第（a）条　一般规定——联邦贸易委员会可以制订实施本法规定（但是，不包括第 4 节和第 12 节所作的修改规定）的管理规定。上述任何管理规定，均应按照《美利坚合众国法典》第 5 编第 553 节规定予以发布。

第（b）条　限制规定——第（A）项不得解释为授权联邦贸易委员会根据第 5 节第（a）条第（5）款第（A）项规定，制定要求商业性电子邮件信息含有某一特定文字、字母、符号或者标志规定，或者制定要求上述商业性电子邮件信息的某一部分（如主题行或者正文）均包含第 5 节第（a）条第（5）款第（A）项规定的标签的规定。

第 14 节　适用于无线电的规定

第（a）条　对其他法律的影响——本法的任何规定，均不得解释为排除或者推翻 1934 年《通信法》第 227 节（《美利坚合众国法典》第 47 编第 227 节）规定或者根据《电话营销滥用与欺诈消费者防治法》第 3 节（《美利坚合众国法典》第 15 编第 6102 节）制定的规则的适用行为。

第（b）条　关于联邦通信委员会制定规则的规定——联邦通信委员会经与联邦贸易委员会磋商后，应当在 270 日内颁布保护消费者不接收无用的移动服务商业性信息的规则。联邦通信委员会在制定规则时，在与第（c）条规定保持一致的情形下，应当——

（1）除第（3）款规定的情形外，规定商业性移动服务的用户可以不接收移动服务提供的商业性信息，除非上述用户已事先明确授权发件人发送上述信息。

（2）允许移动服务提供的商业性信息的收件人通过电子方式提出不再接收来自发件人的移动服务提供的商业性信息的要求。

（3）在决定是否对商业性移动服务提供商适用第（1）款规定时，应当考虑上述服务提供商与用户之间的关系，但是，如果联邦贸易委员会认为，上述提供商不适用第（1）款规定，则所制定的规则应当要求上述提供商除遵守本法其他条文的规定外，允许用户以下列方式或者在下列事项上，提出不再接收来自该提供商的移动服务提供的商业性信息的要求——

（A）在申请上述服务之时；

（B）在任何计费机制上。

（4）应当在考虑接收上述移动服务提供的商业性信息的装置的专有技

术层面上，包括考虑其功能和性质限制等方面上，决定上述信息的发件人可以如何遵守本法的规定。

第（c）条 其他应当考虑的因素——联邦通信委员会应当考虑商业性电子邮件信息发件人可以合理认定上述信息为移动服务提供的商业性信息的能力。

第（d）条 移动服务提供的商业性信息的释义——在本节中，“移动服务提供的商业性信息”的术语，指在提供移动服务过程中，直接通过商业性移动服务【该术语的含义由 1934 年《通信法》第 332 节第（d）条做出规定，详见《美利坚合众国法典》第 47 编第 332 节第（d）条】用户使用的无线装置发送的商业性电子邮件信息。

第 15 节 条文的独立性

本法任何条文或者本法任何条文适用于任何人或者任何情形，被判决不合法的，不影响本法其他条文以及上述条文适用于其他人或者其他情形。

第 16 节 生效日期

本法条文于 2004 年 1 月 1 日生效，但第 9 节规定除外。

众议院议长

美国副总统兼参议院议长

2007 年《互联网博彩管理法》

众议院第 2046 号（众议院提出的法案）

110 届国会

第一次会议

为了修订《美利坚合众国法典》第 31 编并对金融犯罪调查合作局局长许可经营互联网博彩场所的行为作出规定等目的，众议院于 2007 年 4 月 26 日举行会议。

来自马萨诸塞州的弗兰克先生（代表他本人、保尔先生、韦克斯勒先生、阿克曼先生、克莱先生、古铁雷斯先生、卡布诺先生、怀特先生、伯克里女士、卡尔森女生、伊斯雷尔先生以及来自纽约州的金先生）提出如下法案。随后按照相关委员会审查类似规定的职权，将该法案提交金融委员会以及能源与商业委员会审查，经过一定期限后，再呈议长作出决定。

美利坚合众国众议院和参议院

为了修订《美利坚合众国法典》第 31 编并对金融犯罪调查合作局局长许可经营互联网博彩场所的行为作出规定等目的而举行会议通过的法案

第 1 节　法律简称

援引本法时，可以称为“2007 年《互联网博彩管理法》”。

第 2 节　联邦互联网博彩经营人许可资格

第（a）条　一般规定——

对《美利坚合众国法典》第 31 编第 53 章作出修改，在其末尾增加下列规定，并作为其分章：

第 V 分章——合法互联网博彩的管理规定

第 5381 节　国会调查结果及其宗旨

第（a）条　调查结果——国会查明下列事实：

（1）互联网博彩，系交易金额达 13,000,000,000 美元且在全球蓬勃发展的产业。

（2）博彩系国内流行的活动，而且有的博彩形式几乎在各州均得到允许。

（3）互联网博彩，系在 50 多个国家均取得许可并受到管理的活动，给这些国家提供了数十亿美元的税收收入。

（4）2005 年，全球博彩市场总收入约为 258,000,000,000 美元；据估算，互联网博彩收入占前述总收入的 5%。2005 年全球博彩总收入中的 47% 来自北美居民。

（5）对美利坚合众国国内的互联网博彩活动实施许可和管理制度，系防止未成年人参与赌博和防止赌博成瘾、洗钱活动以及欺诈互联网博彩参与人行为而必须采取的合理保护措施。

（6）对美利坚合众国国内互联网博彩活动实施许可和管理制度，可以增加税收收入，并减少避税行为。

第 5382 节　释义

下列释义，适用于本分章：

（1）局长——“局长”的术语，指金融犯罪调查合作局局长。

（2）下注或者押注——“下注或者押注”的术语，与第 5362 节第（1）款规定的含义相同。

（3）被许可人——“被许可人”的术语，指局长按照本分章规定许可的互联网博彩经营人。

（4）州——“州”的术语，指美利坚合众国的任何一州和哥伦比亚特区，或者指美利坚合众国的任何自治区、领地或者其他属地。

（5）互联网——“互联网”的术语，指可以协作分组交换数据的国际计算机网络。

（6）运动社团——“运动社团”的术语，指任何专业的、院校的或者业余的运动协会。

（7）经营互联网博彩场所——“经营互联网博彩场所”的术语，指管理、运营、监督或者控制通过电话、互联网或者其他有线通信方式进行下注、押注或者其他任何投注并接受前述下注、押注或者其他任何投注的网址。

（8）印第安人保留地与印第安人部落——“印第安人保留地”与“印第安人部落”的术语，与《印第安人博彩管理法》第4节的含义相同。

第5383节　许可程序的建立与管理

第（a）条　关于金融犯罪调查合作局的规定——金融犯罪调查合作局局长应在财政部长的领导和监督下，制定必要规则，执行本分章的规定。

第（b）条　互联网博彩许可程序——未根据本分章规定取得局长颁发的许可证的任何人，均不得在美利坚合众国范围内从事互联网下注或者押注经营业务。

第（c）条　许可证的申请——

（1）一般规定——要求获得授权在美利坚合众国从事下注或者押注经营业务的任何人，可以申请由局长颁发的许可证。

（2）所需资料——要求颁发本分章规定的许可证的任何申请，均必须提交局长要求提交的包括下列内容在内的资料——

（A）申请人完整的财务报表；

（B）可以证明申请人的公司组织结构和所有相关经营业务以及关联机构的文件资料；

（C）申请人同意接受美利坚合众国的管辖并同意遵守与互联网博彩活动有关的所有美利坚合众国的法律的保证书。

第（d）条　审查被许可人的资格

（1）一般规定——在申请人提交所有申请资料后，金融犯罪调查合作局局长必须按照其认为应当考虑的相关因素，对申请人是否符合一般规定作出评价。

（2）因素——根据第（1）款的规定，金融犯罪调查合作局局长必须考虑的因素，包括——

（A）申请人的财务状况；

（B）申请人的经营经历和档案，包括申请人在外国管辖区遵守类似法律和规定的情况；

（C）如果申请人为个人，应当核对其背景，确认其是否有任何犯罪前科；

（D）如果申请人为公司、合伙企业或者其他企业实体，金融犯罪调查合作局局长可以全权决定，是否应当核对上述公司、合伙企业或者其他企业实体的董事长、总裁或者其他合伙人、董事和高级行政管理人员的背景。

第（e）条　行政管理费用的征收

（1）一般规定——

（A）一般规定——针对每一位被许可人实施本分章规定所产生的费用，包括为了保证被许可人遵守许可证条款和本分章的规定而开展审查或者检查工作所产生的费用，应当由金融犯罪调查合作局局长书面通知被许可人公司，并向其征收相当于进行上述管理、审查或者检查所需支付费用的数额。

（B）处分规定——金融犯罪调查合作局局长根据第（A）项规定征收的使用费——

（i）应当由金融犯罪调查合作局局长保管，并只能按照第（ii）目的规定使用；

（ii）金融犯罪调查合作局局长应当将其用于支付实施本分章规定所产生的费用；

（iii）不得解释为政府资金或者拨款金额，或者解释为受第 15 章的“分配规定”或者其他任何机构的约束。

（C）听证程序——在收费通知发出后 20 日内，根据本款规定应被征收费用的任何被许可人，提出举行听证会申请要求的，有关机构应当举行听证会。

（D）征收——

（i）移交——如果被许可人在本款规定的费用缴纳期限到来后，没有支付上述费用，金融犯罪调查合作局局长应当向相应的美利坚合众国地区法院提起诉讼，追索应征缴的费用；

（ii）收费的合理性不受审查——在第（i）目规定的任何民事诉讼案件中，征收费用的合法性和合理性不受审查。

（2）被许可人的直接和特有责任——缴纳使用费系被许可人的直接和特有责任，不得从投注者交纳的定金中扣除。

第（f）条 许可证的批准——金融犯罪调查合作局局长根据其职权，认定申请人符合其规定的要求，并且完全适合从事互联网博彩业务的，该局长应当依照本分章规定，向申请人颁发许可证。

第（g）条 被许可人必须采取的措施——依照本节规定，不执行和不遵守与互联网下注或者押注有关的下列要求的任何人，不能取得或者不得持有许可证：

（1）采取适当措施，确保下注或者押注的个人年满18周岁。

（2）采取适当措施，确保个人在进行下注或者押注活动时，在地理上位于允许互联网博彩活动的辖区。

（3）建立适当机制，确保参与互联网博彩的人员在取得互联网博彩收益时，向联邦政府、州政府及印第安部落缴纳应当缴纳的与互联网博彩有关的一切税款。

（4）建立适当机制，确保任何被许可人按照法律规定向联邦政府，州政府及印第安部落缴纳应当缴纳的与互联网博彩有关的一切税款。

（5）采取适当措施，根据金融犯罪调查合作局局长及其指定之人发布的管理规定所作出的要求，防范打击诈骗和洗钱活动。

（6）采取适当措施，防范互联网赌博成瘾行为。

（7）采取适当措施，保护任何互联网博彩参与者的隐私和安全。

（8）建立适当机制，确保金融犯罪调查合作局局长依照第（e）条规定，征收应当征收的任何费用。

（9）金融犯罪调查合作局局长提高管理规定或者命令所规定的其他任何要求。

第（h）条 拒发许可证——

（1）一般规定——在国外、美利坚合众国或者任何州，因违反博彩法律、金融市场或者金融法律，包括洗钱、诈骗、隐私或者信息安全法律而被判决有罪的任何个人，不得获颁许可证。

（2）适用于企业实体的规定——如果许可证申请人系公司、合伙企业或其他企业实体，第（1）款的规定适用于上述公司、合伙企业或企业实体中的每位合伙人、董事或管理人员。

第（i）条　许可证的有效期和续期——

（1）有效期——依照本节规定颁发的任何许可证，有效期一年，从颁发之日计算。

（2）续期——许可证可以按照金融犯罪调查合作局局长根据本分章规定所作出的要求，进行续期。

第（j）条　撤销许可证——

（1）一般规定——依照本分章规定取得的任何许可证，如果出现下列情形，金融犯罪调查合作局局长可予以终止或者撤销：

（A）被许可人没有遵守本分章的任何规定的；

（B）被许可人或者被许可人系公司、合伙企业或者其他企业实体的被许可人以及上述公司、合伙企业或者其他企业实体的管理人员、合伙人或者董事，因违反美利坚合众国或者被许可人所在主权国家的与支付系统、金融市场或者网络博彩有关的法律而被判决有罪的。

（2）终局性决定——金融犯罪调查合作局局长依照第（1）款规定作出的撤销许可证的任何决定，系终局性决定。

第（k）条　遵守联邦法律——被许可人必须遵守金融犯罪调查合作局局长制定的反洗钱、反欺诈、反恐怖以及其他任何管理规定、要求或者限制规定。

第（l）条　行政管理性规定——

（1）金融犯罪调查合作局局长的一般职权——在财政部长的领导和监督下，金融犯罪调查合作局局长可以——

（A）要求某种被许可人采取有关措施，确保遵守本分章以及根据本分章所制定的管理规定。

（B）检查任何被许可人以及所有账簿、文件、档案或者金融犯罪调查合作局局长依照本分章规定而要求被许可人保留或者报告的其他数据。

（C）传唤被许可人或者许可证申请人，被许可人的管理人员或者雇佣人员，任何上述申请人（包括前管理人员或者前雇佣人员），或者占有、保管、维护金融犯罪调查合作局局长依照本分章所要求的报告和档案的任何人，要求其在传票中指定的时间和地点，向金融犯罪调查合作局局长及其指定之人提交上述账簿、文件、档案或者其他数据，并经宣誓后，就与本分章实施有关的或者本分章规定的许可证申请有关的涉及任何调查的或者涉及调查的重要事项作证。

（2）行政传唤的规定——

（A）在指定地点提交资料——根据本条规定发出的传票，可以要求在被许可人或申请人的任何营业地点，或在指定的任何一州或任何领地的任何地点，或在美利坚合众国管辖的、距离被许可人或许可证申请人在美利坚合众国境内经营或从事业务的任何地点不到500英里的其他地点，提交在任何地点储存或保管的账簿、文件、档案或其他数据。

（B）不负担费用——美利坚合众国不承担提交本条规定的账簿、文件、档案或者其他数据所产生的任何费用。

（C）传票的送达——依照本条规定发出的传票，可以通过挂号邮件或者金融犯罪调查合作局局长以管理规定的形式要求的预计可以实际通知到当事人的其他方式予以送达。

（3）不服从或者拒绝——

（A）移交至司法部长——根据本条规定被传唤之人不服从传唤，或者上述之人拒绝遵守上述传唤或者拒绝允许金融犯罪调查合作局局长进行检查，金融犯罪调查合作局局长应当将案件上报财政部长，由其移交给司法部长处理。

（B）法院的管辖权——司法部长可以就下列情形之一，要求美利坚合众国的任何法院提供协助：

（i）导致传唤或者检查活动的正在进行或者已经完成的调查工作的；

（ii）被传唤之人系居民的；

（iii）被传唤之人从事可以强制服从传唤的商业活动或者可以找到的。

（C）法院命令——法院可以颁发命令，要求被传唤人当面向金融犯罪调查合作局局长及其委派之人提交账簿、文件、档案或者其他数据，在必要时作证解释上述资料是如何编撰和保管的，允许金融犯罪调查合作局局长检查其业务，并支付上述活动的费用。

(D) 拒不遵守法院命令——任何不遵守法院命令的行为，都可以由法院以藐视法庭罪予以处罚。

(E) 传票的送达——本条规定的任何案件的传票，均可以在上述之人可以找到的任何司法区予以送达。

第5384节　金融机构

第(a)条　投资银行——代表被许可人或者为被许可人从事投资银行业务活动的任何人，或者从事涉及被许可人的投资银行业务活动的任何人，按照本分章、《萨班斯—奥克斯利法》、1933年《证券法》、1934年《证券交易法》以及其他与证券有关的法律规定，从事上述活动的，不对上述活动承担责任。

第(b)条　办理支付和交易业务——代表被许可人或者为被许可人办理支付和交易业务的任何人，或者从事涉及被许可人的支付和交易业务办理活动的任何人，按照本分章规定从事上述活动的，不对上述活动承担责任。

第(c)条　金融机构——代表被许可人或者为被许可人从事金融活动和金融交易的任何人，或者从事涉及被许可人的金融活动和金融交易的任何人，按照本分章以及联邦、州和外国银行方面的法律法规从事上述活动的，不对上述活动承担责任。

第5385节　许可证在各州和印第安人保留地的禁止性和限制性规定

第(a)条　州的退出选择权

(1) 一般规定——所在州的州长或者该州其他主要行政官员在2007年《互联网博彩管理法》颁布之日起90日内，通知金融犯罪调查合作局局长该州禁止互联网下注或者押注活动，或者依照第(3)款规定作出了上述通知的，依照本分章规定取得许可证的任何互联网博彩被许可人，均不得在上述州从事互联网下注或者押注业务，但按照第(3)款规定随后作出废止上述禁止性规定的决定通知生效后的时间除外。

（2）各州制定的限制规定——所在州的州长或者该州其他主要行政官员在 2007 年《互联网博彩管理法》颁布之日起 90 日内，通知金融犯罪调查合作局局长该州禁止或者限制某种互联网下注或者押注活动以及其他比赛活动，并明确规定了上述禁止或者限制行为的范围和性质，或者依照第（3）款规定作出了上述通知和限制规定的，依照本分章规定取得许可证的任何互联网博彩被许可人，均不得在上述州从事上述互联网下注或者押注业务以及其他比赛活动，但按照第（3）款规定随后作出废止上述禁止性或者限制性规定的决定通知生效后的时间除外。

（3）各州限制规定的修改——就本分章而言，在 2007 年《互联网博彩管理法》颁布之日起 90 日后，任何州就第（1）款或者第（2）款规定的禁止性或者限制性规定作出的规定以及修改或者废除决定，在下列两种情形中较迟日期起 30 日后的第一个 1 月 1 日起，适用于被许可人在上述州进行的互联网下注或者押注业务——

（A）上述州的州长或者该州其他主要行政官员，以书面形式向金融犯罪调查合作局局长提交上述规定以及修改或者废止决定的通知之日；

（B）上述规定以及修改或者废止决定的生效之日。

第（b）条　印第安部落的退出选择权

（1）一般规定——所在印第安部落的首领或者其他主要行政官员，在 2007 年《互联网博彩管理法》颁布之日起 90 日内，通知金融犯罪调查合作局局长该部落禁止互联网下注或者押注活动，或者依照第（3）款规定作出了上述通知的，依照本分章规定取得许可证的任何互联网博彩被许可人，均不得在上述部落从事互联网下注或者押注业务，但按照第（3）款规定随后作出废止或者修改上述禁止性规定的决定通知生效后的时间除外。

（2）印第安部落制定的限制——所在印第安部落的首领或者该部落其他主要行政官员，在 2007 年《互联网博彩管理法》颁布之日起 90 日内，通知金融犯罪调查合作局局长该部落禁止或者限制某种互联网下注或者押注活动以及其他比赛活动，并明确规定了上述禁止或者限制行为的范围和性质，或者依照第（3）款规定作出了上述通知和限制规定的，依照本分章规定取得许可证的任何互联网博彩被许可人，均不得在上述部落从事上述互联网下注或者押注业务以及其他比赛活动，但按照第（3）款规定随后作出废止上述禁止性或者限制性规定的决定通知生效后的时间除外。

（3）印第安部落的限制规定的更改——就本分章而言，在 2007 年《互联网博彩管理法》颁布之日起 90 日后，任何部落就第（1）款或者第（2）款规定的禁止性或者限制性规定作出的规定以及修改或者废除决定，在下列两种情形中较迟日期起 30 日后的第一个 1 月 1 日起，适用于被许可人在上述州进行的互联网下注或者押注业务——

（A）上述部落的首领或者该部落其他主要行政官员，以书面形式向金融犯罪调查合作局局长提交上述规定以及修改或者废止决定的通知之日；

（B）上述规定以及修改或者废止决定的生效之日。

第（c）条　各州以及印第安部落的限制规定的执行——

（1）一般规定——金融犯罪调查合作局局长应当采取有效措施，确保本分章规定的被许可人遵守各州或者印第安部落可能针对第（a）条或者第（b）条的第（1）款、第（2）款或者第（3）款规定的被许可人制定的任何限制性规定或者禁止性规定，并把它作为拥有许可证的条件。

（2）违反行为——故意在第（a）条或者第（b）条的第（1）款、第（2）款或者第（3）款规定的通知生效的任何州或者任何印第安部落的部落土地上，接受下注或者押注或者从事任何互联网博彩活动的任何行为，均为违反本分章规定的行为。

第（d）条　途中传送——不得以途中传送电子数据的行为，确定下注或者押注行为的发起地、接受地或者其他投注与接受投注的场所。

第 5386 节　运动社团可以禁止针对其社团活动的互联网博彩活动

第（a）条　运动社团的退出选择权——任何运动社团总裁在 2007 年《互联网博彩管理法》颁布之日起 90 日内，通知金融犯罪调查合作局局长该社团禁止从事与该社团的运动项目或者比赛有关的互联网下注或者押注活动，或者依照第（c）条规定作出了上述通知的，依照本分章规定取得许可证的任何互联网博彩被许可人，均不得从事上述互联网下注或者押注业务，但按照第（c）条规定随后作出废止上述禁止性规定的决定通知生效后的时间除外。

第（b）条 运动社团制定或者废除禁止性规定——就本分章而言，在2007 年《互联网博彩管理法》颁布之日起 90 日后，任何运动社团根据第（a）条禁止性规定作出的规定或者废除决定，在下列两种情形中较迟日期起 30 日后的第一个 1 月 1 日起，适用于被许可人与上述运动社团的任何运动项目或者比赛项目有关的互联网下注或者押注业务——

（1）上述运动社团总裁以书面形式，向金融犯罪调查合作局局长提交上述规定或者废止决定的通知之日；

（2）上述规定或者废除决定的生效日期。

第（c）条 违反运动社团的限制规定的行为

（1）一般规定——金融犯罪调查合作局局长应当采取有效措施，确保本分章规定的被许可人遵守任何运动社团针对第（a）条或者第（b）条规定的被许可人制定的任何禁止性规定，并把它作为拥有许可证的条件。

（2）违反行为——故意从事与第（a）条或者第（b）条规定的通知生效的任何运动社团的任何运动项目或者比赛项目有关的互联网博彩活动的任何行为，均为违反本分章规定的行为。

第 5387 节 安全港条款

对于根据联邦或者州法提起的诉讼或者执法行为而言，持有依照本分章规定取得的有效许可证并按照本分章规定合法从事上述活动之人，均拥有辩护理由。

第 5388 节 刑罚

第（a）条 一般规定——任何故意违反本分章规定之人，均应依照第 18 编规定处以罚金或者处以 5 年以下的监禁，或者并处上述两种刑罚。

第（b）条 永久性禁止令——对于根据本节规定被判决有罪之人，法院可以签发永久性禁令，禁止上述之人下注、押注以及接受下注或者押注，或者以其他方式进行投注或者接受投注，或者发送、接收或者邀约协助下注或者押注行为的信息。

第 5389 节　解释规则

第（a）条　不影响其他法律——本分章的任何条款，不得解释为修改、限制或者扩大禁止、允许或者管理美利坚合众国境内赌博行为的任何联邦法律、各州法律或者部落与州之间的契约的适用。

第（b）条　与特定博彩法律的协调——本分章的任何条款，不得解释为允许违反下列任何法律规定的下注或者押注行为——

（1）《州际赛马法》;

（2）《专业和业余运动保护法》;

（3）《博彩设备运输法》;

（4）《印第安人博彩管理法》。

第（c）条　技术性与协调性的修改决定——对《美利坚合众国法典》第 31 编第 310 节第（b）条第（2）款作出如下修改——

（1）将第（J）项和第（K）项分别重新调整为第（K）项和第（L）项;

（2）在第（I）项之后，增加下列条款:

“（J）执行第 53 章第 V 分章规定。”

第（d）条　文印修改——对《美利坚合众国法典》第 31 编第 53 章的节目录表作出修改，在其末尾增加下列内容:

“第 V 分章——合法互联网博彩的管理

第 5381 节　国会调查结果及其宗旨

第 5382 节　释义

第 5383 节　许可程序的建立和管理

第 5384 节　金融机构

第 5385 节　许可证在各州和印第安人保留地的禁止性和限制性规定

第 5386 节　运动社团可以禁止针对其社团活动的互联网博彩活动

第 5387 节　安全港条款

第 5388 节　刑罚

第 5389 节　解释规则

第 5390 节”

第 3 节　报告义务

第（a）条　一般规定——在依照第 4 节第（a）条规定制定的规则生效之日起一年内以及此后每一年，金融犯罪调查合作局局长均应当向国会提交关于互联网博彩经营人的许可和管理情况的报告。

第（b）条　必须含有的信息——依照第（a）条规定提交的报告，应当含有下列信息：

（1）关于各州、印第安部落以及运动社团作出的限制规定的综合报告。

（2）申请人和被许可人的相关统计数据。

（3）报告所覆盖的时期内所征收的许可费和使用费的总额。

（4）在上述时期内采取的管理或者实施措施的信息。

（5）可以帮助国会评价本法是否符合包括防止未成年人赌博、防止赌博成瘾、反洗钱、反诈骗和防治与互联网博彩有关的相关避税行为在内的目的的信息。

第 4 节　生效日期

第（a）条　管理规定——金融犯罪调查合作局局长应当制定为实施【本法第 2 节第（a）条修改后的】《美利坚合众国法典》第 31 编第 53 章规定所需要的管理规定，并在本法颁布之日起 180 日后在《联邦行政公报》上公布上述管理规定的最终版本。

第（b）条　适用范围——第 2 节第（a）条作出的修改决定，应当在根据（a）条规定公布最终版本管理规定之日起 90 日后予以适用。

第二部分 俄罗斯网络法选编

《俄罗斯联邦大众传媒法》

（1991 年 12 月 27 日第 2124 – Ф1 号俄罗斯联邦法律，经由 1995 年 6 月 6 日第 87 – Ф3 号俄罗斯联邦法律修正案、1995 年 1 月 13 日第 6 – Ф3 号俄罗斯联邦法律修正案、1995 年 7 月 19 日第 114 – Ф3 号俄罗斯联邦法律修正案、1995 年 12 月 27 日第 211 – Ф3 号俄罗斯联邦法律修正案、1998 年 3 月 2 日第 30 – Ф3 号俄罗斯联邦法律修正案、2000 年 6 月 20 日第 90 – Ф3 号俄罗斯联邦法律修正案、2000 年 8 月 5 日第 110 – Ф3 号俄罗斯联邦法律修正案、2001 年 8 月 4 日第 107 – Ф3 号俄罗斯联邦法律修正案、2002 年 3 月 21 日第 31 – Ф3 号俄罗斯联邦法律修正案、2002 年 7 月 25 日第 112 – Ф3 号俄罗斯联邦法律修正案、2002 年 7 月 25 日第 116 – Ф3 号俄罗斯联邦法律修正案、2003 年 7 月 4 日第 94 – Ф3 号俄罗斯联邦法律修正案、2003 年 12 月 8 日第 122 – Ф3 号俄罗斯联邦法律修正案、2004 年 6 月 29 日第 58 – Ф3 号俄罗斯联邦法律修正案、2004 年 8 月 22 日第 122 – Ф3 号俄罗斯联邦法律修正案、2004 年 11 月 2 日第 127 – Ф3 号俄罗斯联邦法律修正案、2005 年 7 月 21 日第 93 – Ф3 号俄罗斯联邦法律修正案、2006 年 7 月 27 日第 153 – Ф3 号俄罗斯联邦法律修正案、2006 年 10 月 16 日第 160 – Ф3 号俄罗斯联邦法律修正案修正）

第一章　总　　则

第一条　俄罗斯联邦境内大众传媒的自由

除俄罗斯联邦大众传媒法有特殊规定外，凡涉及到对大众传媒进行搜寻、获取、产生、传播、创办、使用以及对大众传媒进行掌控、制作、获取、保存的技术设备和材料，不受限制。

第二条　大众传媒的基本概念

对于本法而言：

大众传媒是指对自然人群体（不受限制群体）从事的刊物印刷、音像材料及其他信息和消息的传播行为；

大众传播媒介是指定期印刷出版物、视听、电影档案资料及其他定期传播大众新闻的形式；

定期印刷出版物指报纸、杂志、期刊、电讯稿及其他有固定名称、期号且每年至少播出一次的出版物；

视听、音像电影节目是指有专有名称、且每年至少播出一次的视听、音像电影节目（含转播）的总称谓；

大众媒体产品指全部或部分地发行印刷期刊、广播、电视、电影档案材料、音像制品；

大众媒体产品的传播指出售（征订、送达、散发）定期印刷期刊、音像制品、或者对广播电视节目转播以及电影档案资料展示；

特殊大众传媒是指依本法特殊规定进行登记并传播产品的大众传媒；

大众传媒编辑部指进行生产和传播大众传媒的组织、机构、企业、公民及公民团体；

总编辑指能对生产和出版大众传媒做出最后决定的编辑部领导人员（不拘泥于职务名称）；

记者指为已登记的大众传媒进行新闻和材料编辑、创作、收集、准备工作的人员，他们与该传媒机构签有劳动或其他合同关系，并据此进行活动，履行职能；

出版者指出版社、其他为大众传媒产品生产提供资料技术保障的机构、企业，以及不以传媒活动作为主要收入来源，但相当于出版商的法人或公民；

发行商指根据与编辑部、出版商签订的协议或其他法律文件来传播大众传媒产品。

第三条　禁止新闻检查

禁止公职人员、政府机关、相关组织和机构或社会团体对大众传媒编辑部就播发的消息和材料对其进行事前协商的行为（公职人员是作者或被采访人的情况除外），不得禁止播放全部或部分消息和材料。

不得设立和投资旨在进行大众新闻检查的组织、机构、机关或办公室。

第四条　禁止恶意利用大众传媒自由

禁止将大众传媒用于刑事犯罪、泄露国家或其他法律特别保护的机密、号召实施恐怖行动、公然为恐怖主义辩护、传播极端主义者的材料，以及宣传淫秽、宗教暴力思想。

（第一款由 1995 年 7 月 19 日第 114 – Φ3 号俄罗斯联邦法律修正案、2002 年 7 月 25 日第 112 – Φ3 号俄罗斯联邦法律修正案、2006 年 7 月 27 日第 153 – Φ3 号俄罗斯联邦法律修正案修正）

禁止在广播、电视、录像、电影资料、纪录片、艺术片、电脑网站和程序中加工特殊传媒的消息稿、秘密加入对人身体和思想造成不良影响的消息。

（第二款由 1995 年 7 月 19 日第 114 – Φ3 号俄罗斯联邦法律修正案、2006 年 10 月 16 日第 160 – Φ3 号俄罗斯联邦法律修正案修正）

禁止在大众传媒媒体和互联网网站上传播毒品的研发、制造和使用方法及获取毒品的地点、致幻剂及其替代品的好处，不得传播其他联邦法律所禁止的消息。

（第三款由 2000 年 6 月 20 日第 90 – Φ3 号俄罗斯联邦法律修正案、2006 年 10 月 16 日第 160 – Φ3 号俄罗斯联邦法律修正案修正）

新闻记者在对军事方位区域或目标（恐怖地区）的新闻采集行为需得到军事行动的领导许可方可进行。

（第四款由 2006 年 7 月 27 日第 153 – Φ3 号俄罗斯联邦法律修正案修正）

禁止媒体对军事行动采取的具体行动方式、技术手段以及具体步骤进行传播。如果消息传播出去，将会妨碍军事行动的进行或者导致人们的生活及生命受到严重的损失。根据俄罗斯联邦信息保密和个人隐私法规定，参与恐怖活动业务执行、侦查、预防、跨界作业、发现等协作过程的专业机构员工和人员，以及上述人员家属的资料，可以对外公开。

（第五款由2006年7月27日第153－Φ3号俄罗斯联邦法律修正案修正）

第五条　有关大众传媒的立法

俄罗斯联邦关于大众传媒的立法由本法及其他俄罗斯联邦标准法律文件组成。

（第一款由2004年8月22日第122－Φ3号俄罗斯联邦法律修正案修正）

俄罗斯联邦签署的国际条约中，关于大众传媒的组织和活动做出不同于本法的规定，则服从国际条约规定。

第六条　本法适用范围

本法适用于在俄罗斯联邦建立的大众传媒，以及境外传媒中向俄罗斯联邦传播产品的部分。

外国法人及公民、无国籍人士享有和履行本法规定的权利和义务。俄罗斯联邦的组织和公民若无其他法律规定也如此。

第二章　大众传媒活动的组织

第七条　创办人

大众传媒的创办人可以是公民、公民团体、企业、机构、组织和国家机关。

（第一款由2004年8月22日第122－Φ3号俄罗斯联邦法律修正案修正）

未满18周岁的公民、服刑犯人、法院认为无行为能力的心理疾病者、法律禁止活动的公民团体、企业、机构、组织，不在俄罗斯联邦长期定居的外国公民和无国籍人士不得成为创办者。

共同创办人同视为创办人。

第八条　大众传媒的注册登记

大众传媒编辑部须在注册登记后方可开始进行其相关活动。

大众传媒在下列情况下进行登记注册及对其产品进行推广具有优先权：

在俄罗斯联邦全境、境外俄罗斯联邦部分联邦主体，媒体的创办人向俄罗斯联邦大众传媒和文化遗产保护领域的法律监督部门提交申请；

（由 2004 年 8 月 22 日第 122－Φ3 号俄罗斯联邦法律修正案修正）

在俄罗斯联邦境内某个联邦主体、城市，媒体的创办人向俄罗斯联邦大众传媒和文化遗产保护领域的法律监督部门的当地机关提交申请；

（由 2004 年 8 月 22 日第 122－Φ3 号俄罗斯联邦法律修正案修正）

登记机关发给创办人或者其授权人接收其申请的正式通知（注明接受申请日期）。注册登记机关应在从该日起一个月内审议其注册申请。

大众传媒自发放登记证之日起视其为已登记注册。

创办人自登记证发放之日起一年内拥有生产大众传媒产品的权利。若自登记证发放之日起超过一年，则登记注册失效。

第九条　禁止重复登记

已登记注册的大众传媒禁止在任何登记机关重复登记。

若法院认定有重复登记的事实，则依据登记日期的先后视第一次登记为有效登记。

第十条　登记申请

登记申请应写明：

（一）符合本法要求的创办人（共同创办人）简况；

（二）大众传媒名称；

（三）使用语言；

（四）编辑部地址；

（五）定期传播大众新闻的方式；

（六）产品传播地域；

（七）主题意向和（或）领域；

（八）大众传媒产品的预计出版周期及最大发行量；

（九）资金来源；

（十）注明申请人同时又是哪些其他大众传媒的创办人、所有人、总编

（编辑部）或发行商。

申请须附登记税完税证明。

（由 2004 年 11 月 2 日第 127 – Φ3 号俄罗斯联邦法律修正案修正）

禁止在登记时提出与登记无关的要求。

第十一条　重新登记和通知

只有在大众传媒重新登记后方能改变其创办人、共同创办人、名称、语言、大众新闻定期传播方式、产品传播地域。

大众传媒重新登记程序同其原登记程序。

法院裁决停止活动的大众传媒不得重新登记。

若变更大众传媒编辑部地址、出版周期和最大发行量，创办人必须在一个月之内书面通知登记机关。

第十二条　免于登记

国家权力机关和地方自治机关创办的只用于发布正式消息、材料、法律文件等的大众传媒无需登记；

（由 2004 年 8 月 22 日第 122 – Φ3 号俄罗斯联邦法律修正案修正）

印刷量少于 1000 份的定期印刷出版物无需登记；

国家机构、教学单位或工业企业内部的闭路广播和电视或用户少于 10 人的广播、电视无需登记；

发行量少于 10 份的音像制品无需登记。

第十三条　拒绝登记

只有在以下情况下才能拒绝为大众传媒登记：

（一）以依据本法不具备大众传媒创办人资格的公民、公民团体、企业、机构和组织名义递交的申请；

（二）申请材料失实；

（三）大众传媒名称、列举的主题被认为恶意利用新闻自由（依据本法第四条第一款）；

（四）大众传媒以同一大众信息传播名称和方式在登记机关注册。

（第四款由 2004 年 6 月 29 日第 58－Φ3 号俄罗斯联邦法律修正案修正）

拒绝登记的通知将写明本法所列的拒绝原因，以书面形式发送给申请人。

申请将在以下情况下不经审议，但写明原因退还申请人：

（一）申请递交违反了本法第八条第二款或第十条第一款之规定；

（二）未经创办人授权递交的申请；

（三）未缴税。

（由 2004 年 11 月 2 日第 127－Φ3 号俄罗斯联邦法律修正案修正）

澄清上述因素后，申请予以重新审理。

第十四条　登记费

（由 2004 年 11 月 2 日第 127－Φ3 号俄罗斯联邦法律修正案修正）

为了进行大众传媒登记注册，交付国家注册证副本，以及对注册证进行变更，需按俄罗斯联邦税收法规定的额度和程序上缴大众传媒登记税费。

第十五条　登记证无效

只有在以下情况下，法院根据登记机关要求，按民事诉讼程序裁决大众传媒登记证无效：

（由 2004 年 6 月 29 日第 58－Φ3 号俄罗斯联邦法律修正案修正）

（一）登记证以欺骗手段获得；

（二）大众传媒超过一年未出版（播放）；

（三）大众传媒编辑部章程或替代协议自该传媒首次出版（播放）之日起三个月内未被通过和（或）确认；

（四）大众传媒重复登记。

第二款失效。（根据 2004 年 11 月 2 日第 127－Φ3 号俄罗斯联邦法律修正案修正）

第十六条　活动的中止和暂停

只有创办人自愿或法院根据登记机关的起诉，依据民事诉讼程序，才能中止或暂停大众传媒的活动。

（第一款由 2004 年 6 月 29 日第 58－Φ3 号俄罗斯联邦法律修正案修正）

创办人只有依据编辑部章程或与编辑部（总编辑）达成的协议中的规定才有权中止和暂停大众传媒的活动。

法院裁决中止大众传媒活动的原因是：其编辑部在12个月内多次违反本法第四条之规定，登记机关向创办人和（或）编辑部（总编）发出书面警告，该传媒不执行法院关于暂停其活动的判决。

（第三款由2004年6月29日第58－Ф3号俄罗斯联邦法律修正案修正）

也可依据联邦《应对极端活动法》的程序，中止大众传媒活动。

（第四款由2002年7月25日第112－Ф3号俄罗斯联邦法律修正案修正）

法院中止大众传媒活动的原因可以仅是本条第（一）款诉讼的必要性。

中止大众传媒活动会使得该传媒登记证和其编辑部章程失效。

第十六条之一　暂停违反俄罗斯联邦选举和全民投票法的大众传媒出版

（由2003年7月4日第94－Ф3号俄罗斯联邦法律修正案修正）

如果在选举运动、全民投票运动期间，在法院颁布关于总编、广播电视编辑部、定期刊物和其他出版大众传媒刊物的组织（以下简称大众传媒）对违反（和重复违反）俄罗斯联邦选举和全民投票法律应负有行政责任的决议后。如果大众传媒刊物仅在俄罗斯联邦内发售，俄罗斯联邦中央选举委员会，同俄罗斯联邦相关主体的选举委员会都有权向该大众传媒注册的联邦主体行政机关提出暂停出版违反以上所述行为的大众传媒刊物。上述联邦行政机关在五个工作日内，不晚于选举前一天，在选举前一天和在投票当日立刻与利益人核查事实，并向法院提交关于暂停出版有违反上述行为的大众传媒刊物的申请，或者向相关选举委员会提供拒绝向法院提交申请的理由。拒绝向法院提交关于暂停出版大众传媒刊物的理由并不能使大众传媒摆脱承担俄罗斯联邦法律责任（包括警告）。依据相关选举委员会提供的关于暂停出版大众传媒刊物的申请，大众传媒注册地的联邦行政机关无权拒绝法院；如果总编或大众传媒在一个选举运动期间多于两次违反俄罗斯联邦选举和全民投票法，将依据法院判决对其进行行政处罚。

本条中的上述关于暂停大众传媒出版的申请应遵循保护俄罗斯联邦选举权和参加全民投票权的程序和期限依法完成。

根据本条所述，暂停大众传媒出版应依法在选举投票、全民投票期限结束前完成，如果进行二次投票的，则应在第二次投票结束前完成。

基于本条，如总编或者大众传媒机构违反本法所确定的选民、全民投票参与者等报道程序、违反行政处罚法规定的选前和全民投票宣传，视为总编或者大众传媒机构违反俄罗斯联邦选举和全民投票法。

基于本条，大众传媒发布信息并不构成对俄罗斯联邦选举和全民投票法的侵犯。根据俄罗斯联邦大众传媒法，总编或大众传媒机构并不对以上内容承担责任。

第十七条　权利和义务

本法规定的创办人和编辑部的权利和义务在大众传媒登记之时生效，编辑部章程内规定的权利和义务自该章程通过之时生效。创办人、编辑部、出版商、发行商可在协议基础上补充确定彼此权利和义务。章程和协议不得与本法和俄罗斯联邦其他法律文件相违悖。

第十八条　创办人地位

创办人确认编辑部章程和（或）与编辑部（总编）签署协议。

创办人有权要求编辑部在指定时期免费刊登以创办人名义发布的消息或材料。创办人声明的最大刊登量由编辑部章程或编辑部与创办人签署的协议规定。因创办人声明引起索赔和起诉，由创办人自行承担责任。若编辑部事先未就创办人声明和材料保留声明，则视如共同声明和材料。

创办人除本法、编辑部章程、创办人与编辑部（总编）协议规定外，无权干涉大众传媒活动。

创办人可在与编辑部和共同创办人协商后将自己的权利和义务转移给第三者。在取消和改组创办人（公民团体、企业、机构、组织、国家机关）的情况下，若编辑部章程无其他特殊规定，其权利和义务全部转交编辑部。

创办人可以是编辑部，出版商，发行商，编辑部财产所有人。

第十九条　编辑部地位

编辑部在职业独立的原则下进行活动。

编辑部可以是法律允许的任何形式的法人、独立经营主体。若登记的大众传媒编辑部是以企业身份组成的，则其登记还应依照俄罗斯联邦国家法人代表注册法，还有权依章程进行除生产和发行大众传媒外法律允许的其他活动。

（由 2002 年 3 月 21 日第 31 – Φ3 号俄罗斯联邦法律修正案、2003 年 12 月 8 日第 122 – Φ3 号俄罗斯联邦法律修正案修正）

2004 年 11 月 2 日第 127 – Φ3 号俄罗斯联邦法律修正案删除了第三款。

编辑部可以是大众传媒媒体创办人、出版商、发行商、编辑部财产所有人。

编辑部由总编领导，其依据本法、编辑部章程、编辑部（总编）与创办人达成的协议履行职能。总编在与创办人、出版商、发行商、公民、公民团体、企业、机构、组织、国家机关的关系中，在法庭上代表编辑部。承担履行本法和俄罗斯联邦其他法律文件规定的责任。

第十九条之一　有关建立电视、录像节目以及进行电视转播的组织（法人）的限制

（由 2001 年 8 月 4 日第 107 – Φ3 号俄罗斯联邦法律修正案修正）

外国法人，亦或是有外方参与的俄罗斯法人且外方参与章程的（共同筹办的）资金份额等于甚至超过 50%，有双重国籍的俄罗斯联邦公民，无权担任电视录像节目的创办人。

外国公民、无国籍人士、拥有双重国籍的俄罗斯公民、外国法人、有外方参与的俄罗斯法人且外方参与章程的（共同筹办的）资金份额等于甚至超过 50%，无权建立电视转播的组织（法人），如稳定接收其电视节目的区域覆盖俄罗斯联邦一半及一半以上的联邦主体，或是覆盖居住有一半及一半以上的俄罗斯联邦人口数量的区域。

如收购导致章程（共同筹办）的资金中，外方参与的份额等于甚至超过 50%，就不允许电视、录像节目创办人（包括登记注册之后）以及进行电视转播的组织（法人）收购股份（份额），如稳定接收其节目的区域覆盖俄罗斯联邦一半及一半以上的联邦主体，或是覆盖居住有一半及一半以上的俄罗斯联邦人口数量的区域。

第二十条　编辑部章程

大众传媒编辑部章程在其记者和工作人员全会上（大会出席人不得少于全部人数的三分之二）以上多数通过，由创办人确认。

编辑部章程中应确定：

（一）创办人、编辑部、总编间的相互权利和义务；

（二）编辑部记者——工作人员集体的权限；

（三）总编、编委会和（或）编辑部管理机构任命（选举）的程序；

（四）中止和暂停大众传媒活动的依据和程序；

（五）转交和（或）保留名称的权利，创办人、共同创办人变更、中止大众传媒活动、取消或重组编辑部及变更其组织法律形式引起的法律后果；

（六）编辑部章程确认和变更程序，及其他本法和有关法律文件规定的条款。

编辑部章程确认之前或编辑部成员少于10人，编辑部同创办人的关系，包括本条第二款一至五项所列举的问题，可由创办人和编辑部（总编）达成的协议代替章程。

以企业身份组成的编辑部章程可同时作为该企业章程。此种情况下，编辑部章程应符合企业和企业活动立法。

编辑部章程副本或替代它的协议应不晚于该大众传媒首次出版之日起三个月递交登记机关。编辑部有权将章程或其替代条约中的某些信息为商业机密予以保留。

第二十一条　出版商地位

出版商依本法、《关于国家大众传媒报道国家政权机关活动规定》的俄罗斯联邦法和有关出版、企业和企业活动的立法，行使自己的权利并承担义务。

（由1995年1月13日第6－Ф3号俄罗斯联邦法律修正案修正）

出版商可以是大众传媒创办人、编辑部、发行商、编辑部财产所有者。

第二十二条　协议

大众传媒共同创办人之间达成的协议确定双方相互权利、义务、责任和变更合伙创办人的程序、条件、法律后果以及解决争端的程序。

创办人与编辑部（总编）达成的协议确定双方生产、财产和资金关系：划拨和使用资金以维持编辑部的程序，利润分配，基金组建、亏损补偿，创办人对编辑部人员生活和劳动提供相应生产和社会条件的义务。每个共同创办人可单独或集体与编辑部签署协议。

编辑部与出版商之间的协议规定相互间生产、财产和资金关系，出版权划分，出版商对大众传媒产品生产提供物质技术保证的义务和双方责任。

创办人、编辑部（总编）和出版商之间可签订其他协议，或与发行商签订协议。

第二十三条　通讯社

通讯社在运用本法时同时适用编辑部、出版商、发行商地位和大众传媒的法律制度。

通讯社创办的定期通报、公报或其他有固定名称的出版物，应依本法规定的程序登记。

其他大众传媒发布某通讯社消息和材料应注明援引通讯社。

第二十四条　其他大众传媒

本法关于定期印刷出版物的规定适用于建立并（或）储存在电脑数据库中的定期发行量超过 1000 份的文章以及消息、材料、图片等印刷品形式发行的大众传媒产品。

若俄罗斯联邦法律未特殊规定，本法关于音像制品的规定适用于经过电视、录像系统和其他电讯网络定期发行的产品。

第三章　大众新闻的传播

第二十五条　传播程序

公民、公民团体、公职人员、企业、机构、组织、国家机关不得阻挠大众传媒产品依法传播。

大众传媒产品若需付钱，则其传播视为商业行为。非商业性的产品传播，应注明“免费”，其产品不得进行商业传播。

在住所播放、复制录像，若不直接或间接收费，则不视为本法意义上的大众传媒产品传播。

除本法有所规定外，零售定期印刷出版物印数不受限制。在非公共场所——住宅或财产所有者有权支配的地方——零售定期印刷出版物应与所有人协商。

编辑部、出版商或发行商侵犯作者财产或非财产权，或违反本法规定，将依法院决定停止其传播大众传媒产品。

第二十六条　出版（播放）

只有总编给出出版（播放）许可后方能传播大众传媒产品。

第二十七条　出版的必备资料

出版的定期印刷品应包含以下内容：

（一）出版物名称；

（二）创办人（共同创办人）；

（三）总编姓、父称和名字；

（四）出版物期号、出版日期，若出版报纸还需注明付印时间（计划时间和实际时间）；

（五）识别码——经由通信企业发行的出版物；

（六）印数；

（七）价格，或注明“自由定价”，或注明“免费”；

（八）编辑部、出版商、印刷厂地址。

每次广播、电视播放以及每天播发不少于 4 次的不间断消息，编辑部应宣布节目名称。

每份音像产品或电影资料副本应包含以下内容：

（一）节目名称；

（二）出版（播放）日期和期号；

（三）总编姓、父称和名字；

（四）印数；

（五）编辑部及其地址；

（六）价格，或注明“自由定价”，或“免费”。

通讯社消息和材料应注明名称。若大众传媒不属免于登记的，则需在出版资料中写明其登记机关和登记号。

第二十八条　印刷量

定期印刷出版物、音像制品、电影档案节目发行的数量应由总编辑与出版商协商确定。

如有法院判决，将取消印刷或者部分印刷。

第三款在 2004 年 11 月 2 日第 127 – Φ3 号俄罗斯联邦法律修正案中被删除。

第二十九条　在 2004 年 6 月 29 日第 58 – Φ3 号俄罗斯联邦法律修正案中已被删除。

第三十条　在 2004 年 8 月 22 日第 122 – Φ3 号俄罗斯联邦法律修正案中已被删除。

第三十一条　播放许可证

播放许可证由俄罗斯联邦政府全权执行权力机关颁发。

（由 1995 年 6 月 6 日第 87 – Φ3 号俄罗斯联邦法律修正案、2004 年 8 月 22 日第 122 – Φ3 号俄罗斯联邦法律修正案修正）

播放许可证赋予领证者利用广播电视频道、光缆及其他掌握的技术设施，遵守许可证规定的条件，传播依法登记的大众传媒产品的权利。

若缺少支持播放产品的技术能力，将拒绝颁发播放许可证。

若在竞争基础上申请许可证，则竞争条件可成为拒绝颁发许可证的理由。

向第三人转让许可证需取得发证机关同意，并重新办理许可证。

办理播放许可证以及改办许可证的金额和缴费程序由俄罗斯联邦政府确定。

第三十二条　注销许可证

在以下情况将注销许可证：

（一）以欺骗手段获取许可证；

（二）多次违反本法关于播放广播电视节目许可条件或规定，并且发过书面警告；

（三）若俄罗斯联邦政府全权执行权力机关证实有私自转让许可证的事实。

（由 2004 年 8 月 22 日第 122 – Ф3 号俄罗斯联邦法律修正案修正）

俄罗斯联邦法律可补充规定注销许可证的原因。

注销许可证行为由发证机关实施。

（由 2004 年 8 月 22 日第 122 – Ф3 号俄罗斯联邦法律修正案修正）

注销许可证不退还许可证办理费用。

（由 2004 年 8 月 22 日第 122 – Ф3 号俄罗斯联邦法律修正案修正）

第三十三条　人为干扰

人为干扰、阻碍可接收的广播电视节目（即经过许可证所允许的广播、电视及其他技术信号频段播出的节目），将依俄罗斯联邦法律追究责任。

在经营活动中，利用技术设施进行人为干扰，其设施将被取消，费用由干扰人自行承担。

第三十四条　广播电视节目材料的保存

为保留证据以正确解决争端，广播、电视编辑部应该：

记录保存已播放的本台节目；

在注册杂志中写明节目播放日期、时间、节目主题、作者、主持人和参加者。

保存期限：

节目材料——自节目播放之日起不少于一个月；

注册杂志——自最新记录之日起不少于一年。

广播电视节目中播出的音频记录和视频记录，包括大选前的宣传，全民投票的宣传，保存在相应的实行广播电视播出的机构中，自该节目播出之日起，不少于十二个月。应选举委员会和全民投票委员会的要求，广播电视机构应该免费提供该广播电视节目的副本。

（第四款由 2003 年 7 月 4 日第 94 – Ф3 号俄罗斯联邦法律修正案修正）

第三十五条　必须发布的消息

编辑部必须在指定期限免费刊登：

生效的法院判决，包含通过该大众传媒发布判决的要求；

该大众传媒机关送交的关于编辑部活动的通知。

创办人（共同创办人）为国家机关的大众传媒编辑部，应按照机关的要求，以编辑部章程或替代协议规定的程序发布其官方消息，以及俄罗斯联邦法律中规定发布的其他材料。

国家大众传媒必须按照《国家大众传媒报道国家权力机关活动规则》和俄罗斯联邦法的规定，发布国家权力机关和联邦主体国家权力机关的消息和材料。

（第三款由 1995 年 1 月 13 日第 6 – Ф3 号俄罗斯联邦法律修正案修正）

根据俄罗斯联邦总统全权执行权力机关的要求，国家大众传媒编辑部必须立即、无偿地刊登（播出）有关防火安全的紧急通报。

（第四款由 1995 年 12 月 27 日第 211 – Ф3 号俄罗斯联邦法律修正案、2002 年 7 月 25 日 116 – Ф3 号俄罗斯联邦法律修正案、2004 年 8 月 22 日第 122 – Ф3 号俄罗斯联邦法律修正案修正）

第三十六条　广告传播

（由 1998 年 3 月 2 日第 30 – Ф3 号俄罗斯联邦法律修正案修正）

在大众传媒上发布广告，需依照俄罗斯联邦广告法所确立的规定进行。

第三十七条　色情出版物

本法中所称的色情内容的大众传媒是指定期出版物或节目中全部或有系统地包含性内容。

若地方行政当局无特殊规定，只能在当地时间 23 点至 4 点播出专门的色情广播电视节目（无信号编码）。

色情内容大众传媒产品的零售。产品需密封透明包装，并且只能在地方行政当局专门指定的地点出售。

第四章　大众传媒与公民和组织的关系

第三十八条　获得信息的权利

公民有权通过大众传媒及时获得国家机关和组织、社会团体及其公职人员活动的准确消息。

应编辑部要求，国家机关和组织、社会团体及其公职人员通过新闻发布会、公布咨询和统计材料以及其他形式向大众传媒提供其活动信息。

第三十九条　查询信息

编辑部有权向国家机关和组织、社会团体及其公职人员询问其活动信息。

查询信息可以是口头或书面的形式。所询问的信息应由被询问机关、组织、团体的领导，其副手、新闻发言人或其他授权人员提供。

第四十条　拒绝和延期提供信息

只有当所询问信息涉及国家、商业或其他法律特别保护的机密时，才可拒绝提供。拒绝信应在提出询问信息书面申请之日起三天内交给编辑部代表。拒绝信中应写明：

（一）拒绝原因（所询问的信息涉及法律特别保护的机密）；

（二）拒绝提供信息的负责人；

（三）作出拒绝决定的日期。

若所询问的信息不能在七天内提供，则可延期提供。延期提供信息的通知单应在收到询问书面申请的三天内交给编辑部代表，通知中应注明：

（一）延期原因（所询问的信息不能在七天内提供）；

（二）提供所询问信息的截止日期；

（三）延期的负责人；

（四）做出延期决定的日期。

第四十一条　保密信息

编辑部无权在公开消息和材料中公布公民要求保密的信息。

编辑部应为信息提供者保守秘密，提供信息的人要求不透露姓名，编辑部无权公布其姓名。例外情况是，信息提供者卷入案件中，相应要求由法院提出。

若无未成年人本人和其法定监护人同意，编辑部无权在公开消息和材料中直接或间接指出未成年人个人信息，以及犯罪分子、犯罪嫌疑人、违反行政规定者或反社会者的个人信息。

（第三款由2000年8月5日第110-Φ3号俄罗斯联邦法律修正案修正）

若无未成年人本人和（或）其法定监护人同意，编辑部无权在公开消息和材料中直接或间接指出受害的未成年人的个人信息。

（第四款由2000年8月5日第110-Φ3号俄罗斯联邦法律修正案修正）

第四十二条　署名作品和书信

编辑部必须遵守作品使用权，包括著作权、出版权及其他知识产权。作者或作品的其他所有权人可以向编辑部提供的作品提出使用条件和特点。

给编辑部的来信可在该大众传媒的消息和材料中使用，其条件是不歪曲来信的意思，不违反本法规定。编辑部不承担回信和向有关机关、组织、相关公职人员转交信件的义务。

若无法律特殊规定，任何人无权要求编辑部发布其已被拒绝的作品、信件和其他消息、材料。

第四十三条　反驳权

公民或组织有权要求编辑部对在其大众传媒上发布的不符合事实、有损其名誉和尊严的信息进行辟谣。若公民本人不能做出此要求，则由其法定代表实施。若大众传媒编辑部无证据证其发布的消息符合事实，则其必须在该大众传媒上予以辟谣。

若公民或组织提出反驳词，则在符合本法要求的条件下应予登载。广播、电视节目编辑部需应公民或组织代表要求，可允许其自己宣读辟谣，并交给其录像（音）带。

第四十四条　反驳程序

在反驳中应指明，何种消息不符合事实，该大众传媒何时以及如何将其传播。

在定期刊物上刊登反驳词应选用同一字体，标上“更正”字样，一般应放在被反驳的信息或者材料刊登过的地方。广播、电视节目中播出反驳词，应在同一时间段，通常应在播出过被反驳的信息或材料的节目中播出。

反驳词不得长于所发布的信息或材料中被反驳段落的一倍，不得要求反驳词短于一页标准打印纸。广播和电视中播出反驳词，不得短于播音员宣读一页标准打印纸所需的时间。

反驳词应遵照：

（一）出版和播放类大众传媒——在收到反驳要求或反驳词之日起十天内，应不少于一周一次；

（二）其他大众传媒——在准备最近出版的一期。

自收到反驳要求或反驳词之日起一个月内编辑部需以书面形式通知有关公民或组织其准备刊登反驳词的期限或说明拒绝刊登反驳词的理由。

第四十五条　拒绝反驳的理由

应在以下情况下拒绝反驳要求和反驳词：

（一）恶意利用本法第四条第一款关于大众新闻自由的解释；

（二）违反已生效的法庭决定；

（三）匿名。

以下情况可以拒绝：

（一）要反驳的消息已在该媒体辟谣；

（二）反驳要求和反驳词自被反驳消息发表之日起已超过一年才送交编辑部。

拒绝反驳或违反本法关于反驳的规定，可于被反驳消息发表之日起一年内，依照俄罗斯联邦民法和民事诉讼法向法院起诉。

第四十六条　回答权

大众传媒发布的有关公民或组织的消息失实或损害其合法权益，公民和组织有权要求在该媒体中回答（评论、反驳）。

适用本法第四十三条至第四十五条之规定。

对回答的回复应不早于下期发布。该规定不适用于编辑部所做的评论。

第五章　记者的权利与义务

第四十七条　记者的权利

记者有如下权利：

（一）寻找、询问、获取和传播新闻信息；

（二）拜访国家机关和组织、企业和机构、社会团体机关或其新闻部门；

（三）为获取新闻信息而被公职人员接待的权利；

（四）取得使用文件和材料的许可，但材料中有关国家机密、商业机密或其他受法律特别保护的机密部分除外；

（五）遵守本法第四十二条第一款之规定，复印、刊登、宣布或以其他方式转载材料和文件；

（六）利用录音、录像、电影、摄影等方式记录，法律规定的情形除外；

（七）访问自然灾害事发地和车祸现场、群体骚乱、公众集会、紧急状态实施区，参加示威游行；

（八）证实向其提供的新闻线索的可靠性；

（九）在发表的署名通讯和材料中阐述自己的观点和评论；

（十）拒绝在与本人观点相悖的通讯或材料上签名；

（十一）认为在编辑过程中歪曲本人观点，记者可撤销在消息或材料上的签名，或依本法第四十二条第一款之规定，禁止使用该消息或材料，或允许使用但提出保留条件；

（十二）以签名、署笔名或无签名的方式发表消息或材料。

记者还享有俄罗斯联邦大众传媒法中规定的其他权利。

第四十八条　采访权

编辑部有权向国家机关、组织、机构、社会团体机关提出派遣本社记者采访的申请。

在编辑部遵守各机关、组织、机构采访规定的情况下，国家机关、组织、机构、社会团体机关允许申请记者采访。

允许记者采访的机关、组织、机构应该事先告知各种会议或其他活动，提供速记稿、会议记录和其他文件，并为采访创造良好条件。

取得采访资格的记者有权参加各种会议，参加给予采访资格的机关、组织、机构开展的其他活动，不对外报道的活动除外。

若记者和编辑部违反采访规定或发布失实消息，有损被采访组织的名誉和尊严，经法院判决证实，将取消记者采访资格。

大众传媒编辑部独家记者的采访亦依据本法规定进行。

第四十九条　记者的义务

记者有如下义务：

（一）遵守与之签署劳动关系的编辑部的章程；

（二）检查提供的新闻信息的可靠性；

（三）应提供消息者请求指出消息来源、所引用言论的作者认可（若该言论首次出现）；

（四）为消息和（或）其来源保密；

（五）在大众传媒上发布有关公民个人生活的消息时，应征得本人或其法定代表的同意。为维护公共利益的情况除外；

（六）在向公民和公职人员获取新闻信息时，应向其告知正在进行录音、录像、摄像和摄影；

（七）告知总编其准备发表的消息或材料有可能依据某些法律规定受到起诉；

（八）拒绝总编或编辑部交给的有违反法律的任务；

（九）在进行职业活动时，应立即按要求出示编辑部证明信或其他可证明记者身份与职权的文件；

（十）在进行职业活动时，禁止擅自开展选前鼓动宣传和全民投票宣传。

（第十项由2003年7月4日第94－Φ3号俄罗斯联邦法律修正案修正）

记者还承担俄罗斯联邦大众传媒法中规定的其他义务。

在进行职业活动时，记者必须尊重公民和组织的合法权益、名誉和尊严。

国家保护记者进行职业活动的名誉、尊严、健康、生命和财产，视同保护履行社会责任的人。

第五十条　暗访

在下列情况下允许以暗中录音、录像、摄像、摄影等方式发表制作的消息和材料：

（一）若其不侵犯个人和公民的宪法权利和自由；

（二）若出于维护公共利益之必须，采取措施以防止别人可能识破自己；

（三）依法院决定展示录音（像）。

第五十一条　禁止滥用记者权利

禁止利用本法赋予的记者权利隐瞒、伪造社会新闻、以可靠消息名义传谣、搜集对他人或组织（非大众传媒）有利的信息。

禁止利用记者发布新闻的权利污蔑公民，或专门以性别、年龄、种族、民族、语言属性、宗教信仰、职业、居住和工作地、政治信念诋毁某类公民。

第五十二条　特殊地位

享有本法规定的记者职业地位的人还包括：

从事编辑、创作、收集或准备材料和消息以向发行量大的报纸和其他大众传媒（在一个企业、团体、组织、机构内发行作品的大众传媒除外）供稿的编辑部编内人员；

与大众传媒编辑部无劳动或其他合同关系的作者，但在其完成编辑部委托时，编辑部承认其为编外作者或记者。

第六章　大众传媒领域的国际合作

第五十三条　国际合同与条约

大众传媒领域的国际合作以俄罗斯联邦签署的条约为基础。

编辑部、职业记者团体在参加传媒领域国际合作时，以与其他国家公民、法人及国际组织签署的协议为依据。

第五十四条　境外信息传播

保障俄罗斯联邦公民不受阻碍地获得境外大众传媒的报道和材料。

只有在俄罗斯联邦签署的国际条约中有规定时，才允许限制接收电视节目。

境外定期印刷出版物，即未在俄罗斯联邦登记，其创办人或编辑部在俄罗斯又无固定居所以及由国外法人公民出资创办的出版物，若其在俄罗斯联邦发行无俄罗斯联邦签署的国际条约规定，则应得到俄罗斯联邦政府授权的联邦执行权力机关许可。

（由2004年6月29日第58－Φ3号俄罗斯联邦法律修正案、2004年8月22日第122－Φ3号俄罗斯联邦法律修正案修正）

第五十五条　境外记者

在俄罗斯联邦的境外大众传媒代表处，若俄罗斯联邦签署的国际条约中无特殊规定，其成立应获得俄罗斯联邦外交部批准。

在俄罗斯联邦注册的境外大众传媒代表处，若俄罗斯联邦签署的国际条约中无特殊规定，其建立应遵循俄罗斯联邦法律和所在国法律规定的程序。

依据本法第四十八条之规定，外国派驻俄记者的采访权应通过俄罗斯联邦外交部获得。

不是按规定程序派驻在俄罗斯联邦的外国记者享有与外国法人代表同样的权利，承担相应义务。

在俄罗斯联邦进行职业活动而免于派驻程序的包括：

以前派驻在苏联或其包括的主权国家的外国记者；

以前经过苏联或其包括的主权国家的国家机关登记注册的大众传媒记者。

派驻俄罗斯联邦的记者，无论其国籍，享有本法规定的记者职业地位。

某些国家对在俄罗斯联邦登记的大众传媒记者的职业活动有特别限制，则俄罗斯联邦政府可对这些国家大众传媒记者的职业活动采取报复性限制。

在俄罗斯联邦登记的大众传媒中的外国记者，无论其国籍，享有本法规定的记者权利和义务，与其本国法律相抵触的除外。

第七章　违反大众传媒法应承担的责任

第五十六条　责任承担

发表消息和材料的创办人、编辑部、出版商、发行商、国家机关、组织、机构、企业、社会团体、公职人员、记者及作者，如违反俄罗斯联邦大众传媒法，应承担责任。

关于第五十七条的运用，参见俄罗斯联邦最高法院的全体会议2005年2月24日第3号决议。

第五十七条　责任免除

编辑部、总编、记者在下列情况下不为传播的消息失实、损害公民和组织名誉和尊严、或是侵害公民合法权益、滥用新闻自由和记者权利负责：

（一）若这些信息出现在必须的报道中；

（二）若这些信息是经通讯社获得；

（三）若其包含在国家机关、组织、机构、企业、社会团体机关新闻部提供的材料或是对问询信息的回复中；

（四）若其为逐字逐句地复述人民代表在人民代表苏维埃会议全体大会和各次会议上的讲话、议员在全体会议、大会、社会团体全会上的讲话，或国家机关、组织、社会团体公职人员的正式讲话；

（五）若其包含在广播电视直播的署名节目中，或包含在依本法不需编辑的文章中；

（六）若其为逐字逐句地复述其他大众传媒发布的消息、材料及其片断，则由该大众传媒承担违反俄罗斯联邦大众传媒法的责任。

在相应的选举运动和全民投票运动期间，如果在逐字逐句地复述材料时，未遵守俄罗斯联邦选举和全民投票法关于公布（出台）宣传材料的要求，受本法第二十四条之效力约束，大众传媒逐字逐句地复述发表在其他大众传媒的宣传材料，不是记者、总编、编辑部及其他从事大众传媒出品的组织免责的依据。

（第二款由 2005 年 7 月 21 日第 93 – Ф3 号俄罗斯联邦法律修正案修正）

第五十八条　侵犯大众新闻自由所承担的责任

侵犯大众新闻自由，即公民、国家机关、组织和社会团体的公职人员以任何形式阻碍大众传媒创办人、编辑部、出版商、发行商和记者的合法活动，这些侵犯包括：

实行新闻检查；

干涉编辑部的活动和破坏编辑部的职业独立性；

非法中止或暂停大众传媒活动；

侵犯编辑部问询和获取新闻信息的权利；

非法取消、销毁出版物；

强迫记者发表或拒绝发表消息；

限制与记者接触和传递信息，涉及国家、商业或其他受法律特别保护的机密除外；

侵犯本法规定记者的权利——依俄罗斯联邦法律追究刑事责任、行政责任、纪律处罚或其他责任。

发现机关、组织、机构或责任人，其职能包含监督检查大众新闻的任务——应立即停止对其拨款并依俄罗斯联邦法律的规定将其取消。

第五十九条　滥用新闻自由所承担的责任

滥用新闻自由，即违反本法第四条之规定——依俄罗斯联邦法律追究刑事责任、行政责任、纪律处罚或其他责任。

滥用记者权利，即违反本法第五十条和第五十一条之规定，或是不遵守记者义务——依法追究刑事责任、行政责任或纪律处罚。

（由 2003 年 7 月 4 日第 94－Φ3 号俄罗斯联邦法律修正案修正）

第六十条　其他违反大众传媒法的行为所承担的责任

其他违反大众传媒法的行为包括：

冒名创办大众传媒，以欺骗手段获得广播注册证或许可证，暗中出让许可证，或非法获得专业大众传媒所享受的优惠；

（由 2004 年 11 月 2 日第 127－Φ3 号俄罗斯联邦法律修正案修正）

在大众传媒未获登记、其活动已被中止或暂停、拒绝重新登记、登记时提交的申请不符合本法规定的情况下，非法制作大众传媒产品；

干扰大众传媒产品的合法传播，非法限制定期印刷出版物发行零售；

违反俄罗斯联邦选举和全民投票法确立的开展选前宣传、全民投票宣传的法规，以及违反该法中规定的发布选前宣传材料和全民投票宣传材料的程序和条件；

（第五款由 2003 年 7 月 4 日第 94－Φ3 号俄罗斯联邦法律修正案修正）

非法传播未经登记、其活动已被中止或暂停或没有出版（播出）许可的大众传媒产品，非法商业传播，无许可证或在违反许可条件下进行报道；

违反必须发布的消息、广告、色情出版物和节目的传播规定；

违反公布出版资料、出示必须印数、保存广播电视节目材料的程序；

人为干扰广播电视节目的合法接收——依法追究刑事责任、行政责任、纪律处罚和其他责任。

第六十一条　申诉程序

依俄罗斯联邦民法和民事诉讼法，可在下列情况下向法庭申诉：

（一）拒绝为大众传媒登记，登记机关违反登记程序和规定期限，登记机关的其他违法行为；

（二）俄罗斯联邦政府全权执行权力机关做出取消播出许可证的决定；

（由 2004 年 8 月 22 日第 122－Φ3 号俄罗斯联邦法律修正案修正）

（三）国家机关、组织、机构、企业、社会团体机关公职人员和新闻部工作人员拒绝和推迟提供所询问的消息，或者不遵守本法第四十条之规定；

（四）拒绝记者采访，取消采访资格，或是侵犯派驻记者的权利。

如法庭承认被申诉的决定和行为（无作为）违法，则需作出申诉合理性和责成停止违法行为并赔偿损失的决定，赔偿包括创办人、编辑部、许可证持有者因此未能获得的收入。

第六十二条　精神损失赔偿

因大众传媒报道失实、损害公民名誉和尊严或引起其他的非财产损失，依据法庭决定，由该大众传媒、有过错的公职人员及公民按法庭决定的数额赔偿公民的精神（非财产）损失。

俄罗斯联邦总统　　鲍里斯·叶利钦

1991 年 12 月 27 日

《俄罗斯联邦安全局法》

（第40－Φ3号，1995年2月22日俄罗斯联邦议会国家杜马审议通过，经由1999年12月30日第226－Φ3号俄罗斯联邦法律、2000年11月7日第135－Φ3号俄罗斯联邦法律、2002年5月7日第49－Φ3号俄罗斯联邦法律，2002年7月25日第116－Φ3号俄罗斯联邦法律、2003年1月10日第4－Φ3号俄罗斯联邦法律、2003年6月30日第86－Φ3号俄罗斯联邦法律、2004年8月22日第122－Φ3号俄罗斯联邦法律、2005年3月7日第15－Φ3号俄罗斯联邦法律、2006年4月15日第50－Φ3号俄罗斯联邦法律、2006年7月27日第153－Φ3号俄罗斯联邦法律、2007年7月5日第124－Φ3号俄罗斯联邦法律、2007年7月24日第211－Φ3号俄罗斯联邦法律、2007年12月4日第328－Φ3号俄罗斯联邦法律、2008年12月25日第280－Φ3号俄罗斯联邦法律修订及2001年12月30日第194－Φ3号俄罗斯联邦法律修正案修正）

该联邦法律对联邦安全局的使命、组成、法律框架和活动准则，联邦安全机构的活动范围、能力及经费，以及管理和监督联邦安全机构活动的程序进行了相关规定。

（序言经2003年6月30日第86－Φ3号俄罗斯联邦法律修订）

第一章　总　　则

第一条　联邦安全局及其使命

（经2003年6月30日第86－Φ3号俄罗斯联邦法律修订）

联邦安全局是一个统一集中的联邦安全机构体系，它以保障俄罗斯联邦安全为宗旨。

（经2005年3月7日第15－Ф3号俄罗斯联邦法律修订）

联邦安全局的活动由俄罗斯联邦总统进行领导。

联邦安全局由联邦安全局领导人通过该机构及其所属地方机构进行管理。

安全保障领域的联邦执行权力机构领导人由俄罗斯联邦总统进行任免。

第二条　联邦安全机构

（经2003年6月30日第86－Ф3号俄罗斯联邦法律修订）

下列机构属联邦安全机构：

联邦安全局；

负责俄罗斯联邦各主体和地区安全的联邦执行权力机构（部门）（地方安全机构）；

在俄罗斯联邦武装力量、其他部队及军事组织中以及在它们管理机构中负责安全的联邦执行权力机构（部门）；

保障边防安全的联邦执行权力机构（部门、分队）（边防机构）；

（经2005年3月7日第15－Ф3号俄罗斯联邦法律修订）

行使安全领域联邦执行权力机构某些权力或者保障联邦安全局相关机构活动的其他管理局（部门）；

（经2005年3月7日第15－Ф3号俄罗斯联邦法律修订）

保障联邦安全局活动的空军部队、特种培训中心、特种部队、企业、教育机构、科研、鉴定、司法鉴定、军医和军事工程建设部门及其他机构和部门。

地方安全机构、军队中的安全机构、边防机构及其他安全机构都是联邦安全局的地方部门并归其直接管辖。

联邦安全局、地方安全机构、军队中的安全机构及边防机构可以在其内部设分支机构，以直接完成联邦安全局的工作及管理和保障职能。

第四款已失效。——根据2005年3月7日第15－Ф3号俄罗斯联邦法律

不允许设立未经现行联邦法律规定的联邦安全局机构。

（经2005年3月7日第15－Ф3号俄罗斯联邦法律修订）

禁止在联邦安全局机构内部成立政党分支机构，进行政党活动，以政治

目的为前提的社会运动以及进行政治宣传及选举活动。

（经2005年3月7日第15－Ф3号俄罗斯联邦法律修订）

第三条　联邦安全局

（经2003年6月30日第86－Ф3号俄罗斯联邦法律修订）

联邦安全局可设立自己的地方机构，对这些机构的工作进行安排，在权限内颁布法规，并直接完成联邦安全局的主要工作。

（经2005年3月7日第15－Ф3号俄罗斯联邦法律修订）

联邦安全局内设俄罗斯联邦密码学院。俄罗斯联邦密码学院的章程由俄罗斯联邦总统批准。

第四条　联邦安全局活动的法律基础

（经2003年6月30日第86－Ф3号俄罗斯联邦法律修订）

联邦安全局活动的法律基础为俄罗斯联邦宪法、现行联邦法律、其他联邦法律及俄罗斯联邦其他法律法规。

联邦安全局的活动也需要依据俄罗斯联邦签署的国际法进行。

第五条　联邦安全局的活动准则

（经2003年6月30日第86－Ф3号俄罗斯联邦法律修订）

联邦安全局的活动基于下列原则进行：

合法性；

尊重并遵守人和公民的权利与自由；

人道主义；

联邦安全局机构体系的一致性和管理的集中性；

（经2005年3月7日第15－Ф3号俄罗斯联邦法律修订）

保密性，在活动中结合公开及非公开的方法手段。

第六条　在联邦安全局的活动中遵守人和公民的权利和自由

（经2003年6月30日第86－Ф3号俄罗斯联邦法律修订）

在联邦安全局进行活动时国家保障人和公民的权利与自由。不允许限制人和公民的权利与自由，在有联邦宪法性法律及联邦法律规定的情况下除外。

若个人认为联邦安全局相关机构或者责任人对其权利及自由进行了侵犯，其有权就相关机构及责任人的行为向联邦安全局的上级机构、检察机关或者法院进行申诉。

（经 2005 年 3 月 7 日第 15 – Φ3 号俄罗斯联邦法律修订）

国家机关、企业、机构及任何所有制性质的组织，以及社会组织和公民在其权利及自由遭到限制的情况下，有权依据俄罗斯联邦立法向联邦安全局相关机构获取解释和信息。

（经 2005 年 3 月 7 日第 15 – Φ3 号俄罗斯联邦法律修订）

国家机关、企业、机构及任何所有制性质的组织，以及公共机构和公民有权要求联邦安全局相关机构对因联邦安全局相关机构的责任人在履行其职责时对其造成的物质损失和精神伤害进行赔偿。

（经 2005 年 3 月 7 日第 15 – Φ3 号俄罗斯联邦法律修订）

若无公民的自愿同意，联邦安全局相关机构不可向任何人透露该机构在工作过程中获取的关于公民私生活，涉及公民名誉及尊严，或者可能对其合法权益造成损害的信息，联邦法律规定的情况除外。

（经 2005 年 3 月 7 日第 15 – Φ3 号俄罗斯联邦法律修订）

在联邦安全局相关机构工作人员对人和公民的权利和自由造成侵犯的情况下，联邦安全局相关机构的领导、检察官或者法官有权采取措施恢复这些权利和自由，弥补造成的伤害及根据俄罗斯联邦立法对有过错的工作人员进行责任追究。

当联邦安全局相关机构责任人滥用权力或越权时，需根据俄罗斯联邦立法承担相应责任。

（经 2005 年 3 月 7 日第 15 – Φ3 号俄罗斯联邦法律修订）

第七条　联邦安全局信息的保护

（经 2008 年 12 月 25 日第 280 – Φ3 号俄罗斯联邦法律修订）

被军队、联邦国家机关及联邦安全局相关机构录用的俄罗斯联邦公民需办理许可才能获取涉及国家机密的信息，并需通过保障联邦安全局相关机构自身安全的检查。如在俄罗斯联邦立法中无另行规定，实施该检查的程序由安全领域的联邦权力执行机构领导确定。

若在俄罗斯联邦立法中无另行规定，自然人依照俄罗斯联邦国家机密及其他受法律保护的机密的立法规定的程序，可获取关于联邦安全局相关机构、涉及国家机密及其他受法律保护的机密的信息。

依据俄罗斯联邦国家机密及其他受法律保护的机密的立法，或者根据联邦安全局相关机构自身安全的原因，有权拒绝向自然人提供关于联邦安全局机构、涉及国家机密和其他受法律保护机密的信息。

按照安全领域联邦执行权力机构领导人所规定的程序，自然人可参与由联邦安全局相关部门实施的反间谍活动、反恐怖主义和犯罪斗争、侦察活动、边防活动及保障信息安全活动（以下简称“行动”）以及（或者）接触在完成上述行动时获取的资料。

有关军人、联邦国家公务员、联邦安全局机构工作人员，在保密的基础上向安全人员提供或提供过协助的人士信息以及涉及联邦安全局相关机构行动的部署、战略、方法和手段的文件和材料应在联邦安全局的部门内保存。

根据俄罗斯联邦立法已被解密且具有历史和科学价值的联邦安全局档案资料按照俄罗斯联邦立法规定的程序交由档案领域的联邦权力执行机构进行存档。

第七条之一　联邦安全局活动的财政和物质技术保障

（经 2003 年 6 月 30 日第 86 - Ф3 号俄罗斯联邦法律修订）

用联邦预算资金及其他资金创建（创建中）或者购买（购买中）的联邦安全局机构的土地和资产（包括房屋、建筑、设备）属于联邦财产。

（经 2005 年 3 月 7 日第 15 - Ф3 号俄罗斯联邦法律修订）

对联邦安全局活动的保障，包括物质技术、财政保障及建立保障基础设施属俄罗斯联邦，属俄罗斯联邦必须承担的支出。

（经 2004 年 8 月 22 日第 122 - Ф3 号、2005 年 3 月 7 日第 15 - Ф3 号俄罗斯联邦法律修订）

联邦安全局无需许可证可开发、制造、购买和使用武器装备（包括特种技术手段及其他），购买和使用俄罗斯联邦政府允许联邦安全局机构装备的战争武器以及其他军用、民用武器和弹药。

（经 2005 年 3 月 7 日第 15 – Φ3 号俄罗斯联邦法律修订）

出售、转让、从俄罗斯联邦境内运出和向俄罗斯联邦境内运入供联邦安全局机构使用的武器装备（包括特种技术手段及其他）、枪支和弹药，需依照俄罗斯联邦政府规定的程序由联邦安全局相关机构完成。

（经 2005 年 3 月 7 日第 15 – Φ3 号俄罗斯联邦法律修订）

依据俄罗斯联邦政府确定的武器、军事和特种装备基本型号（系统、配套）的清单，按照联邦安全局机构物质技术保障的程序和标准，安全领域联邦权力执行机构的领导人可制定武器、军事和特种装备基本型号（系统、配套）的标准，发动机寿命和液体燃料的消耗标准，武器、军事和特种装备样机（系统、配套）的装备、购买、登记、保存、发放、修理和注销程序，涉及使用武器、军事和特种装备样机（系统、配套）的联邦安全局行动的准备流程。

（经 2005 年 3 月 7 日第 15 – Φ3 号俄罗斯联邦法律修订）

联邦安全局机构驻扎设施的建造、改建或者给予，应当依据俄罗斯联邦政府针对俄罗斯联邦部队现役军人指定的程序和标准（考虑到联邦安全局领导人的一些特殊决定）来进行，并使用联邦预算资金和倡议建造或者改建上述设施的组织的资金。

（经 2005 年 3 月 7 日第 15 – Φ3 号俄罗斯联邦法律修订）

联邦安全局可以拥有依照俄罗斯联邦政府规定程序设立的公务住房基金

（经 2005 年 3 月 7 日第 15 – Φ3 号俄罗斯联邦法律修订）

为保障联邦安全局工作而成立或正在成立的企业、机构及组织无需许可便可进行相关活动，且并不可进行私有化。

根据俄罗斯联邦立法，联邦安全局的机构有权占用和使用联邦权力执行机构、俄罗斯联邦主体权力执行机构、地方自治机构、组织、社会团体、俄罗斯联邦公民的交通工具和其他财产以执行联邦法律交付的任务。使用上述财产的程序由安全领域联邦权力执行机构的领导人确定。

（经 2005 年 3 月 7 日第 15 – Φ3 号俄罗斯联邦法律修订）

第十款已经失效。——根据2004年8月22日第122－Φ3号俄罗斯联邦法律

联邦安全局的机构依据联邦法立法使用土地和自然资源。联邦安全局的机构无需就自然资源的使用以任何形式支付费用。

（经2004年8月22日第122－Φ3号、2005年3月7日第15－Φ3号俄罗斯联邦法律修订）

第二章　联邦安全局的主要工作内容

第八条　联邦安全局机构的工作内容

（经2003年6月30日第86－Φ3号俄罗斯联邦法律修订）

联邦安全局机构的工作围绕以下几个方面开展：

反间谍活动；

打击恐怖主义；

打击犯罪；

侦察活动；

边防活动；

保证信息安全。

（第一款经2006年7月27日第153－Φ3号俄罗斯联邦法律修订）

联邦安全局机构的其他工作由联邦立法确定。

第九条　反间谍活动

（经2006年7月27日第153－Φ3号俄罗斯联邦法律修订）

反间谍活动———由联邦安全局和（或者）其分支机构（以下简称“反间谍机构”）以及上述机构的责任人通过反间谍手段以查明、阻止和打击个人、外国情报机构进行的危害俄罗斯联邦安全的间谍活动而开展的活动。

反间谍机构采取反间谍措施的根据有：

（一）有证据显示外国情报机构以及个人进行危害俄罗斯联邦安全的间谍活动；

（二）有必要获取危及俄罗斯联邦安全的事件或者行动的相关信息；

（三）有必要保护被列为国家机密的信息；

（四）有必要对在保密基础上向联邦安全局机构提供或者已提供协助的人士进行调查（检查）；

（五）有必要保障自身安全；

（六）根据俄罗斯联邦签署的国际条约，对外国情报机构、执法机构和其他组织以及国际组织进行询问。

实施反间谍措施的根据全面且完善，只可由联邦法律修改或者补充。

反间谍活动的过程中可采取公开和不公开的措施，这些措施的特性由反间谍活动的条件决定。

实施反间谍措施的程序由联邦安全局来确定。

限制公民通信、电话交谈、邮局、电报和其他通信（通过电力和邮政服务网络传输）隐私权的反间谍措施需依据法官裁决并按照俄罗斯联邦立法规定的程序方可实施。

限制公民住宅不受侵犯权利的反间谍措施只可在联邦法律规定的情况下或者依据法官的裁决方可实施。

当需要实施限制本条所涉及之公民宪法权利的反间谍措施时，反间谍机构的领导或其副职应向法院提出相应申请。在该申请的决议中需说明实施相应措施的动机和缘由，并列举能够证实该申请合理性的证据（本法规第二十四条第二款所规定的信息除外）。有权就采取限制上述公民宪法权利的反间谍措施提出申请的反间谍机构领导人及其副职的名单由联邦安全局确定。

对限制本条所涉及公民宪法权利的反间谍措施的执行申请应由这些措施执行地或者申请执行这些措施的机构所在地的法官立即独自审核。

对申请进行审核后，法官做出以下裁决之一：

（一）允许执行限制公民宪法权利的反间谍措施；

（二）拒绝执行限制公民宪法权利的反间谍措施。

法官裁决的有效期自作出起以天为计算单位，不得超过 180 天，除非法官另有决定。同时，有效期的期限不中断。当需要延长裁决有效期时，法官需依据重新提交的材料做出决定。

当法官作出拒绝执行限制公民宪法权利的反间谍措施的裁决时，提出执行措施申请的反间谍机构有权向上级法院提出上诉。

当出现紧急情况时，如稍有延迟可能导致严重或者特别严重的犯罪，或者有证据显示俄罗斯联邦的国家、军事、经济或者生态安全受到威胁，在反间谍机构领导人或者副职对执行反间谍措施的决议有充分说明的情况下，无需法官的初步裁决，便可对公民的宪法权利进行限制，但前提是必须在对公民宪法权利进行限制之时起 24 小时之内向法官进行通报。自限制公民宪法权利之时起 48 小时内，反间谍机构必须取得法官对该限制的裁决或者取消此限制。

允许执行限制公民宪法权利的反间谍措施的法官裁决及阐释此项裁决理由的材料存放于反间谍机构内。

当依照监督程序对检察机关收到的关于反间谍机构违反俄罗斯联邦法律的材料、信息及公民投诉进行审查时，需将反间谍机构领导人或其副职提交的执行限制公民权利的反间谍措施的申请、法官的裁决及阐释裁决理由的材料提交至检察机构。

依照刑事诉讼法所规定的使用侦察行动成果的程序，反间谍措施的成果可用于刑事诉讼程序。

第九条之一　打击恐怖主义

（由 2006 年 7 月 27 日第 153 – Φ3 号俄罗斯联邦法律规定）

打击恐怖主义——由联邦安全局和（或）其分支机构（以下简称“反恐机构”），以及上述部门和机构的责任人通过采取作战及其他手段以查明、防止、制止、揭发及调查恐怖活动而开展的活动。

反恐机构实施反恐措施的理由有：

（一）需要对恐怖活动加以制止；

（二）需要查明参与恐怖行动准备与实施的人士；

（三）需要获取造成恐怖威胁的事件或者行动的相关信息。

打击恐怖主义的过程中可采取公开和非公开的、作战和其他措施，这些措施的特性由反恐斗争的条件确定。

实施上述措施的程序由联邦安全局予以确定。

反恐机构应依据侦查行动法、刑法、刑事诉讼法、现行联邦法律及俄罗斯联邦其他法规开展工作。

当反恐机构领导人或者其副职的请求合理，限制公民住宅不可侵犯权、通信、电话交谈、邮局、电报和其他通信（通过电力和邮政服务网络传输）隐私权的反恐措施在法官裁决后方可实施，取得法官裁决的程序与获得法官裁决允许执行限制公民通信、电话交谈、邮局、电报和其他通信（通过电力和邮政服务网络传输）隐私权和住宅不可侵犯权的反间谍措施相同。有权就采取限制上述公民宪法权利的反恐措施提出申请的反恐机构领导人及其副职的名单由联邦安全局确定。

允许执行限制公民宪法权利的反恐措施的法官裁决及阐释此项裁决理由的材料存放于反恐机构内。

当出现紧急情况时，如稍有延迟可能导致恐怖活动的发生，危及公民的生命和健康，或者有证据显示在民宅中发生或发生了恐怖活动，或者正在对涉嫌参与恐怖活动的人士进行追捕时，反恐机构的工作人员有权无障碍地进入民宅，中断自然人和法人的通讯服务，或者限制其使用网络和通信手段。自限制公民住宅不可侵犯权或者中断自然人和法人通讯服务或者限制其使用网络和通信手段之时起 24 小时内，反恐机构必须向检察机构进行通报。

依照刑事诉讼法所规定的使用侦察行动成果的程序，反恐措施的成果可用于刑事诉讼程序。

根据本法律第九条向检察机构提交材料，以便其对反恐机构在执行反恐措施时的执法情况进行检查。

经俄罗斯联邦总统决定，联邦安全局的特种部队可用来打击俄罗斯联邦境外的恐怖分子和（或者）他们的基地，以消除其对俄罗斯联邦的安全威胁。

第十条　打击犯罪

（经 2003 年 6 月 30 日第 86 - Φ3 号、2006 年 7 月 27 日第 153 - Φ3 号俄罗斯联邦法律修订）

根据俄罗斯联邦法律，联邦安全局可采取侦察措施以查明、制止、披露和防止间谍活动、有组织犯罪、腐败、军火和毒品贩运、走私这类对俄罗斯联邦安全造成威胁的犯罪活动（对这些犯罪活动的调查和初步侦查在法律规定范围内），以及查明、制止、披露和防止旨在通过暴力改变俄罗斯联邦宪法秩序的非法武装团伙、犯罪集团、个人和团体的活动。

（由 2006 年 7 月 27 日第 153 – Ф3 号俄罗斯联邦法律规定）

根据联邦法律和联邦政府部门的法规，可向联邦安全局委托其他打击犯罪的任务。

联邦安全局应依据侦查行动法、刑法、刑事诉讼法、现行联邦法律及俄罗斯联邦其他法规开展打击犯罪的活动。

第十一条　侦查活动

（由 2003 年 6 月 30 日第 86 – Ф3 号俄罗斯联邦法律规定）

根据俄罗斯联邦对外情报法，侦查活动由安全领域的联邦权力执行机构的对外情报部门进行。

联邦安全局对外情报部门同俄罗斯联邦其他对外情报部门的协作程序由联邦法律和在联邦法律基础上双方签署的协议以及（或者）联合法规确定。

进行侦察活动时实施侦察措施的程序和使用特殊手段及设备的程序由联邦安全局确定。

（一）边防活动

（由 2003 年 6 月 30 日第 86 – Ф3 号俄罗斯联邦法律规定）

边防活动包括：

保护和保卫俄罗斯联邦国家边境，防止非法改变俄罗斯联邦边境线的走向，确保自然人和法人遵守俄罗斯联邦边境制度、边防制度和俄罗斯联邦边境检查站的制度；

保护和保卫俄罗斯联邦在俄罗斯联邦边境地区、专属经济区和大陆架的经济和其他合法权益，保卫俄罗斯联邦专属经济区之外产于俄罗斯联邦河流的溯河鱼类种群。

（二）保障信息安全

（经 2003 年 6 月 30 日第 86 – Ф3 号俄罗斯联邦法律修订）

保障信息安全——由联邦安全局在其职权范围内在下列情况下开展的活动：

制定和实施保障信息安全领域的国家和科技政策时，包括使用工程技术和加密设备；

使用加密和工程技术手段保障俄罗斯联邦境内及俄罗斯联邦驻境外机构的信息通讯系统以及加密、保密和其他特殊类型的通讯系统时。

第三章　联邦安全局的职权

第十二条　联邦安全局的责任

联邦安全局有义务：

（一）向俄罗斯联邦总统、政府总理及受他们委托的联邦国家权力机关及联邦主体的国家权力机关，通报有关威胁俄罗斯联邦安全的情报。

（二）揭露、防止和制止其他国家的情报机构和个人进行损害俄罗斯联邦安全的情报和其他活动。

（三）获取有利于保障俄罗斯联邦安全及提高其经济、科技和国防潜力的情报。

1. 在俄罗斯联邦境内开展加密、保密和其他特殊通讯方式的对外情报活动。

（第三款第一项由 2003 年 6 月 30 日第 86 – Φ3 号俄罗斯联邦法律规定）

（四）揭露、防止、制止和披露犯罪（俄罗斯联邦法律规定，由联邦安全局机构就此展开的调查和初步侦察），同时对实施犯罪或者涉嫌实施犯罪的人士进行调查。

（第四款由 2003 年 6 月 30 日第 86 – Φ3 号俄罗斯联邦法律规定）

1. 揭露、防止和制止行政违法【俄罗斯联邦行政违法法典规定，由联邦安全局提起与（或者）审查此类案件】。

（第四款第一项由 2003 年 1 月 10 日第 4 – Φ3 号俄罗斯联邦法律规定）

（五）揭露、防止、制止、披露和调查策划中、实施中和已实施的恐怖行动，同时获取构成恐怖威胁的事件或者行动的信息。

（第五款经 2006 年 7 月 27 日第 153 – Φ3 号俄罗斯联邦法律修订）

（六）协同其他国家机关制定和实施措施，以打击腐败、非法贩卖武器和毒品、走私、以暴力改变俄罗斯联邦宪法为目的的非法武装组织、犯罪团伙、个人以及团体。

（七）在职权范围内保障俄罗斯联邦军队、其他军队、军事组织、军事管理机构，被俄罗斯联邦法律界定为军事部门的机构、内务部门、国家消防部门、海关机构及麻醉药品和精神药物监督管理机构的安全。

（第七款经 2003 年 6 月 30 日第 86 – Ф3 号俄罗斯联邦法律修订）

（八）在职权范围内保障国防工业、核能、交通和通讯、大城市和工业中心的生命保障系统、其他战略设施的安全，以及太空研究和重点科学研究领域的安全。

（九）在职权范围内保障联邦国家权力机关和俄罗斯联邦主体权力机关的安全。

1. 组织和保障俄罗斯联邦加密、秘密和其他特种通讯方式的安全，并在职权范围内保障俄罗斯联邦驻外机构的安全。

（第九款第一项由 2003 年 6 月 30 日第 86 – Ф3 号俄罗斯联邦法律规定）

（十）参与制定和实施保护国家机密信息的措施，对国家机关、军队、任何所有制性质的企业、机构和组织内国家机密信息的安全进行监督，依照规定程序实施准许公民接触国家机密信息的措施。

（十一）与俄罗斯联邦对外情报机构共同保障俄罗斯联邦境外机构和公民的安全。

（经 2003 年 6 月 30 日第 86 – Ф3 号俄罗斯联邦法律修订）

（十二）在职权范围内实施措施以保护和保卫俄罗斯联邦边境，保护和保卫俄罗斯联邦在边境地区、专属经济区和大陆架的经济和其他合法权益，同时国家管控措施以保护海洋生态资源。

（第十二款经 2003 年 6 月 30 日第 86 – Ф3 号俄罗斯联邦法律修订）

（十三）与外交机构共同保障俄罗斯境内其他国家代表处的安全。

（十四）在职权范围内同其他国家机关共同保障在俄罗斯联邦境内举办的各种社会政治、宗教和其他群体性活动的安全。

（十五）对无线电资料和无线电发射装置进行注册和统计；揭露在俄罗斯联邦境内威胁俄罗斯联邦安全和违法的无线电发射装置。

（十六）根据俄罗斯联邦法律参与解决下列问题：加入和退出俄罗斯国籍，派遣俄罗斯公民出境，外国公民和无国籍人士进入俄罗斯境内及出境，外国公民和无国籍人士在俄罗斯境内逗留。

（十七）支持联邦安全局各部门的动员准备。

（十八）进行职业培训。

（第十八款经 2003 年 6 月 30 日第 86 – Ф3 号俄罗斯联邦法律修订）

第十三条　联邦安全局的权利

联邦安全局拥有以下权利：

（一）在保密的基础上同相关人士建立合作关系；

1. 在进行反间谍和侦察活动时以及实施反恐措施时，使用特殊手段和办法；

（第一款第一项由 2003 年 6 月 30 日第 86 – Ф3 号俄罗斯联邦法律规定，经 2006 年 7 月 27 日第 153 – Ф3 号俄罗斯联邦法律修订）

（二）采取侦察行动以揭露、防止、制止和披露间谍活动、有组织犯罪、营私舞弊、军火和毒品贩运、走私这类对俄罗斯联邦安全造成威胁的犯罪活动（对这些犯罪活动的调查和初步侦查在法律规定范围内），以及查明、防止、制止和披露旨在通过暴力改变俄罗斯联邦宪法秩序的非法武装团伙、犯罪集团、个人和团体的活动。

（经 2006 年 7 月 27 日第 153 – Ф3 号俄罗斯联邦法律修订）

1. 采取特别行动以制止恐怖行动（作战行动），创建和使用特殊的方法和设备以实施特殊行动；

（第二款第一项由 2003 年 6 月 30 日第 86 – Ф3 号俄罗斯联邦法律规定）

2. 使用联邦安全局特种部队和联邦安全局所配备的军事装备、武器、特种设备以及体力来打击俄罗斯联邦境外的恐怖分子和（或者）他们的基地，以消除其对俄罗斯联邦的安全威胁。

（第二款第二项由 2006 年 7 月 27 日第 153 – Ф3 号俄罗斯联邦法律规定）

（三）对犯罪集团和开展损害俄罗斯联邦安全间谍和其他活动的其他国家情报机构进行渗透。

1. 在与外国情报和执法机构缔结加密、秘密和其他特殊通讯方式双边协议的基础上，通过使用无线电装置和方法，在俄罗斯联邦境内与俄罗斯联邦其他对外情报机构协同开展独立的对外情报活动。

（第三款第一项由 2003 年 6 月 30 日第 86 – Φ3 号俄罗斯联邦法律规定）

（四）对犯罪案件（俄罗斯联邦法律规定由联邦安全局处理的案件）进行调查和初步侦查。

（经 2006 年 4 月 15 日第 50 – Φ3 号俄罗斯联邦法律修订）

1. 做行政违法的记录，就行政违法案件作出定义与裁决，就行政违法案件执行行政处罚，就消除导致行政违法行为的原因和条件进行解释，行使其他与行政违法案件（俄罗斯联邦行政违法法典规定由联邦安全局处理的案件）相关的权力。

（第四款第一由 2003 年 1 月 10 日第 4 – Φ3 号俄罗斯联邦法律规定）

（五）在联邦安全局内进行破译密码的工作，对国家机关、各种所有制性质的企业、机构和组织（俄罗斯联邦境外机构除外）的破译密码部门的保密工作进行监督。

（六）以执行公务名义使用归国有企业、机构和组织所有的通信方式，紧急情况下——还可使用归非国有企业、机构和组织以及俄罗斯联邦社会团体和公民所有所有的通信方式。

（七）紧急情况下使用归各种所有制性质企业、机构和组织、社会团体或者公民（俄罗斯联邦法规规定免除这种使用的交通工具除外）所有的交通工具，以预防犯罪、追捕和阻拦曾经犯罪或涉嫌犯罪的人士，运送需要急救的公民到医疗机构以及前往事故发生地。根据交通工具所有人的要求，联邦安全局依据法律规定的程序对其造成的损失和花费进行补偿。

（经 1999 年 12 月 30 日第 226 – Φ3 号俄罗斯联邦法律修订）

1. 执行公务时无偿使用俄罗斯联邦的水域和领空，各种组织形式和所有制性质的飞机场（水上机场）、机场（降落平台）、海港、河港码头，并在执行公务时无偿获得飞行和领航保障。

（第七款第一项由 2003 年 6 月 30 日第 86 – Φ3 号俄罗斯联邦法律规定）

（八）自由进入公民的住宅和其他所属房屋、公民所有的土地、各种所有制性质的企业、机构和组织的区域和房屋，当有充分证据显示，此地正在实施或者实施过危害社会的行为（俄罗斯联邦立法规定由联邦安全局对此类行为进行揭露、防止、制止、披露和调查）时以及在对涉嫌进行此类行为的人士进行追捕时，稍有延误可能危及公民的生命和健康的情况下。联邦安全局应在24小时内将所有进入公民住宅和其他所属房屋的情况告知检察院：

（经2006年7月27日第153－Ф3号俄罗斯联邦法律修订）

1. 在制止恐怖行动、大规模骚乱以及寻找逃犯、追捕犯罪嫌疑人（俄罗斯联邦法律规定联邦安全局对其进行调查和初步侦察）时，对某些地区（设施）进行封锁（包围），必要情况下对交通工具进行检查。这种情况下，联邦安全局采取相应措施以保障该地区人们的正常生活和相关设施的正常运行；

（第八款第一项由1999年12月30日第226－Ф3号俄罗斯联邦法律规定）

2. 暂时限制或者禁止公民和交通工具在个别区域（个别设施）内通行，迫使公民停留或者离开这些区域（设施），以保护公民的生命、健康和财产，执行紧急侦察行动、搜查行动和反恐措施。

（第八款第二项由1999年12月30日第226－Ф3号俄罗斯联邦法律规定）

（九）若有充分理由怀疑公民和官员涉嫌犯罪，检查他们的身份证件。

（十）对试图进入和进入保密设施、封闭的行政区域单位和其他保护设施的特别保护区域的人士进行行政拘留，并检查他们的身份证件，听取他们的解释，对他们进行个人搜查，搜查并扣押他们的物品和证件。

（十一）就实施以消除造成俄罗斯联邦安全威胁和导致犯罪的原因和条件（俄罗斯联邦法律规定由联邦安全局来进行相关调查和初步侦察）为目的的行动，向国家机关、各种所有制性质的企业、机构和组织的管理层以及社会团体做出必要的解释。

（十二）无偿获得来自于国家机关、各种所有制性质的企业、机构和组织的信息，以履行联邦安全局所肩负的义务，除非联邦法律禁止向联邦安全局传递此类信息。

（经2003年6月30日第86－Φ3号俄罗斯联邦法律修订）

（十三）根据俄罗斯联邦法律规定成立企业、机构、组织和分支部门，以履行联邦安全局肩负的义务和保障联邦安全局的工作。

（十四）成立特种部队以履行联邦安全局肩负的义务。

（十五）进行刑事侦查鉴定和其他鉴定及调查。

（十六）与外国情报机构和执法机构建立联系，在联邦安全局职权范围内，并依据联邦安全局法规和他们交换业务情报、专业科技和其他设备；在职权范围内依据相应程序签署国际条约。

（经2003年6月30日第86－Φ3号俄罗斯联邦法律修订）

（十七）为提高反国际犯罪的效率，在取得外国情报机构和执法机构同意的情况下，向国外派遣俄罗斯联邦安全局的官方代表。

（十八）实施保障自身安全的措施，包括防止外国情报机构和组织、犯罪团伙和个人使用特殊技术手段获取受联邦安全局保护的国家机密信息。

1. 按照联邦安全局领导人确定的程序，从俄罗斯联邦的公民中独立挑选（包括通过选拔的方式）人员以合同入伍的方式进入联邦安全局。

（第十八款第一项由2008年12月25日第280－Φ3号俄罗斯联邦法律规定）

（十九）允许联邦安全局工作人员保管和携带武器和特殊设备。

（二十）使用其他部委、部门、企业、机构和组织的文件以保护联邦安全局工作人员的身份、所属部门、住所和交通工具。

1. 使用能发射特殊灯光和声音信号的交通工具（在交通工具表面有特殊的色块标记），以执行排雷、制止恐怖活动和破坏俄罗斯联邦边境活动的紧急措施。

（第二十款第一项由2007年7月24日第211－Φ3号俄罗斯联邦法律规定，经2008年12月25日第280－Φ3号俄罗斯联邦法律修订）

（二十一）对俄罗斯联邦的安全问题开展科学研究。

（二十二）协助各种所有制性质的企业、机关和组织制定保护商业机密的措施。

（二十三）在不与联邦安全局工作原则相冲突的情况下，有偿地或者无偿地为外国情报机构、各种所有制性质的企业、机构和组织培养人才。

（第二十三款经 2003 年 6 月 30 日第 86－Φ3 号俄罗斯联邦法律修订）

（二十四）根据自身权限对密码（加密）设备的开发、生产、销售、使用及俄罗斯联邦境内用加密手段加以保护的电信系统和设施进行管理，同时监管俄罗斯联邦信息加密服务的提供和在房屋和技术设备内中秘密接受信息电子设备的发现。

（第二十四款由 2003 年 6 月 30 日第 86－Φ3 号俄罗斯联邦法律规定）

（二十五）对信息电信系统，加密、秘密和其他特殊通信方式系统的密码和工程技术安全的打造和运行进行国家管控，监控俄罗斯联邦境内国家机关、组织及其境外机构的密码部门在使用加密信息时的保密性，根据职权保护监控极其关键设施（场所），防止其技术设备通过技术渠道泄露信息。

（第二十五款由 2003 年 6 月 30 日第 86－Φ3 号俄罗斯联邦法律规定）

（二十六）参与开发、生产、销售、使用和保护在俄罗斯联邦境外机构使用的技术设备（整理、保存和传递受限制信息的技术设备）。

（第二十六款由 2003 年 6 月 30 日第 86－Φ3 号俄罗斯联邦法律规定）

（二十七）在特别重要的设施（房屋内）联邦国家权力机构使用的技术设备中发现监听设备。

（第二十七款由 2003 年 6 月 30 日第 86－Φ3 号俄罗斯联邦法律规定）

行使联邦法律赋予联邦安全局的其他权利。

（由 2003 年 6 月 30 日第 86－Φ3 号俄罗斯联邦法律规定）

不允许联邦安全局行使自身权利以履行联邦法律并未规定的义务。

第十四条　武器、特殊装备和力量的使用

（经 2006 年 7 月 27 日第 153－Φ3 号俄罗斯联邦法律修订）

联邦安全局工作人员可保存和携带武器及特种设备。根据俄罗斯联邦法规，他们有权使用军事装备、武器、特种设备、体力及作战战术。

第十五条　与俄罗斯各机构及外国机构的协作

联邦安全局与俄罗斯联邦国家权力机构、俄罗斯联邦主体权力机构、各

种所有制性质的企业、机构和组织共同开展工作。

依照俄罗斯联邦法律和俄罗斯联邦总统法的规定，联邦安全局可动用其他力量以保障俄罗斯联邦的安全。

（经 1999 年 12 月 30 日第 226 – Ф3 号俄罗斯联邦法律修订）

国家机关、企业、机构和组织有义务向联邦安全局提供协助，以便后者履行自身义务。

俄罗斯联邦境内提供邮政服务、各种类电信服务（包括电码、秘密和卫星通信服务）。自然人和法人有义务根据联邦安全局的要求，向硬件设施中加入其他设备和程序，并创造其他必要条件以便于联邦安全局实施技术手段。

为维护俄罗斯联邦的安全，经领导同意，依照俄罗斯联邦总统规定的程序，联邦安全局的军职人员可被借调至国家机关、各种所有制性质的企业、机构和组织且保留他们的军职。

俄罗斯联邦签署的国际条约是联邦安全局与外国情报机构、执法机构和其他组织进行协同合作的基础。

第四章　联邦安全局的力量及经费

第十六条　联邦安全局的工作人员

（经 2008 年 12 月 25 日第 280 – Ф3 号俄罗斯联邦法律修订）

联邦安全局的（根据合同服役）军职人员、联邦安全局的联邦公务员及被委任军职的联邦安全局的雇员都是联邦安全局的工作人员。

没有外国身份（国籍）的俄罗斯公民，基于其个人和专业素质、年龄、教育和健康状况可履行相应义务的，都可以成为联邦安全局的工作人员。对联邦安全局工作人员履行职责时所必备专业知识和技术水平的资格要求由联邦安全局领导确定。

若个人不满足本条第二款涉及个人和专业素质、年龄、教育、健康状况的要求之一，或者联邦法律规定的其他要求，可拒绝录用或者将其转为合同军职人员，联邦公务员或者使其进入联邦安全局工作，以及与其终止合同或者雇佣条约。

向公民说明其未被联邦安全局录用的缘由时，需考虑到俄罗斯联邦关于国家机密和其他受法律保护的秘密的立法。

即将依据合同服役、担当联邦公务员或者进入联邦安全局工作的俄罗斯公民需通过是否适合在联邦安全局工作或者服役的测试，包括经联邦安全局领导批准的生理心理学测试。

同身为高级专家、年满40岁的俄罗斯联邦公民可签署第一份服役合同，根据联邦安全局领导的要求，可同超出服役最高年龄限制的公民签署新的服役合同。

第十六条之一　在联邦安全局服务

（由2008年12月25日第280－Ф3号俄罗斯联邦法律规定）

联邦安全局工作人员需在职务范围内遵守联邦法律，不受政党、社会团体和其他组织决定的约束。

依据俄罗斯联邦兵役法，同时考虑到现行俄罗斯联邦法律的特点及自身职责的特性，联邦安全局的军职人员进行军事服务。联邦安全局工作人员在执行行动时只听从直属领导的指挥。

当接收的命令或者指示有违联邦法律时，联邦安全局的工作人员应遵循联邦法律。

联邦安全局军职人员和文职人员的人数由俄罗斯联邦总统确定。

联邦安全局官员审批工作程序、对下属军职人员实行奖励和纪律处分、授予军衔、对军职人员（身居高级军官职位的军职人员除外）进行任命和解职的权力由联邦安全局领导确定。

按照联邦安全局领导人的规定，与身为高级专家和已达服役年龄限制的联邦安全局军职人员可签署服役合同，直到他们满65周岁。

禁止联邦安全局的军职和文职人员独自或者通过授权人士参与组织的管理（参与非盈利组织成员大会除外），从事商业活动，以及协助自然人和法人从事此类活动。

禁止联邦安全局的工作人员将安全局内的公务（国家公务或者联邦安全局内部工作）同其他有偿活动结合，科学、教学和其他创造性活动除外，除非俄罗斯联邦法律有相关规定以及（或者）为开展公务行动必须如此。

按照联邦安全局领导所规定的程序，联邦安全局军职和文职人员可获得来自政党、社会团体和其他组织的奖励、荣誉和其他称号。

第十七条　联邦安全局工作人员的法律保护

执行公务时联邦安全局工作人员是联邦国家权力机关的代表，并受国家保护。除联邦法律授权的国家机关和官员，任何人都不得干涉他们执行公务。

妨碍联邦安全局工作人员执行公务，因其执行公务而对其侮辱、抵抗、使用暴力或者威胁使用暴力的行为需承担法律责任。

依据俄罗斯联邦法律，保护联邦安全局工作人员及其家庭成员的生命和健康、荣誉和尊严以及财产，使之不因执行公务而受犯罪分子的蓄意侵害。

在联邦安全局工作人员执行公务时，没有联邦安全局官方代表在场或者没有法院判决，不允许对其进行拘留、人身搜查和对其物品进行搜查，以及搜查该工作人员的私人和经其使用的交通工具。

有关联邦安全局工作人员在外国情报机构和组织及犯罪集团中执行特殊任务的信息属于国家机密，只有经上述工作人员书面同意以及在联邦法律规定的情况下，才可公开此类信息。

第十八条　联邦安全局工作人员的社会支持

（经2004年8月22日第122－Φ3号俄罗斯联邦法律修订）

按照联邦安全局领导人规定的程序，在对身为高级专家的联邦安全局军职人员根据服务年限确定退休金额，以及计算超出服务年限的退休金增加额时，可将他们入伍前的工龄计算在内。

根据俄罗斯联邦政府的规定，联邦安全局工作人员在外国情报机构和组织以及犯罪集团中执行任务的时间需计入服务年限，以有利于计算其退休金额，授予军衔和计算超出服务年限的退休金增加额。

联邦安全局文职人员的薪金（工资额度）因其在联邦安全局工作可增加25%。

（第三款经2002年5月7日第49－Φ3号俄罗斯联邦法律修订）

第四款被删除——根据2002年5月7日第49－Ф3号俄罗斯联邦法律

联邦安全局军职人员在农村地区执行公务时，出示工作证有权搭乘顺风车辆（自用的除外）。

（第四款经2004年8月22日第122－Ф3号俄罗斯联邦法律修订）

保障交通设施安全的联邦安全局军职人员有权免费乘坐火车、轮船和飞机，尤其是在其正在执行对保障上述交通设施安全的任务时。

（第五款经2004年8月22日第122－Ф3号俄罗斯联邦法律修订）

联邦安全局的工作人员因公务而使用本人的交通工具，依俄罗斯联邦政府规定的程序和金额，对其进行金钱补偿。

自提交电话安装申请之日起一年内，按照现行费率，为联邦安全局军职人员在其住所安装电话。

（第七款经2004年8月22日第122－Ф3号俄罗斯联邦法律修订）

第八、九款已经失效——根据2004年8月22日第122－Ф3号俄罗斯联邦法律

联邦安全局军职人员因执行公务而受伤、挫伤或者导致残废而进行治疗的时间不受限制，除非有不可争辩的证据证明其服役的能力已经恢复。

第十一款已经失效——根据2004年8月22日第122－Ф3号俄罗斯联邦法律

联邦安全局文职人员及其未满十八岁孩子有权在军队医疗机构和联邦安全局医疗机构就医，费用由俄罗斯联邦对联邦安全局的预算拨款承担。

（第十二款由2007年7月5日第124－Ф3号俄罗斯联邦法律规定）

第十九条　协助联邦安全局工作的人士

联邦安全局可在征得当事人同意的情况下，在公开以及不公开（秘密）的基础上，聘用个别人士作为编外人员协同执行联邦安全局的公务。编外人员的职权由联邦安全局相关法律界定。

（经2003年6月30日第86－Ф3号俄罗斯联邦法律修订）

向联邦安全局提供协助的人士有权：

（一）与联邦安全局签订秘密合作合同；

（二）从联邦安全局工作人员处获取对自己的任务、职责和权利的解释说明；

（三）为保密而使用掩盖其身份的证件；

（四）获得酬金；

（五）在协助联邦安全局工作的过程中，如对自己的健康或财产造成了损害，可获得赔偿。

为联邦安全局提供援助的人士有义务：

（一）遵守与联邦安全局所签署的合同或合作协议；

（二）履行自己的职责，完成联邦安全机构的委托；

（三）防止蓄意提供不客观、不完整的、假的或者谣言性质的信息；

（四）不泄露国家机密及在向联邦安全局提供协助时获取的信息。

在合同的基础上禁止获取以下人员的秘密协助，如议员、法官、检察官、律师、未成年人、宗教神职人员以及正式登记在册的宗教组织的全权代表。

正在或曾经为联邦区安全局提供协助的人的信息属于国家机密，仅有在经当事人书面同意或联邦法律有相关规定的情况下才能公开。

第二十条　联邦安全局的信息保障

为确保工作顺利开展，联邦安全局可以在没有许可执照的情况下制订、建立和使用信息系统、通讯系统、数据传输系统以及各类信息保护手段，包括加密保护等。

信息系统中有自然人和法人的信息，不应成为联邦安全局采取限制这些人士权利措施的理由。

统计和使用下列信息的程序由联邦安全局的相关法规界定，如涉及俄罗斯联邦安全违法行为，外国情报机构和组织、个人进行的旨在对俄罗斯联邦安全造成损害的间谍和其他活动。

（经 2003 年 6 月 30 日第 86 – Ф3 号俄罗斯联邦法律修订）

第二十一条　失效——根据 2003 年 6 月 30 日第 86 – Ф3 号俄罗斯联邦法律

第二十二条 失效——根据2003年6月30日第86－Φ3号俄罗斯联邦法律

第五章 联邦安全局工作的监管

第二十三条 联邦安全局工作的监管

俄罗斯联邦总统、俄罗斯联邦议会、俄罗斯联邦政府以及司法部门，在宪法和联邦法律规定的权限内，对联邦安全局的工作进行监管。

俄罗斯联邦会议联邦委员会的代表（成员）及国家杜马的议员在开展议员活动时，有权根据俄罗斯联邦的法律获取联邦安全局的工作情报。

第二十四条 检察机关的监督

俄罗斯联邦总检察长及由其授权的检察官对联邦安全局的执法情况进行监督。

在保密的基础上正在或曾经为联邦安全局提供协助的人的资料、关于组织机构以及联邦安全局开展活动所采用的战术、方法和手段的资料不在检察机关监督的范围内。

第六章 最后条款

第二十五条 关于联邦安全局的权利继承人

俄罗斯联邦国家安全局及其隶属机构是俄罗斯联邦反间谍部门及其机构的权利继承人。

俄罗斯联邦反间谍机构的军职和文职人员视为以服兵役（或工作）的方式在联邦安全局服务的、未经过重新考核和重新委派的编制外人员。

第二十六条 本联邦法律的效力

本联邦法律自官方发布之日起生效。本法律生效的同时，俄罗斯联邦法律《俄罗斯联邦安全局法》（根据俄罗斯联邦人民代表大会和俄罗斯联邦最高委员会通告，1992，第32号，第1871页；1993，第33号，第1308页；第

36 号，第 1438 页）失效。

提请俄罗斯联邦共和国总统并委托俄罗斯联邦政府根据现行联邦法律为本法增加规范、合法的内容。

俄罗斯联邦总统　　鲍里斯·叶利钦

1995 年 4 月 3 日

《俄罗斯联邦外国投资法》

（第 160 - Φ3 号，1999 年 6 月 25 日俄罗斯联邦议会国家杜马审议通过，1999 年 7 月 2 日联邦委员会批准，1999 年 7 月 9 日生效）

本法案规定对外国投资者的投资及其投资收益和利润权利的基本保证，以及外国投资者在俄罗斯联邦境内的经营条件。

本法案旨在为俄罗斯联邦经济吸引和在俄罗斯联邦经济中有效地利用外国物资和资金资源、先进技术、工艺及管理经验，保障外国投资者经营条件的稳定性并使外国投资法律制度符合国际法准则及投资合作国际惯例。

第一条　本法案所调节的关系及其适用范围

（一）本法案调节外国投资者在俄罗斯联邦境内投资时国家对其权利加以保障的相关关系。

（二）本法案不适用于调节外国资本对银行及其他金融机构，以及保险组织进行投资的相关关系，这些关系分别由俄罗斯联邦关于银行及银行活动的法律和关于保险的法律进行调节。

本法案也不适用于调节外国资本为获取一定社会公益效益目的，其中包括教育、慈善、科学或宗教等方面，而对非商业组织进行投资的相关关系，这些关系由俄罗斯联邦关于非商业组织的法律进行调节。

本法案第七条和第十六条也不适用于调节与特别经济区内外国常驻居民工业生产、技术应用及旅游休闲活动相关的关系。

（本款为 2005 年 7 月 22 日生效的第 117 - Φ3 号法律和 2006 年 6 月 3 日生效的第 75 - Φ3 号法律中增订内容）

第二条　本法案所使用的基本定义

为达到本法案宗旨，使用下列基本定义：

外国投资者——按照所在国法律确定具有民事权利并根据该国法律有权在俄罗斯联邦境内进行投资的外国法人；按照所在国法律确定具有民事权利并根据该国法律有权在俄罗斯联邦境内进行投资的外国非法人组织；按照国籍所在国法律确定具有民事权利和行为能力并根据该国法律有权在俄罗斯联邦境内进行投资的外国公民；按照永久居住地所在国法律确定具有民事权利和行为能力并根据该国法律有权在俄罗斯联邦境内进行投资的长期居住在俄罗斯联邦境外的无国籍人员；根据俄罗斯联邦签过的国际条约有权在俄罗斯联邦进行投资的国际组织；按照俄罗斯联邦法律规定行事的其他国家。

外国投资——外国资本以属于外国投资者所有的民事权利客体的形式投入俄罗斯联邦境内的经营活动客体，且根据俄罗斯联邦法律，这些属于外国投资者所有的民事权利客体在俄罗斯联邦未被禁止流通或限制流通，其中包括货币、有价证券（外币及俄罗斯联邦货币）、其他财产、财产权、有货币估价的脑力活动成果排他权（知识产权）以及服务和信息。

外国直接投资——外国投资者根据俄罗斯联邦民事法律在俄罗斯联邦境内以公司形式成立的或重新成立的商业组织注册资本（合股资本）中不少于10%的股份（投资）；对俄罗斯联邦境内成立的外国法人分支机构固定资产的投资；外国投资者在俄罗斯联邦境内作为融资租赁出租人，出租独联体海关进出口税则第十六类和第十七类所列海关估价不少于100万卢布的设备。

投资项目——外国直接投资的经济可行性、规模及期限的论证，包括按照俄罗斯联邦法律规定标准制定的设计预算资料。

优先投资项目——被俄罗斯联邦政府批准列入项目清单的投资项目，其外国投资总规模不少于10亿卢布（不少于按本法案生效之日俄罗斯联邦中央银行当日汇率折算的等值外币金额）或外国投资者在有外国投资的商业组织注册资本（合股资本）中的最低股份（投资）中不少于1亿卢布（不少于按本法案生效之日俄罗斯联邦中央银行当日汇率折算的等值外币金额）的投资项目。

投资项目回收期限——从利用外国直接投资的投资项目开始拨款之日起，至包括折旧在内的累计纯利润金额与有外国投资的商业组织或外国法人的分支机构或融资租赁合同出租人的投资额之间的差额开始出现正数之日止的这段期限。

再投资——外国投资者或有外国投资的商业组织将外国投资所得收入或利润向俄罗斯联邦境内经营活动客体进行投资。

税赋总额——利用外国资本实施投资项目的外国投资者及有外国投资的商业组织在投资项目开始拨款之时所应支付各种形式税费的货币结算总额，其中包括进口关税（按照俄罗斯联邦法律在对外商品贸易中俄罗斯联邦为保护本国经济利益所采取的保护措施而涉及的关税除外）、联邦税（俄罗斯联邦境内所产商品的消费税、增值税除外）及国家预算外基金费（俄罗斯联邦退休基金费除外）。

第三条　俄罗斯联邦境内外国投资的法律调整

（一）对俄罗斯联邦境内外国投资实施法律调整，适用本法案、其他俄罗斯联邦法、俄罗斯联邦其他法规，以及俄罗斯联邦签署的国际条约。

（二）根据本法案及其他联邦法律，俄罗斯联邦主体有权就其管辖的问题及俄罗斯联邦与其主体共同管辖的问题通过对外国投资进行调整的法律和法规。

第四条　外国投资者及有外国投资的商业组织活动的法律制度

（一）除联邦法律规定的一些例外，外国投资者的活动及其使用投资所得利润的法律制度所提供的优惠不能少于俄罗斯投资者的活动及其使用投资所得利润的法律制度。

（二）联邦法律可以为外国投资者规定一些限制性例外，其限度只能是以维护宪法基本原则、道德、保护他人健康、权利和合法利益，保证国防和国家安全为目的而所必需的程度。

可以根据俄罗斯联邦社会经济发展的利益对外国投资者规定一些额外优惠。优惠的种类及提供方式由俄罗斯联邦立法加以规定。

（三）外国法人在俄罗斯联邦境内设立的分支机构可以履行部分职能或全部职能，包括以组建它的外国法人（下称母公司）的名义行使代表处的职能，条件是母公司设立的目的及其活动具有商业性质；母公司应按其在俄罗斯联邦境内开展上述活动所应履行的义务直接承担财产责任。

（四）有外国投资的商业组织的子公司及其附属公司在俄罗斯联邦境内从事经营活动时，不得享受本法案所规定的法律保护、保障及优惠。

（五）外国投资者、在俄罗斯联邦境内建立的有外国投资的商业组织【外商对该组织法定（合股）资本的投资份额不少于 10%】进行再投资时，完全享受本法案规定的法律保护、保障及优惠。

（六）俄罗斯的商业组织，从外国投资者加入之日起，即获得有外国投资的商业组织地位。从该日起，有外国投资的商业组织及其外国投资者即享受本法案所规定的法律保护、保障及优惠。

外国投资者从商业组织中撤出（如有几个外国投资者参加的，则所有外国投资者全部撤出）之日起，该商业组织失去有外国投资的商业组织地位。从该日起，上述商业组织及外国投资者即丧失本法案所规定的法律保护、保障及优惠。

第五条　外国投资者在俄罗斯联邦境内活动的权益的法律保护

（一）对俄罗斯联邦境内外国投资者的权益应给予充分的无条件的保护。这种保护是以本法案、其他俄罗斯联邦法律、其他俄罗斯联邦法规以及俄罗斯联邦签署的国际条约为保障的。

（二）对于因国家机关、地方自治机关或其工作人员的非法行为（不作为）而给外国投资者造成的损失，外国投资者有权根据俄罗斯联邦民事立法要求赔偿。

第六条　对外国投资者以各种方式在俄罗斯联邦境内进行投资的保障

外国投资者有权在俄罗斯联邦境内以俄罗斯联邦立法所不禁止的任何方式进行投资。

应根据俄罗斯联邦立法对有外国投资的商业组织法定（合股）资本的

投资额进行估价。

对投资额的估价应以俄罗斯联邦货币进行。

第七条　对外国投资者权利和义务向他人转让的保障

（一）外国投资者根据合同有权转让自己的权利（让渡诉求）和义务（转移责任）。根据法律或法院判决，外国投资者应该依照俄罗斯联邦民事立法向他人转让自己的权利（让渡诉求）和义务（转移责任）。

（二）如果外国或其全权国家机构为了外国投资者利益而为其出资，对其在俄罗斯联邦境内的投资进行了担保（根据保险合同），此项投资的外国投资者的权利又转让（让渡诉求）给该国或其全权国家机构，则在俄罗斯联邦这种权利转让（让渡诉求）是合法的。

第八条　外国投资者及有外国投资的商业组织的财产被国有化及征用时的赔偿保障

（一）除联邦法律或俄罗斯联邦签署的国际条约所规定的特殊情况及理由之外，外国投资者或有外国投资的商业组织的财产不应被强制没收，包括被国有化和征用。

（二）在被征用的情况下，应向外国投资者或有外国投资的商业组织支付被征用财产的等价款。引起征用的情况终止时，外国投资者或有外国投资的商业组织有权通过司法程序要求返还仍保留的财产。但在此情况下，他们应退回已得到的赔偿金，同时应考虑到他们因财产价值降低而受到的损失。

（三）在实行国有化的情况下，应向外国投资者或有外国投资的商业组织赔偿被国有化的财产的价值及其他损失。有关损失赔偿的争议应按本法案第十条规定的程序解决。

第九条　保障外国投资者和有外国投资的商业组织不因俄罗斯联邦法律发生变化而受到不良影响

（一）在向优先发展的外国投资项目开始划拨资金的当日，如果出台了关于调整征收进口关税（按照俄罗斯联邦法律在对外商品贸易中因对俄罗斯联邦经济利益进行保护而所涉及的关税除外）、联邦税（俄罗斯联邦境内所生产商品的消费税、增值税除外）、上缴国家预算外基金费（上缴俄罗斯联邦退休基金费除外）幅度的新的俄罗斯联邦法律法规，或对现行俄罗斯联邦法律法规作出了修改和补充，使外国投资者和有外国投资的商业组织在执行优先投资项目中的税赋总额加大，或对在俄罗斯联邦的外国投资的禁令和限制增多，则这些新的俄罗斯联邦法律法规以及对现行俄罗斯联邦法律法规的修改和补充在本条第二款规定的期限内将不适用于执行优先发展的外国投资项目的外国投资者和有外国投资的商业组织，但前提是上述外国投资者和有外国投资的商业组织运入俄罗斯联邦海关境内的货物专用于执行优先投资项目。

本款第一段适用于外商对法定（合股）资本的投资份额超过25%的含外资商业组织，以及执行优先投资项目的含外资商业组织，不论该商业组织中外商对法定（合股）资本的投资份额是多少。

（二）本条第一款关于保证外国投资者投资条件和制度稳定性的规定适用于投资项目回收期，但不超过自外商向该项目划拨资金之日起的7年。根据项目种类对投资项目回收期的分类应按俄罗斯联邦政府规定的程序进行。

（三）在外国投资者和有外国投资的商业组织所执行的优先投资项目涉及生产领域、交通设施建设或其他基础设施建设，且外国投资总额不少于10亿卢布（不少于按本法案生效之日俄罗斯联邦中央银行当日汇率折算的等值外币金额）、回收期超过7年的特殊情况下，俄罗斯联邦政府应决定延长本条第一款规定的对上述外国投资者和有外国投资的商业组织实行稳定投资条件和制度的期限。

（四）本条第一款的规定不适用于为维护宪法基本原则、道德，保护他人健康、权力和合法利益，保证国防和国家安全而对俄罗斯联邦法令进行的修改和补充或实行的俄罗斯联邦新法律法规。

（五）俄罗斯联邦政府：

应确定对在征收进口关税、联邦税收和上缴国家预算外基金费，对俄罗斯联邦境内外国投资的禁令和限制等方面对外国投资者和有外国投资的商业组织发生不利变化的评定标准；

确定本法案第二十四条指定的联邦权力执行机构对优先投资项目进行注册的程序；

对外国投资者和有外国投资的商业组织在按本条第二、三款规定执行优先投资项目期间履行应尽义务的情况进行监督。

如果外国投资者和有外国投资的商业组织不履行本款前半部分所规定的义务，则将取消本条所规定的对其实行的优惠。因享受上述优惠而未支付的金额，应按俄罗斯联邦法律规定程序予以追回。

第十条　保障妥善解决外国投资者在俄罗斯联邦境内进行投资和经营活动中发生的纠纷

外国投资者在俄罗斯联邦境内进行投资和经营活动中发生纠纷，应根据俄罗斯联邦签署的国际条约和俄罗斯联邦法律在法院或仲裁法庭，或者国际仲裁法庭上予以解决。

第十一条　保障在俄境内使用和向俄境外汇出收入、利润及其他合法所得款项

外国投资者在遵照俄罗斯联邦法律纳税后有权在俄罗斯联邦境内自由使用其收入和利润，用于按照本法案第四条第二款规定进行的再投资或其他与俄罗斯联邦法律不相抵触的目的，有权不受任何限制地向俄罗斯联邦境外汇出其投资所得收入、利润及其他合法所得外汇款项，其中包括：

投资所得利润、股息、利息和其他收入；

有外国投资的商业组织或在俄罗斯联邦境内设立分支机构的外国法人在执行合同及其他交易中履行义务所得款项；

外国投资者因撤销有外国投资的商业组织或外国法人设立的分支机构或出让投资财产、财产权和知识产权所得款项；

本法案第八条规定的补偿金。

第十二条　保障外国投资者享有将最初作为外国投资带入俄罗斯联邦境内的器材和以文件或电子载体形式记录的信息无障碍地带出俄罗斯联邦境外的权利

最初将器材和以文件或电子载体记录形式的信息带入俄罗斯联邦境内的外国投资者有权无障碍地（不实行配额、许可证和采取其他对外贸易活动的非税率调节措施）将上述器材和信息带出俄罗斯联邦境外。

第十三条　保障外国投资者享有购买有价证券的权利

外国投资者有权根据俄罗斯联邦有价证券法购买俄罗斯商业组织的股票及其他有价证券和国家有价证券。

第十四条　保障外国投资者享有参与私有化的权利

外国投资者有权按照俄罗斯联邦有关国有和地方所有财产私有化的法律所规定的条件和程序，以获得国家和地方财产所有权或者在私有化企业法定（合股）资本中获得一定份额（投资）的途径参与国有和地方所有财产的私有化。

第十五条　保障给予外国投资者土地、其他自然资源、建筑物、设施和其他不动产的权利

外国投资者按照俄罗斯联邦和俄罗斯联邦主体的法律享有获得土地、其他自然资源、建筑物、设施和其他不动产的权利。

如俄罗斯联邦法律未作其他规定，有外国投资的商业组织可以在招标（拍卖、竞买）中获得租赁土地的权利。

第十六条　给予外国投资者和有外国投资的商业组织海关税费的优惠

外国投资者和有外国投资的商业组织实施优先投资项目时的海关税费优惠应按照俄罗斯联邦海关法和俄罗斯联邦税法予以提供。

第十七条　俄罗斯联邦主体和地方自治机关给予外国投资者的优惠和保障

俄罗斯联邦主体和地方自治机关在各自管辖范围内可以给予外国投资者优惠和保障，用俄罗斯联邦主体预算资金和地方预算资金以及预算外资金对外国投资者实施的投资项目进行拨款并给予其他形式的支持。

第十八条　外国投资者必须遵守俄罗斯联邦反垄断法和进行善意竞争

外国投资者必须遵守俄罗斯联邦反垄断法，不进行恶意竞争及限制性经营活动，包括通过在俄罗斯联邦境内建立有外国投资的商业组织或外国法人的分支机构以生产某种抢手商品后自行停止生产而将外国生产的类似商品打入市场的行为，也包括签订恶意价格协议、恶意划分商品销售市场协议或恶意招标（拍卖、竞买）协议。

第十九条　有外国投资的商业组织和外国法人分支机构的母公司所应具有的财产保险

如俄罗斯联邦法律未作其他规定，有外国投资的商业组织应自行办理有关财产损失（毁灭）、短缺或损坏的风险，民事责任风险和企业经营风险的财产保险，而外国法人分支机构的上述财产保险，如俄罗斯联邦法律未做其他规定，则由其母公司自行办理。

第二十条　有外国投资的商业组织的设立和撤销

（一）有外国投资的商业组织的设立和撤销应按照俄罗斯联邦民事法典和其他联邦法规定的条件和程序进行，但联邦法律根据本法案第四条第二款所作的规定除外。

（二）有外国投资的商业组织作为法人应在向有关机关呈送下列文件的一个月内，到司法机关办理国家注册：

有外国投资的商业组织章程和成立合同（俄罗斯联邦民事立法规定的情况下）；

外国投资者所在国家商业目录，或其他能确认外国投资者法律地位的文件的摘录；

由为外国投资者服务的银行开具的有关其支付能力的证明文件；

关于支付注册税的单据。

为维护宪法原则、道德，保护他人健康、权利和合法利益，保证国家防卫和安全等目的，有外国投资的商业组织可能被拒绝办理注册。

外国投资者可因未被办理国家注册而依照法律程序提出申诉。

第二十一条　外国法人分支机构的设立和撤销

外国法人分支机构设立的目的是在俄罗斯联邦境内进行其母公司在俄罗斯联邦境外所从事的经营活动，撤销时则应根据作为外国法人的母公司的决定。

应按照俄罗斯联邦政府确定的程序并通过注册方式对外国法人分支机构的设立、经营活动及撤销实施国家监督；

本法案第二十四条中所规定的联邦执行权力机构实施对外国法人分支机构的注册。

为维护宪法原则、道德，保护他人健康、权利和合法利益，保证国家防卫和安全等目的，外国法人分支机构可能被拒绝办理注册。

第二十二条　对外国法人分支机构章程的要求

（一）母公司应向本法案二十四条所列的联邦执行权力机构呈交外国法人分支机构章程及其他文件，文件清单以及在本条第二、三款中涉及的对文件内容的要求应由俄罗斯联邦政府予以批准。

（二）在外国法人分支机构的章程中应注明分支机构及其母公司的名称，母公司的法律组织形式，分支机构在俄罗斯联邦境内的所在地，母公司的法定地址，建立分支机构的目的及其经营项目，分支机构固定资产投资的构成、金额及期限，分支机构的管理程序。外国法人分支机构章程中可以载入其他反映该分支机构在俄罗斯联邦境内的经营活动特点及与俄罗斯联邦法律不相抵触的信息。

对外国法人分支机构固定资产投资的估价由母公司根据国内价格或国际市场价格进行。投资额的估价应以俄罗斯联邦货币进行。外国法人分支机构固定资产投资估价的金额应在外国法人分支机构章程中注明。

外国法人分支机构有权自注册之日起在俄罗斯联邦境内从事经营活动。

外国法人分支机构自撤销注册之日起应停止在俄罗斯联邦境内的经营活动。

第二十三条　制定和实施外国投资领域的国家政策

按照俄罗斯联邦宪法《关于俄罗斯联邦政府》的规定，俄罗斯联邦政府应制定和实施国际投资合作领域的国家政策。

俄罗斯联邦政府应当：

确定对俄罗斯联邦境内的外国投资实行禁止和限制措施的合理性，制定有关上述禁止和限制措施的法律草案；

确定对外国投资者在俄罗斯联邦的经营活动进行监督的措施；

批准本法案第二条所规定的优先投资项目清单；

制定联邦吸引外国投资的纲要并保证其实施；

吸引国际金融组织及外国的投资性贷款，用以向俄罗斯联邦发展预算及联邦一级的投资项目提供资金；

就国际投资合作事宜与俄罗斯联邦主体进行协调；

对同外国投资者准备并签订关于由其实施大型投资项目的投资协议的全过程进行监督；

对准备并签订俄罗斯联邦关于鼓励和相互保护投资的国际条约的全过程进行监督。

第二十四条　负责吸引外国直接投资事务的联邦执行权力机构

俄罗斯联邦政府应确定负责协调吸引外国对俄罗斯联邦经济直接投资事务的联邦执行权力机构。

第二十五条　原先已经通过的俄罗斯联邦法律文件及其某些条款因本法案已被通过而宣告失效

鉴于本法案已被通过，下列法律文件及条款即告失效：

《俄罗斯苏维埃联邦社会主义共和国外国投资法》（俄罗斯苏维埃联邦社会主义共和国人民代表大会及最高苏维埃通报，1991 年，第 29 期，第 1008 页）；

《俄罗斯苏维埃联邦社会主义共和国最高苏维埃关于将俄罗斯联邦外国投资法付诸实施的决定》（同上，第 1009 页）；

《由于俄罗斯联邦〈关于标准化法〉、〈关于保证计量统一法〉、〈关于产品和服务质量鉴定法〉已被通过而对俄罗斯联邦法律文件进行修改补充的联邦法》第六条（《俄罗斯联邦法律汇编》，1995 年，第 26 期，第 2397 页）；

《由于“俄罗斯联邦仲裁法庭”联邦宪法法律及〈俄罗斯联邦仲裁程序法典〉已被通过而对俄罗斯联邦法律及其他法律文件进行修改补充的联邦

法》第一条第四款（《俄罗斯联邦法律汇编》，1997年，第47期，第5341页）。

第二十六条　将俄罗斯联邦法律与本法案取得一致

建议俄罗斯联邦总统及俄罗斯联邦政府将其法律文件与本法案取得一致。

责成俄罗斯联邦政府按规定程序向俄罗斯联邦会议、国家杜马提交关于因本法案而需要对俄罗斯联邦法律文件进行相应修改补充的建议。

第二十七条　将俄罗斯联邦境内建立的外国法人分支机构章程与本法案取得一致

凡在本法案开始生效前建立的分支机构，其母公司必须：

在本法案开始生效之日起6个月内将外国法人分支机构章程与本法案取得一致；

在本法案开始生效之日起一年内办理外国法人分支机构的注册。

第二十八条　本法案开始生效日期

本法案自正式公布之日起开始生效。

俄罗斯联邦总统　　鲍里斯·叶利钦

1999年7月9日

《关于信息、信息技术和信息保护法》

（第 149 号，2006 年 7 月 8 日俄罗斯联邦议会国家杜马通过，2006 年 7 月 14 日俄罗斯联邦委员会批准，根据 2010 年 7 月 27 日颁发的第 227 号、2011 年 4 月 6 日颁发的第 65 号、2011 年 7 月 21 日颁发第 252 号、2012 年 7 月 28 日颁发的第 139 号、2013 年 4 月 5 日颁发的第 50 号俄罗斯联邦法修订）

第一条　本联邦法的适用范围

（一）本联邦法调整在下列情形下产生的法律关系：

1. 在进行寻找、获得、传递、生产和传播信息时；

2. 使用信息技术时；

3. 进行信息保护时。

（二）本法不适用于在依法保护智力活动成果及采取相应手段时产生的法律关系。

第二条　本联邦法使用的基本概念

本联邦法中使用下列基本概念：

（一）信息是指与其表现形式无关的消息（通知、数据）；

（二）信息技术是指寻找、收集、贮存、加工、呈现、传播信息的过程和方法，以及实施上述过程和方法的方式；

（三）信息系统是指数据库中所含信息及对其进行加工的信息技术与手段的集合；

（四）信息通讯网是指用通讯线路传递信息的技术系统，该信息需利用计算设备才能获取；

（五）信息拥有人是指独自建立信息的，或根据法律和合同获得了获取或有限获取信息（按某些特征来确定该信息）许可权的人员；

（六）获取信息是指获得和使用信息的可能性；

（七）信息保密是指在未取得信息所有者同意的情况下，获得获取信息权的人不得将该信息转给第三方，此为其必须遵守的义务；

（八）提供信息是指特定人群接受或向特定人群传递信息的行为；

（九）散发信息是指非特定人群接受或向非特定人群传递信息的行为；

（十）电子信息是指利用信息通讯网传递或获得的信息；

（十一）记录信息是指含有可识别该信息要项或含有其符合俄罗斯联邦法律规定的物质载体的要项，并以文件记录形式固化在物质载体上的信息；

（十一款之一）电子文件是指以电子形式，即以电子计算机使用人能够理解、适合通过信息通讯网传递和在信息系统中加工的形式呈现的文件信息；

（第十一款之一根据 2010 年 7 月 27 日颁布的第 227 号俄罗斯联邦法律增加）

（十二）信息系统运营方是指从事使用信息系统的相关活动，包括在含有某信息的数据库中加工该信息的公民或法人；

（十三）互联网网站是指电子计算机程序和其他通过互联网，按域名和（或）可识别互联网网站的网络地址登陆的信息系统中的信息的集合；

（第十三款根据 2010 年 7 月 28 日颁布的第 139 号俄罗斯联邦法律增加）

（十四）互联网网站的网页（下称—互联网网页）是互联网网站的一部分，互联网网站所有人以域名和符号组成标识，应按该标识登陆网页；

（第十四款根据 2010 年 7 月 28 日颁布的第 139 号俄罗斯联邦法律增加）

（十五）域名是由符号组成的标识，用来确定互联网网站网址，保障获取在互联网上发布的信息。

（第十五款根据 2010 年 7 月 28 日颁布的第 139 号俄罗斯联邦法律增加）

（十六）网络地址是数据传输系统中用来确定提供通讯服务的用户终端或其他通讯终端的数据标识。

（第十六款根据 2010 年 7 月 28 日颁布的第 139 号俄罗斯联邦法律增加）

（十七）互联网网站所有人是指独立或根据自己考量决定使用互联网网

站方法，其中包括在该网站发布信息方法的人员。

（第十七款根据 2010 年 7 月 28 日颁布的第 139 号俄罗斯联邦法律增加）

（十八）托管服务商是指为在永久接入互联网的信息系统上发布信息而提供计算能力的人员。

（第十八款根据 2010 年 7 月 28 日颁布的第 139 号俄罗斯联邦法律增加）

第三条　对信息、信息技术和信息保护领域各种关系进行法律调节的原则

基于下列原则对信息、信息技术和信息保护领域各种关系进行法律调节：

（一）保证以任何合法方式搜寻、获取、传递、制造和传播信息的自由。

（二）只有俄罗斯联邦法律才能做出限制获取相关信息的决定。

（三）国家和地方自治机构活动信息公开，并保障公众自由获取上述信息。俄罗斯联邦法律另行规定的情形除外。

（四）在建立和使用信息系统时，对俄罗斯联邦各民族语言同等对待。

（五）在建立和使用信息系统并保护其中的信息时，必须保证俄罗斯联邦的安全。

（六）保证信息的真实性和提供信息的时效性。

（七）在未征得当事人同意的情况下，应保障私人生活的不可侵犯性，不得搜集、保存、使用、散发有关私人生活的信息。

（八）如果俄罗斯联邦法律没有规定必须使用某种信息技术来建立和使用国家信息系统，则不得以法规形式确立某种信息技术相对其他技术的优先权。

第四条　俄罗斯联邦关于信息、信息技术和信息保护方面的法律

（一）俄罗斯联邦关于信息、信息技术和信息保护方面的法律以俄罗斯联邦宪法和俄罗斯联邦签署的国际条约为基础，由本法和其他俄罗斯联邦信息使用方面的法律组成。

（二）根据俄罗斯大众传媒法对与大众传媒组织和活动相关的关系进行法律调节。

（三）根据俄罗斯联邦档案法确定保存、使用列入档案的文件信息的方法。

第五条　作为法律关系客体的信息

（一）信息可以成为公众、公民或其他法律关系的客体。在俄罗斯联邦

法律对获取信息未加限制或对提供、传播信息没有其他要求的情况下，任何人均可自由使用并向其他人传递信息。

（二）根据被获取信息的种类，信息可分为公众信息和俄罗斯联邦法律限制获取的信息（有限获取信息）。

（三）根据提供或传播信息的方法，信息可分为：

1. 自由传播信息；

2. 根据相关人员的协议提供的信息；

3. 依据俄罗斯联邦法律提供或传播的信息；

4. 在俄罗斯联邦境内禁止或限制传播的信息。

（四）信息种类可按其内容或所有者，通过俄罗斯联邦法律进行确定。

第六条　信息拥有者

（一）信息拥有者可以是公民（自然人）、法人、俄罗斯联邦、俄罗斯联邦主体或各级市政机构。

（二）国家机构、地方自治机构在法律授权范围内，以俄罗斯联邦、俄罗斯联邦主体和各级市政机构的名义制定相应法律规定，实现信息拥有者的合法权利。

（三）如俄罗斯联邦法律未做其他规定，信息拥有者拥有下列权力：

1. 有权允许或限制获取信息，并确定获取信息的方法和条件；

2. 有权自行使用信息，包括散发信息；

3. 有权按合同或其他合法规定向其他人传递信息；

4. 在他人非法获得、使用信息时，有权依法维护自己权益；

5. 有权利用信息实施其他行为或允许实施这种行为。

（四）在实现自己的权利时，信息拥有者有义务：

1. 维护他人的权力和合法利益；

2. 采取信息保护措施；

3. 在俄罗斯联邦法律规定须对信息加以限制的情况下，限制获取信息。

第七条　公共信息

（一）公共信息包括公众已知的信息、资料和其他未限制获取的信息。

（二）任何人均可依据自己考量使用公共信息，但应遵守俄罗斯联邦法律有关传播该信息的限制要求。

（三）信息根据其拥有者的决定成为公共信息后，其拥有者有权要求散发该信息的人士标明自己为信息来源方。

第八条　获取信息的权力

（一）在遵守本法和其他俄罗斯联邦法律规定的前提下，公民（自然人）和组织（法人）（下称组织）有权从任何来源搜寻和获得任何格式的信息。

（二）公民（自然人）有权按俄罗斯联邦法律规定的方式，从国家机构、地方自治机构及其相关人员处获取涉及其权利和自由的信息。

（三）各组织有权从国家机构、地方自治机构获得直接涉及其权利和义务的信息，以及其在履行章程规定的活动、与其他机构进行协调方面所涉及的必要信息。

（四）不得限制获得下列信息：

1. 涉及人、公民的权利、自由和义务的法律规定以及确定国家机构、地方自治机构法律地位和授权的信息；

2. 有关自然环境状态的信息；

3. 关于国家机构、地方自治机构工作的信息以及预算使用信息（属国家或公务秘密的除外）；

4. 对外开放的图书馆、博物馆和档案馆中的信息以及对公民（自然人）和组织进行信息保障的国家、各级市政机构的信息；

5. 俄罗斯联邦法律规定不得限制获取的信息。

（五）根据俄罗斯联邦法律、俄罗斯联邦各主体法律及地方自治机构的法规条例，国家机构和地方自治机构有义务保障获取以俄语和俄罗斯联邦各共和国语言表述的关于其活动的信息，包括使用包含互联网在内的信息通讯网来获取上述信息。有意获取上述信息的人员不必解释其获得信息的必要性。

（根据2010年7月27日颁布的第227号俄罗斯联邦法律修订）

（六）对国家机构、地方自治机构、社团组织及公职人员损害他人获取信息权利的决定和作为（含不作为），可向上级机关或上级公务人员申诉，也可向法院提起诉讼。

（七）因无理拒绝获取信息、不及时提供信息、故意提供不真实或与询问内容不相符的信息而造成损失的，应依据民事法予以赔偿。

（八）应无偿提供下列信息：

1. 国家机构、地方自治机构在信息通讯网上发布的有关其工作的信息；

2. 涉及当事人权力和俄罗斯联邦法律规定义务的信息；

3. 法律规定的其他信息。

（九）只有在俄罗斯联邦法律规定的情形和条件下，国家机构或地方自治机构才能就提供有关其工作的信息收取费用。

第九条　限制获取信息

（一）为保护宪法制度、道义、他人健康、权利和合法利益，保障国防和国家安全，对获取信息的限制由俄罗斯联邦法律确定。

（二）有义务对俄罗斯联邦法律规定的限制获取的信息保守秘密。

（三）对构成国家秘密的信息的保护，按照俄罗斯联邦国家秘密法实施。

（四）俄罗斯联邦法律规定了将信息列为商业秘密、公务秘密和其他秘密的条件，同时规定有义务保守秘密信息，并为将其公开负责。

（五）公民（自然人）在从事职务行为或组织在从事相应工作（秘密工作）时获取的信息，在俄罗斯联邦法律规定上述人员有义务对其进行保密的情况下，应当进行信息保护。

（六）根据俄罗斯联邦法律和（或）法院判决，属于职业秘密的信息可以向第三方提供。

（七）履行对职业秘密进行信息保密的义务的期限，可以只取决于提供该信息的公民（自然人）的意愿。

（八）未经公民（自然人）同意，禁止向提供信息的公民（自然人）索要、取得有关私人生活，包括个人或家庭秘密的信息，法律另行规定的情形除外。

（九）获取公民（自然人）个人信息的方法由俄罗斯联邦个人信息法确定。

第十条　传播或提供信息

（一）在遵守俄罗斯联邦法律要求的前提下，在俄罗斯联邦境内可自由传播信息。

（二）不通过大众传媒手段传播的信息，应当包括关于信息拥有者、传播者的真实信息，其表达方式和数量应能足够识别信息拥有者和传播者。

（三）在使用包括邮寄和电子信息通知在内的、可确定信息接收方的传播信息手段时，信息传播方应保障接收方有拒绝接受该信息的可能性。

（四）提供信息应根据参加信息交换过程的各方的协议进行。

（五）必须传播或提供信息的情形或条件，包括提供文件的必要份数的情形或条件，由俄罗斯联邦法律规定。

（六）禁止传播用来宣扬战争，激发民族、种族或宗教敌视或仇恨，以及其他可引发刑事或行政责任的信息。

第十一条　记录信息

（一）有关记录信息的要求由俄罗斯联邦法律和当事双方协议确定。

（二）联邦执法机构按俄罗斯联邦政府的规定进行信息记录。其他国家机构、地方自治机构在其专业范围内制定的公文处理和公文运转规定，应符合俄罗斯联邦政府关于联邦执法机构公文处理及公文运转方面的规定要求。

（三）本条依据 2011 年 4 月 6 日第 65 号俄罗斯联邦法律废止。

（四）签订由进行电子信息交换的人员参与的民事合同或其他法律文书时，每次电子信息交换应按联邦法律、法规或双方协议规定的形式，由信息发出现人以电子签名或其他类似手写签名签署，此种电子信息交换可视为文件记录交换。

（五）著作权和对含有被记录信息的物质载体的物权由民事法确定。

第十二条　在信息技术运用领域的国家调节

（一）在信息技术运用领域进行国家调节：

1. 在本俄罗斯联邦法规定原则的基础上，对与使用信息技术（信息化）进行搜寻、获取、传递、生产和传播信息相关的各种关系进行国家调节；

2. 对如何发展各种信息系统来保障公民（自然人）、组织、国家机构和地方自治机构获取信息，并保障各种信息系统间的互相协同进行国家调节；

3. 对如何为在俄罗斯联邦境内有效利用信息通讯网，包括互联网和其他类似信息通讯网创造条件进行国家调节；

4. 对保障儿童信息安全进行国家调节。

（第四项根据 2011 年 7 月 21 日颁发的第 252 号俄罗斯联邦法律增加）

（二）国家机构、地方自治机构根据其授权：

1. 参与研究、制定和实施运用信息技术的专项活动；

2. 建立信息系统，并保障公众获取其中以俄文及俄罗斯联邦各共和国主体语言表达的信息。

第十三条　信息系统

（一）信息系统包括：

1. 国家信息系统包括根据相关联邦法律、俄罗斯联邦主体法律和国家相关规定建立的联邦信息系统和地方信息系统；

2. 根据地方自治机构的决定建立的各级市政信息系统；

3. 其他信息系统。

（二）信息系统运营方系合法正当地使用数据库来处理数据库信息的技术手段所有人，或系已与该所有人签订信息使用合同的其他人员。法律另有规定的情形除外。

（三）信息系统数据库中所含信息的拥有者的权利应当受到保护，无论是著作权还是其他上述有关数据库的权利。

（四）本联邦法对国家信息系统的要求，适用于各级市政机构信息系统。俄罗斯联邦关于地方自治的法律中另有规定的情形除外。

（五）国家信息系统和各级市政机构信息系统的使用特点可以根据决定建立上述信息系统的国家机构的技术规范、法规及地方自治机构的法规来确定。

（六）非国家信息系统或非市政机构信息系统的建立和使用方法由其管理方根据本联邦法或其他联邦法律的要求制定。

第十四条　国家信息系统

（一）建立国家信息系统旨在实现国家机构授权，保障国家机构间的信息交换，并达成其他联邦法律规定之目的。

（二）建立国家信息系统应遵守2005年7月21日颁发的第94号俄罗斯联邦法《关于为国家和市政机构采购商品、展开工作、提供服务分配订单法》的要求。

（三）应在公民（自然人）、组织、国家机构和地方自治机构提供的统计信息和文件信息的基础上建立、使用国家信息系统。

（四）以必要形式提供的信息的种类由俄罗斯联邦法律确定，提供信息的条件由俄罗斯联邦政府或相应的国家机构确定。俄罗斯联邦法律另行规定的情形除外。

（五）在关于建立国家信息系统的决定中未另行规定的情形下，国家信息机构运营方的功能由签署关于建立该信息系统国家合同的定购方履行。同时，该国家信息系统应根据定购方规定的方法投入使用。

（六）俄罗斯联邦政府有权对某些国家信息系统投入使用的方式方法做出硬性规定。

（七）在没有履行使用国家信息系统中涉知识产权的组成部分的相应手续的情况下，不得使用国家信息系统。

（八）用于加工国家信息系统中信息的技术手段，包括技术程序和信息保护手段，应符合俄罗斯联邦关于技术规定方面的法律。

（九）国家信息系统中的信息，以及其他国家机构指令性资料和文件，均属于国家信息资源。国家信息系统中的信息为官方信息。依据国家信息系统职能的规范性法规确定的国家机构，有义务保障该信息系统中信息的真实性和及时性，并应保障在法律规定的方式和情况下获取上述信息，同时，有义务保护这些信息免遭非法获取、销毁、异化、封锁、复制、提供、传播和其他非法行为。

（根据2010年7月27日颁发的第227号俄罗斯联邦法律修订）

第十五条　信息通讯网的使用

（一）在俄罗斯联邦境内使用信息通讯网应遵守俄罗斯联邦在通讯方面的法律、本联邦法和俄罗斯联邦的其他法规。

（二）在俄罗斯联邦境内对不限制特定人群登陆的信息通讯网的管理调节，应遵照该领域行业自律的国际通行做法进行。其他信息通讯网的使用方法由该网所有者依据本联邦法的要求确定。

（三）在俄罗斯联邦境内利用信息通讯网从事经营或其他活动，不能成为对涉及不使用这些网络从事上述活动进行管理、提出额外要求或限制的理由。

（四）组织和个人在从事企业活动时，联邦法律可以规定其必要标识。同时，在俄罗斯联邦境内，电子信息的接收者有权为检查、确定电子信息发送者。在联邦法律规定或当事双方有协议的情况下，则有义务必须进行这种检查。

（五）在遵守俄罗斯联邦法律有关传播信息和保护知识产权相关规定和要求的条件下，使用信息通讯网传播信息不受限制。只有在俄罗斯联邦法律规定的条件和方式下，传递信息才会受到限制。

（六）根据俄罗斯联邦总统或俄罗斯联邦政府的规定来确定对将国家信息系统接入信息通讯网的特殊要求。

第十五条之一　可识别含有禁止在俄罗斯联邦境内传播信息的互联网网站的统一域名、网页索引和网址名录

（根据 2012 年 7 月 28 日颁发的第 139 号俄罗斯联邦法律增加）

（一）为限制登陆含有禁止在俄罗斯联邦境内传播信息的互联网网站，建立可识别含有禁止在俄罗斯联邦境内传播信息的互联网网站的域名、网页索引和网址的统一名录（下称名录）。

（二）名录包括：

1. 含有禁止在俄罗斯联邦境内传播信息的互联网网站的域名和（或）网页索引；

2. 可识别含有在俄罗斯联邦境内禁止传播信息的互联网网站的网络地址。

（三）在大众信息媒介、大众传播手段、信息技术和通讯手段领域担负检查和监督职能的执法机构，按照俄罗斯联邦政府的规定的方式设立、组成和管理名录。

（四）根据俄罗斯联邦政府规定的方式和标准，在大众信息媒介、大众传播手段、信息技术和通讯手段领域担负检查和监督职能的执法机构，可以利用在俄罗斯联邦境内注册的单位作为名录管理方来组成和管理名录。

（五）将本条第二款所指的信息列入名录的依据为：

1. 具备俄罗斯联邦政府授权的联邦执法机构做出的决定，该决定应符合该联邦执法机构的职能范围，以及俄罗斯联邦政府在通过互联网传播下列资料或信息方面的决定：

（1）含有未成年人色情图像和（或）吸引未成年人作为执行人参加有色情性质的公众活动的广告和公告信息；

（2）关于研究、制造、使用毒品、精神药物及其原料的方式方法信息，关于获取这些物品、物质及其原料的地点信息，关于种植含毒品的植物的方法和地点信息；

（3）关于实施自杀和号召实施自杀的方法信息；

（4）联邦法律禁止传播的关于因违法行为（或行为）导致未成年受到伤害的信息。

（第四项根据 2013 年 4 月 5 日颁发的第 50 号俄罗斯联邦法律增加）

2. 关于认定通过互联网传播的信息系在俄罗斯联邦境内禁止传播信息的已经生效的法院判决。

（六）对关于将可识别含有在俄罗斯联邦境内禁止传播信息的互联网网站的网站域名、网页索引和网络地址列入名录的决定，提供信息通讯网互联网服务的互联网网站所有人、托管服务商、通讯运营商在做出该决定之日起 3 个月内可以向法院提起诉讼。

（七）在自收到名录管理方关于将某互联网网站域名和（或）网页索引列入名录的通知之时起一昼夜内，托管服务商有义务将此事通知其服务的互联网网站所有人，并告知其立即删除含有禁止在俄罗斯联邦境内传播信息的网页的必要性。

（八）在自收到托管服务商关于将某互联网网站域名和（或）网页索引列入名录的通知之时起一昼夜内，互联网网站所有人有义务删除含有在俄罗斯联邦境内禁止传播信息的网页。在网站所有人拒绝删除或不作为的情况下，托管服务商有义务在一昼夜内限制登陆该网站。

（九）如果托管服务商和（或）互联网网站所有人不采取本条第七、八款所指措施，可识别该含有禁止在俄罗斯联邦境内传播信息的网络地址将被列入名录。

（十）负责提供信息通讯网互联网登陆服务的互联网网站所有人、托管服务商或通讯运营商在删除含有在俄罗斯联邦境内禁止传播的信息后，应反馈情况。在自收到此反馈之日起三日内，在大众信息媒介、大众传播手段、信息技术和通讯手段领域实施检查和监督职能的联邦执法机构，或其根据本条第四款使用的名录管理方，应从名录中删除该互联网网站域名、网页索引或可识别该网站的网络地址。在自收到关于废止上述联邦执法机构做出的有关将互联网网站域名、网页索引和（或）可识别该网站的网络地址列入名录的决定的已生效的法院判决之日起三日内，上述联邦执法机构或名录管理方应当从名录中删除该互联网网站域名、网页索引或可识别该网站的网络地址。

（十一）名录管理方与托管服务商的协同方法、提供信息通讯网互联网登陆服务的通讯运行商获取名录所含信息的方法，由具有俄罗斯联邦政府授权的联邦执法机构制定。

第十六条　信息保护

（一）信息保护是指为实现下列目的采取的法律、组织和技术措施：

1. 保障信息避免遭受非法获取、销毁、异化、封锁、复制、提供、传播，以及其他针对该信息的非法行为；

2. 遵守限制获取秘密信息的原则；

3. 实现获取信息的权力。

（二）国家通过制定有关信息保护的规定要求、确定违反俄罗斯联邦关于信息、信息技术和信息保护的法律后的责任来调节信息保护领域的各种关系。

（三）确定关于保护公共信息的要求只能用于本条第一款第一、三项所述的情形。

（四）在俄罗斯联邦法律规定的情形下，信息拥有者、信息系统运营方有义务：

1. 预防非法获取信息和（或）将其传递给无权获取该信息的人员；

2. 及时发现非法获取信息的事实；

3. 对违反获取信息规定可能产生的后果进行警告；

4. 不采取破坏信息处理设备和手段功能的行为；

5. 迅速恢复因非法获取信息而被异化和销毁的信息；

6. 经常检查信息保护水平。

（五）联邦安全保障领域的执法机构、联邦反技术侦察和信息保护领域的执法机构根据其授权，负责制定对国家信息系统中的信息实施保护的要求。在建立和使用国家信息系统时为保护信息而采取的保护信息的方式方法，应符合上述要求。

（六）根据俄罗斯联邦法律可以决定限制使用某些信息保护手段，并在信息保护领域采取其他行为。

第十七条　在信息、信息技术和信息保护领域的违法责任

（一）根据俄罗斯联邦法律，违反本联邦法要求的，应负纪律、民事、行政或刑事责任。

（二）因泄露有限公开信息或其他非法使用信息造成他人损害的，权力和合法利益受害人有权以规定的方式寻求司法保护，包括就赔偿损失、精神损害赔偿、捍卫名誉、人格和职业信誉提起诉讼。如当事人有义务采取信息保密措施或有义务遵守俄罗斯联邦法律有关信息保护规定和要求，而其未采取保密措施或违反有关信息保护规定要求，其赔偿要求不予支持。

（三）对被俄罗斯联邦法律限制或禁止传播的某些信息，下列人士不因传播该信息负民事责任：

1. 信息由其他人提供，当事人仅提供信息传递服务且没有更改信息的；

2. 当事人提供信息贮存和信息获取服务，且没有知晓该信息传播非法性的可能性。

第十八条　关于终止部分俄罗斯联邦法规（条例）的效力

自本联邦法生效之日起，终止下列法规、条例的效力：

（一）1995 年 2 月 20 日颁发的第 24 号俄罗斯联邦法《关于信息、信息化和信息保护法》（《俄罗斯联邦法律汇编》，1995 年，第 8 卷，第 609 页）；

（二）1996 年 7 月 4 日颁发的第 85 号俄罗斯联邦法《关于参与国际信息交换法》（《俄罗斯联邦法律汇编》，1996 年，第 28 卷，第 3347 页）；

（三）2003 年 1 月 10 日颁发的第 15 号俄罗斯联邦法《关于因通过俄罗斯联邦〈关于对部分行为发放许可法〉对部分俄罗斯联邦法律进行修改、补充法》第十六条（《俄罗斯联邦法律汇编》，2003 年，第 2 卷，第 167 页）；

（四）2003 年 6 月 30 日颁发的第 86 号俄罗斯联邦法《关于对部分俄罗斯联邦法律进行修改、补充，终止部分俄罗斯联邦法规效力，对内务部机构、负责检查毒品和精神药物流转机构和因采取完善国家管理措施而被取消的税务警察机构的工作人员提供保障法》第二十一条（《俄罗斯联邦法律汇编》，2003 年，第 27 卷，第 2700 页）；

（五）2004 年 6 月 29 日颁发的第 58 号俄罗斯联邦法《关于因采取完善国家管理措施对部分俄罗斯联邦法规进行修改并终止部分俄罗斯联邦联邦法规效力法》第三十九条（《俄罗斯联邦法律汇编》，2004 年，第 27 卷，第 2711 页）。

俄罗斯联邦总统　　弗拉基米尔·普京

2006 年 7 月 27 日

《俄罗斯联邦个人信息法》

（第152－Φ3号，2006年7月8日俄罗斯联邦议会国家杜马通过，2006年7月14日联邦委员会批准，2007年1月26日生效。根据2010年7月27日颁发的第227号、2011年4月6日颁发的第65号、2011年7月21日颁发第252号、2012年7月28日颁发的第139号、2013年4月5日颁发的第50号俄罗斯联邦法律修订）

第一章 总 则

第一条 本法适用范围

（一）本法用于调整俄罗斯联邦、联邦各主体的国家权力机关以及其他国家机关（以下统称国家机关），地方自治机关、不列入地方自治机关的自治市机关（以下简称自治市机关），以及自然人和法人使用或不使用自动化工具进行个人信息处理的相关关系，前提是不使用该工具与使用该工具在个人信息处理时的特点相一致。

（二）本法不适用于以下情况：

1. 自然人在不侵犯个人信息主体的权利的情况下，仅为个人或家庭需要所进行的个人信息处理；

2. 根据俄罗斯档案法对俄罗斯档案库中包含有个人信息的资料以及其他档案资料进行保存、补充、清点、使用；

3. 根据俄罗斯联邦法律针对应纳入国家个体经营者统一名录中的自然人的个体经营活动进行个人信息处理；

4. 对按规定属于国家机密的个人信息进行处理。

第二条　本法目的

本法旨在在公民个人信息受到处理时，保障其权利和自由得到保护，包括保护其个人生活不受侵犯，保护其个人和家庭隐私权。

第三条　本法所涉及基本概念

本法使用了以下基本概念：

（一）个人信息：任何与某个自然人（即：个人信息主体）相关的信息或者根据这种信息可以确定为某个自然人的相关信息，包括其姓名、父称、出生年月地点、住址、家庭状况、社会地位、财产状况、教育程度、职业、收入及其他信息；

（二）操作者：组织和（或）进行个人信息处理，同时确定个人信息处理的目的和内容的国家机关、自治市机关、法人、自然人；

（三）个人信息处理：对个人信息所进行的行为（操作），包括收集、体系化、汇集、保存、准确化（更新、更改）、使用、传播（包括转交）、去个性化、冻结、销毁；

（四）个人信息传播：将个人信息转交给一定人群的行为（即：个人信息的转交），或者使公众获知个人信息的行为，包括在大众信息传媒公布个人信息，在通讯网络发布或者通过其他方式提供获取个人信息的渠道；

（五）个人信息使用：操作者为了做出决定或者完成其他会对个人信息主体或其他人产生法律后果、或者触动其权利和自由的行为，而对个人信息施行的行为（操作）；

（六）个人信息冻结：暂时中止对个人信息进行收集、整理、积累、使用、传播，包括转交；

（七）个人信息销毁：由于该行为，个人信息无法在信息系统复原或者个人信息的物质载体被销毁；

（八）个人信息去个性化：由于该行为，将无法根据个人信息确定具体的个人信息主体是谁；

（九）个人信息信息系统：该系统包括数据库中所含全部个人信息，以及帮助实现使用自动化工具或者不使用自动化工具对这些个人信息进行处理的技术工具；

（十）个人信息的保密：操作者或者其他获取到个人信息的人必须遵守该要求，未经个人信息主体同意或没有其他法律依据的情况下不得将个人信息进行传播；

（十一）个人信息的跨境转交：操作者将个人信息跨越俄罗斯国境转交给外国国家机关、自然人或者法人；

（十二）可普遍获取的个人信息：经个人信息主体同意公众可以获取的个人信息，或者根据法律不要求保密的个人信息。

第四条　俄罗斯联邦个人信息领域立法

（一）俄罗斯联邦在个人信息领域立法建立在俄罗斯联邦宪法和俄罗斯联邦国际性条约的基础上，包括本法以及其他有关个人信息处理的俄罗斯联邦法律。

（二）国家机关可以依法在自己的职权范围内就涉及个人信息处理的个别问题使用规范法律文件。涉及个人信息处理的个别问题的规范法律文件不能包括限制个人信息主体权利的条款。

上述规范法律文件应正式公布，包含有俄罗斯联邦法律限制获取信息的规范法律文件或者规范法律文件个别条款除外。

（三）不使用自动化工具进行个人信息处理的特点可以由俄罗斯联邦法律或者其他规范法律文件结合本法律条款来确立。

（四）如果俄罗斯联邦国际性条约中有不同于本法的规定，以国际条约为准。

第二章　个人信息处理的原则和条件

第五条　个人信息处理的原则

（一）个人信息处理应依据以下原则进行：

1. 个人信息处理目的和方式应合法以及遵守诚信原则；

2. 个人信息处理的目的应与提前确定和在个人信息收集时所声明的目

的一致，不应超出操作者的职权范围；

3. 所处理个人信息的数量以及性质，处理方式应与个人信息处理的目的相符；

4. 个人信息准确可信、充分，不允许对超出在个人信息收集时所声明的目的的信息进行处理；

5. 不允许将为不同目的而建立的个人信息系统数据库放在一起。

（二）应以允许确定个人信息主体的方式进行个人信息保存，不应长于个人信息处理目的所需要的时间。在个人信息处理的目的达成或者不再需要达成此目的的情况下，个人信息应予以销毁。

第六条　个人信息处理的条件

（一）个人信息处理可以由操作者在得到个人信息主体同意的前提下进行，本条第二项所规定的情况除外。

（二）本条第一款所规定的个人信息主体的同意在以下情况中是不需要的：

1. 个人信息处理的依据是确立了信息处理的目的、获取个人信息的条件，个人信息应该接受处理的信息主体范围的联邦法律以及操作者的职权；

2. 个人信息处理的目的是为了执行合同，合同一方为个人信息处理的主体；

3. 在个人信息去个性化的情况下，进行个人信息处理用于统计或者其他学术目的；

4. 为保护个人信息主体生命、健康以及其他与性命息息相关的利益而必须进行个人信息处理，但无法得到个人信息主体同意时；

5. 邮政部门为送达包裹，电子通讯部门与享受电子通讯服务的客户进行结算以及对通讯服务的客户进行理赔而必须进行个人信息处理时；

6. 在不损害个人信息主体权利和自由的情况下，新闻记者要完成工作，或者为完成科学、文学以及其他创作活动而必须进行个人信息处理时；

7. 对按照联邦法律理应公开的个人信息进行处理时，包括占据国家职位、国家文职以及国家、城市候选职位的个人的信息。

（三）本法第十条和第十一条分别规定了特殊范畴的个人信息处理以及个人生物信息处理。

（四）如果操作者根据合同委托他人进行个人信息处理，合同的重要一项为：此人有义务保证对个人信息保密以及在信息处理过程中保障个人信息的安全。

第七条　个人信息保密

（一）操作者以及能够获取到个人信息的第三方应该保证对个人信息进行保密，本条第二款所规定的情况除外。

（二）以下情况下不需对个人信息进行保密：

1. 对个人信息进行去个性化；

2. 针对可以普遍获取的个人信息。

第八条　可以普遍获取个人信息的渠道

（一）为了得到信息保障可以建立可普遍获取个人信息的渠道，包括指南、地址簿。经过个人信息主体书面同意在可以普遍获取的个人信息中可以包括信息主体的姓名、父称、出生年、出生地、住址、通讯号码、职业信息以及信息主体提供的其他个人信息。

（二）应个人信息主体要求，以及经法庭或者其他全权国家机关决定，随时可以将个人信息主体的信息从可以普遍获取的信息渠道中去除。

第九条　个人信息主体同意对个人信息进行处理

（一）个人信息主体应自愿并为了个人利益决定提供个人信息，同意接受个人信息处理，本条第二款所规定的情况除外。个人信息主体可以收回对个人信息进行处理所做出的同意。

（二）本法以及其他俄罗斯联邦法律对为了保护宪法制度体系，维护道德，保护他人健康、权利和合法利益，保障国家国防安全而必须提供个人信息的情况做了规定。

（三）操作者有义务提供个人信息主体同意对其个人信息进行处理的证明，对于可以普遍获取的个人信息，操作者有义务证明该信息是可以普遍获取的。

（四）在本法所规定的情况下进行个人信息处理必须经过个人信息主体的书面同意。书面同意内容应包括：

1. 个人信息主体的姓名、父称、住址，可以证明其身份的主要证件号码、该证件发放日期以及发证机关；

2. 得到个人信息主体同意的个人信息处理操作者的姓名、父称和地址；

3. 个人信息处理的目的；

4. 个人信息主体同意进行处理的个人信息内容；

5. 得到同意操作者可以实施的各项个人信息处理行为，操作者为进行个人信息处理所采用方法的大概描述；

6. 个人信息主体做出的同意的有效期限以及收回同意的程序。

（五）对于个人信息主体作出的书面同意里包含的其个人信息进行处理，无需另行得到其同意。

（六）在个人信息主体无行为能力的情况下，由其合法代表人来作出书面同意。

（七）如果个人信息主体去世，而其生前未对其个人信息处理作出书面同意，则由其继承人来作出书面同意。

第十条　特殊范畴的个人信息

（一）不允许进行涉及到种族、民族、政治观点、宗教和哲学观点、健康状况、私生活等特殊范畴的个人信息处理，本条第二款所规定的情况除外。

（二）以下情况允许对本条第一款所指出的特殊范畴的个人信息进行处理：

1. 个人信息主体作出了书面同意；

2. 所处理信息是可以普遍获取的个人信息；

3. 信息是有关个人信息主体健康状况，而为保护个人信息主体或者他人的健康、生命以及与生命息息相关的利益必须对其个人信息进行处理，与此同时无法得到个人信息主体的同意；

4. 专业从事医疗活动的人员依照俄罗斯联邦立法所规定的医疗保密原则，为医疗预防、确诊、提供医疗和社会服务而进行个人信息处理；

5. 社会团体或宗教组织依法为实现其创办文件中所指出的合法的目的，在未经个人信息主体书面同意不会将其个人信息传播的前提下，对其成员（参加者）进行个人信息处理；

6. 为进行法庭审判而必须进行个人信息处理；

7. 依照俄罗斯联邦有关安全、侦查活动、刑事执行的立法进行个人信息处理。

（三）有关犯罪前科的个人信息处理由国家机关或自治市机关在俄罗斯联邦立法所赋予的职权范围内实施，在联邦法律所规定的情况下也可以由他人按照法律规定程序实施。

（四）以上本条第二、三款所指出的情况下，如果进行个人信息处理的理由不存在了，应当立即停止个人信息的处理。

第十一条　个人生物信息处理

（一）对描述生理特点，据此可以判断人的身份的个人信息（即个人生物信息），只有在经过个人信息主体书面同意后才可以进行处理，本条第二款所规定的情况除外。

（二）出于审判需要，以及在俄罗斯联邦有关安全、侦查活动、国家事务、刑事执行、出入境等方面立法所规定的情况下，可以不经个人信息主体同意对其个人信息进行处理。

第十二条　个人信息的跨境转交

（一）在进行个人信息跨境转交之前，操作者有义务确认在其境内进行个人信息跨境转交的外国国家保证会对个人信息主体的权利进行同等保护。

（二）在能够保证对个人信息主体的权利进行同等保护的外国国家实施的个人信息跨境转交依照本法进行，并且为了保护俄罗斯联邦宪法制度体系，维护道德，保护公民健康、权利和合法利益，保障国防和国家安全可以中止或者限制。

（三）以下情况可以在不能保证对个人信息主体的权利进行同等保护的外国国家进行个人信息处理：

1. 经个人信息主体书面同意；

2. 俄罗斯联邦关于签证发放问题的国际性条约，以及俄罗斯联邦关于对民事、家庭、刑事案件提供法律援助的国际性条约中所规定的情况；

3. 联邦法律所规定的旨在保护俄罗斯联邦宪法制度体系，保障国防和国家安全的情况；

4. 执行合同时，合同一方为个人信息主体；

5. 在无法得到个人信息主体书面同意的情况下，出于保护个人信息主体或者他人生命、健康及其他与生命息息相关的利益时。

第十三条　在国家或市个人信息系统进行个人信息处理的特点

（一）国家机关、自治市机关在联邦法律所规定的其职权范围内建立国家或市个人信息系统。

（二）国家或市个人信息系统中个人信息统计的特点可以由俄罗斯联邦法律来确立。包括使用不同方法标记相应的国家或市个人信息系统中所含个人信息归属具体的个人信息主体。

（三）不应因为使用不同的个人信息处理办法或者国家或市个人信息系统中所含个人信息归属具体的个人信息主体的不同标记方法而限制人和公民的权利与自由。在对国家或市个人信息系统中所含个人信息标记其具体的个人信息主体归属时，不允许使用侮辱公民情感或破坏人的尊严的方法。

（四）为了保障个人信息处理时个人信息主体的权利，可以在国家或市个人信息系统中建立国家人口登记处，其法律地位和工作程序由俄罗斯联邦法律确立。

第三章　个人信息主体的权利

第十四条　个人信息主体获取本人个人信息的权利

（一）个人信息主体有权得到操作者相关资料，包括其所在地，操作者持有相应个人信息主体个人信息的情况，并有权知晓这些个人信息，本条第五款所述情况除外。个人信息主体有权利要求操作者对自己的个人信息加以准确化，在个人信息不完整、陈旧、不准确可信、非法获得的情况下以及对于所声明的目的来说并不是必须的情况下对冻结或者销毁个人信息，并有权按法律规定的措施保护自己的权利。

（二）操作者应以方便的形式向个人信息主体提供持有其个人信息的情况，其中不应包含涉及其他个人信息主体的信息。

（三）在个人信息主体或其合法代表人提出请求或函询的情况下，操作者应帮助个人信息主体或其合法代表人获取个人信息主体本人的个人信息。函询应包括可以证明个人信息主体或其合法代表人身份的主要证件号码，证件发放时间和发证机关，以及个人信息主体或其合法代表人的亲笔签名。函询可以以电子形式发送，并根据俄罗斯联邦立法带有电子形式签名。

（四）个人信息主体有权得到涉及个人信息处理的相关资料，其中包括：

1. 确定进行个人信息处理的事实，个人信息处理的目的；

2. 操作者进行个人信息处理的方法；

3. 能够获取个人信息或者可能得到许可获取个人信息的人员的情况；

4. 将对哪些个人信息进行处理，得到这些信息的来源；

5. 个人信息处理的期限，包括它们被保存的期限；

6. 个人信息处理会给个人信息主体产生哪些法律后果。

（五）存在以下情况时，个人信息主体获得本人个人信息的权利受到限制：

1. 旨在保障国防、国家安全和保护法律秩序的个人信息处理，包括处理通过侦查反侦查活动取得的个人信息；

2. 对涉嫌犯罪的个人信息主体实施拘留或提出刑事诉讼或在提出诉讼前对其采取强制处分的机关进行的个人信息处理。俄罗斯联邦刑事诉讼法中所规定的允许嫌疑人或被告人知晓这些个人信息的情况除外；

3. 提供个人信息会破坏他人的宪法权利和自由。

第十五条　为在市场上推销商品、工程或服务以及出于政治宣传而进行个人信息处理时个人信息主体的权利

（一）借助通讯工具通过与潜在消费者直接接触来推销商品、工程或服务，以及出于政治宣传目的而进行的个人信息处理必须提前得到个人信息主体的同意。如果操作者无法证明取得了这种同意，则其所实施的个人信息处理被认为是未提前经过个人信息主体的同意。

（二）对于本条第一款所述情况下进行的个人信息处理，操作者应该在个人信息主体提出停止要求时立即停止。

第十六条　仅根据自动化个人信息处理作出决定时个人信息主体的权利

（一）禁止仅根据自动化个人信息处理作出会给个人信息主体带来法律后果或以其他形式触动其权利和合法利益的决定，本条第二款所述情况除外。

（二）在持有个人信息主体书面同意或者在确立了维护个人信息主体权利和合法利益措施的联邦法律所规定的情况下，可以仅根据自动化个人信息处理作出会给个人信息主体带来法律后果或以其他形式触动其权利和合法利益的决定。

（三）操作者应向个人信息主体说明仅根据自动化个人信息处理作出决定的程序和这种决定可能带来的法律后果，给个人信息主体提供对此决定提出异议的机会，并向个人信息主体说明维护其本人权利和合法利益的方式。

（四）操作者应自收到本条第三款所述的异议之日起七个工作日内对此异议进行审理，并通知个人信息主体审理结果。

第十七条　对操作者的行为或不作为提出申诉的权利

（一）如果个人信息主体认为操作者在对其个人信息进行处理时违反了本法要求或者以其他形式侵犯了其权利和自由，个人信息主体有权向个人信息主体权利全权保护机关，亦或按法律程序对操作者的行为或不作为提出申诉。

（二）个人信息主体有权保护自己的权利和合法利益，包括按法律程序要求赔偿损失和精神损害。

第四章　操作者义务

第十八条　操作者在收集个人信息时的义务

（一）在收集个人信息时操作者应向根据个人信息主体要求向其提供本

法第十四条第四款所规定的信息。

（二）如果按联邦法律规定有义务提供个人信息，操作者应向个人信息主体说明拒绝提供个人信息的法律后果。

（三）如果个人信息不是从个人信息主体处获取（个人信息是根据联邦法律提供给操作者的或者个人信息是可普遍获取的情况除外），操作者在开始对这些个人信息进行处理前应向个人信息主体提供以下信息：

1. 操作者或其代表人的姓名、父称和地址；

2. 个人信息处理的目的和法律依据；

3. 个人信息可能的使用者；

4. 本法确立的个人信息主体的权利。

第十九条　在进行个人信息处理时保护个人信息的措施

（一）操作者在进行个人信息处理时应采取必要的组织和技术措施，包括使用密码工具，以保护个人信息不会出现不合法的或偶然的销毁、更改、冻结、复制、传播以及其他不合法行为。

（二）俄罗斯联邦政府要求保障对个人信息系统中的个人信息进行处理时的安全，提出了对个人生物信息物质载体的要求，以及在个人信息系统之外保存这些信息的技术要求。

（三）对本条第二款俄罗斯联邦政府所提要求完成情况的检查监督由安全保障领域以及信息侦察和信息保护技术领域的联邦全权行政机关在自己的职权范围内来完成，同时他们无权获取个人信息系统中接受处理的个人信息。

（四）在个人信息系统之外使用和保存个人生物信息时，只能使用保证不会让这些信息不合法的或者偶然的被销毁、更改、冻结、复制和传播的物质载体和保存技术。

第二十条　操作者在收到个人信息主体或其合法代表人，或个人信息主体权利全权保护机关的请求或函询时的义务

（一）按本法第十四条所规定的程序通知个人信息主体或其合法代表人持有个人信息主体相关个人信息，并在收到个人信息主体或其合法代表人请求，或者在收到个人信息主体或其合法代表人函询后十个工作日之内提供机会让其知晓这些信息。

（二）在收到个人信息主体或其合法代表人请求或函询时，如果拒绝向其提供持有个人信息主体相关个人信息的情况或信息本身，操作者应在收到请求或收到函询后不超过七个工作日内以书面形式作出回复，内容包括本法第十四条第五款所述或者其他可以为拒绝提供这些信息作出依据的俄罗斯联邦法律。

（三）操作者应无偿向个人信息主体或其合法代表人提供机会知晓与个人信息主体相关的个人信息。如果个人信息主体或其合法代表人提供资料确认个人信息主体相关的个人信息和接受处理的个人信息不充分、陈旧、不准确可信、系非法获取或对于所声明的个人信息处理目的来说并不是必须的，操作者应在个人信息主体或其合法代表人提出后对其个人信息做出必要的更改、销毁或冻结。对于所做更改及采取的措施，操作者应该通知个人信息主体或其合法代表人以及曾收到这些个人信息的第三方。

（四）操作者应在收到个人信息主体全权权利保护机关的要求之后七个工作日内向该机关提供后者要完成行为所必须的信息。

第二十一条　操作者对于进行个人信息处理时做出的违法行为进行消除，以及对个人信息进行准确化、冻结和销毁的义务

（一）如果发现个人信息不可信或操作者对个人信息做出不合法行为，在收到个人信息主体或其合法代表人或个人信息主体权利全权保护机关要求或函询后，操作者应在收到要求或函询后对个人信息主体相关个人信息做出冻结，直至检查结束。

（二）在确认个人信息不可信的情况下，操作者应当依据个人信息主体或其合法代表人或个人信息主体权利全权保护机关所出示的文件，或其他必须的文件使个人信息更加准确并撤销冻结。

（三）如果发现操作者对个人信息做出不合法行为，操作者应在被发现之日起不超过三个工作日内消除所作出的行为。如果所作出的行为无法消除，操作者应在被发现之日起不超过三个工作日的时间内销毁这些个人信息。对此操作者应通知个人信息主体或其合法代表人，如果要求或函询是由个人信息主体权利全权保护机关发出的，亦应向该机关做出通知。

（四）在个人信息处理的目标已经达成时，如果没有其他法律规定，操作者应在目标达成后不超过三个工作日立即将这些个人信息销毁，并向个人信息主体或其合法代表人告知此事，如果要求或函询是由个人信息主体权利全权保护机关发出的，亦应向该机关做出通知。

（五）在个人信息主体召回对其个人信息进行处理的同意时，如果操作者和个人信息主体之间的协议中未作其他规定，操作者应在收到该召回之日起不超过三天停止个人信息处理并销毁这些个人信息。操作者应将销毁事宜告知个人信息主体。

第二十二条　关于个人信息处理的告知

（一）操作者应在个人信息处理开始之前向个人信息主体权利全权保护机关告知其进行个人信息处理的计划，本条第二款所述情况除外。

（二）操作者有权在不告知个人信息主体权利全权保护机关的前提下对下列个人信息进行处理：

1. 与操作者之间有劳动关系的个人信息主体的个人信息；

2. 操作者由于与个人信息主体签订合同获得的其个人信息，未经个人信息主体同意，该个人信息不会被传播或提供给第三方，仅用于执行所签署合同以及与个人信息主体签订合同；

3. 依据俄罗斯联邦法律运作的社会团体或宗教组织为达到其组建文件中规定的目的而对其成员（参加者）的个人信息进行处理，前提是未经个人信息主体书面同意不会将其个人信息进行传播；

4. 可普遍获取的个人信息；

5. 仅包含个人信息主体姓名和父称的个人信息；

6. 为了单次放行个人信息主体进入操作者所在领土或者为了达到其他类似目的所必须的个人信息；

7. 被纳入根据联邦法律具有联邦自动化信息系统地位的个人信息系统的个人信息，以及被纳入为保障国家安全和社会秩序而建立的国家个人信息系统的个人信息；

8. 根据对保障个人信息安全和维护个人信息主体权利作出要求的俄罗斯联邦法律或其他规范法律文件不使用自动化工具对个人信息进行处理。

（三）依据俄罗斯联邦立法，本条第一款所述的告知应以书面形式发送并具有全权负责人签名，或者以电子形式发送并具有电子形式签名。告知应包含以下内容：

1. 操作者姓名、父称、地址；

2. 个人信息处理的目的；

3. 个人信息类别；

4. 个人信息主体类别；

5. 个人信息处理的法律依据；

6. 对个人信息所施加行为的内容，操作者进行个人信息处理所用方法的概述；

7. 操作者保证在个人信息处理中为保障个人信息安全而采取的措施的描述；

8. 个人信息处理开始日期；

9. 个人信息处理期限或中止条件。

（四）个人信息主体权利全权保护机关应在收到告知之日起三十天内将本条第三款所要求的资料以及该告知的发送时间一并加入操作者名录。操作者名录中的内容是可以普遍获取的，其中有关如何保障个人信息处理过程中个人信息安全措施的内容除外。

（五）个人信息主体权利全权保护机关不能让操作者来负担审理有关个人信息处理的告知以及将与告知相关资料加入操作者名录所产生的费用。

（六）如果操作者提供的本条第三款所述信息不属实或不充分，个人信息主体权利全权保护机关有权在将这些信息纳入操作者名录之前要求操作者对该信息进行准确化。

（七）如果本条第三款所述信息发生变化，操作者应在变化产生之日十个工作日内将变化告知个人信息主体权利全权保护机关。

第五章　个人信息处理的检查与监督，违反本法要求应负责任

第二十三条　个人信息主体权利全权保护机关

（一）对信息技术与通信领域实施检查和监督的联邦行政机关作为个人信息主体权利的全权保护机关，担负着检查和监督个人信息处理是否与本法要求相符的任务。

（二）个人信息主体全权保护机关审理个人信息主体有关个人信息处理的内容与方法是否与其目的相符的诉求，并作出相应决定。

（三）个人信息主体全权保护机关有以下权利：

1. 向自然人或法人征询并无偿获取对于自己执行权力所必须的信息；

2. 对个人信息处理的告知中所包含资料进行检查，或者是在自己的职权范围内吸引其他国家机关进行这种检查；

3. 要求操作者对不可信或非法获取的个人信息进行准确化、冻结或销毁；

4. 按俄罗斯联邦立法规定程序采取措施暂停或中止违反本法要求所进行的个人信息处理；

5. 为保护个人信息主体权利向法庭提出诉讼，在法庭代表个人信息主体利益；

6. 如果许可操作者进行个人信息处理的机关对其做出许可的条件是，未经个人信息主体书面同意禁止将其个人信息转交第三方，个人信息主体权利全权保护机关有权对该机关提出申请，要求按照俄罗斯联邦立法规定程序采取措施暂停操作者行为或取消相应许可；

7. 向检察机关、其他权利保护机关发送材料供其解决根据行政归属对破坏个人信息主体的权利的犯罪行为提起刑事诉讼的问题；

8. 向俄罗斯联邦政府提供建议完善保护个人信息主体权利的规范法制；

9. 对违反本法要求的个人追究行政责任。

（四）个人信息主体权利全权保护机关应该对在执行行为过程中获知的个人信息保密。

（五）个人信息主体权利全权保护机关有责任：

1. 根据本法和其他联邦法律对个人信息主体权利进行保护；

2. 对公民或法人对与个人信息处理相关的投诉和诉求进行审理，并在自己的职权范围内根据审理结果作出决定；

3. 管理操作者名录；

4. 执行旨在完善个人信息主体权利保护的措施；

5. 根据安全保护领域联邦行政机关或者信息技术侦察与技术保护对抗领域的联邦行政机关的呈文，按照俄罗斯联邦立法规定程序采取措施暂停或中止个人信息处理；

6. 向国家机关以及根据个人信息主体诉求或函询向个人信息主体告知个人信息主体权利保护方面的案件情况；

7. 完成俄罗斯联邦立法所规定的其他各项义务。

（六）可以以法庭程序对个人信息主体权利全权保护机关的决定提出起诉。

（七）个人信息主体权利全权保护机关每年要向俄罗斯联邦总统、俄罗斯联邦政府和俄罗斯联邦会议发送行为报告。该报告应在大众媒体公布。

（八）个人信息主体权利全权保护机关依靠联邦预算财政拨款。

（九）个人信息主体权利全权保护机关下设社会公益性协商会议，其组建方式和活动方式由个人信息主体权利全权保护机关决定。

第二十四条　违反本法要求应负责任

违反本法要求的个人应担负民事、刑事、行政和其他俄罗斯联邦立法所规定的责任。

第六章　最终条款

第二十五条

（一）本法自正式公布之日 180 天之后开始生效。

（二）本法生效之后，对本法生效之前被纳入个人信息系统的个人信息处理依照本法进行。

（三）本法生效之前建立的个人信息系统应不迟于 2010 年 1 月 1 日起达到本法要求。

（四）在本法生效前开始进行个人信息处理并在本法生效后继续进行该个人信息处理的操作者，应不迟于 2008 年 1 月 1 日向个人信息主体权利全权保护机关提交本法第二十二条第三款所规定的告知，本法第二十二条第二款所规定的情况除外。

俄罗斯联邦总统　　弗拉基米尔·普京

《关于对俄罗斯联邦刑法和其他法规的修正案》

（2012 年 7 月 28 日俄罗斯联邦第 142 号法律）

第一条 对《俄罗斯联邦刑法》进行下列修改：

第一款：（略）

第二款：增加第一百二十八条之一，内容为：

“第一百二十八条之一 诽谤

（一）诽谤，即故意散布虚假的诋毁他人名誉、人格尊严或名声信息的，处以五十万卢布以下罚款，或被告六个月工资或其他收入额以下的罚款，或罚处一百六十个小时以下的义务劳动。

（二）在公开发言，公开发行的作品或大众传媒中含有诽谤的，处以一百万卢布以下罚款，或被告一年工资或其他收入额以下的罚款，或罚处二百四十小时以下的义务劳动。

（三）利用自己职务便利进行诽谤的，处以二百万卢布以下罚款，或被告二年工资或其他收入额以下的罚款，或罚处三百二十小时以下的义务劳动。

（四）以他人患有对周围人员造成危险的疾病进行诽谤的，以及等同于进行与指责其实施性犯罪相关的诽谤的，处以三百万卢布以下罚款，或被告三年工资或其他收入额以内的罚款，或罚处四百小时以下的义务劳动。

（五）进行与指责他人实施重大或特别重大犯罪相关的诽谤的，处以五百万卢布以下罚款，或被告三年工资或其他收入额以下的罚款，或罚处以四百八十小时以下的义务劳动。”

第三款 增加第二百九十八条之一，内容为：

“第二百九十八条之一 对法官、陪审员、检察长、侦查员、审讯员和法警进行诽谤

第一款　对法官、陪审员或参加与在法庭上研究案件或材料相关的行使司法权的其他人员进行诽谤的，处以二百万卢布以下的罚款，或被告三年工资或其他收入额以下的罚款，或罚处三百六十小时以下的义务劳动。

第二款　对从事预先侦查或执行法院判决、决定或其他法庭文书的监察长、侦查员、审讯员进行诽谤的，处以一百万卢布以下的罚款，或被告二年工资或其他收入额以下的罚款，或罚处三百二十小时以下的义务劳动。

第三款　进行本条第二、三款规定的、与指责他人实施重大或非常重大犯罪相关的诽谤的，处以五百万卢布以下的罚款，或被告三年工资或其他收入额以下罚款，或罚处四百八十小时以下的义务劳动。

《关于〈含有禁止在俄罗斯联邦境内传播的信息的互联网网站域名、网页索引及网址的统一名册〉的规定》

（第 1101 号俄罗斯联邦政府规定）

根据俄罗斯联邦《关于信息、信息技术和信息保护法》第十五条之一第三至五款，俄罗斯联邦政府做出如下规定：

一、批准本规定所附《含有禁止在俄罗斯联邦境内传播的信息的互联网网站域名、网页索引及网址的统一名册》（下称《统一名册》）的建立、组成、管理规则；批准确定《统一名册》操作方的标准，操作方是指在俄罗斯联邦境内注册的用来组成、管理《统一名册》的单位；批准经俄罗斯联邦政府授权的执法机构决定禁止通过互联网传播的具体信息和资料的规则。

二、俄罗斯联邦通讯、信息技术和大众传媒监督局，联邦毒品流通监督局及联邦消费者权益和人员福利保护监督局在联邦对其财政拨款数额和其最大编制人数内，在规定职能的范围内进行指导和管理，实现本法授权。

三、本规定自 2012 年 11 月 1 日起生效。

俄罗斯联邦政府总理　德・梅德韦杰夫

2012 年 10 月 26 日

《含有禁止在俄罗斯联邦境内传播的信息的互联网网站域名、网页索引及网址的统一名册》的建立、组成和管理规则

一、建立《含有禁止在俄罗斯联邦境内传播的信息的互联网网站域名、网页索引及网址的统一名册》（下称《统一名册》）旨在限制登陆含有禁止在俄罗斯联邦传播的信息（下称受禁信息）的互联网网站。

二、联邦通讯、信息技术和大众传媒监督局负责建立《统一名册》。

三、《统一名册》的管理由联邦通讯、信息技术和大众传媒监督局和名册操作方实施，后者是指在俄罗斯联邦境内注册并按俄罗斯联邦政府规定的方式参与名册组成和管理过程的单位。

四、《统一名册》的管理采用电子形式，每天 24 小时不停进行。

五、将含有受禁信息的互联网网站的域名、网页索引和网址列入《统一名册》的依据有：

（一）下列被授权的联邦执法机构（下称被授权机构）的决定：

俄罗斯联邦毒品流通监督局负责涉及通过互联网传播有关研究、制造和使用毒品麻醉剂、精神药物及其原料的方式方法信息，以及获得上述药剂及其原料、种植含毒品成分的植物的方法和地点的信息；

俄罗斯联邦消费者权益和人员福利保护监督局负责涉及通过互联网传播有关实施和诱导自杀的方法的信息；

俄罗斯联邦通讯、信息技术和大众传媒监督局负责涉及通过互联网传播的未成年人裸体图像资料和（或）有关引导未成年人参加带有色情色彩的文娱活动的信息；涉及通过互联网传播的大众传媒产品中含有有关研究、制造和使用毒品麻醉剂、精神药物及其原料的方式方法，获得上述药剂、原料和种植含毒品成分的植物的方法和地点，实施和诱导自杀的方法的信息；涉及被授权机构或法院决定禁止在俄罗斯联邦境内通过互联网传播的其他信息。

（二）已经生效的关于认定通过互联网传播的信息属于受禁信息的法院判决。

六、俄罗斯联邦通讯、信息技术和大众传媒监督局应在其官方网站上公布电子邮箱，用来接受国家权力机构、地方自治机构、法人、个体业主、社会团体和其他非商业组织及公民对于互联网网页上含有受禁信息的投诉，并应公布用于同上述机构、自然人和法人在组成和管理《统一名册》活动框架内进行协同配合的系统程序（下称协同配合系统）。

七、自接到本规定第六条所指的投诉起24小时内，俄罗斯联邦通讯、信息技术和大众传媒局和（或）名册操作方应以电子形式，将关于该网页可能含有受禁信息并标明互联网网页索引的质询，在协同配合系统框架内，按本规定第五条第一项确定的被授权机构的专业范围发送至相应的被授权机构。

八、自接到本规定第七条所指的质询起24小时内，被授权机构应以电子形式将对质询的处理情况（在协同配合系统框架内）发送至联邦通讯、信息技术和大众传媒监督局和（或）名册操作方。

九、自收到已生效的关于认定通过互联网传播的信息为受禁信息的法院判决起24小时内，或自收到被授权机构用电子形式（在协同配合系统框架内）报送的认定某信息为受禁信息的决定起24小时内，联邦通讯、信息技术和大众传媒监督局和（或）名册操作方应将下列内容列入《统一名册》的记录中：

（一）含有受禁信息的互联网网站域名和（或）网页索引；

（二）对被查出的受禁信息的描述，该描述应能识别该受禁信息，包括（如果有）其名称，被授权机构领导人签署（包括专业电子签名）的互联网网站网页副本；

（三）被授权机构关于将互联网网站域名和（或）网页索引列入《统一名册》的决定，或已生效的关于认定某互联网上信息为受禁信息的法院判决，上述决定或判决须用含有专业电子签名的电子文件形式提交；

（四）收到被授权机构或法院关于认定某互联网网站信息为受禁信息的决定或判决的日期和时刻。

十、如果被授权机构的决定中未包含列入《统一名册》记录所必须的信息，联邦通讯、信息技术和大众传媒监督局和名册操作方应在 24 小时内向被授权机构发出质询函，要求补充提供信息。被授权机构应在 24 小时内就该质询函反馈信息。在收到上述信息前，不能将相关互联网网站的域名和（或）网页索引列入《统一名册》。

十一、联邦通讯、信息技术和大众传媒监督局和（或）名册操作方的被授权工作人员在将互联网网站域名和（或）网页列入《统一名册》的同时，应当：

（一）确定负责在互联网上接入该网站的接入服务提供商；

（二）以电子方式向接入服务提供商发出有关某互联网网站域名或网页索引已被列入《统一名册》的俄、英文通知；

（三）根据俄罗斯联邦个人数据方面的法律规定，将接入服务提供商的相关信息列入《统一名册》记录，并注明向接入服务提供商发出通知的日期和时刻。

十二、自向接入服务提供商发出通知之日起 72 小时内，互联网网站所有者和（或）接入服务提供商应当采取措施删除受禁信息和（或）限制登陆含有受禁信息的网站。上述 72 小时内，联邦通讯、信息技术和大众传媒监督局和（或）名册操作方的被授权工作人员应当检查该互联网网站域名和网页索引。

如果不能按该互联网网站域名和（或）网页索引登陆获取受禁信息或该互联网网站上已经不存在被查出的受禁信息，联邦通讯、信息技术和大众传媒监督局和（或）名册操作方的被授权工作人员应当从《统一名册》中删除该互联网网站域名和网页索引，并就此在名册记录中增加相应的记录信息，注明从《统一名册》中删除该互联网网站域名和（或）网页索引的日期和时刻。

如果按互联网网站域名或网页索引可以登陆该互联网网站获取受禁信息，则应将可识别含有受禁信息网站的网址列入《统一名册》，并标明列入的日期和时刻。

十三、互联网网站域名、网页索引及可识别网站的网址清单应于莫斯科时间每日9时和21时进行更新。提供互联网接入服务的电信服务商应限制登陆该清单所涉网站。

自完成此更新起1小时内，电信服务商应限制登陆相关互联网网站。

十四、联邦通讯、信息技术和大众传媒监督局和（或）名册操作方应当：

（一）自收到已生效的关于撤销被授权机构将某互联网网站域名、网页索引和可识别网站的网址列入《统一名册》的决定的法院判决起24小时内，从《统一名册》中删除该互联网网站域名、网页索引和网址，并注明删除日期和时刻，同时通知接入服务提供商和（或）电信服务商。

（二）自收到互联网网站所有人、接入服务提供商或电信服务商申请之日起3日内，可据申请从《统一名册》中删除相关互联网网站域名、网页索引和网址，并标明删除日期和时刻，同时将相关事宜通知接入服务提供商和（或）电信服务商。

十五、依据本规则第十四条规定的联邦通讯、信息技术和大众传媒监督局及（或）《统一名册》操作方的通知，接入服务提供商和（或）电信服务商应在24小时内将相应互联网网站恢复登陆。

十六、《统一名册》由多个名册记录组成，这些记录是在履行联邦通讯、信息技术和大众传媒监督局和（或）统一名册操作方与接入服务提供商、网站所有者和电信服务商之间协同关系的过程中逐渐形成的。

十七、除本规则第九条第（一）至（三）项规定的信息以外，名册记录还应包含下列信息：

（一）收到被授权机构或法院关于认定某互联网网站上的信息为受禁信息的日期和时刻；

（二）接入服务提供商的有关信息。根据俄罗斯联邦个人数据方面的法律规定，应注明向接入服务提供商发出将含有受禁信息的互联网网站域名和（或）网页索引列入《统一名册》通知的日期和时刻；

（三）将含有受禁信息的互联网网站的域名和（或）网页索引列入《统一名册》的日期和时刻；

（四）与通知接入服务提供商关于将含有受禁信息的互联网网站域名和（或）网页索引列入《统一名册》相关的信息；

（五）从《统一名册》中删除互联网网站域名和（或）网页索引的日期和时刻；

（六）可识别含有受禁信息的互联网网站的一个或多个网址；

（七）将可识别含有受禁信息的互联网网站的一个或多个网址列入《统一名册》的日期和时刻；

（八）从《统一名册》中删除含有受禁信息的互联网网站的一个或多个网址的日期和时刻。

十八、应在《统一名册》中保存逐个改变名册记录的过程，包括标明建立、更改和删除记录的日期和时刻，此类记录不允许删除。

十九、下列单位可获取《统一名册》中的信息：

（一）被授权机构、俄罗斯联邦内务部和其他执法机构、网站所有者、接入服务提供商或电信服务商；

（二）就有关互联网网站具体域名、网页索引、一个（或多个）网址进行质询的法人、个体业主、社会团体和其他非商业组织及公民【本规则第九条第（二）、（四）项规定的信息除外】。

二十、对《统一名册》的署名摘录由联邦通讯、信息技术和大众传媒监督局及（或）名册操作方，根据被授权机构、网站所有者、接入服务提供商或电信服务商的质询，在5个自然日内提供。

上述摘录可以是经联邦通讯、信息技术和大众传媒监督局及（或）名册操作方的被授权人员进行专业电子签字确认的电子文件。

确定《统一名册》操作方的标准

（一）具备接受有关互联网网页中含有受禁信息投诉的技术能力。

（二）可保障独立进行互联网监察，发现受禁信息。

（三）具备24小时管理《统一名册》的能力，包括与提供互联网登陆服务的接入服务提供商和电信服务商进行协同配合的技术和组织能力。

俄罗斯联邦政府授权的执法机构决定禁止通过互联网传播的具体信息和资料的规则

一、俄罗斯联邦政府授权的执法机构负责决定禁止通过互联网在俄罗斯联邦境内传播的具体信息和资料，作为将互联网网站域名和（或）网页索引以及网址列入《统一名册》的依据。该执法机构由俄罗斯联邦毒品流通监督局，联邦消费者权益和人员福利保护局及联邦通讯、信息技术和大众传媒监督局组成（下称被授权机构）。

二、对有关研究、制造和使用毒品麻醉剂、精神药物及其原料的方式方法，获取上述物品、原料的地点，以及从含毒品成份的植物中提取毒品的方法和地点的信息，俄罗斯联邦毒品流通监督局负责做出决定，作为将相关互联网网站域名和（或）网页索引及网址列入《统一名册》的依据。

三、对有关实施自杀以及诱导实施自杀方法的信息，联邦消费者权益和人员福利保护局负责做出决定，作为将相关互联网网站域名和（或）网页索引及网址列入《统一名册》的依据。

四、对下列资料或信息，联邦通讯、信息技术和大众传媒监督局应有权决定，作为将相关互联网网站域名和（或）网页索引及网址列入《统一名册》的依据：

（一）通过互联网传播的含有未成年人裸体图像和（或）有关吸引未成年人参加带有色情色彩的文娱活动的资料；

（二）在通过互联网传播的大众传媒产品中包含本规定第二、三条所指的信息；

（三）被授权机构或法院决定或判决禁止在俄罗斯联邦境内通过互联网传播的信息。

五、联邦通讯、信息技术和大众传媒监督局与俄罗斯联邦毒品流通监督局，联邦消费者权益和人员福利保护局负责共同制定为做出本规则第二至四条决定所必需的资料和信息评估标准。

六、有权做出将互联网网站和（或）网页索引列入《统一名册》决定的被授权机构公职人员名单，以及对资料和信息进行专家评估的专家名单，由被授权机构领导人确定。

七、作为将互联网网站域名和（或）网页索引及网址列入《统一名册》的依据，被授权机构的决定应包括：

（一）做出决定的被授权机构的名称；

（二）做出关于互联网网站存在本规则第二至四条信息的决定的日期和时刻；

（三）做出有关互联网网页存在或不存在本规则第二至四条信息的决定的一个或多个公职人员的姓、名、父称；

（四）含有相关信息或资料（被授权机构就其做出决定）的互联网网站域名和（或）网页索引；

（五）对被查明的受禁信息的描述，该描述应能识别受禁信息及其名称（如果有），另需要附加由被授权机构公职人员签字（专业电子签字）确认的相关互联网网页的副本。

八、应将被授权机构的决定发送至联邦通讯、信息技术和大众传媒监督署和（或）名册操作方，作为将互联网网站域名和网页索引列入《统一名册》的依据。应使用该机构互联网官方网站上公布的电子邮箱来发送决定，以便接受国家权力机构、地方自治机构、法人、个体业主及公民关于互联网网页中含有受禁信息的投诉，并在组成、管理《统一名册》活动框架内与上述权力机构、自然人和法人进行协同配合。

联邦通讯、信息技术和大众传媒监督局和（或）名册操作方收到关于某互联网网站域名和网页索引含有受禁信息的电子形式质询后，被授权机构应自质询发出之日起 24 小时内做出决定，并将其以电子形式发送至该局或名册操作方。

九、针对联邦通讯、信息技术和大众传媒监督局和（或）名册操作方有关被授权机构决定中缺乏关于互联网网站域名和（或）网页索引的必要信息的质询，被授权机构应在 24 小时内提供相应信息。在收到该信息前，不得将所涉互联网网站域名和（或）网页索引列入《统一名册》。

十、如果同一互联网网站中有两个或两个以上网页因同一理由应被列入《统一名册》，则允许多个被授权机构对这些网页做出决定。

十一、如果某网页系两个或多个互联网网站的一部分，则被授权机构应就每个网站单独做出决定。

十二、依据被授权机构决定已经被认定为受禁信息，如果又在互联网网站的其他网页上发布，则应根据联邦通讯、信息技术和大众传媒监督局的决定，将该网站域名和（或）网页索引列入《统一名册》。

《关于保护儿童免受对其健康和发展有害的信息干扰法》

（第436号，2010年12月21日俄罗斯联邦议会国家杜马通过，2010年12月24日俄罗斯联邦委员会批准，根据2012年7月28日第139号俄罗斯联邦法修订）

第一章　总　　则

第一条　本法适用的范围

（一）本法用于调整与保护儿童免受对其健康和（或）发展有害的信息，包括与含有此类信息的信息产品干扰相关的各种关系。

（二）本法不适用于下列领域：

1. 含有科学、科技、统计信息的信息产品的流通领域；

2. 2006年7月27日颁布的俄罗斯联邦第149号法《关于信息、信息技术和信息保护法》及其他联邦法律中规定的不允许限制获取的信息的传播领域；

3. 含有对社会有重要历史、艺术或其他文化价值的信息产品的流通领域；

4. 广告领域。

第二条　本法使用的基本概念

本法使用下列基本概念：

1. 儿童获取信息许可是指儿童获得和使用自由传播信息的可能性；

2. 信息产品标识是指符合本法第六条第三款规定的信息产品分类标准的信息产品的图像和（或）文本符号；

3. 文娱活动是指在儿童所在地和人员（非一般家庭内部人员）聚集地，包括利用举办舞台演出、文化教育、大众娱乐活动来展示信息产品；

4. 儿童信息安全是指儿童受保护的状态，在此状态下没有与不良信息损害其健康和（或）身体、心理、精神、道德发展相关的风险；

5. 信息产品是指在俄罗斯联邦领土内流通的大众媒体的产品、各种介质上的平面印刷产品和视频、各种计算机程序和数据库，以及利用文娱活动和包括互联网在内的信息通讯网和移动无线电话通讯网进行传播的其他信息；

（第五项根据 2012 年 7 月 28 日第 139 号法律俄罗斯联邦修正案修正）

6. 儿童信息产品是指在主题、内容、美术外观上符合儿童身体、心理、精神、道德发展要求的信息产品；

7. 危害儿童健康和（或）发展的信息是指根据现行俄罗斯联邦法律禁止或限制在儿童中传播的信息（包括儿童信息产品中的内容）；

8. 诲淫信息是指通过描绘或描写（述）人的性器官和（或）性关系或与性相关的可比较性关系（包括与动物发生性行为）来呈现的信息；

9. 信息产品分类是指根据本法规定的方法，按儿童年龄段和信息产品的主题、情节、内容和美术外观进行分类；

10. 允许儿童进入的场所是指不禁止儿童前往和（或）逗留的公共场所，其中包括儿童能获取的大众传媒的和（或）投放在信息通讯网上的信息产品的公共场所；

11. 自然描绘和描写（述）是指以任何形式使用人、动物、人和（或）动物身体部位、动作（无动作）、事件、现象及其影响，令人关注具体内容、解剖细节和（或）生理过程的描绘和描写（述）；

12. 信息产品流通是指提供和（或）传播信息产品，包括销售（包括按用户订单发送）、承租、出租、配送、发送公共图书馆的藏书，借助直播或有线广播电视、包括互联网在内的信息通讯网、无线电通讯网进行的公开展示展演活动（含利用文娱活动）；

（第十二项根据 2012 年 7 月 28 日第 139 号俄罗斯联邦法律修正案修正）

13. 专家是指符合本法规定的进行信息产品鉴定并给出鉴定结论，或进行信息产品分类并进行信息产品鉴定的人员。

第三条　俄罗斯联邦关于保护儿童免受对其健康和（或）发展有害的信息干扰的法律

俄罗斯联邦关于保护儿童免受有害其健康和（或）发展信息干扰的法律由俄罗斯宪法、本法、其他联邦法律和据其制定的法规组成。

第四条　俄罗斯联邦执法机构、俄各联邦主体的国家机构在保护儿童免受对其健康和（或）发展有害的干扰方面的权限

（一）俄罗斯联邦政府授予联邦执法机构在保护儿童免受对其健康和（或）成长有害的信息干扰方面的权限包括：

1. 在保护儿童免受对其健康和（或）发展有害的信息干扰领域制定和落实统一的国家政策；

2. 制定和实施俄罗斯联邦保障儿童信息安全、儿童信息产品生产和信息产品流通的目标纲要；

3. 确定本法规定的信息产品的鉴定方法；

4. 对俄罗斯联邦关于保护儿童免受对其健康和（或）发展有害的信息干扰法律的遵守情况进行国家检查（监督）。

（第四项根据 2012 年 7 月 28 日第 139 号俄罗斯联邦法律修正案修正）

（二）俄各联邦主体国家机构在保护儿童免受对其健康和（或）发展有害的信息干扰方面的权限包括制定和实施保障儿童信息安全、儿童信息产品生产和信息产品流通的地方纲要。

第五条　对儿童健康和（或）发展有害的信息种类

（一）对儿童健康和（或）发展有害的信息包括：

1. 本条第二款规定的和禁止在儿童间传播的其他信息；

2. 本条第三款中规定的和在特定年龄段儿童中限制传播的信息；

（二）禁止在儿童中传播的信息包括：

1. 诱导儿童实施威胁其生命和（或）健康，包括导致危害其健康和自杀的行为的信息；

2. 可诱导儿童产生使用毒品、精神药物和（或）麻醉品、烟草、酒精和含酒精制品及在酒精基础上生产的啤酒、饮料，参加赌博、卖淫、流浪或乞讨活动愿望的信息；

3. 对暴力和（或）残酷表示认可或为其辩解，或鼓励对人或动物实施暴力行为的信息，本法另行规定的情形除外；

4. 否认家庭价值观和导致对父母和（或）其他家庭成员不尊重的信息；

5. 为违法行为辩解的信息；

6. 含有淫秽下流内容的信息；

7. 含有诲淫内容的信息。

（三）对特定年龄段儿童禁止传播的信息包括：

1. 描绘或描写（述）残酷、肉体和（或）精神暴力、犯罪或其他反社会行为的信息；

2. 可引起儿童担心、害怕、恐慌，包括用侮辱人类的形式描绘或描写（述）非暴力死亡、疾病、自杀、意外事件、事故或灾难及（或）其后果的信息；

3. 描绘或描写（述）男女间性关系的信息；

4. 含有骂人字词、短语，虽不属于淫秽下流内容的信息。

第二章　信息产品分类

第六条　信息产品分类

（一）信息产品分类由其生产者和（或）传播者【包括可由符合本法第十七条的一个或多个专家和（或）专家机构参加】于其在俄罗斯联邦境内流通前自行实施。

（第一款根据 2012 年 7 月 28 日第 139 号俄罗斯联邦法律修正案修正）

（二）在研究信息分类时应评估：

1. 信息产品的主题、情节、内容、美术外观；

2. 特定年龄段儿童对信息内容的理解特点；

3. 信息产品所含信息对儿童健康和（或）发展造成危害的可能性。

（三）依据本法规定按下列信息产品种类进行信息产品分类：

（第三款根据 2012 年 7 月 28 日第 139 号俄罗斯联邦法律修正案修正）

1. 面向不满六周岁儿童的信息产品；

2. 面向已满六周岁儿童的信息产品；

3. 面向已满十二周岁儿童的信息产品；

4. 面向已满十六周岁儿童的信息产品；

5. 儿童不宜的信息产品（含有符合本法第五条第二款规定内容的信息产品）。

（四）在执行相应全民教育计划、初高级基本职业教育计划的教育机构和儿童补充教育机构中，对用于和（或）被用于儿童教育和培训的信息产品的分类依据本法和俄罗斯联邦在教育领域的其他法律实施。

（五）电影分类根据本法和俄罗斯联邦国家支持电影业法的规定实施。

（第五款根据 2012 年 7 月 28 日第 139 号俄罗斯联邦法律修正案修正）

（六）信息产品的分类信息由产品制造者或传播者在产品附带说明书中予以公布，并作为在产品上设置信息产品标识和在俄罗斯联邦境内流通的基础。

（第六款根据 2012 年 7 月 28 日第 139 号俄罗斯联邦法律修正案修正）

第七条　面向不满六周岁儿童的信息产品

面向不满六周岁儿童的信息产品应包含不危害儿童健康和（或）发展的信息【其中包括在宣扬善良战胜邪恶、对暴力受害者表示同情和（或）谴责暴力的条件下，对生理和（或）精神暴力（性暴力除外）进行符合产品风格和（或）情节的片段性非自然的描绘或描写（述）的信息产品】。

第八条　面向已满六周岁儿童的信息产品

允许面向已满六周岁儿童的流通的信息产品包括本法第七条规定的信息产品，以及含有与产品风格和（或）情节相符的下列内容的信息产品：

1. 对人类疾病（除重病外）进行短暂和非自然的描绘和描写（述）和（或）以不侮辱人类尊严形式表现疾病后果的；

2. 对事故、灾难或非暴力死亡进行非自然描绘或描写（述），但可能引起儿童害怕、惊吓或恐慌的后果和影响不予展示；

3. 在对反社会行为和犯罪表示不认可、不为其辩解且对行为者表示否定和谴责的前提下，对反社会行为和犯罪进行片段性描绘和（或）描写（述），但不鼓励实施的。

第九条　面向已满十二周岁儿童的信息产品

面向已满十二周岁儿童的信息产品包括本法第八条规定的和下列符合产品风格和（或）情节的信息产品：

1. 在同情受害者和（或）否定、谴责残酷与暴力（依法保护公民和国家、团体利益的情形除外）的前提下，对残酷和暴力（性暴力除外）进行片段性描绘和（或）描写（述），但不对剥夺生命或致人残废的过程进行自然展示的；

2. 在不认可反社会行为、不为其辩解并对其持否定谴责态度，且含有使用下述产品、手段、物质、物品的危险性说明，不鼓励实施反社会行为（其中包括使用酒、酒精制品和在其基础上制造的啤酒、饮料，参加赌博，进行流浪或乞讨）的前提下，对上述行为进行描绘或描写（述）的，对毒品、精神和（或）麻醉和香烟制品进行片段性提及（非展示）的；

3. 不利用人们对性的兴趣，不含挑逗或侮辱性内容，对男女间性关系进行片段性非自然描绘或描写（绘）的，但描绘或描写（绘）性行为的除外。

第十条　面向已满十六周岁儿童的信息产品

允许面向已满十六周岁儿童的信息产品包括本法第九条规定的及下列符合产品风格和（或）情节的信息产品：

1. 对不幸事件、事故、灾难、疾病进行描绘或描写（绘），但对可能引起儿童担忧、恐惧或恐慌后果不进行自然展示的；

2. 在对牺牲表示同情和（或）对残酷和暴力（为保护公民权利和受法律保护的社会或国家利益而实施的暴力除外）表示谴责的前提下，对残酷和（或）暴力进行描绘或描写（绘），但对剥夺生命或致人残废过程不进行自然展示的；

3. 在对使用毒品或精神和（或）麻醉品表示否认或谴责态度，且对其使用危险性有说明的前提下，包含有关毒品、精神和（或）麻醉品信息的；

4. 有骂人字词、短语，虽不属于淫秽下流内容的；

5. 不利用人们对性的兴趣，不带侮辱性质，对男女间性关系进行片段性非自然描绘或描写（绘）的，但对性行为的描绘或描写（绘）除外。

第三章　对信息产品流通的要求

第十一条　对信息产品流通的总体要求

（一）含有本法第五条第二款规定信息的信息产品不得流通，但本法规定允许的情形除外。

（二）含有根据本章第五条第五款规定的禁止在儿童间传播信息的信息产品，在没有采取行政和组织措施、技术和程序手段来保护儿童免受其干扰的情况下，不允许在儿童所在地进行流通。

（三）对为保护儿童免受损害其健康和（或）成长的信息危害而采取的行政和组织措施、技术和程序手段的要求，由俄罗斯联邦政府授权资格的联邦执法机构确定。

（四）含有本法第五条规定内容，没有信息产品标识的信息产品不得流通，但下列产品除外：

1. 根据俄罗斯联邦教育领域相关法律被推荐或允许用于教学过程的教科书或教学参考书；

2. 用于直播的未事先注册的电视节目、电视转播节目；

3. 通过无线电广播传播的信息产品；

4. 通过文娱活动展示的信息产品；

5. 专门传播社会政治或生产实用型信息的期刊印刷品；

6. 通过包括互联网在内的信息通讯网传播的信息，不包括网络刊物；

（第六项根据 2012 年 7 月 28 日第 139 号俄罗斯联邦法律修正案修正）

7. 网络刊物读者按该刊物编辑部的规定在其网站上自行发布的评论和

（或）消息。

（第七项根据 2012 年 7 月 28 日第 139 号俄罗斯联邦法律修正案修正）

（五）在父母或其他合法监护人在场的情况下，本法第九条规定的信息产品可以在六周岁以上的儿童间传播。

（六）在通过文娱活动展示信息产品开始前，必须给出信息产品标识。向不同年龄段儿童展示几种信息产品时，该标识应与面向最高年龄段儿童的信息产品相符。应在文娱活动的海报、广告、门票、邀请函和其他有权邀请参观的证书中设置上述标识。

（七）通过文娱活动展示含有本法第五条规定信息的信息产品时，应在活动开始前预先以声音广播形式通知有关禁止或限制相应年龄段儿童参加的事项。

（八）在视听产品租赁证上应包括该信息产品的种类信息。

（第八款根据 2012 年 7 月 28 日第 139 号俄罗斯联邦法律修正案修正）

第十二条　信息产品的标识

注：第十二条第一款不适用于 2012 年 9 月 1 日前进入流通环节的印刷产品。

（一）信息产品制造者和（或）传播者按本法规定，使用有关限制信息产品在儿童中传播的信息产品标识和（或）书面警告文本对进行信息产品分类，具体采用下列形式：

1. 对面向不满六周岁儿童的信息产品，使用数字“0”和符号“плюс”；

2. 对面向已满六周岁儿童的信息产品，使用数字“6”和符号“плюс”和（或）使用“针对六岁以上儿童”字样的书面文本；

3. 对面向已满十二周岁儿童的信息产品，使用数字“12”和符号“плюс”和（或）使用“针对十二周岁以上儿童”字样的书面文本；

4. 对面向已满十六周岁儿童的信息产品，使用数字“16”和符号“плюс”和（或）使用“针对十六周岁以上儿童”字样的书面文本；

5. 对禁止向儿童传播的信息产品，使用数字“18”和符号“плюс”和

（或）使用“儿童不宜”字样的书面文本。

（第一款根据2012年7月28日第139号俄罗斯联邦法律修正案修正）

（二）在按具备俄罗斯联邦政府授权资格的联邦执法机构规定的方式进行电影、视频服务时，在影视节目播放前，信息产品的生产者和传播者应设置信息产品标识和（或）有关限制其在儿童间传播的警示文本。信息产品标识尺寸应不小屏幕的百分之五。

（第二款根据2012年7月28日第139号俄罗斯联邦法律修正案修正）

（三）信息产品标识的尺寸，应不少于文娱活动海报、电影或视频放映公告，门票、邀请函或其他有权邀请参观此类活动的证件面积的百分之五。

（四）信息产品标识应设置于电视、广播节目和信息产品的清单、目录中，对通过信息通讯网传播的此类信息产品也同样设置。

（五）限制信息产品在儿童中传播的书面警告文本一般使用俄语表述，在2005年6月1日颁布的俄罗斯联邦第53号《关于俄罗斯联邦国家语言法》规定的情形下，使用俄罗斯联邦下属各共和国官方语言、俄联邦各民族语言或外语表述。

（第五款根据2012年7月28日第139号俄罗斯联邦法律修正案修正）

第十三条　对通过广播电视传播信息产品的补充规定

（一）含有本法第五条第二款第一至五项规定信息的信息产品，在当地时间4时至23时范围内，不得通过电视和广播方式传播，但符合本条第三款和第四款规定并完全通过付费解码器收看、收听的电视、广播节目及电视、广播转播节目例外。

（二）含有本法第十条第四、五款规定信息的信息产品，在当地时间7时至21时范围内，不得通过电视和广播方式传播，但符合本条第三、四款规定并完全通过付费解码器收看、收听的电视、广播节目及电视、广播转播节目例外。

（三）以电视转播方式传播含有本法第五条规定信息的信息产品时，应根据具备俄罗斯联邦政府授权资格的联邦执法机构规定的方法，在画面一角附加展示信息产品标识，在直播、转播和在每次重播【在广告和（或）其他信息后】时也照此办理。

（第三款根据 2012 年 7 月 28 日第 139 号俄罗斯联邦法律修正案修正）

（四）通过广播方式传播含有本法第五条规定信息的信息产品时，应根据具备俄罗斯联邦政府授权资格的联邦执法机构的规定，在广播前附加限制该产品在儿童中传播的通告，但对无事先录制的直播节目例外。

（第四款根据 2012 年 7 月 28 日第 139 号俄罗斯联邦法律修正案修正）

（五）在发布有关以电视、广播方式传播儿童不宜的信息产品的海报和通告时，不得使用含有对儿童健康和（或）成长有害的该信息产品的片段。

（第五款根据 2012 年 7 月 28 日第 139 号俄罗斯联邦法律修正案修正）

第十四条　通过信息通讯网传播信息的特点

（第十四条根据 2012 年 7 月 28 日第 139 号俄罗斯联邦法律修正案修正）

（一）在儿童所在地获取通过包括互联网在内的信息通讯网传播的信息的许可权，由该地互联网接入商（依书面合同进行通讯服务的通讯服务商除外）和其他人员运用保护儿童免受有害其健康和（或）成长的信息干扰的行政、组织措施和计算机软、硬件手段提供。

（二）不以大众传媒形式注册的互联网网站上可以登载信息产品标识（包括以计算机可识别的方式）和（或）限制信息产品在儿童中传播的文字警告，但其应符合本法第六条第三款规定的信息产品种类之一。网站分类由其所有者根据本法要求自行实施。

第十五条　对其他儿童信息产品流通的补充要求

（一）在面向儿童的信息产品中，包括通过互联网、移动无线电话通讯等信息通讯网传播的信息产品中，不得发布诱导儿童参与制作对其健康和（或）成长有害的信息产品的通告。

（第一款根据 2012 年 7 月 28 日第 139 号俄罗斯联邦法律修正案修正）

（二）用于学前教育的信息产品的内容和美术外观应符合面向不满 6 岁儿童的信息产品的内容和美术外观的要求。

（三）用于教学的印刷出版物、印刷品（包括练习本、日记本、书皮、书签)、视听产品及其他信息产品应符合本法第七条至第十条的规定。

第十六条　对儿童不宜的信息产品流通的补充规定

（一）在儿童所在地向不确定人群传播信息产品时，儿童不宜的报纸头、末版，印刷出版物和其他印刷品的封面不得含有危害儿童健康和（或）成长的信息。

（二）在儿童所在地以印刷品形式传播儿童不宜的信息产品时，只能使用密封包装。

（三）不得在儿童教育、医疗、疗养、体育运动机构，文化机构、儿童休养保健机构内或在距上述单位边界不足100米的地点内传播儿童不宜的信息产品。

第四章　信息产品的鉴定

第十七条　对信息产品鉴定的总体要求

（第十七条根据2012年7月28日第139号俄罗斯联邦法律修正案修正）

（一）信息产品鉴定由在具备俄罗斯联邦政府授权资格的俄罗斯联邦执法机构注册的一名或多名专家和（或）专家机构，根据国家机构、地方自治机构、法人、个体业主、社团组织、公民的意愿按合同实施。如对信息产品鉴定结果持有异议，相关人员有权通过法律途径提出质疑。

（二）具备俄罗斯联邦政府授权资格的联邦执法机构按其规定对专家、专家机构进行登记注册，授予其信息产品鉴定权，其中包括发放注册证、暂停或终止注册证效力、管理注册专家或专家机构名录并监督已注册专家或专家机构的工作情况。

（三）注册专家和专家机构名录所含信息对所有自然人和法人是公开、可获取的，但俄罗斯联邦法律规定限制获取的情形除外。

（四）具备俄罗斯联邦政府授权资格的联邦执法机构应在其互联网官方网站上公布注册专家和专家机构名录中的下列信息：

1. 法人的全称、简称（如果有）和法律组织形式，所处地址和从事鉴定活动的地点（对注册专家机构）；

2. 个体业主的姓、名和父称（如果有）及其从事鉴定活动的地点（对作为个体业主的注册专家）；

3. 自然人的姓、名和父称（如果有）和专家机构的全称和法律组织形式，从事鉴定活动的地点（对作为专家机构工作人员的注册专家）；

4. 注册证号码和颁发日期；

5. 具备俄罗斯联邦政府授权资格的联邦执法机构关于对专家或专家机构进行登记注册的命令（领导人指示）的编号和日期；

6. 注册专家或专家机构有权进行鉴定的信息产品的种类；

7. 有关暂停或停止已发注册证效力的信息。

（五）从事信息产品鉴定的一个或多个专家可由在包括教育、年龄心理学、年龄体育学和儿童精神学等领域受过高等职业教育和具备专业知识的人士担任，但下列人员除外：

1. 因严重或非常严重侵犯人身罪、性侵犯罪、侵犯他人性自由罪、侵犯家庭和未成年儿童罪、故意侵犯他人健康和社会道德罪正在或曾经被起诉的人员；

2. 被鉴定信息产品的制造人、传播人或其代表。

（六）信息产品的鉴定方法由具备俄罗斯联邦政府授权资格的联邦执法机构依据本法的规定制定。

（七）信息产品鉴定可由同专业（专家委员会鉴定）或多个专业（综合鉴定）的两名或多名专家进行。

（八）信息产品鉴定在自签署鉴定合同之日起三十日内完成。

（九）信息产品鉴定所需费用和专家、专家机构的劳务费用由鉴定订制人负担。

第十八条　专家结论

（一）信息产品鉴定结束后应给出专家结论。

（二）专家结论中需标明：

1. 进行信息产品鉴定的日期、时间和地点；

2. 专家机构和专家的相关信息（姓、名、父称、教育程度、专业、本专业从业时间、科研水平、职称、职务和工作地点）；

3. 专家或专家们担负的鉴定问题；

4. 鉴定的对象和使用材料；

5. 鉴定的方法、内容和结果；

6. 专家就鉴定问题进行的论证；

7. 就信息产品是否对儿童健康和（或）成长有害、是否符合信息产品分类、是否符合信息产品标识的要求做出结论。

（三）如果参加鉴定的专家意见一致，则上述所有专家应在鉴定委员会鉴定结论上签字。如有分歧，每位专家应就分歧问题做出单独结论。参加综合专业鉴定的每位专家应在其从事的那部分鉴定的结论上签字，并对其负责。

（四）鉴定结论一式三份，一份交给信息产品鉴定订制人，一份由自形成鉴定结论之日起两日内送交具备俄罗斯联邦政府授权资格的联邦执法机构，一份由专家或专家机构留存五年。

（第四款根据 2012 年 7 月 28 日第 139 号俄罗斯联邦法律修正案修正）

（五）在接到鉴定结论之日起两日内，具备俄罗斯联邦政府授权资格的联邦执法机构应在其互联网官方网站上公布有关信息产品鉴定和结果的信息。

（第五款根据 2012 年 7 月 28 日第 139 号俄罗斯联邦法律修正案修正）

（六）在法院审理与信息产品鉴定结果有关的纠纷时，具体信息产品的再次鉴定可按诉讼法的规定进行。

（第六款根据 2012 年 7 月 28 日第 139 号俄罗斯联邦法律修正案修正）

第十九条　信息产品鉴定的法律影响

在收到鉴定结论之日起十五日内，具备俄罗斯联邦政府授权资格的联邦执法机构应当：

1. 如果专家结论中有某信息产品含有对儿童健康和（或）成长有害，或者不符合信息产品某种分类的结论，则做出该信息产品不符合本法规定并要求消除违法现象的指示。

2. 做出该信息产品符合本法规定，拒绝出具本条第一款中所指的指示。

第五章　在保护儿童免受对其健康和（或）成长有害的信息干扰方面的监督（监察）

第二十条　国家对俄罗斯联邦有关保护儿童免受对其健康和（或）成长有害信息干扰的法律的遵守情况进行监督（监察）

（第二十条根据2012年7月28日第139号俄罗斯联邦法律修正案修正）

（一）国家对俄罗斯联邦有关保护儿童免受对其健康和（或）成长有害的信息干扰的法律的遵守情况进行监督（监察）工作，由具备俄罗斯联邦政府授权资格的俄罗斯联邦执法机构进行。

（第一款根据2012年7月28日第139号俄罗斯联邦法律修正案修正）

（二）国家对俄罗斯联邦保护儿童免受对其健康和（或）成长有害的信息干扰的相关法律的遵守情况进行监督（监察），依据2008年12月26日颁布的俄罗斯联邦《在国家监督（监察）和地方监督中保护法人和个体业主法》第二百九十四条实施。

（第二款根据2012年7月28日第139号俄罗斯联邦法律修正案修正）

第二十一条　在保护儿童免受对其健康和（或）成长有害的信息干扰方面的公共监督

（一）公民、依据俄罗斯联邦法律规定的方式注册的社团组织和其他非商业组织按其章程有权根据俄罗斯联邦法律对本联邦法要求的遵守情况进行公共监督。

（二）在进行公共监督时，社团组织、非商业机构和公民有权监督信息产品流通情况及允许儿童接触信息，包括通过设立“热线”接触信息的情况。

（第二款根据2012年7月28日第139号俄罗斯联邦法律修正案修正）

第六章　在保护儿童免受对其健康和（或）成长有害的信息干扰方面的违法责任

第二十二条　在保护儿童免受对其健康和（或）成长的信息干扰方面的违法责任

对违反俄罗斯联邦关于保护儿童免受对其健康和（或）成长有害的信息干扰法的违法现象，应当根据俄罗斯联邦法律追究责任。

第七章　尾　　章

第二十三条　本联邦法的效力

（一）本联邦法自2012年9月1日起生效。

（二）本联邦法第十二条第一款不适用于本法生效之日前进入流通环节的印刷产品。

俄罗斯联邦总统　德·梅德韦杰夫

2010年12月29日

《俄罗斯联邦〈关于信息、信息技术和信息保护法〉修正案及个别互联网信息交流规范的修正案》

（2014年5月7日公布，2014年8月1日生效）

第一条

对2006年7月27日起生效的《关于信息、信息技术和信息保护法》进行如下变更：

（一）对第十条第一款补充如下：

第十条第一款：互联网信息传播组织者的义务

1. 互联网信息传播组织者指的是：从事电子计算机信息系统和（或）程序运行活动的人员，上述系统和程序用以接收、传递、发送和（或）处理互联网用户的电子信息。

2. 依照俄罗斯联邦政府的规定，互联网信息传播组织者必须向大众传媒、大众传播、信息技术与通信领域的监管部门告知，自己即将开展第一条所述活动。

3. 自网民接收、传递、发送和（或）处理语音信息、书面文字、图像、声音或者其他电子信息六个月内，互联网信息传播组织者必须在俄罗斯境内对上述信息及网民个人信息进行保存。同时，依据联邦法律，互联网信息传播组织者有义务向俄罗斯联邦安全部门提供上述信息。

4. 互联网信息传播组织者必须实施联邦权力机关与国家安全部门所确立的有关用于信息系统运行的设备和软硬件的要求，以便于上述部门依法采取行动以执行任务；同时应采取相应措施以防上述行动的组织和战术信息的外泄。互联网信息传播组织者与国家安全部门的协作程序由俄罗斯联邦政府确定。

5. 本条例中规定的义务，不适用于国家信息系统的操作员、市政信息系统的操作员、提供相关通信服务的操作员，也不适用于以个人、家庭之需为目的实施本条第一款所述活动的公民（自然人）。实施本条第一款所述活动，何种个人和家庭之需可适用于本条例，由俄罗斯联邦政府确定。

6. 本条第三款规定应保存信息的内容、保存地点和规则、向国家安全部门提交此类信息的程序、对互联网信息传播组织者信息保存行为的监管程序、何种权力部门可进行监管，均由俄罗斯联邦政府确定。

（二）对第十条第二款补充如下：

第十条第二款：博主传播信息的特点

1. 在互联网网站和网页发布信息且日均访问量超过 3000 人次的管理员（以下称“博主”），发布和使用信息时，以及其他用户在该网站或网页上发布上述信息时，须遵守俄罗斯联邦法律，具体包括：

（1）不得利用网站或自己的网页从事违法活动，泄露国家机密，传播包含公开呼吁实施恐怖活动或公开美化恐怖主义的材料及其他极端主义材料，传播宣传色情、暴力、残暴行为的材料，传播包含污言秽语的材料；

（2）在发布信息前，核实所发信息的可靠性，一旦发现信息不可靠应立即删除；

（3）不允许传播公民私生活信息；

（4）遵守俄罗斯联邦全民公投法和选举法所规定的禁令；

（5）遵守俄罗斯联邦大众信息传播的规范；

（6）尊重公民和组织的权利与合法利益，包括公民的名誉、荣誉、商业声誉及组织的商业声誉。

2. 在网站或网页发布信息时，不得：

（1）利用网站或网页来隐瞒或伪造重要信息，打着可靠信息的旗号发布虚假信息；

（2）因公民的性别、年龄、种族、民族、语言、宗教信仰、职业、居住地、工作和政见的不同，而发布信息对其进行诽谤。

3. 博主有权：

（1）根据俄罗斯联邦法律以任何方式自由地搜索、获取、转发以及传播信息；

（2）在个人网站或者个人网页上署名或者署笔名发表个人见解和评价；

（3）在个人网站或者个人网页上发布或者允许其他网民发布文章及（或）其他材料，文章及（或）其他材料的发布不应违反俄罗斯联邦法律；

（4）根据民法及2006年3月13日的第38号联邦法律《广告法》在个人网站或个人网页上发布收费广告；

4. 滥用信息的传播权，在信息传播时违反本条第一、二、三款要求的，将根据俄罗斯联邦法律追究刑事、行政或其他责任；

5. 博主须在个人网站或个人网页上注明自己的姓名和电子邮箱地址，用以接收司法通告；

6. 博主在收到已生效的法院决议（决议中要求博主在个人网站或个人网页进行发布）后，须立即在个人网站或个人网页上进行发布；

7. 根据1991年12月27日俄罗斯联邦第2124号《俄罗斯联邦大众传媒法》，以网络出版物注册的网站所有者不是博主；

8. 对大众传媒、通讯、信息技术及通信领域进行监管的联邦权力部门需列出24小时内访问量超过3000人次的网站和网页的清单。为完成该清单，对大众传媒、通讯、信息技术及通信领域进行监管的联邦权利执行机关有权：

（1）对网站及网页进行监测；

（2）确定对网站和网页24小时内访问量进行统计的方法；

（3）有权要求网络信息传播的组织者、博主以及其他个人提供开列该清单所必需的信息。在收到监管部门通知后，上述个人必须在十天之内提供所要求信息。

9. 在互联网上发现24小时访问量超过3000人次的网站或网页时，包括对公民或组织相关言论进行审理时，对大众传媒、通讯、信息技术及通信领域进行监管的联邦权力机关有权：

（1）将上述网站或网页加入24小时内访问量超3000人次的网站或网页

清单；

（2）确定托管服务的提供者或者其他发布网站或网页的个人；

（3）向托管服务提供者或本部分第二款所述个人发送俄英两种文字的电子版通知，告知对方必须提供可证明其等同于博主的资料；

（4）记录向托管服务提供者或本部分第二条所述个人发送通知的日期和时间。

10. 在收到本条第九款第三项所述通知后三个工作日内，托管服务提供者或本条第九款第二项所述个人须提供可证明其等同于博主的资料。

11. 在收到本条第九款第三项所述信息后，对大众传媒、通讯、信息技术及通信领域进行监管的联邦权力机构向博主发送通知，告知其个人网站和个人网页被列入“24 小时访问量超 3000 人次的网站或网页清单”，并指明该网站或者网页博主须遵守法律的要求。

12. 三个月内日访问量低于3000 人次，博主提出申请后，可将该网站或网页从“24 小时访问量超 3000 人次的网站或网页清单”中删除，并将相应的通知发给博主。若半年之内日访问量低于 3000 人次，即使博主不提出申请，也可将此网站或网页直接从该清单中删除。

（三）对第十五条第四款补充如下：

“第十五条第四款　互联网信息传播组织者对信息的访问限制

1. 若互联网信息传播组织者对已生效的行政处罚决议不予执行，则依照本联邦法第十条第一款规定，联邦执行机构有权向其所在地（其分支机构或代表处）发送通知，指明其必须在 15 日内执行。

2. 若互联网信息传播组织者未如期履行本联邦法律第十条第一款规定，访问由其负责的信息系统和（或）电子计算机程序【用于接收、传输、发送和（或）处理互联网用户电子信息】，在履行相关职责前，依据法院和联邦执行机关做出的已生效的判决，互联网运营商将限制其功能使用。

3. 联邦执行权力机关与互联网传播信息组织者之间的互动办法，本条第一款规定的通知程序，限制程序以及重新获取本条第二款所述的信息系统和（或）程序的流程，告知公民（个人）有关的限制程序，均由俄罗斯联邦政府规定。

第二条

对《俄罗斯联邦行政违法行为处理办法》做出以下变更：

（二）第十三条第十八款进行以下编辑：

第十三条第十八款：妨碍稳定接收广播电视节目和互联网站工作

1. 人为干扰、妨碍稳定接收广播电视节目的，对普通公民处以五百到一千卢布的行政罚款，公职人员处以一千到两千卢布的行政罚款；法人代表处以一万到两万卢布的行政罚款。

2. 妨碍网站正常运行的，其中包括国家权力机关网站，自治地区机关网站。根据法院判决、联邦权力机构限制网站访问的出外；以及故意非法限制对上述网站的访问的：普通公民处以五百到一千卢布的行政罚款；公职人员处以一千到两千卢布的行政罚款；法人代表处以一万到二万卢布的行政罚款。

第十三条第三十一款：不履行互联网信息传播组织者义务

1. 互联网信息传播组织者开始从事维护信息系统和（或）电子计算机程序运行的活动，针对和（或）用于接收、传输、发送和（或）处理互联网用户电子信息时，应告知授权联邦机构，违反规定者：

公民处以一千到三千卢布的行政罚款；公职人员处以一万至三万卢布的行政罚款；法人处以十万到三十万卢布的行政罚款。

2. 依俄罗斯联邦法规定，互联网信息传播组织者有义务保留和（或）提供给国家侦查机关和安全机关有关接收、传输、发送和（或）处理互联网用户声音信息、文字、图片、音频或其他电子信息及互联网用户登记信息，不履行义务者：

公民处以三千至五千卢布的行政罚款；公职人员处以三万至五万卢布的行政罚款；法人处以三十万至五十万卢布行政罚款。

3. 互联网信息传播组织者应使用联邦法律要求的信息系统设备和软件，配合国家有关部门执行联邦法律规定的侦查活动和确保俄罗斯联邦安全的各项活动，对违反上述规定并未采取措施防止泄露上述活动的组织和策略方法者：

公民处以三千至五千卢布的行政罚款；公职人员处以三万至五万卢布的

行政罚款；法人处以三十万至五十万行政罚款。

备注：本条款涉及的未受法律教育从事创业活动的行政违规人员有行政责任的作为法人进行处罚。

（四）第十九条第七款第十项增补以下内容：

第十九条第七款第十项：未向通信、信息技术和大众传媒监管部门通报或故意提供虚假信息资料的

1. 网站托管服务提供商或互联网网站网页刊登负责人未向通信、信息技术和大众传媒监管部门通报或未及时通报可识别博主身份的信息数据，以及故意提供虚假信息者：

公民处以一万至三万卢布的行政罚款；法人处以五万至三十万卢布行政罚款。

2. 对全年两次触犯本条第一款规定者：

公民处以三万至五万卢布的行政罚款；法人处以三十万至五十万卢布行政罚款或处以最长不超过三十日的行政拘留。

第三条

对 2003 年 7 月 7 日颁布的《俄罗斯联邦通讯法》进行以下修订：

1. 第四十四条第二款第二项在“履行合同提供电讯服务”后增加“用户识别程序，提供数据传输、获取信息 – 电信网络服务以及他们使用的终端设备”；

2. 第四十六条中：

（1）第一款第三项在“功能”后增加“以及本联邦法律第六十四条第二款的规定”；

（2）第五项增加“并确保按照大众传媒，大众传播、信息技术和通信监控联邦权力机关规定的方式安装技术设备，监控运营商是否遵守联邦法律第十五条第一款至第十五条第四款规定”。

第四条

本联邦法律自 2014 年 8 月 1 日起生效。

俄罗斯联邦总统　　弗拉基米尔·普京

《俄罗斯联邦个别法律法规修正案》

（第179－Ф3号，2014年6月20日俄罗斯联邦议会国家杜马通过，2014年6月25日联邦议会批准，2014年6月28日生效）

第一条

对《俄罗斯联邦刑法》进行如下修改

1. 第一百零四条之一第一款：

（1）“a”项中数字“282.1，282.2”替换为“282.1 －282.3”；

（2）“b”项中，“恐怖主义”后增加“极端主义活动”；

2. 第二百八十条第二款第一项，在“信息”前增加“或信息和通讯网络，其中包括‘互联网’”；

3. 第二百八十二条第一款第一项，在“信息”前增加“或信息和通讯网络，其中包括‘互联网’”；

4. 第二百八十二条之一注释1中，将“法院裁定取缔或者禁止从事极端主义活动的社会或宗教组织”改为“极端主义团体”；

5. 第二百八十二条之二第一款第二项，修改为：

“处以30万至50万卢布或者与其2至3年工资或收入金额相当的罚款，或判处其从事不超过5年的强制劳动（限制其自由不超过两年），或对其实施4至6个月监禁，或处以2至8年的监禁（10年内不得担任一定职务或者从事一定活动），或者限制其自由不超过2年”；

6. 第二百八十二条之三增加以下内容：

“第二百八十二条之三　资助极端主义活动

（一）为组织、筹备、实施任何极端主义罪行或者为极端主义团体、组织活动提供或募集资金、提供金融服务的，处以30万至50万卢布或者与其

1 至 3 年工资或收入金额相当的罚款，或者严禁其担任一定职务或从事一定活动（最高不超过 3 年），或责令其从事义务劳动（不超过 200 个小时），或判处 1 至 2 年的劳教，或判处监禁（最高不超过 3 年）。

（二）利用职务之便实施上述行为的人员，处以 30 万至 70 万卢布或与其 2 至 4 年工资或收入金额相当的罚款，或严禁其担任一定职务或从事一定活动（最高不超过 5 年），或责令其从事 120 至 240 个小时的义务劳动，或判处 1 至 2 年的劳教，或判处监禁（最高不超过 6 年）。

注：犯下本条所述罪行的人，若其及时向权力部门通报消息或用其他方式预防或制止他所资助的犯罪行为，或制止他所资助、募集资金、提供金融服务的极端主义团体或组织活动，且其行为不涉及其他犯罪时，则可免除其刑事责任。”

第二条

对俄罗斯联邦刑事诉讼法进行如下修正：

1. 第三十一条第一款，在“第二百七十四条第一款”后，增加“第二百八十二条之三第一款”；

2. 第七十三条第一款第八项，在“恐怖主义”后，增加“极端主义活动（极端主义）”；

3. 第一百一十五条第三款，在“恐怖主义”后，增加“极端主义活动（极端主义）”；

4. 第一百五十一条：

（1）第二款第一项中（1）小项中，数字“282 – 282. 2”替换为“282 – 282. 3”；

（2）第五款中，数字“282. 1，282. 2”替换为“282. 1 – 282. 3”；

5. 第二百九十九条第一款第一项，在“恐怖主义”后，增加“极端主义活动（极端主义）”；

6. 第三百零七条第四款第一项，在“恐怖主义”后，增加“极端主义活动（极端主义）”。

第三条

对“打击极端主义活动法”（2002 年 7 月 25 日开始实施）进行如下修订：

1. 第四条修改为：

“第四条　打击极端主义活动的组织基础

俄罗斯联邦总统：

确定国家打击极端主义活动的基本政策，明确其所领导的联邦权力部门开展打击极端主义活动的权限。

俄罗斯联邦政府：

明确其所领导的联邦权力部门开展打击极端主义活动的权限，制定及实施相关措施以预防极端主义活动、最小化及（或）消除极端主义活动产生的后果，为联邦权力部门打击极端主义行动提供必要的人力、资金和资源保障。

联邦权力机构、俄罗斯联邦主体的权力机构和地方自治机构在权限内参与打击极端主义的活动。

为协调联邦权力机构的工作，经俄罗斯联邦总统批准，开展打击极端主义活动的俄罗斯联邦主体的权力机构和地方自治机构可成立由联邦权力机构、俄罗斯联邦主体权力机构及地方自治机构代表构成的统一部门。为执行这些机构的决议，可颁布相应法规（联合法规）;”

2. 第九条第六款，将“国际计算机网络‘互联网’”替换为“信息通讯网络‘互联网’”;

3. 第十条第六款，将“国际计算机网络‘互联网’”替换为“信息通讯网络‘互联网’”;

4. 第十三条修改为：

“第十三条　极端主义材料的传播责任

在俄罗斯联邦境内严禁生产、贮存或传播极端主义材料。根据俄罗斯联邦法律规定，生产、贮存或传播极端主义材料的行为属犯罪，需追究法律责任。

信息材料发现地、传播地的联邦法院或生产信息材料的组织机构所在地的联邦法院，可依据检察官提交的申请或者在受理行政、民事或刑事案件过程中，对此类材料是否属于极端主义材料进行裁定。

一旦裁定信息材料属于极端主义材料，则法院可做出决定，对其进行没收。

法院须在三日内将已生效的极端主义材料裁决的复印件，发送至联邦注册机构。

联邦注册机构根据法院的裁决，在三十日内将已被认定为极端主义材料的文件列入“极端主义材料名录”中。

‘极端主义材料名录’的编订方式由联邦注册机构确定。

‘极端主义材料名录’需通过互联网在联邦注册机构的官网上公布。同时，大众传媒也应按照规定的程序，对上述‘名录’进行公布。”

第四条

对反恐法（2006 年 3 月 6 日实施）第二十四条进行如下修改：

1. 第一款，将数字“282.1，282.2”替换为“282.1 – 282.3”；

2. 第二款，将数字“282.1，282.2”替换为“282.1 – 282.3”。

俄罗斯联邦总统　弗拉基米尔·普京

2014 年 6 月 28 日

《就“进一步明确互联网个人数据处理规范”对俄罗斯联邦系列法律的修正案》

（2014 年 7 月 4 日俄罗斯联邦议会国家杜马通过，2014 年 7 月 9 日联邦议会批准）

第一条 对 2006 年 7 月 27 日《关于信息、信息技术和信息保护法》进行如下修改：

1. 第十五条第五款增加以下内容：

第十五条第五款 限制访问违反俄罗斯联邦个人数据法的信息

（一）为了限制访问互联网上违反俄罗斯联邦个人数据法的信息，需建立“个人数据违法者名录”信息系统（以下简称“违法者名录”）。

（二）违法者名录中包括：

1. 含有违反俄罗斯联邦个人数据法的信息的域名和（或）网页索引；

2. 含有违反俄罗斯联邦个人数据法的信息的网址；

3. 具备法律效力的法院裁定；

4. 关于消除违反俄罗斯联邦个人数据法行为的信息；

5. 向通讯运营商发送需限制访问的信息源相关数据的日期。

（三）负责监控大众传媒、大众通讯、信息技术和通信领域的联邦权力机构依照俄罗斯联邦政府的规定，建立、形成及管理违法者名录。

（四）负责监控大众传媒、大众通讯、信息技术和通信领域的联邦权力机构，可根据俄罗斯联邦政府制定的标准，引进在俄罗斯联邦境内注册的运营商参与违法者名录的形成与管理。

（五）具备法律效力的法院裁定是将本条第二款所述信息列入违法者名录的依据。

（六）个人数据的主体有权依据已经生效的法院裁定，向负责监控大众传媒、大众通讯、信息技术和通信领域的联邦权力机构提出申请，以采取相应措施对违反俄罗斯联邦个人数据法的信息进行限制访问。上述申请的形式由负责监控大众传媒、大众通讯、信息技术和通信领域的联邦权力机构确定。

（七）自收到已生效的法院裁定之日起三日内，负责监控大众传媒、大众通讯、信息技术和通信领域的联邦权力机构根据上述裁定：

1. 确定违反俄罗斯联邦个人数据法的托管服务供应商或其他在电信网络（包括互联网）上进行信息处理操作的人士；

2. 向本条第一款所述托管服务供应商或其他人士发送俄语和英语的电子通知，向其告知违反俄罗斯联邦个人数据法，并要求其采取相应措施以消除法院裁定中所列举的违法行为。电子通知中还包括已生效的法院裁定、涉及违反俄罗斯联邦个人数据法的域名和网址，可链接到违法信息的网络页面索引；

3. 在违法者名录中，记录向本条第一款所述托管服务供应商或其他人士发送电子通知的日期时间。

（八）自收到第七条第二款所述通知后一个工作日内，第七条第一款所述托服务供应商及其他人士需通知其所服务的信息资源所有者，并告知后者必须采取相应措施以消除通知中所指出的违反俄罗斯联邦个人数据法的行为，或者采取措施限制对违法信息的访问。

（九）自收到第七条第一款所述托管服务供应商或其他人士发送的有关消除违反俄罗斯联邦个人数据法的行为的通知起，信息资源所有者需在一个工作日内，采取相应措施以消除通知中所述违法行为。若信息资源所有者拒绝采取相应措施或者接到通知后没有任何作为，则第七条第一款所述托管服务供应商或其他人士需在收到第七条第二款所述通知后，不超过三个工作日内，对相应的信息资源进行限制访问。

（十）若第七条第一款所述托服务供应商与其他人士，以及（或者）信息资源所有者没有实行第八条、第九条所述的措施，则网站域名、网址、可链接到违法信息的网页索引及该网站的其他信息将通过自动信息系统发送至运营商，后者将采取相应措施限制访问该信息资源、包括网址、域名及网页索引。

（十一）根据取消之前裁定的法院判决，或者根据网站所有者、托管服务供应商或者通讯运营商在采取相应措施消除违法行为后提出的申请，负责监控大众传媒、大众通讯、信息技术和通信领域的联邦权力机构或根据第四条由其引入参与违法者名录形成及管理的运营商，在收到申请之日起不超过三日内，将链接至违法信息的域名、网页索引或网址从该名录从删除。

（十二）违法者名录管理者与托管服务供应商的互动规则，以及通讯运营商获取对违法者名录信息访问权的办法，均由俄罗斯联邦政府授权的联邦执行机构予以制定。

2. 第十六条第四款（信息所有者、信息系统运营商根据俄罗斯联邦法律规定，需保证）增加第七项：

“7. 对俄罗斯联邦公民个人信息进行搜集、记录、整理、保存、核对（更新、变动）、提取的数据库存放于俄罗斯境内。”

第二条

对俄罗斯联邦个人数据法（2006年7月27日，第152－Ф3号）进行如下修改：

1. 第十八条增加第五款：

“（五）收集个人数据（包括使用互联网手段）时，运营商需保证使用位于俄罗斯境内的数据库，对俄罗斯公民的个人数据进行搜集、记录、整理、保存、核对（更新、变动）和提取。本法律第六条第一款中第二项、第三项、第四项、第八项所规定的情况除外。”

2. 第二十二条第三款增加一项：

“1. 包含俄罗斯公民个人数据的数据库所在地的信息”；

3. 第二十三条第三款增加一项：

“1. 根据俄罗斯联邦法律规定，对违反俄罗斯联邦个人数据法的信息进行限制访问。”

第三条

《实施国家监控（监督）及城市监控时法人及个人企业主权利保护法》（2008年12月26日）第一条第三款之一增加十九、二十项：

“19. 对互联网上信息传播的监控”；

“20. 对个人信息的整理进行控制和监督。”

第四条　本法律自2016年9月1日起生效。

俄罗斯联邦总统　弗拉基米尔·普京

2014年7月21日

图书在版编目（CIP）数据

外国网络法选编：第1辑／中央网络安全和信息化领导小组办公室，国家互联网信息办公室政策法规局编．—北京：中国法制出版社，2015.9

ISBN 978-7-5093-5886-3

Ⅰ.①外… Ⅱ.①中…②国… Ⅲ.①计算机网络－科学技术管理法规－选编－国外 Ⅳ.①D912.109

中国版本图书馆CIP数据核字（2014）第280818号

策划编辑：陈　兴　　责任编辑：谢　雯　　封面设计：蒋怡、杨泽江

外国网络法选编：第1辑

WAIGUO WANGLUOFA XUANBIAN：DI 1 JI

编者／中央网络安全和信息化领导小组办公室，国家互联网信息办公室政策法规局

印刷／三河市紫恒印装有限公司

开本／710毫米×1000毫米　16　　印张／27　字数／309千

版次／2015年10月第1版　　2015年10月第1次印刷

中国法制出版社出版

书号 ISBN 978-7-5093-5886-3　　定价：108.00元

北京西单横二条2号　　值班电话：66026508

邮政编码 100031　　传真：66031119

网址：http：//www.zgfzs.com　　**编辑部电话：66010493**

市场营销部电话：66033393　　**邮购部电话：66033288**

（如有印装质量问题，请与本社编务印务管理部联系调换。电话：010-66032926）